S. FISCHER

Ingrid Robeyns

LIMITARISMUS

Warum Reichtum begrenzt werden muss

Aus dem Englischen
von Ulrike Bischoff

S. FISCHER

MIX
Papier | Fördert gute Waldnutzung
FSC® C014496

Erschienen bei S. FISCHER
3. Auflage 2024

Die Originalausgabe erschien 2024 unter dem Titel
»Limitarianism. The Case Against Extreme Wealth«
im Verlag Allen Lane, einem Imprint von Penguin Books, London.

Satz: Fotosatz Amann, Memmingen
Druck und Bindung: GGP Media GmbH, Pößneck
ISBN 978-3-10-397162-0

Für alle Aktivisten, die gegen Ungerechtigkeit kämpfen

Inhalt

Einleitung

Alljährlich veröffentlicht die *Sunday Times* ihre »Reichenliste«, eine Rangliste der reichsten Menschen im Vereinigten Königreich. Den Spitzenplatz nahm 2021 Sir Leonard Blavatnik ein. Laut der Zeitung belief sich sein Vermögen auf 23 Milliarden Pfund. Das klingt nach viel Geld. Aber wie viel ist es wirklich? In Wahrheit können sich die meisten von uns gar nicht vorstellen, wie viel es ist, weil es so weit außerhalb der Parameter des Wohlstands liegt, die wir kennen. Uns fehlt ein Bezugsrahmen. Jemand könnte eine Null hinzufügen oder streichen, und wir würden den Unterschied gar nicht wirklich begreifen. Vielleicht haben selbst die Superreichen gar keine richtige Vorstellung mehr davon, wofür diese Zahlen eigentlich stehen, außer dass sie ein Mittel darstellen, sich mit anderen zu vergleichen.

Versuchen wir also, 23 Milliarden Pfund in etwas zu übersetzen, das wir begreifen können. Angenommen, jemand arbeitet vom 20. bis zum vollendeten 65. Lebensjahr fünfzig Stunden in der Woche – Woche für Woche, Jahr für Jahr. Wie hoch müsste der Stundenlohn sein, damit sich am Ende 23 Milliarden Pfund angesammelt hätten? Die Antwort lautet: 45 Jahre lang 196 581 Pfund pro Stunde. Bei diesem Stundenlohn könnte man sich täglich eine Dreizimmerwohnung mitten in London kaufen.

Im Laufe der Jahre gab es – selbstverständlich – Fluktuationen auf der Reichenliste der *Sunday Times*. So verlor beispielsweise Blavatnik 2022 etwa 3 Milliarden Pfund und rutschte auf den vierten Platz ab. In jenem Jahr standen die Brüder Sri und Gopi Hinduja und ihre Familien mit einem Gesamtvermögen von 28,5 Milliarden Pfund an der Spitze. Zu Recht mag man sich fragen: Wen kümmert es, dass Blavatnik vom Spitzenplatz verdrängt wurde? Für uns, die wir das Phänomen extremen Reichtums zu verstehen versuchen, spielt es keine Rolle, wer an erster oder zweiter Stelle steht. Was zählt, ist die Größenordnung dieser Vermögen. Alles, was wir wissen müssen, ist, dass in den vergangenen fünf Jahren jeder der zehn reichsten britischen Milliardäre mindestens 10 Milliarden Pfund – in Zahlen: 10 000 000 000 Pfund – besaß oder das Äquivalent von zehntausend Dreizimmerwohnungen mitten in London. Zehntausend Dreizimmerwohnungen.

Betrachtet man die ganze Welt, führen solche Berechnungen zu noch schwindelerregenderen Zahlen. Elon Musk, der Eigentümer von Tesla und SpaceX, rangierte 2022 an der Spitze der Milliardärsliste des US-Magazins *Forbes*.[1] Damals belief sich der geschätzte Wert seines Vermögens auf 219 Milliarden US-Dollar. Die gleiche Frage: Welchem lebenslangen Stundenlohn entspricht Musks Vermögen? Antwort: 1 871 794 US-Dollar pro Stunde. *Annähernd zwei Millionen Dollar pro Stunde*. Fünfundvierzig Jahre lang für jede Arbeitsstunde.

Forbes würde umgehend darauf hinweisen, dass der Reichtum dieser Milliardäre innerhalb sehr kurzer Zeit schwinden kann. Nachdem Elon Musk im Oktober 2022 Twitter für die atemberaubende Summe von 44 Milliarden US-Dollar gekauft hatte, verloren Tesla-Aktien mehr als ein Drittel ihres Werts und Musks geschätztes Vermögen reduzierte sich um nahezu 20 Prozent auf 180 Milliarden US-Dollar. Im folgenden Frühjahr stand der Franzose Bernard Arnault (Eigentümer von Luxusmarken wie Louis Vuitton, Christian

Dior und Tiffany) an der Spitze der *Forbes*-Liste, da sein Vermögen 2022 um 53 Milliarden auf insgesamt 211 Milliarden US-Dollar gewachsen war.

Bernard Arnault, Elon Musk, Jeff Bezos, Bill Gates und andere Milliardäre an der Spitze der Reichenliste der Welt mag man für außergewöhnlich halten. In gewisser Hinsicht sind sie es auch. Aber nicht nur die Menschen ganz oben an der Spitze besitzen schwindelerregende Geldsummen: 2022 standen auf der *Forbes*-Liste 2668 Milliardäre mit einem Gesamtvermögen von 12 700 000 000 000 US-Dollar. Wem mögen all diese Nullen nicht vor den Augen tanzen? Das liegt daran, dass wir diese Zahl nicht begreifen können. Ausgeschrieben lautet sie: Zwölftausendsiebenhundert Milliarden Dollar. Das bedeutet, dass der durchschnittliche Vermögenswert eines jeden von ihnen 4,75 Milliarden Dollar beträgt. Stellen wir erneut die Frage nach dem entsprechenden lebenslangen Stundenlohn, kommen wir auf 40 598 Dollar pro Stunde, was dem Jahreseinkommen vieler amerikanischer Familien entspricht.

Und das ist nur die Spitze des Eisbergs. Eine Milliarde sind tausend Millionen – aber es gibt noch viel mehr Multimillionäre als Milliardäre. Wenn jemand fünfzig Millionen Dollar, Pfund oder Euro besitzt, kann er vielleicht nicht Twitter kaufen oder in den Weltraum fliegen, hätte aber immer noch genug, um sich nie wieder um seine finanzielle Sicherheit sorgen zu müssen – und noch etwas mehr.

Schon lange hatte ich den Eindruck, dass etwas falsch daran ist, dass ein einzelner Mensch so viel Geld anhäuft, aber ich konnte nicht recht formulieren, warum. Die Pauschalerklärung, der »Kapitalismus« sei schuld an der zunehmenden Ungleichheit, als könne er wie eine Maschine mit eigenem Willen operieren, ohne dass Menschen sie steuern, genügte mir nicht. Die Proteste der Occupy-Bewegung 2011 nach der Finanzkrise von 2008 faszinierten mich: Ich konnte mich des Eindrucks nicht erwehren, dass den Protestierenden früher als den meisten Akademikern aufgefallen war, dass an der Konzentration von Reichtum in den Händen so weniger Menschen etwas grundlegend falsch war. Obwohl die Occupy-Bewegung wieder abebbte, weckte sie doch ein neues, wachsendes Bewusstsein für Vermögensungleichheiten. »Wir sind die 99 Prozent«, skandierten sie – und machten der breiten Öffentlichkeit bewusst, dass das übrige 1 Prozent uns allen Probleme bereiten könnte.[2]

Also beschloss ich 2012, meine Philosophie- und Ökonomiekenntnisse zur Beantwortung der Frage zu nutzen: Kann ein Mensch *zu reich* sein? Dazu musste ich herausfinden, was »zu reich« bedeutet, und nach Gründen suchen, warum es schlecht sein könnte, zu viel Geld zu haben – falls es überhaupt plausible Gründe dafür gab. Schließlich war es durchaus möglich, dass keines der Argumente gegen die Anhäufung von Reichtum etwas taugte. Mir war klar, dass ich mich irren mochte – dass durchaus nichts Falsches daran war, Millionen oder sogar Milliarden auf der Bank zu haben. Ich wollte es lediglich herausfinden.

Einige meiner Kollegen – Professoren für Philosophie, Ökonomie und verwandte Disziplinen – amüsierten sich anfangs, dass ich mich in diese Themen stürzen wollte. Manche argumentierten, Armut sei das, was zähle, nicht Ungleichheit. Einige wenige hatten den Eindruck, sich auf die Reichen zu konzentrieren, sei bei mir ein Zeichen von Neid. Das war eine ernüchternde Reaktion – sich allein aufgrund von Neid eine Meinung zu bilden ist offenkundig etwas sehr Schlechtes –, die ich im Laufe meiner Forschungen immer öfter zu hören bekam, sei es von Politikern oder in Social-Media-Kommentaren.

Aber ich stand nicht allein da. Wissenschaftler aus verschiedenen Fachgebieten, nicht nur aus meinem eigenen, begannen zu bemerken, dass in den oberen Gesellschaftsschichten etwas vorging und wir dem Aufmerksamkeit schenken sollten. Philosophen begannen, neue Argumente zu entwickeln und die Probleme mit der Ungleichheit auszumachen. In der Soziologie fingen einige an, die Auswirkungen von extremem Reichtum auf das Leben der Superreichen und ihrer Kinder zu untersuchen und zu fragen, wie derart reiche Menschen es rechtfertigen konnten, in einer Welt zunehmender Ungleichheit so viel zu besitzen. Wirtschaftswissenschaftler begannen, die nötigen Daten zusammenzutragen, um festzustellen, wie sich die Verteilung von Einkommen und Wohlstand im Laufe der Zeit verändert hatte. Wie ihre Studien belegten, hatten Vermögens- und Einkommensungleichheiten in den Industrieländern in der ersten Hälfte des 20. Jahrhunderts abgenommen, aber diese allgemeine Tendenz endete in den achtziger Jahren. In manchen Ländern nahmen diese Ungleichheiten danach tatsächlich wieder zu, unter anderem und vor allem in den USA und im Vereinigten Königreich. Unterdessen fanden Forscher auf dem Gebiet der politischen Ökonomie Erklärungen für die zunehmende Ungleichheit, als sie sich ansahen, wie sich das Wirtschaftssystem infolge gezielter Anpassungen an die Marktregeln verändert hatte. Verschiedene Puzzleteile aus den diversen Forschungsgebieten setzten sich allmählich zu einem Bild zusammen.[3]

Auf meinem weiteren Weg zeigte sich deutlich, dass extremer Reichtum nicht nur praktische und politische, sondern auch moralische Probleme schafft. Die Legitimität von Ungleichheit und vor allem von extremem Reichtum einzuschätzen bedeutete, sich einer Reihe von grundlegenden philosophischen Fragen zu stellen. Wie sehen wir uns als Menschen? Wie verstehen wir unser Verhältnis zu anderen in der Gesellschaft? Welche Verantwortung haben wir für vulnerable Menschen und die Bereitstellung öffentlicher Güter? Und was sollen wir mit den Rechtfertigungen extrem reicher Menschen anfangen, warum sie so viel Geld und Macht besitzen?

Ich fing an, systematisch über die Ethik der Konzentration von extremem Reichtum nachzudenken, und veröffentlichte einige meiner Ergebnisse. Das blieb in der akademischen Welt nicht unbemerkt und brachte andere dazu, weitere Forschungen zu diesen Fragen anzustellen. Nachdem ich zehn Jahre lang extremen Reichtum analysiert und darüber debattiert hatte, kam ich zu der Überzeugung, dass wir eine Welt schaffen müssen, in der niemand superreich ist – dass es eine Obergrenze des Reichtums geben muss, den eine Einzelperson haben darf. Das nenne ich *Limitarismus*.[4]

Als Konzept ist der Limitarismus einfach, aber was bedeutet er in der Praxis? Sprechen wir davon, Reichtum durch politischen Zwang oder durch institutionelle Reformen zu begrenzen, oder geht es nur darum, zu mehr karitativen Spenden zu ermuntern? Schlage ich vor, Staaten sollten eingreifen und Milliardenvermögen beschlagnahmen? Oder streben wir an, progressive Steuersätze allmählich anzuheben und gegen die derzeit herrschende enorme Steuerhinterziehung vorzugehen? Macht der Limitarismus es notwendig, unsere wirtschaftlichen und politischen Regeln grundlegend so zu ändern, dass Gesellschaften von Anfang an limitaristisch sind, bevor Menschen anfangen, zu arbeiten, zu verkaufen, zu sparen, zu investieren und Waren zu kaufen, oder anders gesagt, dafür zu sorgen, dass niemand überhaupt erst superreich werden kann?

All diese Fragen versucht dieses Buch zu beantworten. Allerdings sollte ich von vornherein sagen, dass der Limitarismus keine Wunderwaffe oder einzelne politische Maßnahme bietet, die alles lösen würde. Er lässt sich am ehesten als *regulatives Ideal* verstehen – ein Ergebnis, das man anstreben sollte, aber so, wie die Welt gegenwärtig organisiert ist, wahrscheinlich nie endgültig erreichen wird. Das gilt für die meisten unserer gesellschaftlichen Ideale, auch für die Beseitigung der Armut (es wird immer einige Menschen geben, die mit Strategien zur Armutsbekämpfung nicht zu erreichen sind) und die Beendigung von Diskriminierung (da die Verwirklichung dieses Ideals moralisch einwandfreies Verhalten aller Personen und Institutionen erfordert). Zuzugeben, dass die Beseitigung der Armut und die Beendigung der Diskriminierung regulative Ideale sind, macht sie durchaus nicht weniger wichtig. Das Gleiche gilt für die Begrenzung individuellen Reichtums.

Damit soll keineswegs gesagt sein, dass sich gesellschaftliche Ideale niemals vollständig verwirklichen ließen – die Ausrottung tödlicher Viruserkrankungen ist ein einschlägiges Beispiel. Lange haben sich internationale Gesundheitsinstitutionen bemüht, diese Krankheiten auszurotten, und ihre Erfahrungsgeschichte zeigt, wie schwierig das ist. Aber im Fall der Pocken, einer durch das Pockenvirus verursachten Infektionskrankheit, die etwa drei von zehn Infizierten tötete, ist es ihnen gelungen: Nach jahrelangen intensiven Impfkampagnen in den sechziger und siebziger Jahren erklärte die Weltgesundheitsorganisation die Pocken 1980 für vollständig ausgerottet. Solche Erfolge sind allerdings selten und bilden in Wirklichkeit die Ausnahme von der Regel, dass sich die meisten Ideale nicht endgültig erreichen lassen. Das heißt jedoch nicht, dass wir aufhören sollten, sie anzustreben. Vielmehr sollte es unser Anspruch sein, der Verwirklichung unserer Ideale immer näher zu kommen und dazu die gesamte Bandbreite der uns zur Verfügung stehenden Maßnahmen einzusetzen.

Praktisch erfordert der Limitarismus ein Handeln auf drei Gebieten. Da sind zunächst *strukturelle Maßnahmen.* Die sozialen und wirtschaftlichen Schlüsselinstitutionen unserer Gesellschaften sollten den Menschen durch erschwingliche Kinderbetreuung, kostenlose, qualitativ hochwertige Bildung und eine umfassende Armutsbekämpfung echte Chancengleichheit bieten. Zudem sollten wir anstreben, unsere Wirtschaft so umzugestalten, dass wir zu einer gerechten Verteilung des Wohlstands und einem angemessenen Lebensstandard für alle gelangen. Mit anderen Worten: Wir brauchen politische Maßnahmen wie einen garantierten Mindestlohn, der es Menschen ermöglicht, in Würde zu leben, eine erschwingliche allgemeine Gesundheitsversorgung und den Schutz des Wohnungsmarkts vor den verzerrenden Auswirkungen von Spekulanten und Immobilienhaien. Solche strukturellen Maßnahmen begrenzen die Ungleichheit, indem sie die wirtschaftliche Stellung der Armen und der Mittelschicht stärken: Das bedeutet, dass ein größerer Teil des Kuchens an die Armen und ein kleinerer an diejenigen geht, die gegenwärtig den größten bekommen.

Je mehr strukturelle Schritte wir unternehmen, um die Ungleichheit zu reduzieren, desto geringer wird die Notwendigkeit für die zweite Strategie: *fiskalische Maßnahmen*. Strukturelle Maßnahmen wie die oben genannten werden allein nicht ausreichen, um die Entstehung großer Ungleichheiten zu verhindern oder allen Menschen ein würdevolles Leben zu ermöglichen. Auch weiterhin bleibt der Fiskus, also das Steuer- und Beihilfesystem, unverzichtbar. Wäre die Besteuerung unser einziges Instrument, um zu einer limitaristischen Gesellschaft zu gelangen, müsste der Steuersatz auf Vermögen und Einkommen oberhalb einer bestimmten Grenze 100 Prozent betragen (Spoileralarm: Sie ist nicht das einzige Instrument). Dennoch gibt es triftige Argumente, eine Obergrenze für extremen Reichtum einzuführen, wie ich im Folgenden darlegen werde.

Aber selbst mit einem tiefgreifenden Strukturwandel und einer sinnvollen Besteuerung extremen Reichtums wird der Limitarismus ohne das Engagement aller Beteiligten nicht möglich sein. Daher erfordert er als dritten Aspekt *ethisches Handeln*: Wir alle müssen uns ein *limitaristisches Ethos* zu eigen machen. Angesichts politischer Trägheit und des überproportional starken Einflusses reicher Eliten auf unsere Politik mag es unmöglich sein, die für den Limitarismus notwendigen strukturellen und fiskalischen Maßnahmen kurzfristig umzusetzen. Die vorherrschenden ideologischen Normen und Interessen lassen vermuten, dass es dagegen beträchtlichen politischen Widerstand geben wird. Und es wird immer Ausreißer geben: Selbst in einer Welt mit effektiven Gesellschaftsstrukturen und fiskalischen

Regeln könnte eine Person durch einen großen Glücksfall übermäßig reich werden. Unter diesen Umständen gibt der Limitarismus den Superreichen Grund, ihren überschüssigen Reichtum für etwas zu spenden, was Leid lindert und kollektive Probleme angeht. Wenn Vermögende den Argumenten gegen die Konzentration von extremem Reichtum zustimmen, sollten sie nicht abwarten, bis die gesamte Gesellschaft den Limitarismus akzeptiert. Wie wir sehen werden, können sie inzwischen sehr viel tun, uns von dem derzeitigen Maß an Ungleichheit und Ungerechtigkeit in Richtung einer gerechteren Welt voranzubringen – einer Welt, in der niemand übermäßig reich werden oder bleiben kann.[5]

Im Laufe der Jahre bin ich vielen Menschen begegnet, die den Limitarismus gar nicht für einen sonderlich radikalen Vorschlag halten. Sie denken bereits seit langem in diese Richtung und freuen sich, dass es nun eine Bezeichnung für ihre Überzeugung gibt; dass die Zeit endlich reif ist für eine breitere Debatte über die Gefahren und Risiken, die eine Konzentration extremen Reichtums birgt, und über die Chancen, die eine Vermögensobergrenze für uns alle bietet. Solche Reaktionen kamen von äußert unterschiedlichen Menschen. Als ich meine Forschungen zum Limitarismus einmal in New York vorstellte, erklärte mir ein Zuhörer, der sich als Mitarbeiter von Goldman Sachs vorstellte, er stimme meinen Vorschlägen zu. Ein anderes Mal fiel mir bei einem Vortrag in einer protestantischen Kirche in den Niederlanden vor einheimischem Publikum in den hinteren Reihen ein Geistlicher auf, der zustimmend nickte, als ich meine Argumente darlegte. Anschließend kam er zu mir und sagte mir, wie dringend wir eine solche Debatte bräuchten. Zudem habe ich unzählige E-Mails und Zuschriften von Personen bekommen, die meine Zeitungs- und Zeitschriftenartikel gelesen hatten und mir mitteilen wollten, dass sie mir unbedingt zustimmten.

Es gibt, wie ich zeigen werde, viele moralische, politische und praktische Gründe, die Intuitionen dieser Menschen zu unterstützen – Gründe, die Argumente gegen extremen Reichtum, oder anders gesagt, *für* den Limitarismus erhärten. Wenn wir eine ehrliche Debatte über Ungleichheit führen und aufrichtig auf die Argumente für den Limitarismus hören können, hoffe ich, die meisten Menschen zu überzeugen.

Allerdings sollten wir uns zunächst darüber einigen, was eine fundierte Debatte ausmacht. In den ersten Monaten des Jahres 2023 gab es in den belgischen und niederländischen Medien eine hitzige Auseinandersetzung über den Limitarismus. Was geschah, war vorhersehbar: Leute, die diese Debatte beenden wollten, richteten ihre Angriffe gegen unplausible Scheinversionen des Vorschlags. Insbesondere behaupteten mehrere Kritiker, der Limitarismus beinhalte zwangsläufig eine progressive Besteuerung des Einkommens (statt des Vermögens) bis zu einem Höchststeuersatz von 100 Prozent. Das würde bedeuten, sobald das Einkommen einer Person einen gewissen Schwellenwert erreicht, würde das darüber hinaus erzielte Geld vollständig in die Steuern fließen. Sie begriffen nicht, dass es noch andere Wege gibt, eine limitaristische Gesellschaft zu erreichen, aber das kümmerte sie offenbar nicht. Manche gingen sogar so weit, zu behaupten, der Limitarismus berücksichtige nicht, was mit all den zusätzlichen Steuergeldern passieren würde. Es gehe lediglich darum, die Reichen für ihren Reichtum zu bestrafen.

Das ist eine überaus unlautere Art, eine Debatte über einige überaus drängende und weitgehend übersehene Fragen im Keim zu ersticken. Kann ein Mensch zu reich sein? Hat extremer Reichtum negative Konsequenzen? Und wenn die Antwort ja lautet, ein Mensch kann zu reich sein, und ja, es hat schlimme Konsequenzen, was sollte man dann tun? Wir können sicherlich mehr tun, als uns in Karikaturen und Spott zu flüchten.

Zuweilen stimmt jemand zu, dass Ungleichheit schlecht ist, erklärt aber gleichzeitig, es sei zu drastisch, eine Obergrenze festzulegen, wie viel jemand besitzen darf. Eine solche Haltung ist verwirrend. Wie kann das sein? Wir reden hier schließlich über zwei Seiten derselben Medaille: Ungleichheit von oben nach unten zu begrenzen und die durch die Konzentration übermäßigen Reichtums verursachten Schäden und die Verschwendung zu beseitigen. Wenn man will, dass niemand in Armut lebt, und zu viel Ungleichheit für schlecht hält, folgt daraus, dass es eine Obergrenze für das Vermögen geben muss, das eine Person besitzen darf. In Zahlen ausgedrückt, ist Ungleichheit der Abstand zwischen unten und oben. Wenn sie denn je eingedämmt werden soll, muss es eine Obergrenze geben, und diese gibt uns unsere Wohlstandsgrenze vor. Selbstverständlich wird es Streit darüber geben, wo diese Grenze zu ziehen ist und ob und wie sie durchgesetzt werden sollte. Aber alle, die Ungleichheit für ungerecht und unerwünscht halten, müssen die Einführung *irgendeiner* Form von Vermögensobergrenze unterstützen.

Wo sollte diese Grenze also liegen? Letztlich ist es an den Bürgern eines jeden Landes, in einem wohlgeordneten politischen Verfahren darüber zu entscheiden. In einer gesunden Öffentlichkeit würden die Argumente für den Limitarismus gründlich diskutiert, und diese Debatte würde in die politischen Verhandlungen einfließen, wie viel zu viel ist. Wenn das aber alles wäre, was ich dazu zu sagen habe, wäre es verständlicherweise enttäuschend und würde die Debatte nicht wirklich voranbringen. Schließlich ist es ein erheblicher Unterschied, ob man für eine Vermögensobergrenze von 5000 Pfund oder 50 Milliarden Pfund eintritt. Also wage ich mich vor und sage, wo diese Grenze meiner Ansicht nach gezogen werden sollte, möchte allerdings betonen, dass ich meine Meinung lediglich als Sprungbrett für weitere Diskussionen äußere.

Ich schlage nicht nur eine, sondern zwei Obergrenzen vor. Die obere ist politisch und bezeichnet die Grenze, die unsere Gesellschaftsstruktur und unser Steuersystem durchsetzen sollten. Die zweite, untere ist persönlich – und hier kommt die Ethik ins Spiel.

Auf welchem Niveau sollte die höhere politische Grenze festgesetzt werden? Manche sagen, jeder Milliardär stehe für ein Politikversagen, daher würden sie die Schwelle bei einer Milliarde ziehen. In den sozialen Medien kursiert ein Witz, dass jeder, der Milliardär wird, eine Trophäe erhalten sollte, die ihm dazu gratuliert, dass er »den Kapitalismus gewonnen« habe. Man solle einen Hundepark nach ihm benennen und jedes zusätzliche Vermögen konfiszieren.

Das ist witzig, aber eine Milliarde ist viel zu viel. Um die politische Obergrenze zu berechnen, müssen wir zunächst über den Kontext nachdenken, in dem sie umgesetzt wird (dazu mehr im folgenden Kapitel). In einem Land mit einem ähnlichen sozioökonomischen Profil wie die Niederlande, wo ich wohne, sollten wir eine Gesellschaft anstreben, in der niemand mehr als 10 Millionen Euro besitzt. Es sollte keine *Dekamillionäre* geben. Diese Grenze in Euro, Dollar oder Pfund gilt in etwa für die meisten entwickelten Volkswirtschaften, allerdings ist wichtig festzuhalten, dass es mehr auf die Berechnungsmethode als auf den spezifischen Betrag ankommt. Denn sie erlaubt es allen, die in einem anderen sozioökonomischen System leben, eigene Einschätzungen anzustellen, wo die Obergrenze liegen sollte.

Was die Berechnung der niedrigeren ethischen Grenze angeht, gibt es – in den meisten Fällen – sehr gute Gründe, sie weit unter der politischen Schwelle von zehn Millionen zu ziehen. Ich behaupte, dass für Menschen, die in einer Gesellschaft mit einem soliden kollektiven Rentensystem leben, die ethische Obergrenze etwa um 1 Million Pfund, Dollar oder Euro pro Person liegt. Die ethische Grenze hängt ebenfalls vom Kontext ab und dürfte unter manchen Bedingungen niedriger, unter anderen höher sein, wie ich zeigen werde. Auch hier ist nicht der genaue Betrag wichtig, sondern der Weg, ihn zu ermitteln. Sicher wird es Auseinandersetzungen über die Höhe beider Schwellenwerte geben – und manche werden argumentieren, die ethische Grenze müsse wesentlich niedriger angesetzt werden als von mir vorgeschlagen.

Halten wir kurz inne, um uns mit einigen Einwänden zu befassen, die manche Leser bis hierhin sicher schon vorbringen werden. Der erste lautet: Bedeutet Limitarismus nicht, dass alle, ganz gleich was sie tun, das gleiche Ergebnis erzielen? Die Antwort ist schlicht: nein. Der Limitarismus tritt nicht für strikte Gleichheit ein. Es gibt prinzipielle wie auch pragmatische Gründe, dass ein gewisses Maß an Ungleichheit gerechtfertigt ist. Manche Menschen arbeiten härter als andere, gehen höhere Risiken ein oder übernehmen mehr Verantwortung. Manche erledigen gefährliche, extrem aufreibende oder gesundheitsbelastende Arbeiten. Manche haben Arbeitszeiten, die ein normales Familienleben gefährden. Manche müssen ständig in Bereitschaft sein. Andere pflegen einen bescheidenen Lebensstil und können mit der Zeit Ersparnisse anlegen. Es gibt noch weitere Gründe, dass ein gewisses Maß an Ungleichheit gerechtfertigt sein kann, zu denen wir später kommen. Aber *grenzenlose* Ungleichheit lässt sich durch nichts rechtfertigen. Und das ist in Hinblick auf den Limitarismus der wichtigste Punkt.

Der zweite Einwand lautet: Zu begrenzen, wie viel Reichtum eine Person anhäufen darf, würde erfordern, Privatbesitz und Marktmechanismen aufzugeben, und uns einen Kommunismus sowjetischen Stils aufzwingen. Diese Argumentation finde ich insofern erstaunlich, als sie etwas über die Qualität unserer öffentlichen Debatte offenbart. Ein solcher Einwand ist Unsinn und stellt vermutlich nur einen weiteren Versuch dar, begründete Kritik am Status quo zum Schweigen zu bringen. Aber da ich ihn schon so oft gehört habe, möchte ich vorab versichern: Ich plädiere weder für einen Kommunismus sowjetischen Stils noch für ein sonstiges Regime, das die Abschaffung der Märkte oder des Privateigentums erfordert. Märkte sind ein sehr wirkmächtiges Instrument, um materiellen Wohlstand zu sichern; Privateigentum ist ein Eckpfeiler unserer Sicherheit, unserer Autonomie und unseres Wohlstands; in Verbindung mit öffentlichen Gütern und allen zugänglichen kollektiven Ressourcen sind beide unerlässlich für eine funktionierende Gesellschaft. Wir würden uns ins eigene Knie schießen, wenn wir sie abschafften. Die eigentliche Frage, die wir beantworten müssen, ist vielmehr, *welche Beschränkungen* wir dem Markt und dem Privateigentum auferlegen müssen, um den Limitarismus zu erreichen.

Dem dritten Einwand sind wir bereits begegnet: Diskussionen, welche die Legitimität extremen Reichtums in Frage stellen, seien von Neid getrieben. Das ist einer der am weitesten verbreiteten Kritikpunkte – mit dem sich nicht nur Befürworter des Limitarismus konfrontiert sehen, sondern alle, die für eine stärkere Progression der Besteuerung eintreten. Als Bernie Sanders und Elizabeth Warren während der Vorwahlen der Demokratischen Partei für die US-Präsidentenwahl 2020 Vermögenssteuern vorschlugen, warf man ihnen Neid vor. Als deutsche Politiker 2019 über einen Vorschlag diskutierten, eine Vermögenssteuer einzuführen, taten ihre Kritiker es als »Neiddebatte« ab. Als Nick Clegg, der damalige stellvertretende Premierminister des Vereinigten Königreichs, 2012 vorschlug, eine einmalige Vermögensabgabe von superreichen Briten zu erheben, um die Rezession zu bekämpfen und soziale Unruhen zu vermeiden, hielt man ihm vor, er betreibe eine Neidpolitik. Niederländische Konservative und rechte Politiker haben sogar ein neues Wort geprägt – jedes Mal, wenn jemand die Einführung einer Steuer vorschlägt, die sehr reiche Menschen überproportional belastet, sprechen sie von *jaloesiebelasting* (Neidsteuer). In all diesen Ländern sind Variationen desselben Themas zu beobachten: Wenn man sich auf die Reichen fokussiert, muss man neidisch sein.[6]

Selbst unter einigen gemäßigten Progressiven herrscht das allgemeine Gefühl, es sei schlecht, den Superreichen ihren Reichtum zu verübeln. In Anbetracht all ihrer harten Arbeit, Mühen und Talente hätten sie ihn verdient. Sie zu kritisieren zeuge von schlechtem Geschmack und sei sogar peinlich: Denn es läge die Vermutung nahe, dass man selbst nicht das Talent oder den Charakter besitze, hart zu arbeiten. So deuten nicht nur Konservative und rechts eingestellte Personen die Kritik an übermäßigem Reichtum. Barack Obama erfasste es recht gut, als er auf die Frage eines Journalisten nach Bonuszahlungen antwortete: »Wie die meisten Amerikaner verübele ich Menschen ihren Erfolg oder Wohlstand nicht. Das gehört zur freien Marktwirtschaft.«[7]

Da diese Anschuldigung so weit verbreitet ist, möchte ich sie ernst nehmen und aufzeigen, warum sie falsch ist. Der direkteste Weg, sie zurückzuweisen, ist der Hinweis auf die vielen sehr reichen Menschen, die sich für politische Maßnahmen einsetzen, um die Ungleichheit von oben nach unten zu reduzieren. Viele Multimillionäre und Milliardäre warnen, dass die Ungleichheiten zu groß werden und Staaten die Steuern für die Reichsten erhöhen müssen. Im Januar 2023 unterzeichneten etwa zweihundert Multimillionäre einen offenen Brief an die Teilnehmer des Weltwirtschaftsforums in Davos, in dem sie für eine höhere Besteuerung der Reichen plädierten. Dasselbe forderte Bill Gates schon mehrfach. Siebzehn Superreiche, darunter auch George Soros, forderten 2020 die US-Präsidentschaftskandidaten auf, eine Vermögenssteuer einzuführen. Es ist eindeutig ein Widerspruch, zu behaupten, dass Personen, die für eine höhere Besteuerung ihrer eigenen Schicht plädieren und häufig Geld spenden, neidisch auf den Reichtum sind, den sie und Ihresgleichen genießen. Das ergibt keinen Sinn. Wie könnte jemand neidisch auf sich selbst sein?[8]

Darüber hinaus ließe sich auch anmerken, dass sich alle, die den Limitarismus auf dieser Basis ablehnen, ins eigene Fleisch schneiden. Denn die Ungleichheit zu reduzieren, würde auch die Gründe für Neid zwischen den Menschen verringern und damit letztlich den Neid selbst, wie die beiden dänischen politischen Theoretiker David Axelsen und Lasse Nielsen argumentieren. Nach ihrer Ansicht tendieren Menschen, die den »Neideinwand« erheben, zu der Auffassung, die Politik solle die weniger Wohlhabenden nicht ermuntern, das haben zu wollen, was andere besitzen. Stattdessen sollten sich die weniger Begüterten auf ihre eigenen Projekte konzentrieren und versuchen, ihr Leben zu verbessern. Axelsen und Nielsen wenden ein, dass Menschen nicht so sehr durch das, was andere haben, abgelenkt wären, wenn es eine Obergrenze dafür gäbe, wie viel jemand anhäufen und ausgeben kann. Es gäbe weniger Konkurrenz um Statusgüter und daher auch weniger demonstrativen Konsum, der überhaupt erst Neid erregt. Eine limitaristische Gesellschaft wäre für alle besser, auch für die sehr Reichen, weil sie den endlosen Konkurrenzkampf um Statusgüter beendete. Wer gegen Neid ist, hat allen Grund, den exzessiven Konsum einzudämmen, der mit exzessivem Reichtum einhergeht.[9]

Es gibt noch eine letzte Antwort auf den Neideinwand. Selbst wenn eine einzelne Person, die für eine Vermögensobergrenze eintritt, Neidgefühle hegen sollte, spielt das eigentlich keine Rolle. Entscheidend ist, ob sie triftige Argumente dafür hat, Ungleichheit einzudämmen. Solange dies der Fall ist, können wir sagen, dass ihr Neid zwar bedauerlich ist, aber der limitaristische Vorschlag Bestand hat. Wir sollten uns auf die eigentlichen Argumente konzentrieren und nicht auf die Einstellung, die den Verfechtern dieses Vorschlags unterstellt wird. Letzten Endes versteht man den Neideinwand am besten als weiteres Ablenkungsmanöver, das uns daran hindern soll, über den mit exzessivem Reichtum verbundenen Schaden und über die Argumente für den Limitarismus zu sprechen. Konzentrieren wir uns also auf die Hauptsache.[10]

Eine ermutigende Entdeckung der letzten Jahre ist, dass es Superreiche gibt, die bereits angefangen haben, den Limitarismus in ihrem Leben umzusetzen. Ein britischer Dekamillionär, den ich interviewte, beschloss gemeinsam mit seiner Frau, nicht mehr als 2 Millionen Pfund für sich und ihre Kinder zu behalten; sie planen, den Rest bis 2030 wegzugeben. Sie besitzen genug, um sich mehrere

Häuser zu kaufen, leben aber in einem normalen Einfamilienhaus und geben ihr Geld nicht für Extravagantes aus. Seine Begründung, alles zu verschenken, war, dass sie für ein erfülltes Leben nicht mehr bräuchten: Mit 2 Millionen Pfund verfügt eine vierköpfige britische Familie über ausreichende Mittel, um ein gutes Leben zu führen, und kann das restliche Geld ohne weiteres einsetzen, um weniger Betuchten zu einem besseren Leben zu verhelfen.

Aber nicht nur anonyme Millionäre denken, dass es eine Obergrenze für das Vermögen eines Menschen geben sollte. Es gibt einige gut dokumentierte Beispiele für limitaristisches Verhalten in einem erheblich größeren Maßstab. Charles »Chuck« Feeney, ein ehemaliger Milliardär, verschenkte praktisch sein gesamtes Vermögen, als er um die Lebensmitte feststellte, dass er ein großes Vermögen besaß, aber auch eine tiefe Abneigung gegen den protzigen Konsum hatte, den er um sich herum sah. Daher beschloss er, es sei das Beste, das Geld zu verschenken, bevor er starb. Und genau das tat er: Er übertrug den Großteil seines Vermögens, etwa 8 Milliarden US-Dollar, seiner philanthropischen Stiftung, die nach Abschluss ihrer Mission 2020 geschlossen wurde. Angeblich lebte er bis ins Alter von 92 Jahren mit seiner Frau in einer gemieteten Dreizimmerwohnung, nachdem er 2 Millionen Dollar für sich behalten hatte. Seine Kinder erwarteten nicht, ein großes Vermögen zu erben. Sie sagten, sie seien dankbar, dass sie ein normales Leben führen konnten.[11]

Erst kürzlich beschloss Yvon Chouinard, der Gründer der Outdoor-Bekleidungsfirma Patagonia, sämtliche Anteile an seinem Unternehmen einer gemeinnützigen Stiftung zu übertragen, die mit den Gewinnen weltweit Maßnahmen gegen den Klimawandel und zum Schutz unerschlossener Landflächen finanziert. Der Unternehmenswert wird auf etwa 3 Milliarden US-Dollar geschätzt und erwirtschaftet jährlich Gewinne von etwa 100 Millionen Dollar. Anders als bei Feeney hatte Chouinards Entscheidung weniger mit seinem eigenen Lebensstil zu tun, obwohl es unwahrscheinlich ist, dass er sonderlich extravagant lebt, wenn man bedenkt, dass er angeblich kein Mobiltelefon besitzt, geschweige denn einen Computer. Vielmehr basierte sein Entschluss auf seiner Ansicht, dass die Existenzberechtigung seines Unternehmens darin besteht, eine positive Wirkung für den Planeten zu haben. Chouinard mag eine unorthodoxe unternehmerische Sicht haben – Menschen und der Erde Vorrang vor Profiten einzuräumen –, aber er hat gezeigt, dass selbst erfolgreiche multinationale Unternehmer eine limitaristische Weltsicht haben können.[12]

Letzten Endes stimmten fast alle Superreichen, die ich interviewte, zu, dass Ungleichheit ein ernsthaftes politisches Problem ist und Staaten die sehr Wohlhabenden ungeschoren davonkommen ließen. Ich suchte diese Männer und Frauen auf, weil ich besser verstehen wollte, wie sie zu ihrem Vermögen standen und wie sie die Dynamik des Reichtums erlebten. Es war erhellend, sie über die Dilemmata reden zu hören, mit denen sie sich konfrontiert sahen, wenn sie ihren Reichtum verschenken wollten. Wenig überraschend, versuchten viele Vermögende zu rechtfertigen, dass sie so viel Geld angehäuft haben – schließlich sind sie Menschen wie alle anderen, und wir alle versuchen, die Entscheidungen, die wir treffen, zu verteidigen, wobei viele von uns nicht fähig oder bereit sind, sich die eigenen Privilegien einzugestehen. Dennoch waren sich alle die sehr reichen Menschen, mit denen ich sprach, der Probleme völlig bewusst, die das gegenwärtige Maß an Ungleichheit erzeugt. Die meisten waren keine Theoretiker, Akademiker oder Autoren, aber viele äußerten limitaristische Ansichten und Argumente, wie sie in diesem Buch dargelegt sind. Es war beruhigend, festzustellen, dass weite Teile dieser Ansichten von Menschen geteilt werden, die jener Gruppe angehören, die durch eine Wende hin zum Limitarismus am meisten Geld zu verlieren haben.

Dass solche Beispiele selten sind, versteht sich von selbst. Weit häufiger sind Multimillionäre und Milliardäre, die an ihrem Vermögen festhalten und bestenfalls einige Krümel abgeben, oder schlimmer noch, die Geld auf eine Weise spenden, die sie sogar noch reicher macht, indem sie karitative Stiftungen gründen, die ihren Geschäftsinteressen dienen und Steuerabschreibungen ermöglichen. Leider sind die Dekamillionäre, die meinen, ihr Reichtum stehe ihnen zu, nicht sonderlich daran interessiert, darüber zu sprechen. Nach meiner Erfahrung mit den Medien – und mit meinen Recherchen zu diesem Buch – lässt sich nur schwer jemand finden, der bereit wäre, diese Haltung auf der Bühne oder in Funk und Fernsehen zu verteidigen. Im Januar 2022 interviewte mich der Fernsehsender CBS zum Limitarismus und sprach anschließend mit der Disney-Erbin und Filmproduzentin Abigail Disney über ihr politisches Engagement im Kampf gegen wachsende Ungleichheit. Soweit ich weiß, bemühte sich CBS monatelang, eine sehr reiche Person zu finden, die das Prinzip der Kapitalakkumulation der Superreichen im Fernsehen verteidigen würde. Aber vergebens. Schließlich gelang es dem Sender, Vivek Ramaswamy zu gewinnen, einen amerikanischen Unternehmer und Investor aus einer Einwandererfamilie, der sich später um die Präsidentschaftskandidatur für die Republikanische Partei bewerben sollte. Er erzählte eine nicht sonderlich relevante Geschichte über die Bedeutung von Chancengleichheit. Selbstverständlich sind wir alle für Chancengleichheit! Es ist lobenswert, über Bemühungen zu reden, Gutes für die weniger Wohlhabenden zu tun – aber die Reichen haben gelernt, dies auf eine Weise zu tun, die allen Fragen zu ungleichen Ergebnissen ausweicht. Denn früher oder später münden solche Fragen in einer Analyse der Gesellschaftsstrukturen, politischen Entscheidungen und Machtverhältnisse, die zu diesen Ungleichheiten geführt haben. Und dabei haben die Reichsten nichts zu gewinnen. Wenig überraschend bemüht sich die Mehrheit von ihnen, das Thema zu vermeiden.[13]

Wir sollten jedoch weiterhin versuchen, mit den Superreichen in einen Dialog zu treten, auch wenn manche von ihnen derart von sich eingenommen sind, dass es schwerfällt, sich davon nicht abschrecken zu lassen. Progressive tappen verständlicherweise gern in die Falle, extrem reiche Menschen zu verteufeln. Ich finde jedoch, dass dies zwar in manchen Einzelfällen gerechtfertigt ist, aber eine allzu simple Reaktion darstellt. Die extreme Konzentration von Reichtum ist in erster Linie ein Strukturproblem. Daher sollten wir uns vor allem auf die notwendigen strukturellen Veränderungen konzentrieren und uns nicht auf die reichen Personen an sich fixieren, solange sie den erforderlichen Strukturwandel nicht aktiv behindern.

Wir sollten auch nicht vergessen, dass die Gruppe der Superreichen eine große Bandbreite recht unterschiedlicher Menschen umfasst. Manche der Vermögenden, mit denen ich gesprochen habe, organisieren politische Proteste gegen extremen Reichtum und plädieren für eine Umverteilung von Geld und Macht von den Reichen an die Armen und die Mittelschicht. Manche sprechen sich sogar für eine grundlegende Umwälzung unserer Wirtschaft aus. Man wird dieser Gruppe nicht gerecht, wenn man sie alle über einen Kamm schert, ganz abgesehen davon, dass es für alle, die einen echten Wandel anstreben, strategisch unklug wäre.

Zudem ist es auf einer tieferen Ebene wichtig, dass wir mit Menschen, die völlig anderer Meinung sind als wir, Gesprächskanäle offen halten, solange alle Beteiligten bereit sind, zuzuhören, und es vermeiden, auf Lügen, Täuschung oder Beleidigung zurückzugreifen (zugegebenermaßen erfordert das, dass die Medien solche Debatten ermöglichen und somit frei von Machtmissbrauch durch Konzerne sind, ein Problem, auf das wir später zurückkommen werden). Wenn wir Superreiche verurteilen, statt uns auf das umfassendere Problem der Konzentration extremen Reichtums zu fokussieren, wird dieses Gespräch erheblich erschwert. Der Austausch von Ideen und die Bereitschaft, den eigenen Standpunkt in Frage stellen zu lassen und potenziell zu ändern, ist das, was uns als denkende Wesen ausmacht. Es ist das lebendige Herz der demokratischen Gesellschaft. Wenn wir in einer besseren Welt leben wollen, müssen wir, wie Anand Giridharadas in seinem Buch *The Persuaders* argumentiert, zu dem Versuch bereit sein, andere zu überzeugen, und offen dafür sein, uns von ihnen überzeugen zu lassen. Das bedeutet, dass wir, wenn wir herausgefordert werden, nicht einfach nur unsere politischen Ansichten herausbrüllen, sondern darüber nachdenken, warum wir sie haben. Wir müssen unserer Umgebung unsere Überlegungen respektvoll darlegen, denn letztlich müssen wir alle – in jedem Land und auf dieser Erde – mit unseren Mitmenschen zusammenleben.[14]

Vor über zehn Jahren habe ich mich aufgemacht, um die Frage zu beantworten, ob an extremem Reichtum etwas falsch ist. Unterwegs habe ich eine ganze Reihe von moralischen, politischen und praktischen Argumenten durchgearbeitet und die Fülle von Informationen herangezogen, die von der empirischen Forschung und dem investigativen Journalismus zusammengetragen wurden. Am Ende habe ich dieses Buch geschrieben, das sich zu einem öffentlichen Überzeugungsversuch entwickelt hat. Ich hoffe, meine Leserschaft zu überzeugen, dass es uns allen in einer Welt, in der es keine Superreichen gibt, besser gehen würde; in einer Welt, in der die »nur« Reichen bereit wären, nachdem sie ihre Steuern bezahlt haben, mehr von ihrem Vermögen mit den weniger Wohlhabenden zu teilen. In einer solchen Welt würde es uns allen nicht nur besser gehen – es gäbe darin auch erheblich weniger Ungerechtigkeit aller Art.

Viele progressive Kräfte werden auf den folgenden Seiten Argumente finden, die ihre bisherigen Ansichten stützen. Die meisten Konservativen, Neoliberalen und Rechts-Libertären vertreten in dieser Debatte Positionen, die erheblich weiter von meiner entfernt sind. Dennoch hoffe ich, dass auch sie bereit sein werden, sich darauf einzulassen. Schließlich betrifft es auch ihre Zukunft: Auch sie haben ebenso wie der Rest von uns viel zu verlieren, wenn wir so weitermachen wie bisher.

KAPITEL 1

Wie viel ist zu viel?

Als mein ältester Sohn etwa zwölf Jahre alt war, radelten wir von unserer Wohnung in Utrecht in ein benachbartes Dorf. Utrecht ist eine wunderschöne alte Stadt in den Niederlanden mit vielen Gebäuden aus dem Mittelalter. Sie schwirrt vor Leben. Wie alle Städte hat sie ihre Probleme, aber dank jahrelanger progressiver Kommunalpolitik bietet sie ihren Einwohnern eine hohe Lebensqualität. Und wie überall in den Niederlanden hat sie eine hervorragende Infrastruktur für Radfahrer, und nahezu alle radeln, Jung und Alt, Reich und Arm.

Es war ein herrlicher Tag, und während der Fahrt plauderten wir. Als wir den Stadtrand erreichten, kamen wir an einer Bank vorbei, auf der ein schlafender Mann lag. Er war unverkennbar in einer schlechten Verfassung: Seine Kleidung war ausgefranst und voller Flecken, seine Schuhe waren abgetragen und sein Gesicht und seine Hände voller Schwären. Als wir an ihm vorbei waren, fragte mein Sohn: »Mama, hast du das gesehen?« »Ja«, erwiderte ich, »das ist ein Obdachloser.« Mein Sohn schwieg eine Weile und sagte dann: »Ich schäme mich, dass wir als Gesellschaft Menschen so behandeln.«

Überall sieht man Obdachlose, die auf einer Bank oder einem

Stück Pappe auf dem Bürgersteig schlafen, wenn auch an manchen Orten häufiger als an anderen. Die schlimmste Armut ist gewöhnlich für alle gut sichtbar: sei es nun Obdachlosigkeit oder eine andere Form materieller Entbehrungen – Kinder, die immer in denselben Kleidern in die Schule kommen und auf das kostenlose Mittagessen angewiesen sind, das sie dort bekommen. Dagegen ist großer Reichtum häufig unsichtbar. Tatsächlich ziehen es Reiche und Superreiche in vielen Ländern vor, unentdeckt zu bleiben. Sie bauen ihre Villen hinter hohen Zäunen oder in bewachten Wohnanlagen mit Kameras, die Neugierige in Schach halten. Sie tragen teure Kleidung und Schmuck, wenn sie Events mit anderen Superreichen besuchen, aber bei den wenigen Gelegenheiten, bei denen sie an öffentlichen Orten mit dem Rest von uns zusammentreffen, versuchen sie häufig, nicht aufzufallen. In der Öffentlichkeit präsentiert sich Ungleichheit häufiger in Form von Armut als in Gestalt von extremem Reichtum.

Es mag trivial klingen, aber es gibt zwei Seiten der Ungleichheit. Sie kann zunehmen, weil die Armen ärmer werden oder weil die Reichen noch reicher werden – und die Mittelschicht und die Armen noch weiter hinter sich lassen. Wenn die Ungleichheit wächst, weil die Armen ärmer werden oder die Mittelschicht in Bedrängnis gerät, ist sie offensichtlicher und wird von vielen Menschen aus erster Hand erlebt. Es fällt uns auf, wenn auf den Straßen mehr Obdachlose und Bettler sind. Lebensmitteltafeln teilen den Medien ohne Zögern mit, wenn die Schlangen länger werden – wenn immer mehr Familien verzweifelt Unterstützung brauchen, weil ihr Einkommen nicht mehr für ihre Grundbedürfnisse ausreicht. Wenn dagegen die sehr Reichen reicher werden, ist in der Öffentlichkeit nicht viel davon zu sehen, und die Alltagserfahrung der meisten von uns verändert sich nicht. Zumindest nicht unmittelbar. Was passiert ist, können wir nur herausfinden, wenn wir die jährlichen Reichenlisten konsultieren oder die Medien über aktualisierte Statistiken der Vermögensverteilung berichten, das heißt, falls sie sich überhaupt entschließen, über diese Themen zu berichten.

Vielleicht erklärt das, warum in den letzten beiden Jahrzehnten des 20. Jahrhunderts nur wenige Menschen bemerkten, dass die Ungleichheit zuzunehmen begann. In vielen Ländern gab es eine Zeitlang keine spürbare Zunahme der Armut, und in manchen Entwicklungsländern, vor allem in China, wuchs die Mittelschicht. Die meisten Ökonomen fokussierten sich auf Letzteres und feierten, dass die Ausweitung des internationalen Handels die willkommene Auswirkung hatte, das Ausmaß extremer Armut im Globalen Süden zu verringern. Die Finanzkrise 2008 führte zwar zu einem sichtbaren Zuwachs von Menschen, die in Not gerieten, aber das Wort »Krise« vermittelte der Öffentlichkeit den irreführenden Eindruck, es handele sich um eine vorübergehende Störung eines Systems, das im Grunde auf einer gerechten Basis mehr Wohlergehen für alle schaffte.

Das alles änderte sich 2013, als der französische Wirtschaftswissenschaftler Thomas Piketty sein Buch *Le Capital au XXIe siècle* (dt.: *Das Kapital im 21. Jahrhundert*) veröffentlichte. Es schlug ein wie eine Bombe. Piketty und seine internationalen Mitarbeiter hatten neue Daten gesammelt, viele davon aus bis dahin unerforschten Quellen wie historischen Steuerunterlagen. Sie bestätigten die weit verbreitete Ansicht, dass die Ungleichheit in vielen reichen Ländern in der Zeit nach dem Zweiten Weltkrieg abgenommen hatte. Der Krieg hatte sich als brutaler Gleichmacher erwiesen, da er viele große Vermögen vernichtet hatte; anschließend bemühte man sich, mit vereinten Kräften eine Gesellschaft wiederaufzubauen, in der alle aufblühen konnten. Aber Pikettys Analyse zeigte auch, dass es gegen Ende der siebziger Jahre einen klaren Wendepunkt gab und von da an die Ungleichheiten – beim Einkommen, aber mehr noch bei den Vermögen – stetig zugenommen hatten. Er entlarvte die Vorstellung als Mythos, dass es nie wieder Ungleichheiten in einer Größenordnung geben würde, wie sie zu Feudalzeiten existiert hatten: Wenn wir nicht politisch intervenieren würden, befänden wir uns auf dem Weg in eine neue quasi-feudale Ära, in der die wenigen nahezu alles, und die vielen nahezu gar nichts besäßen, warnte er.[1]

Leider hat er recht behalten. Angesichts der politischen Entscheidungen, die wir getroffen haben, bekommt extremer Reichtum freie Fahrt. Und sein lawinenartiges Anwachsen macht es zunehmend schwieriger, etwas gegen die Ungleichheit zu unternehmen. In den zehn Jahren, die seit Erscheinen von Pikettys Buch vergangen sind, sind die Reichen weiterhin immer reicher geworden: Alljährlich liefert der Oxfam-Bericht zur Vermögensungleichheit schockierende Statistiken zur globalen Vermögensverteilung. Nur ein Beispiel: Von 2020 bis 2022 waren Einkommen und Vermögen des obersten 1 Prozents doppelt so hoch wie das der übrigen 99 Prozent der Weltbevölkerung.[2]

Wenn wir eine Chance haben wollen, eine Lösung für dieses Problem zu finden, müssen wir das Wesen und Ausmaß extremen Reichtums verstehen. Wenn mein Sohn einen Obdachlosen sieht, können wir darüber reden, warum das passiert und was dagegen getan werden sollte; aber wir fragen uns kaum einmal – falls überhaupt –, welcher Zusammenhang zwischen den Superreichen, die in Villen hinter verschlossenen Toren wohnen, und den Obdachlosen auf der Straße oder den Mittelschichteltern besteht, die Mühe haben, ihre Miete zu bezahlen.[3]

Statistiken und andere Daten können uns genau aufzeigen, wie viel die reichsten Menschen der Gesellschaft typischerweise verdienen und besitzen; wie ihr Vermögen im Laufe der Zeit gewachsen ist und wie sie es erworben haben; und vor allem wie das oberste 1 Prozent als Ganzes seinen Reichtum vermehrt hat. Aber bevor wir uns in die Zahlen versenken, sollten wir herausfinden, wer diese Menschen sind. Über wen sprechen wir hier? Was für ein Leben führen sie? Eindeutig haben die Superreichen alle viel Geld. Auf die Frage, wie viel »viel Geld« ist, kommen wir später zurück, vorerst gehen wir als Arbeitsdefinition für »Superreiche« von Menschen aus, die jeweils über ein Vermögen von mindestens 5 Millionen Pfund oder über ein Einkommen verfügen, das es ihnen ermöglicht, ein solches Vermögen im Laufe der Zeit anzuhäufen. Viele Menschen haben ein beträchtliches Einkommen – nicht wenige CEOs großer Konzerne verdienen im Jahr 10 Millionen Pfund und mehr. Andere haben vielleicht ein geringeres Einkommen, aber beträchtliche Vermögenswerte wie Land, Immobilien oder geerbtes Geld. Ansehnliches Kapital dieser Art bedeutet, dass sie ihren Reichtum sich vermehren lassen können, da die Erträge von Investitionen und Darlehen aus solchen Vermögenswerten wesentlich höher sind als die von Ersparnissen einer Mittelschichtfamilie. Eine gewöhnliche Person mit bescheidenen Ersparnissen auf der Bank bekommt typischerweise weniger als 1 Prozent Zinsen, aber Menschen, die große Summen langfristig anlegen können, erhalten in der Regel 5 Prozent und mehr.

Sieht man sich jedoch ihr Leben an, wie sie ihr Vermögen angehäuft haben, was sie mit ihrem Reichtum tun und welche Ansichten sie zur Legitimität ihres Wohlstands hegen, sind die Supereichen äußerst verschieden. Das ändert nichts an der Tatsache, dass die Konzentration von Reichtum Risiken für die Gesellschaft birgt: In allen Fällen gibt es gewichtige Einwände gegen die Größe ihres Vermögens. Dennoch ist die Diversität der Superreichen wichtig. Wenn wir uns den Argumenten für (oder gegen) den Limitarismus zuwenden, werden wir sehen, dass ein Bewusstsein für die vielen, den Superreichen zur Verfügung stehenden Quellen des Reichtums uns zu erkennen hilft, welche dieser Argumente auf den Einzelnen zutreffen (es werden mehrere zutreffen, aber nicht alle für jeden oder zumindest nicht im selben Maß). Wenn wir eine politische Debatte über extremen Reichtum führen wollen, müssen wir darüber hinaus dafür sorgen, dass wir uns nicht auf eine spezifische Untergruppe der Superreichen fixieren, und unsere Behauptungen verallgemeinern. Das zu tun würde bedeuten, die Superreichen in Bausch und Bogen entweder zu glorifizieren oder zu verteufeln.

Eines haben sie allerdings alle gemeinsam: Was sie eint, ist, dass sie viel Geld besitzen und, wie wir später noch sehen werden, in einem System leben, das Reichtum schützt und seine weitere Akkumulation ermöglicht. Wollen wir aber Erklärungen für die wachsende Ungleichheit finden und die Folgen extremen Reichtums verstehen, so brauchen wir ein vollständigeres Bild. Also: Wer sind sie?

Fangen wir mit den Wohlfühl-Erfolgsgeschichten an. Das sind die seltenen Multimillionäre, die gegen jede Wahrscheinlichkeit reich geworden sind und angeblich den lebenden Beweis liefern, dass jeder »es schaffen« kann. Nehmen wir J. K. Rowling, die ihren ersten *Harry-Potter*-Band schrieb, als sie als alleinerziehende Mutter von Sozialhilfe lebte. Der Erfolg ihrer Romane und der anschließende Verkauf der Filmrechte machten sie in Großbritannien zur erfolgreichsten lebenden Bestseller-Autorin und brachten ihr ein Vermögen ein, das auf etwa 1 Milliarde Pfund geschätzt wird. Oder nehmen wir Oprah Winfrey, die in bitterer Armut aufwuchs und als Kind wiederholt sexuell missbraucht wurde. Trotz dieser extrem harten Kindheit baute sie sich eine glänzende Fernsehkarriere auf, die sie zu einer der einflussreichsten Medienpersönlichkeiten Amerikas – und zur Milliardärin – machte. Aber wir dürfen uns von J. K. Rowlings und Oprah Winfreys Vom-Tellerwäscher-zum-Millionär-Geschichten nicht hinreißen lassen: Ja, manche können gegen jede Wahrscheinlichkeit reich werden, das heißt jedoch keineswegs, dass dies allen gelingen kann, die in Armut oder Elend aufwachsen. Ganz im Gegenteil. Es kommt extrem selten vor, dass ein schwer arbeitender, ehrgeiziger Mensch aus der Unterschicht oder der unteren Mittelschicht Milliardär wird. Die meisten können von den außerordentlichen Transformationen, die Rowling und Winfrey erfahren haben, nur träumen. Abgesehen von diesen seltenen Ausnahmen, die wir gern ins Rampenlicht rücken, bleiben die meisten Menschen aus diesen Schichten trotz aller Anstrengungen arm oder auf Mittelschichtniveau.

Häufiger sind superreiche »Selfmade«-Geschäftsleute, die in Familien der (oberen) Mittelschicht aufgewachsen sind. In der Regel fangen sie ohne ererbtes Vermögen an und arbeiten eine Zeitlang in mittelmäßig bezahlten Anstellungen. Irgendwann gründen sie ein Unternehmen in einem günstigen Marktsegment. Wenn sie dieses Unternehmen verkaufen und sich zur Ruhe setzen – meist mit Ende vierzig oder fünfzig –, haben sie sehr viel Geld auf dem Bankkonto. Manche dieser Firmen können mit der Zeit wirklich sehr groß werden, aber viele dieser Selfmade-Dekamillionäre tun nicht so absurde Dinge, wie Twitter zu kaufen oder Weltraumtourismusprogramme zu entwickeln. Es sind Geschäftsleute, die weiterhin mit beiden Beinen fest auf dem Boden stehen. Das gilt für mehrere der Dekamillionäre, die ich interviewte. In den ersten Jahrzehnten führten sie ein normales Mittelschichtleben, was vielleicht teilweise erklärt, warum sie sich nicht wohl damit fühlen, so viel Geld zu besitzen. Manche bemühen sich aktiv, es auf umsichtige Weise zu verschenken. Andere verspüren ein tieferes Unbehagen wegen ihres Reichtums und schließen sich politischen Organisationen an, die für höhere Besteuerung der sehr Reichen eintreten, wie den Patriotic Millionaires in den USA und im Vereinigten Königreich, taxmenow in den deutschsprachigen europäischen Ländern und den Millionaires for Humanity, die weltweit tätig sind.[4]

Manche dieser geschäftstüchtigen Multimillionäre und Milliardäre mögen erscheinen, als hätten sie alles aus eigener Kraft geschafft – als seien sie wie Oprah Winfrey tatsächlich aus dem Nichts gekommen. Häufig entspricht das jedoch nicht der Wahrheit. Meist hatten sie Eltern, die ihre Talente aktiv gefördert und in sie investiert haben, oder Lehrer, die sich besonders für sie eingesetzt haben. Oder wohlhabende Verwandte, die ihre Studiengebühren übernommen haben, so dass sie bei ihrem Eintritt ins Arbeitsleben nicht mit der Rückzahlung erheblicher Studienkredite belastet waren. Oder sie profitierten von einer Politik, die ihnen Startvorteile verschaffte oder sie weiter unterstützte, auch wenn sie bereits finanziell gut gestellt waren.

Dann gibt es noch eine weniger klar umrissene Gruppe von Superreichen, die kein eigenes Unternehmen aufgebaut, sondern sich in einem Konzern hochgearbeitet haben. Sie verkörpern exemplarisch den Erfolg im Spiel des Kapitalismus. Diese Menschen sind die Triebkräfte von Institutionen, die erhebliche Ressourcen um die Welt bewegen, die Güter und Dienstleistungen produzieren, welche die Nachfrage der Konsumenten decken, und die finanziellen Wohlstand schaffen (ob sie für das Wohl von Konsumenten oder überhaupt jemandem sorgen, ist allerdings eine andere Frage; nicht alle verkauften und gekauften Güter steigern unser Wohlergehen). Nehmen wir Ben van Beurden, von 2014 bis 2022 CEO von Shell. Laut der Webseite des Konzerns gehörte es in dieser Zeit zu seinen Hauptverdiensten, dass das Unternehmen unter seiner Führung seine Finanzperformance erheblich verbesserte und unter anderem ein um 65 Prozent höheres bereinigtes Ertragsergebnis erzielte und die Ausschüttungen an die Aktionäre verdoppelte. Eindeutig versteht er es sehr geschickt, in der heutigen globalisierten kapitalistischen Welt Geschäfte zu machen. Im März 2019 gab es in den Niederlanden einige Diskussionen über sein Einkommen in den vorangegangenen Jahren, das von 8,9 Millionen Euro 2017 auf 20,1 Millionen Euro 2018 angewachsen war – was 55 000 Euro pro Tag entspricht. In den meisten Jahren lagen seine Gesamteinkünfte bei Shell in der Größenordnung von 5 bis 8 Millionen Euro.[5] Nach niederländischen Maßstäben ist das ein sehr hohes Einkommen. Aber wenn van Beurden sich anderswo umsieht, vor allen unter seinesgleichen im Vereinigten Königreich und in den USA, könnte er es durchaus für ein bescheidenes Gehalt halten. Schließlich betrug 2018 das Durchschnittsgehalt eines CEO in einem der 350 größten amerikanischen Konzerne 14 Millionen Dollar oder 17,2 Millionen Dollar, wenn man Aktienoptionen mitrechnet.[6] Es gibt immer jemanden, der mehr verdient.

Selbstverständlich gibt es auch eine recht große Gruppe, die für ihr Geld nichts getan hat: die Erben eines Vermögens. Das sind zunächst einmal die Königshäuser. Die meisten Mitglieder von Königsfamilien wurden in großen Reichtum hineingeboren und genießen beträchtliche Jahreseinkommen. Prinz William, der nach dem Tod von Königin Elizabeth II. Prince of Wales wurde, besitzt nun ein Herzogtum, das etwa 1 Milliarde Pfund Wert ist und in den letzten Jahren einen Jahresertrag von über 20 Millionen Pfund erwirtschaftet hat.[7] Aber nicht nur Monarchen genießen das Privileg eines großen Erbes. Über die Hälfte des gegenwärtigen Reichtums stammt aus einer Erbschaft (oder aus einer Serie von Erbschaften, wie die superreichen Dynastien es gern sehen). Die Nutznießer dieser Erbschaften üben vielleicht selbst einen Beruf aus oder arbeiten gar nicht. Manche nutzen ihr Erbe als Startkapital, um eigene Unternehmen zu gründen. Ihr Vermögen ist dann eine Kombination aus ererbtem Reichtum und zusätzlichem Wohlstand aus ihrer Geschäftstätigkeit, allerdings ist anzumerken, dass ihre Unternehmen durch ihr Anfangskapital zumindest unterstützt wurden. Erben großer Vermögen können sich natürlich jede Tätigkeit aussuchen, die ihnen gefällt, aber interessanterweise gibt es schichtspezifische Erwartungen, was sie tun sollten und vor allem nicht tun sollten. Einer meiner Gesprächspartner, der viele reiche Leute aus der Finanzwelt interviewt hatte, erwähnte, dass junge Frauen in europäischen Elitekreisen ermuntert werden, Kunstgeschichte zu studieren, damit sie sich um die Kunstsammlung der Familie kümmern können, während ihr Mann in der Finanzbrache arbeitet.

Das soll keineswegs heißen, dass es nicht auch Menschen gibt, die wie Chuck Collins ein Vermögen erben und beschließen, es nicht zu behalten. Er wuchs in den sechziger und siebziger Jahren in einem Vorort von Detroit auf und erlebte aus erster Hand die durch ungleichen Wohlstand verursachte enorme Ungleichheit der Chancen. Er fand es ungerecht, dass er mit einem Treuhandfonds geboren wurde, während Menschen, die in Wohncontainern lebten, ihre Zwangsräumung befürchten mussten. Zudem stießen ihn die Argumente der älteren Mitglieder seines Netzwerks Vermögender ab, die junge Millionäre warnten, nicht die Gans zu schlachten, die goldene Eier legte. Anders gesagt: Rühre das Kapital nicht an, das deine Eltern und Großeltern dir vermacht haben – lass es wachsen und lebe von dessen Ertrag. Mit 26 Jahren verschenkte er 1985 sein Erbe (damals 500 000 Dollar, die laut Schätzung eines Journalisten 2016 einen Wert von über 7 Millionen Dollar gehabt hätten). Seitdem engagierte er sich in diversen Organisationen, die Forschungen zu Ungleichheit durchführen, das Bewusstsein für dieses Problem schärfen und Vorschläge für politische Maßnahmen entwickeln, um etwas dagegen zu unternehmen. Außerdem hat er zahlreiche Bücher zu diesem Thema veröffentlicht, unter anderem eines gemeinsam mit Bill Gates Sen., in dem sie sich gegen die Abschaffung der *estate tax* in den USA, der dortigen Form der Erbschaftssteuer, aussprechen.[8]

Collins ist keineswegs der einzige Erbe, der das Gefühl hatte, er solle das ererbte Geld nicht behalten. Eine der bekanntesten europäischen Kritikerinnen, die die Legitimität großer Erbschaften in Frage stellt, ist die deutsch-österreichische Aktivistin Marlene Engelhorn. Sie erregte 2022 weltweites Aufsehen, weil sie ihr Unbehagen über das Erbe in zweistelliger Millionenhöhe äußerte, das ihre Großmutter ihr hinterlassen hatte. Schließlich habe sie nichts getan, womit sie dieses Geld verdient hätte. Journalisten erklärte sie, sie werde mindestens 90 Prozent davon weggeben, obwohl sie im Idealfall lieber zusammen mit allen anderen sehr reichen Menschen besteuert würde, da sie überzeugt ist, dass es nicht ihre Sache ist, zu entscheiden, wofür das Geld ausgegeben werden soll.[9]

Engelhorns Ansicht deckt sich weitgehend mit der von Mitgliedern der amerikanischen Organisation Resource Generation, deren Mission auf limitaristischen Prinzipien beruht (ohne sie jedoch so zu nennen). Sie begann vor etwa fünfundzwanzig Jahren als informelles Netzwerk wohlhabender junger Leute, die an philanthropischen Tagungen teilnahmen und sich der älteren Generation entfremdet fühlten. Sie suchten nach einer Gemeinschaft Gleichgesinnter. Aber nach einer Reihe politischer Ereignisse, die die systemische Ungerechtigkeit der amerikanischen Gesellschaft unterstrichen, entwickelte sich das Netzwerk zu einer offiziellen Organisation. Der erste größere Wendepunkt war die Finanzkrise 2008/2009, die das Leben vieler normaler Menschen durch das ungezügelte Profitstreben und die zunehmend riskanten Entscheidungen von Finanzinstitutionen ruinierte. Kurze Zeit später entstand 2011 die Occupy-Bewegung. Mitglieder von Resource Generation schlossen sich den Protesten solidarisch an und forderten auf Plakaten: »Ich bin das 1 %, besteuert mich.« Resource Generation wurde zu einer Organisation für reiche Amerikaner zwischen 18 und 35 Jahren aus den oberen 10 Prozent, die Mitgliedsbeiträge entrichten, und hat derzeit mehr als 1100 zahlende Mitglieder aus den gesamten USA. Sie ermuntert ihre Mitglieder, sich an einen durchschnittlichen Lebensstandard zu halten – einen Lebensstil, den idealerweise alle pflegen würden – und darauf hinzuarbeiten, ihren gesamten überschüssigen Reichtum wegzugeben, und zwar so, dass sie damit Bewegungen für soziale Gerechtigkeit und Fortschritt in Richtung auf eine Gesellschaft unterstützen, in der es keine privilegierte Klasse von Menschen gibt, die zu viel besitzen.[10]

Last, but not least müssen wir in diese Parade sehr reicher Menschen auch noch diejenigen einbeziehen, deren Reichtum auf Verbrechen, Unterdrückung und Ausbeutung beruht. Ein Beispiel sind russische Superreiche, jene Oligarchen, die extrem reich wurden, als sie nach dem Zusammenbruch der Sowjetunion die früheren Staatsbetriebe übernahmen. Es sind Leute, die riesige Yachten und Villen in London oder Berlin und eine zweite Staatsbürgerschaft in Malta oder anderen europäischen Ländern besitzen. Vermutlich gehört auf diese Liste auch Wladimir Putin. In der ersten Jahreshälfte 2022 herrschte allgemein die Ansicht, Elon Musk sei mit seinem geschätzten Nettovermögen von 260 Milliarden US-Dollar der reichste Mann der Welt. Aber als man ihn im März 2022 in einem Interview fragte, wie es sich anfühle, der reichste Mensch auf Erden zu sein, erwiderte Musk, er glaube, Wladimir Putin sei erheblich reicher als er. Zugang zu Details über Putins tatsächliches Vermögen wird allen, die dazu recherchieren möchten – seien es Wissenschaftler, Journalisten oder auch russische Bürger –, weitestgehend streng verwehrt. Einige Insider schätzen, es könne über 200 Milliarden US-Dollar betragen, allerdings gibt es dafür keine Belege. Aber nach allem, was wir über seine Vorgehensweise wissen, und in Anbetracht sämtlicher Berichte, wie er russischen Oligarchen Geld abringt, ist diese Summe durchaus nicht unplausibel. Wie groß sein Vermögen auch sein mag, ist es vermutlich eng mit illegalen Finanztransaktionen verknüpft.[11]

All diese Menschen unterscheiden sich grundlegend in ihrer Herkunft und verfügen über ein sehr unterschiedliches Maß an Reichtum. Was sie eint, ist, dass sie alle zu dem 1 Prozent gehören: Sie alle sind *extrem* reich. Hier reden wir nicht nur über Reiche – sondern über Superreiche. Und ob sie nun Erben, Industriekapitäne oder kleptokratische Staatslenker sind, besitzen sie alle weit mehr, als sie brauchen, und viel, viel mehr, als ihnen zusteht. Diese Gruppe entfernt sich mehr und mehr von uns Übrigen.

Es wird zwar nicht viel darüber gesprochen, aber es existiert eine Grenze zwischen »reich« und »superreich« – wie wissenschaftliche

Studien zunehmend belegen. Zwei Forscherteams haben etwa die Frage erforscht, ob es möglich ist, die Reichen von den Superreichen zu unterscheiden. In Großbritannien führte ein Team unter der Leitung der Soziologin Abigail Davis kürzlich eine qualitative Studie mit der Fokusgruppen-Methode durch. Sechs Gruppen von jeweils zehn Personen diskutierten über die Frage, wie man zwischen verschiedenen Niveaus des Lebensstandards in London unterscheiden könne. London ist eine der Städte der Welt mit der größten Ungleichheit, ihre Bevölkerung umfasst sowohl Menschen, die unterhalb der Armutsgrenze leben, als auch sehr Wohlhabende. Interessanterweise herrschte unter den Teilnehmenden große Einigkeit, wie wir die verschiedenen Kategorien des Lebensstandards unterscheiden sollten.[12]

Am unteren Ende der Skala stehen Menschen, die unterhalb oder knapp an der Armutsgrenze leben (in Großbritannien »Minimum Income Standard« genannt). Darauf folgen drei Gruppen, die grob der unteren Mittelschicht, der Mittelschicht und den Reichen entsprechen, und ganz oben steht die eigene Kategorie der Superreichen. Menschen in der unteren Mittelschicht können etwas ruhiger schlafen als diejenigen, die an oder unterhalb der Armutsgrenze leben. Sie haben vielleicht bescheidene Ersparnisse und einige preiswerte Hobbys. Angehörige der Mittelschicht genießen ein höheres Maß an Sicherheit und mehr Möglichkeiten: Vielleicht besitzen sie ein (mit Hypotheken belastetes) Haus und können sich Kinderbetreuung in einer Krippe oder einem Kindergarten sowie gelegentlich einen Urlaub im Ausland leisten. Die Reichen können sich ein Haus ohne Hypothek kaufen und besitzen vielleicht ein weiteres Haus im Ausland. Zudem können sie private Dienstleistungen (wie ein Kindermädchen, einen Gärtner oder einen Finanzberater) in Anspruch nehmen und besitzen mehrere Autos und beträchtliche Investitionen. Die Superreichen – hochrangige Geschäftsleute, Promis und Unternehmer – haben mehrere Häuser, beschäftigen diverses Personal und kaufen sich vielleicht ein Privatflugzeug oder eine Yacht, wenn sie es wollen.

Viele (aber nicht alle) der Studienteilnehmer aus London hatten den Eindruck, dass diejenigen, die sie als »superreich« bezeichneten, viel mehr besitzen, als sie für ein sehr gutes Leben brauchen. Manche fanden, das gelte auch bereits für die lediglich »Reichen«. Allerdings waren nicht alle der Ansicht, wer mehr habe, als man für ein gutes Leben brauche, solle das überschüssige Geld nicht behalten dürfen. In diesem Punkt hing die Einschätzung der Teilnehmer stark davon ab, wie die Reichen und Superreichen an ihr Vermögen gekommen waren und ob sie die Welt für andere besser machten. Dass J. K. Rowling Milliardärin war, hielten sie für weitaus weniger problematisch, als es bei Leuten der Fall war, die »mit einem Silberlöffel im Mund geboren wurden«.

Die zweite Studie machte ein Team, das ich 2018 an der Universität Utrecht zusammenstellte. Wir führten eine Umfrage durch, in der wir die Teilnehmer baten, den Lebensstandard zu etikettieren, der bestimmten, von uns beschriebenen Situationen entsprach, etwa die Art von Haus, die eine vierköpfige Familie besitzt, ob sie ein zweites Haus hat, wie viele Autos sie hat, wie oft sie in Urlaub fährt und wie viele Ersparnisse und Kapitalanlagen sie besitzt. Unsere Studie ergab, dass nahezu alle Befragten (96,5 Prozent) keinerlei Problem hatten, eine Grenze zwischen »reich« und »superreich« zu ziehen. Wo sie diese Grenze zogen, unterschied sich jedoch. Etwa die Hälfte der Befragten war der Ansicht, ein Lebensstil mit einer schicken Villa, einem bescheidenen Zweithaus, zwei Luxusautos, drei Urlaubsreisen im Jahr und 200 000 Euro Ersparnissen sei genug, um ein sehr gutes Leben in einem gewissen Luxus zu führen. Alles darüber hinaus überschreite die Schwelle zwischen »reich« und »superreich« und sei mehr, als man für einen hohen Lebensstandard brauche. Erhöhte sich der materielle Lebensstandard einer Familie auf zwei Luxusautos, fünf Urlaubsreisen im Jahr und 1 Million Euro an

Ersparnissen oder Geldanlagen, waren sich zwei Drittel der Befragten einig, dass sie superreich sei. Wuchsen die Ersparnisse und Kapitalanlagen auf 10 Millionen Euro, hielten 83 Prozent der Befragten sie für superreich. Unser Forschungsteam schätzte nun den gesamten Geldwert eines jeden Lebensstils und der damit verbundenen Kapitalanlagen ein. Aufgrund dieser Ergebnisse kamen wir zu dem Schluss, dass 83 Prozent der Befragten eine vierköpfige Familie mit einem Gesamtvermögen von 2,65 Millionen Euro für superreich hielten, und der Anteil der Befragten stieg auf 89 Prozent, wenn die Familie mehr als 4,15 Millionen Euro besaß.[13]

Aufgrund dieser Studie konnten wir erschließen, dass die Einwohner der Niederlande mehrheitlich der Ansicht sind, dass man nicht mehr als 1 Million Euro pro Person (oder 4 Millionen Euro für eine vierköpfige Familie) braucht, um ein sehr gutes Leben zu führen. Das liefert uns eine Möglichkeit, festzulegen, wo die *ethische* limitaristische Schwelle liegen sollte – nicht die Schwelle, die die Politik vorschreiben sollte, sondern diejenige, die jeder altruistische Mensch für sich als Richtlinie nehmen sollte. Die von mir interviewten englischen Dekamillionäre, die beschlossen hatten, den größten Teil ihres Geldes zu verschenken, waren im Grunde zu demselben Schluss gekommen: Außer ihrem Haus hatten sie 2 bis 4 Millionen Pfund für sich und ihre Familie (mit zwei oder drei Kindern) behalten.

Auch außerhalb der akademischen Welt wird zunehmend die Frage gestellt, wo die Grenze zu ziehen ist – wie viel ein Mensch wirklich braucht, um ein sehr gutes Leben zu führen. So setzen sich die Patriotic Millionaires für höhere Steuern für Reiche, eine den Lebensunterhalt sichernde Entlohnung und eine gleichberechtigte politische Vertretung ein. Um Mitglied zu werden, muss man »reich« (oder nach meiner Darstellung »superreich«) sein. Also wo ziehen sie die Grenze? In den USA definieren die Patriotic Millionaires eine Person als »reich«, die über ein Einkommen von 1 Million Dollar und mehr oder über Kapitalanlagen von 5 Millionen Dollar verfügt; für ihre Schwesterorganisation im Vereinigten Königreich gelten die gleichen Kriterien. Ihre Vorschläge für Steuererhöhungen zielen auf diese Gruppe ab. Aber wie Erica Payne, die Präsidentin und Gründerin von Patriotic Millionaires in den USA, betont, heißt das nicht, dass Amerikaner mit einem geringeren Einkommen (von zum Beispiel 250 000 Dollar) nicht ebenfalls höhere Steuern zahlen sollten. Die Fokussierung auf die Superreichen bedeutet keineswegs, dass die Steuern für jene, die ein geringeres Einkommen oder Kapitalvermögen haben, aber immer noch mehr, als sie für ein gutes Leben brauchen, nicht erhöht werden sollten.[14]

Wie wir gesehen haben, wurden hier mehrere Trennlinien zwischen Reichen und Superreichen vorgeschlagen, wie 1 Million Euro pro Person in den Niederlanden oder 5 Millionen Dollar pro Person in den USA. Ich weiß nur allzu gut, was solche Zahlen bewirken: Alle fixieren sich auf einen bestimmten Betrag, aber kaum jemand hält inne und fragt sich, wofür er steht. Genau das passierte, als Meldungen über das limitaristische Projekt in die niederländischen Medien gelangten: Zeitungskolumnen und Fernseh-Talkshows erörterten, ob die in der Presse diskutierte Zahl – 2,2 Millionen Euro – zu niedrig sei. Ja, manche mögen sie für niedrig halten. Ist eine vierköpfige Familie mit einem Vermögen im Wert von 2,2 Millionen Euro zu reich? Wer dies in New York, Tokio oder Paris liest, mag sie durchaus für unangebracht niedrig halten, da in diesen Städten wahrscheinlich viele Familien Vermögenswerte – vor allem Immobilien – von 2,2 Millionen Euro besitzen, aber dennoch kein Luxusleben wie die Superreichen führen können.[15]

Hier spielt der Kontext eine Rolle. In den Niederlanden, wo die Studie durchgeführt wurde, erhalten Bürger und Einwohner mit ständigem Wohnsitz eine staatlich finanzierte Rente, die etwa auf dem Niveau der Armutsgrenze liegt. Zusätzlich erwerben alle Beschäftigten Rentenansprüche über ihren Arbeitgeber, ganz gleich, ob sie in Voll- oder Teilzeit arbeiten. Aus diesem Grund haben wir Rentenansprüche aus dieser Studie ausgenommen. Darüber hinaus liegen die Immobilienpreise selbst in den teuersten niederländischen Städten nicht auf dem Niveau von London oder New York. Statt sich also auf einen bestimmten Betrag zu konzentrieren, ist es wesentlich wichtiger, festzustellen, dass durchschnittlich situierte Menschen ohne weiteres zwischen einer Gruppe Reicher und einer Gruppe Superreicher unterscheiden können. Ähnliche Studien, wie wir sie hier herangezogen haben, lassen sich auch andernorts durchführen. Ziel dieser Debatten sollte es sein, einen lokalen Konsens herbeizuführen, was es in einem bestimmten Kontext bedeutet, »einen Lebensstandard zu haben, der Menschen volle Entfaltung ermöglicht«.

Wo stehen wir nun also? Als allgemeines Konzept markiert die »Wohlstandsobergrenze« das Maß an persönlichem Reichtum, das uns, wenn es erst einmal erreicht ist, volle Entfaltung ermöglicht. Jenseits dieser Grenze hat ein weiterer Vermögenszuwachs keine signifikante Auswirkung auf die Lebensqualität eines Menschen mehr. Wo man diese Wohlstandsobergrenze, bemessen in Geldwert, zieht, hängt von der Politik und den staatlichen Regelungen am jeweiligen Wohnort ab. Für die Frage, wie viel Geld man braucht, um vom »Reichen« zum »Superreichen« zu werden, ist es beispielsweise ein erheblicher Unterschied, ob hochwertige Bildung ein öffentliches Gut ist, zu dem alle Zugang haben, oder ob sie eher als private Investition gilt, die nur wenigen Privilegierten zugänglich ist. In Europa liegen die Studiengebühren für ein Grundstudium zwischen 150 und 3000 Euro pro Jahr. In England sind es 9250 Pfund, in den USA zwischen 50 000 und 65 000 Dollar – und manche Privatuniversitäten sind noch teurer. Wenn wir der Ansicht sind, dass die Möglichkeit, an einer Hochschule zu studieren, kein Privileg sein sollte, das lediglich Superreichen vorbehalten ist, muss die Wohlstandsobergrenze in den USA zwangsläufig höher sein als in Großbritannien und erheblich höher als auf dem europäischen Kontinent.

Das hat erhebliche Auswirkungen. Wenn eine Gesellschaft die Güter und Dienstleistungen, die jeder Mensch braucht, angemessen bereitstellt, brauchen Familien wesentlich weniger Geld für Gesundheitsversorgung, Wohnen und Bildung. Wenn eine Gesellschaft die angemessene finanzielle Sicherheit bietet, die Menschen brauchen, einschließlich einer Renten-, Arbeitslosigkeits-, Kranken- und Erwerbsunfähigkeitsversicherung, müssen Familien keine großen Summen für ihren Ruhestand oder für den Fall zurücklegen, dass sie arbeitslos oder arbeitsunfähig werden oder ein Kind mit einer Behinderung oder einer chronischen Krankheit bekommen. In einer Gesellschaft, die diese öffentlichen Grundgüter bereitstellt und diese Risiken abdeckt, brauchen Bürger kein so großes Privatvermögen anzuhäufen, um sich gegen Unglücksfälle abzusichern. In diesen Gesellschaften – also in einem funktionierenden Wohlfahrtsstaat mit Sozialversicherungssystem – wird die Wohlstandsobergrenze wesentlich niedriger liegen. Es besteht einfach keine Notwendigkeit, Geld zu horten, wenn das soziale Sicherungsnetz ordentlich funktioniert.[16]

Wie wir gesehen habe, ist es also weitgehend unumstritten, dass tatsächlich eine »Wohlstandsobergrenze« – ein »Mehr-als-genug« – existiert, aber wo sie genau zu ziehen ist, hängt vom Kontext ab. Nachdem das geklärt ist, möchte das limitaristische Projekt, dass wir alle uns fragen: Können wir an irgendeinem Punkt so viel Geld besitzen, dass es *unmoralisch* wäre, es zu behalten? Die Antwort lautet: Ja. An irgendeinem Punkt können wir *zu viel* besitzen.

Der Limitarismus unterscheidet drei Schwellen: die Wohlstandsobergrenze, die ethische und die politische Obergrenze des Reichtums. Das verkompliziert die Geschichte, die ich erzählen möchte, zwar etwas, aber diese Unterscheidungen sind wichtig.

Die *Wohlstandsobergrenze* ist das Niveau, ab dem zusätzliches Geld den Lebensstandard nicht mehr verbessern kann, zumindest nicht signifikant. Die oben erwähnten Studien in London und Utrecht untersuchten in erster Linie die Wohlstandsobergrenze und zeigen, dass Menschen sie ohne weiteres ausmachen können. Sie ist im Grunde deskriptiv und enthält kein moralisches Urteil: Sie basiert auf dem Zusammenhang zwischen Geld und Lebensstil, den wir alle beobachten können.

Die *ethische Obergrenze* bezeichnet das maximale Niveau an Geld, das man aus moralischen Gründen besitzen sollte. Oberhalb dieser ethischen Grenze können wir es nicht mit gutem Gewissen rechtfertigen, das überschüssige Geld zu behalten. Für manche ist die Wohlstandsobergrenze zugleich die ethische limitaristische Schwelle. Sie finden, dass sie Geld, das sich nicht zur Verbesserung ihres eigenen Wohlergehens nutzen lässt, nicht behalten sollten, sehen aber auch keine moralische Verpflichtung, unterhalb dieser Schwelle etwas abzugeben. Anhand unserer niederländischen Studie zur Wohlstandsobergrenze könnten wir die ethische Obergrenze bei 1 Million Euro pro Person ziehen. Andere empfinden dagegen 1 Million Euro als zu viel und meinen, angesichts all des Elends und der Ungerechtigkeit in der Welt sollte die ethische limitaristische Schwelle unter der Wohlstandsobergrenze liegen. Schließlich lässt sich auch unterhalb dieser Grenze sehr gut leben, wie es viele Menschen tun.

Die *politische Obergrenze* ist die für eine Person geltende Vermögensobergrenze, die der Staat als Ziel für seine Sozial- und Fiskalsysteme ansetzen sollte. Oberhalb dieser Schwelle ist Vermögen, nach meiner Ansicht, unmoralisch. Staaten sollten versuchen, durch politische Maßnahmen und institutionelle Gestaltung dafür zu sorgen, dass niemand mehr Geld anhäuft. Das muss sich nicht zwangsläufig in einen Steuersatz von 100 Prozent auf das Einkommen oberhalb der politischen Grenze übersetzen. Idealerweise sollte ein Paket diverser Maßnahmen die Konzentration extremen Reichtums verwässern. Allerdings sollte diese Schwelle nicht als unrealistisch aufgefasst werden, sondern eine möglichst harte Grenze sein.[17]

Sowohl die politische als auch die ethische Obergrenze hängen ebenso wie die Wohlstandsgrenze vom – lokalen und globalen – Kontext ab. In einer idealen Welt könnten wir alle vielleicht sechsmal im Jahr im Ausland Urlaub machen, uns einen von vielen attraktiven Jobs aussuchen oder beschließen, gar keiner Erwerbstätigkeit nachzugehen, und wären alle sehr reich. Aber das sind Phantasien. Das ist nicht unsere Welt. Unsere Welt ist eine, in der die ökologischen Ressourcen dramatisch erschöpft sind, in der sich enorme Ungleichheiten mit alarmierender Geschwindigkeit verschärfen, in der jeden Tag Menschen hungrig ins Bett gehen und sich Sorgen über Probleme machen, die sie nicht lösen können, weil sie strukturelle Ursachen haben.

In dieser zutiefst ungerechten Welt plädiere ich für eine politische Obergrenze von etwa zehn Millionen pro Person (und da ich »etwa« sage, spielt es keine Rolle, ob es Euro, Pfund oder Dollar sind; wir sollten uns auf das allgemeine Prinzip konzentrieren und daran denken, dass es hier um die Größenordnung, nicht um die genaue Zahl geht). Warum zehn Millionen? Die ausführliche Antwort wird in den folgenden acht Kapiteln dargelegt. Die knappe Antwort lautet: Dieser Betrag entspricht einem ausgewogenen Verhältnis zwischen dem Niveau, das moralische und politische Erwägungen als Maximum vorgeben. Es gibt eine Obergrenze, oberhalb derer ein Vermögen zur reinsten Verschwendung wird, weil es sich besser nutzen ließe, um klimabedingte Ungerechtigkeit auszugleichen und dringende menschliche Bedürfnisse zu befriedigen. Es gibt die Obergrenze, die politische Gleichheit erfordert. Es gibt die Obergrenze, die widerspiegelt, was wir über die Anreize wissen, die äußerst produktive Menschen anspornen, weiterhin einen wirtschaftlichen Beitrag zu leisten. Es gibt die Obergrenze, die das Wohl der Superreichen selbst schützen würde – die ihnen helfen würde, ihre schädliche Sucht nach Kapitalakkumulation zu überwinden, und die ihren Kindern eine Chance geben würde, ohne die durch das übermäßige Vermögen ihrer Eltern verursachten Schäden aufzuwachsen. Wenn wir aufgrund der Obergrenzen, die diese Überlegungen nahelegen, einen Durchschnittswert ermitteln, kommen wir auf zehn Millionen.

Allerdings sollten wir nicht vergessen, dass es beim Limitarismus nicht um eine Zahl geht; vielmehr geht es um all die Gründe, warum eine Welt ohne Konzentration extremen Reichtums für uns alle besser wäre.

KAPITEL 2

Extremer Reichtum hält die Armen in Armut, während die Ungleichheit wächst

Während die globale Elite im Januar 2023 zu ihrem Jahrestreffen in Davos zusammenkam, veröffentlichte Oxfam seinen jährlichen Bericht zu Armut und Reichtum. Er dokumentierte den wachsenden Reichtum der vermögendsten Personen der Welt vor dem Hintergrund multipler Krisen: Hunger, drastisch steigende Preise bei Gütern des Grundbedarfs und erstmals seit 25 Jahren ein Anstieg der weltweiten Armut. Oxfam zeigte, dass die unteren 90 Prozent der Weltbevölkerung nur spärliche oder gar negative Zugewinne erlebten, während gleichzeitig das obere 1 Prozent, und besonders die Milliardäre, einen enormen Vermögenszuwachs verzeichneten. Von jeder Wertschöpfung von 100 Dollar im Zeitraum von 2012 bis 2021 flossen 54,40 Dollar an das obere 1 Prozent und 0,70 Dollar an die unteren 50 Prozent. Von Oktober 2020 bis 2022 erhielten Milliardäre für jeden Dollar, den die unteren 90 Prozent bekamen, 1,7 Millionen Dollar. Milliardäre besitzen mehr Vermögen als 50 Prozent der Welt zusammengenommen.[1]

Wenn wir uns statt Einzelfällen die allgemeinen Tendenzen bei den Armuts- und Ungleichheitsraten ansehen, wird unser sich verschärfendes Wohlstandsproblem unausweichlich klar. Der Oxfam-Bericht ist voller aussagekräftiger Statistiken und Zahlen. Ökonomen haben jahrzehntelang die Daten gesammelt, die wir brauchen, um zu verstehen, wo wir gegenwärtig stehen. Es gibt keinen anderen Weg, über Ungleichheit und Reichtum zu diskutieren: Um beides zu verstehen, müssen wir eine eingehende datenbasierte Analyse unserer Situation durchführen. Was sehen wir, wenn wir uns die Veränderungen der Armutsraten und der Ungleichheit genau anschauen?[2]

Betrachten wir zunächst die globale Lage. Vielleicht hoffen wir, dass der jüngste Anstieg der Armut auf der Welt nur eine vorübergehende Erscheinung ist. Schließlich halten Ökonomen und Statistiker die weltweit rückläufige Zahl der Menschen, die in extremer Armut leben, für eine der wichtigsten positiven Entwicklungen in jüngster Zeit. Tatsächlich haben sich viele Indikatoren für die Lebensqualität der Menschen in den letzten Jahrzehnten erheblich verbessert. Der Wirtschaftswissenschaftler Max Roser baute die Forschungsplattform Our World in Data auf, um diese Veränderungen zu analysieren und die Ergebnisse der Öffentlichkeit frei zugänglich zu machen. Einige weithin verbreitete Diagramme, die Our World in Data erstellte, dokumentieren den enormen Fortschritt, den die Menschheit bei der Bekämpfung von Problemen wie Kindersterblichkeit, extremer Armut, Analphabetentum und mangelndem Zugang zu Gesundheitsversorgung und Bildung gemacht hat. Demnach sank der Prozentsatz der Menschen, die in extremer Armut leben, von annähernd 90 Prozent im Jahr 1820 auf weniger als 10 Prozent im Jahr 2015 – ein phänomenaler Rückgang! Aus diesen Daten geht zudem hervor, dass die Kinder- und Müttersterblichkeit seit 1800 enorm gesunken ist und die durchschnittliche Lebenserwartung und die Lese- und Schreibfähigkeit stark gestiegen sind.[3]

Es ist bekannt, dass starke Rezessionen, Finanzkrisen und andere unerwartete Katastrophen die Armut auf der Welt in der Regel verschlimmern. Genau das passierte auch bei der Covid-19-Pandemie zwischen 2020 und 2022. Im Jahr 2020 stieg die Zahl der Menschen, die in extremer Armut leben, um schätzungsweise 11 Prozent – oder um 70 Millionen Menschen. Die Weltbank erwartet, dass sich die Reduzierung der extremen Armut durch angemessenes staatliches Eingreifen wieder fortsetzen ließe, spricht allerdings wegen schwacher globaler Wachstumsprognosen und hoher Lebensmittel- und Energiepreise von einer »verzögerten Erholung«. Aber wir wissen nicht, was die Zukunft bringen wird. Der Anstieg der Armut nach der Covid-19-Pandemie könnte lediglich ein vorübergehendes Phänomen sein. Bislang scheint die langfristige Tendenz eine mit sinkenden Armutsraten zu sein.[4]

Optimisten halten diese Zahlen für einen Grund zu feiern. Zu ihnen gehören nicht nur Ökonomen, sondern auch viele reiche Philanthropen, die an die Kraft des Unternehmertums glauben, wesentliche soziale Übel anzugehen. Der Newsletter der Bill & Melinda Gates Foundation heißt denn auch passend *The Optimist* mit dem Untertitel »Relentless pursuit of an equitable world« (»Unermüdliches Streben nach einer gerechten Welt«). Ein Jahr vor Ausbruch der Pandemie twitterte Bill Gates ein Diagramm von Our World in Data, das den dramatischen Rückgang der Armut zeigte, mit dem Kommentar: »Das ist eine meiner liebsten Infografiken. Viele unterschätzen, wie stark sich das Leben in den vergangenen zwei Jahrhunderten verbessert hat.«[5]

Man kann diese Daten jedoch auch anders sehen.

Der Wirtschaftsanthropologe Jason Hickel argumentiert, dass die vorherrschende Erzählung – dass früher alle arm waren und wir die extreme Armut in globalem Maßstab stark reduziert haben – bestenfalls irreführend ist. Es gibt eine Gegenerzählung, die unbedingt gehört werden muss, eine Debatte, die wir führen müssen. Wir müssen erkennen, dass das Bild, das uns die Grafiken von Our World in Data vermitteln und das so begeistert verbreitet wird, Teil umfassender Bemühungen ist, den globalen Kapitalismus zu legitimieren und ihn als effektivsten Weg zur Armutsbekämpfung darzustellen. Wie passt das alles zusammen?[6]

Das erste Problem ist, dass es schlicht nicht genügend Informationen gibt, um zum selben Schluss zu kommen wie Our World in Data. Ohne aussagekräftige Daten zur weltweiten Armut aus der Zeit vor 1984 basiert jede Aussage auf Modellen und Schätzungen, besonders zu dem angenommenen damaligen Einkommen der Menschen. Aber diese Schätzungen sind überaus grob. Und wenn wir bessere Daten verwenden – Daten, wie viel die Menschen ausgeben, statt, wie viel sie verdienen – bricht das Narrativ des »sozialen Fortschritts« zusammen, wie der Wirtschaftswissenschaftler Robert Allen aufgezeigt hat. So war die Rate extremer Armut in Indien in vorkolonialer Zeit vermutlich niedriger und verdoppelte sich offenbar unter britischer Herrschaft. Allen schlägt vor, wenn wir schätzen wollen, wie viele Menschen in der Vergangenheit in extremer Armut lebten, sollten wir die verfügbaren Daten analysieren, was sie essen konnten und wie viel sie für Kleidung, Brennmaterial, Miete und andere lebensnotwendige Güter ausgaben. Unter dem Aspekt solcher Konsumdaten betrachtet, gab es in der Vergangenheit offenbar erheblich weniger Armut – was das Narrativ des »enormen Fortschritts« in Bedrängnis bringt. Es spielt also eine Rolle, welche Daten man verwendet, und die am meisten verbreiteten Daten sind vielleicht nicht die angemessensten.

Das zweite Problem ist, dass die von Our World in Data verwendete Armutsgrenze extrem niedrig angesetzt ist: Für 2011 sind es 1,90 Dollar pro Tag in »Kaufkraftparität«, einem Verfahren, das die Wirtschaftswissenschaft verwendet, um die Geldwerte in verschiedenen Ländern zu vergleichen. Sprechen Ökonomen von »1,90 Dollar in Kaufkraftparität«, so meinen sie damit nicht, was eine Person in Neu-Delhi oder Antananarivo für 1,90 Dollar kaufen konnte, sondern einen Warenkorb, den jemand 2011 in den USA für etwa 2 Dollar kaufen konnte. Das sollten wir uns klarmachen. Das ist nicht

Armut, sondern *extreme* Armut. Und es bedeutet zudem: Wenn wir es als Hauptindikator für sozialen Fortschritt nutzen, setzen wir die Messlatte in der Tat sehr niedrig an.

Viele Ökonomen vertreten nachdrücklich die Ansicht, die Armutsgrenze sollte sich danach richten, was man 2011 in den USA für 7,40 bis 15 Dollar pro Tag kaufen konnte. Wie Robert Allen anmerkt, entspricht die übliche Schwelle von 1,90 Dollar einem *niedrigeren* Lebensstandard, als er im 19. Jahrhundert für versklavte Menschen in den USA galt. Dieses absurd niedrige Maß für extreme Armut kann ja wohl nicht die Grundlage unseres Verständnisses von sozialem und wirtschaftlichem Fortschritt sein. Gehen wir dagegen von einer Armutsgrenze von 10 Dollar aus, stellen wir fest, dass etwa zwei Drittel der Weltbevölkerung nach wie vor in Armut leben und nicht nur 10 Prozent. Nicht zu vergessen: Wir sprechen hier darüber, was eine Person 2011 in den USA für 10 Dollar kaufen konnte.[7]

Das Win-Win-Narrativ der Optimisten – dass der Lebensstandard sich für alle verbessert, da wachsender Reichtum einen größeren Kuchen geschaffen hat, den wir alle uns teilen können – bemüht sich nach Kräften, uns diese Entwicklungen in einem positiven Licht erscheinen zu lassen und uns glauben zu machen, die globale Wirtschaftsentwicklung, die wir in den vergangenen zweihundert Jahren erlebt haben, habe Reichen und Armen Vorteile gebracht. Wir müssen zugeben, dass dies, grob gesagt, stimmt. Allerdings gehen viele davon aus, dies bedeute, dass Reiche und Arme gleichermaßen von der Globalisierung und der Ausbreitung des Kapitalismus profitiert hätten. Diese Schlussfolgerung ist jedoch aus diversen Gründen problematisch.

Der erste ist, dass die Frage, die wir eigentlich stellen sollten, lautet: Wie wurden die Gewinne der Globalisierung verteilt? Es genügt nicht zu fragen, ob wir in einer Win-Win-Situation sind. Vielmehr müssen wir wissen, ob es eine *faire* Win-Win-Situation ist und sogar ob es die beste aller möglichen Win-Win-Situationen ist. Ein weiteres Problem ist, dass der Rückgang der Armut größtenteils in China erfolgte, was kein kapitalistisches Land im herkömmlichen Sinne des Wortes ist, da in der Zeit, in der dort die Zahl in Armut lebender Menschen sank, der Staat sehr stark an der Lenkung der Wirtschaft beteiligt war. Darüber hinaus gilt, was der Wirtschaftswissenschaftler und Nobelpreisträger Amartya Sen seit Jahrzehnten betont: Wenn wir Armut messen, sollten wir uns darauf konzentrieren, was Menschen tun können und welche Art von Leben sie führen können, statt darauf, wie viel Geld sie haben. Wir sollten nicht auf Geld schauen, sondern auf Indikatoren menschlicher Entwicklung wie Lebenserwartung, Kindersterblichkeit, Alphabetisierung, Gendergerechtigkeit und so fort. In seiner gemeinsamen Arbeit mit dem belgisch-indischen Wirtschaftswissenschaftler Jean Drèze hat Sen gezeigt, dass die wirtschafts- und sozialpolitischen Maßnahmen von (häufig lokalen) Regierungen, die den Menschen in den Mittelpunkt stellen, das sind, was die Bevölkerung aus der Armut holt. So schneidet der indische Bundesstaat Kerala bei diesen Indikatoren menschlicher Entwicklung wesentlich besser ab – hat aber seit Jahrzehnten Maßnahmen umgesetzt, die viele als »sozialistisch« einstufen würden. Einer der Mythen über den Kapitalismus besagt, eine Politik der freien Märkte mache arme Länder reich, wie der auf Entwicklungspolitik spezialisierte Ökonom Ha-Joon Chang es formulierte. Und ein letzter Grund, das Win-Win-Narrativ zu entlarven, ist, dass die Geschichtsforschung gezeigt hat, dass »Sklaverei und Kolonialismus […] eine Schlüsselrolle in dieser Bereicherung des Westens gespielt« haben, wie Piketty es zusammenfasst. Viele Verfechter des globalen Kapitalismus ignorieren die Ausbeutung des Globalen Südens völlig, die in den vergangenen Jahrhunderten stattfand, deren Auswirkungen aber bis heute zu spüren sind.[8]

Selbst wenn wir uns nur die letzten Jahrzehnte ansehen und uns ausschließlich auf finanzielle Indikatoren konzentrieren, weist das Win-Win-Narrativ Risse auf. Es trägt der Tatsache nicht Rechnung, dass die Reichen den Löwenanteil des Wachstums der Weltwirtschaft eingestrichen und den armen und mittleren Schichten nur Bruchstücke gelassen haben. Dieses Missverhältnis wird ohne weiteres sichtbar, wenn wir uns die Statistiken ansehen. Die Wirtschaftswissenschaftler Christoph Lakner und Branko Milanović veröffentlichten 2016 in der *World Bank Economic Review* einen Artikel mit einem Diagramm, das großes Interesse weckte. Diese »Wachstumskurve«, wegen ihrer Form »Elefantendiagramm« genannt, zeigt, um welchen Prozentsatz die Einkommen verschiedener Gruppen der Weltbevölkerung von 1988 bis 2008 wuchsen. Im Verhältnis zu ihrem bisherigen Einkommen verzeichneten die ärmsten 70 Prozent den prozentual größten Einkommenszuwachs (mit Ausnahme der ärmsten 5 Prozent der Weltbevölkerung, deren Einkommen um weniger als den globalen Durchschnitt wuchs). Menschen mit einem mittleren Einkommen hatten im Verhältnis zu allen den größten Zuwachs von durchschnittlich etwa 75 Prozent. Die oberen 20 Prozent hatten nur sehr begrenzten Zuwachs, ausgenommen das oberste 1 Prozent, dessen Einkommen um etwa 65 Prozent wuchs.[9]

Diese Grafik nutzten die Optimisten, um ihre Behauptung zu erhärten, dass durch den Kapitalismus alle gewinnen, besonders die Mittelschicht. Aber auch hier ziehen wir die falschen Schlüsse. Jason Hickel und Huzaifa Zoomkawala aktualisierten das Diagramm 2019 für die 36 Jahre von 1980 bis 2016. Ihre Berechnungen ergaben eine sehr ähnliche elefantenförmige Kurve mit den größten Zuwächsen für die untere Hälfte der globalen Einkommensverteilung. Aber wie die beiden anmerkten, handelt es sich um *prozentuale Zuwächse, bezogen auf die jeweiligen Ausgangswerte*, und wenn man mit fast nichts anfängt, ist es leicht, prozentual einen riesigen Sprung nach vorn zu machen. Für einen Menschen, der von 1 Dollar pro Tag lebt, ist eine Verbesserung auf 2 Dollar pro Tag ein 100-prozentiger Zuwachs, allerdings ist er immer noch sehr arm. Lebt jemand von 1000 Dollar am Tag, macht der Schritt auf 1001 Dollar am Tag lediglich eine Erhöhung um 0,1 Prozent aus. Wenn wir nicht berechnen, wie hoch der Einkommenszuwachs für jede Gruppe, bezogen auf ihren jeweiligen Ausgangswert, ist, sondern wie der Zuwachs der gesamten Weltproduktion auf die verschiedenen Gruppen aufgeteilt wurde, sieht die Situation völlig anders aus, wie die Autoren aufzeigen. Dann stellen wir fest, dass die absolute Veränderung des Einkommens für die 90 Prozent der Nichtreichen auf der Welt recht bescheiden ist – das Einkommen der ärmsten erhöhte sich lediglich um 193 Dollar. Den Großteil des globalen Wirtschaftswachstums beanspruchten die Superreichen, denn bei diesem 1 Prozent erhöhte sich das Jahreseinkommen durchschnittlich um 124 897 Dollar, während es bei den nächsten 9 Prozent durchschnittlich 4785 Dollar waren.[10]

Streng genommen stimmt es also, dass auf der Makroebene alle Einkommensgruppen seit den achtziger Jahren *etwas* durch die zunehmende Globalisierung gewonnen haben – und diesen Punkt betonen die Verfechter des globalen Kapitalismus –, aber das ist kein sonderlicher Sieg für die Armen. Zudem ist anzumerken, dass dieses Ergebnis nichts »Natürliches« oder Unausweichliches war: Es ist das Ergebnis bestimmter Entscheidungen mächtiger Menschen. Alternativ wären wesentlich gerechtere Szenarien im Bereich des Möglichen gewesen. Das bestätigte 2021 eine Studie von Jason Hickel, Dylan Sullivan und Huzaifa Zoomkawala, in der sie den Abfluss von Vermögen aus dem Globalen Süden durch »ungleichen Austausch« seit den sechziger Jahren mengenmäßig bestimmten. Zu ungleichem Austausch kommt es, wenn sich die Preise für Arbeit und Ressourcen zwischen Ländern oder Kontinenten systematisch unterscheiden. Die Arbeitslöhne liegen im Globalen Süden durchschnittlich nur auf einem Fünftel des Niveaus, das im Globalen Norden herrscht. Das bedeutet also »einen versteckten Werttransfer von Süden nach Norden«.[11]

Die Autoren argumentieren, dass die Länder des Globalen Nordens Löhne und Preise für natürliche Ressourcen im Globalen Süden durch eine Reihe von Maßnahmen künstlich niedrig gehalten haben. Sie haben die Grenzen für Arbeitsmigration und häufig auch für landwirtschaftliche Erzeugnisse geschlossen, während Kapital ungehindert fließen konnte. Sie haben durch politische Maßnahmen Arbeiterrechte eingeschränkt und die potenzielle Macht von Gewerkschaften unterdrückt. Und wie Noam Chomsky gezeigt hat, haben sie geopolitische Taktiken eingesetzt von der Ermordung führender Kräfte im Globalen Süden, die bessere Löhne und gerechtere Preise für Ressourcen durchzusetzen versuchten, bis hin zur Inszenierung von Staatsstreichen.[12] Gleichzeitig sind Konzerne im Globalen Norden so groß geworden, dass sie die Preise für bestimmte Güter weltweit bestimmen können – und sehr hoch festgesetzt haben. Diese ungleichen globalen Handelsbedingungen haben dazu geführt, dass der Globale Süden von 1960 bis 2017 insgesamt 62 Billionen US-Dollar verloren hat. Das entspricht 97 Prozent seines Bruttoinlandsprodukts oder einem Verlust von 9951 Dollar pro Person. In der gleichen Zeit gewannen die Volkswirtschaften des Globalen Nordens 68 Billionen US-Dollar oder durchschnittlich 65 517 Dollar pro Person.[13]

Auch hierauf könnten Verfechter des gegenwärtigen Wirtschaftssystems einwenden, dass letztlich alle vom stärkeren Welthandel profitiert haben. Sicher, aber das ist nicht relevant, wenn wir wissen wollen, ob das Ergebnis insgesamt positiv war. Wir sollten unsere Situation mit einer alternativen Welt faireren Handels vergleichen – einer Welt, in der Staaten ihre Wirtschaft nach dem von ihnen bevorzugten Modell betreiben können. Und wenn wir diese Fragen stellen, sehen wir, dass die Verluste des Globalen Südens enorm hoch sind. Die exorbitanten Profite, die den Milliardären der *Forbes*-Liste die Taschen gefüllt haben, hätte man ebenso gut dafür verwenden können, die Arbeitskräfte im Globalen Süden ordentlich für ihre Mühe und Plackerei zu bezahlen. Die Wirtschaftsmacht der Konzerne und Staaten des Globalen Nordens hätten auch in den

Händen der Staaten des Globalen Südens bleiben können. Leider halten die meisten Ökonomen diese Fakten nicht für relevant.

Das Ergebnis schlägt sich in erstaunlichen Zahlen im *Global Wealth Report* der Credit Suisse von 2022 nieder, der das Durchschnittsvermögen pro Erwachsenem für verschiedene Kontinente und Regionen angibt und auf Daten von 2021 basiert. In jenem Jahr betrug das Durchschnittsvermögen pro Erwachsenem in Nordamerika etwa 560 000 Dollar, in Europa 180 000 Dollar, in China 77 000 Dollar, in Asien-Pazifik 65 000 Dollar, in Lateinamerika 28 000 Dollar, in Indien 16 000 Dollar und in Afrika 8000 Dollar. Angesichts der großen Ungleichheiten zwischen den Ländern sagen diese Zahlen wenig darüber aus, was die meisten Haushalte besitzen, vor allem in Nordamerika, wo die Vermögenskonzentration besonders ausgeprägt ist. Sie sagen uns lediglich, wie groß die Ungleichheit zwischen den Ländern ist. Sowohl vom moralischen als auch vom politischen Standpunkt ist es wichtig, zu erkennen, dass diese Zahlen wesentlich weniger ungleich sein könnten, wenn die Handelsgewinne gerecht geteilt worden wären – wenn diejenigen, die am meisten Vermögen und Macht hatten, die Globalisierung nicht genutzt hätten, um ihren eigenen Reichtum zu mehren. Und sie haben ihn vermehrt.[14]

Wie sieht es mit der weltweiten Verteilung der reichsten Menschen aus? Schauen wir uns ihr Vermögen in US-Dollar an. 2021 gab es 62,5 Millionen Dollarmillionäre. Mit Abstand die meisten von ihnen (39,2 Prozent) gibt es in den USA, gefolgt von China (9,9 Prozent) und Japan (5,4 Prozent). Daran schließen sich das Vereinigte Königreich, Frankreich, Deutschland, Kanada und Australien an (mit jeweils 3 bis 5 Prozent). Etwa 264 200 von diesen Millionären besitzen mehr als 50 Millionen Dollar – die Finanzwelt nennt sie »ultra-high-net-worth individuals« (UHNWI) —, und diese Gruppe ist in den zwei Jahren vor Entstehung des *Global Wealth Report 2022* um 50 Prozent gewachsen. Bei diesen ultrareichen Personen ist die Konzentration in den USA sogar noch höher (53 Prozent oder

141 140 Personen), gefolgt von China (32 710 Personen) und mit einigem Abstand Deutschland (9720 Personen). Daran schließen sich Kanada, Indien, Japan, Frankreich, Australien, das Vereinigte Königreich und Italien an, wo ihre Zahl bei jeweils 4000 bis 10 000 liegt. Die übrigen Länder in den Top Twenty sind Südkorea, Russland, die Schweiz, Hongkong, Schweden, Taiwan, Spanien, Brasilien, Singapur und die Niederlande. Diese Liste vermittelt uns einen recht guten Eindruck, wo wir in der Welt die größten Gruppen von Personen finden, für die eine politische Vermögensobergrenze (von 10 Millionen Pfund, Dollar oder Euro) am dringendsten Anwendung finden sollte.[15]

Es gibt zwar auf allen Kontinenten Millionäre, aber die globale Verteilung der Superreichen ist äußerst ungleich. Die Konzentration von extremem Reichtum ist besonders in den USA ein Problem, wo etwa 4,25 Prozent der Weltbevölkerung, aber 53 Prozent der Menschen mit einem Vermögen von über 50 Millionen Dollar leben. Betrachten wir das größere Bild, ist eindeutig zu erkennen, dass extremer Reichtum im Globalen Norden konzentriert ist (USA, Deutschland, Frankreich, das Vereinigte Königreich etc.) sowie in einer begrenzten Anzahl asiatischer Länder (allen voran in China).

Diese Daten sind auch in anderer Hinsicht aufschlussreich. In absoluten Zahlen gibt es eine ansehnliche Gruppe Superreicher: über 62 Millionen. Sie mag zwar nur einen kleinen Bruchteil der Weltbevölkerung ausmachen, ist aber mehr als groß genug, um erhebliche Macht zu erlangen, wenn sie es will. Und wie neuere Daten zeigen, wächst die Anzahl der Superreichen rasant. Wenn die Konzentration von extremem Reichtum ein Problem ist, dann ist es ein zunehmendes Problem.

Ungleichheit und Armut sind eindeutig ein Problem von globalem Ausmaß. Dennoch fokussieren sich die Debatten darüber – und über die Maßnahmen, die wir dagegen ergreifen sollten – gewöhnlich auf Entwicklungen in einzelnen Staaten, da das Maß an Ungleichheit von Land zu Land variiert. Schauen wir uns diese Ungleichheiten eingehender an, müssen wir sorgfältig zwischen Einkommen und Vermögen unterscheiden. Ein Vermögenserbe, ein Unternehmer oder ein Investor mag ein sehr bescheidenes Einkommen, aber Hunderte Millionen in Wertpapieren und Aktien haben. Dagegen gibt es in der unteren Mittelschicht Menschen, die vielleicht ein ordentliches Einkommen, aber weder ein Haus noch sonderliche Spareinlagen haben und daher nur ein geringfügiges Vermögen besitzen.

Einkommen und Vermögen werden unterschiedlich erlebt. In der Regel haben ärmere Schichten Geld nur in Form von Einkommen, während die Reichen sowohl Einkommen als auch Vermögen haben. Einkommen allein erlaubt jedoch keine Zukunftsplanung und führt zu kurzfristigem Denken (was passiert, wenn das Geld ausgeht, um die Familie zu ernähren, bevor die nächste Lohnzahlung eintrifft?). Vermögen ermöglicht dagegen langfristiges Denken und hilft dem Eigentümer, für die Zukunft zu planen und Risiken zu reduzieren.[16] Von einem Land zum anderen ist zu beobachten, dass die größte Ungleichheit bei den Vermögen, nicht beim Einkommen besteht. Und aus der Fülle der Daten zur Vermögensverteilung lassen sich im Wesentlichen drei Schlussfolgerungen ziehen – in der Wissenschaft heißen sie »stilisierte Fakten«, die im Allgemeinen, wenn auch nicht in jedem Einzelfall zutreffen.

Die erste ist, dass es innerhalb der Länder riesige Vermögensungleichheiten gibt. In reichen Gesellschaften bekommt die untere Bevölkerungshälfte lediglich Krumen ab: Nur ein kleiner Prozentsatz des gesamten Vermögens wird unter der Hälfte der Bevölkerung aufgeteilt. Wäre die Vermögensverteilung völlig gleichmäßig, würde diese Gruppe über 50 Prozent des gesamten Vermögens verfügen, tatsächlich sind es jedoch nur 2 bis 10 Prozent. Die nächsten 40 Prozent – die einigermaßen oder ziemlich gut gestellt sind – besitzen einen Vermögensanteil, der etwa ihrem Bevölkerungsanteil entspricht. Das größte Stück des Kuchens geht an die obersten 10 Prozent, die tendenziell 50 bis 70 Prozent des gesamten Vermögens halten. In dieser wohlhabenden Gruppe sticht das oberste 1 Prozent heraus, das allein in der Regel 20 bis 30 Prozent aller Vermögenswerte besitzt. Aber selbst innerhalb dieses 1 Prozents bestehen enorme Vermögensunterschiede zwischen dem obersten 0,1 Prozent (einer Person von tausend) und den nächsten 0,9 Prozent (neun von tausend). In vielen Ländern hat dieses 0,1 Prozent am meisten von der Globalisierung profitiert.

Nehmen wir die Vermögensverteilung in den USA. Dort hatte die untere Bevölkerungshälfte 2022 einen Anteil von 2,8 Prozent am Volksvermögen. Ihre wirtschaftliche Anfälligkeit ist hoch: Jede dritte Familie wäre nicht imstande, unerwartete Ausgaben von 400 Dollar aufzubringen. Jeder vierte Erwachsene hat eine Zahnbehandlung ausgelassen, weil er sie sich nicht leisten konnte. Je nach verwendetem Armutsmaß leben 8 bis 12 Prozent der Amerikaner in Armut. Bei einer Bevölkerung von etwa 335 Millionen leben also schätzungsweise 27 bis 40 Millionen Menschen offiziell in Armut. Die nächsten 40 Prozent hatten einen Vermögensanteil von 28,4 Prozent, und die obersten 10 Prozent besaßen 68,9 Prozent des gesamten Vermögens. Innerhalb dieser Haushalte besteht ebenfalls erhebliche Ungleichheit, denn das oberste 1 Prozent allein besitzt 32 Prozent des gesamten Vermögens in den USA.[17]

In den meisten anderen reichen Gesellschaften ist die Vermögensungleichheit weniger ausgeprägt, aber überall zeigt sich das gleiche Muster: eine untere Hälfte, die sehr wenig besitzt, ein mittleres Perzentil, das einen »gerechten Anteil« hat, und die oberen 10 Prozent, die 50 bis 70 Prozent des Vermögens haben, wovon wiederum die Hälfte dem oberen 1 Prozent gehört. Das Land mit der größten Ungleichheit ist Russland, wo das reichste 1 Prozent 58,6 Prozent allen Vermögens besitzt.[18]

Der zweite wichtige Punkt ist, dass in vielen Ländern eine nicht nur riesige, sondern auch wachsende Vermögensungleichheit herrscht. In den letzten Jahrzehnten haben die unteren 90 Prozent an Vermögen verloren, während die oberen 10 Prozent gewonnen haben. Wie Piketty gezeigt hat, besteht in Europa und Nordamerika die allgemeine Tendenz, dass die unteren 50 Prozent bis zum Zweiten Weltkrieg praktisch keinerlei Vermögen hatten, dann bis in die 1980er Jahre bis zu 10 Prozent ansammelten, aber seitdem Vermögensverluste erlebten. Unterdessen ist das Vermögen an der Spitze sprunghaft gewachsen. Das ist sogar in Frankreich der Fall, das allgemein als eines der eher egalitären Länder gilt: Das obere 1 Prozent hatte bis zum Zweiten Weltkrieg einen Anteil von 55 Prozent am Gesamtvermögen. Bis in die frühen achtziger Jahre sank er auf unter 20 Prozent, stieg aber bis 2020 wieder auf 25 Prozent. In den USA ist der Vermögensanteil bei neun von zehn Einwohnern seit 1990 geschrumpft. Nur die oberen 10 Prozent haben ihren Vermögensanteil von 60 Prozent im Jahr 1990 auf derzeit nahezu 69 Prozent erhöht.[19]

Die enormen Auswirkungen dieser Veränderungen lassen sich vermutlich allein durch die Prozentanteile nicht vermitteln. Sehen wir uns also die absoluten Geldwerte an. In den dreißig Jahren von 1990 bis 2020 wuchs das Gesamtvermögen in den USA von 23,58 Billionen auf 135,76 Billionen US-Dollar – ein phänomenaler Zuwachs von 112,18 Billionen Dollar. Hätte sich dieser Zuwachs gleichmäßig verteilt, wäre das Vermögen der unteren 50 Prozent der Bevölkerung von 1,72 Billionen auf 57,81 Billionen Dollar angewachsen – stattdessen beträgt es derzeit 4,41 Billionen Dollar. Bei den oberen 10 Prozent wuchs das Vermögen von 12,86 Billionen Dollar im Jahr 1990 auf 92,62 Billionen Dollar im Jahr 2020. Vom Vermögenszuwachs der letzten dreißig Jahre in Höhe von 112 Billionen Dollar flossen also mehr als zwei Drittel – 80 Billionen Dollar – an die amerikanischen Superreichen.

Diese Zahlen basieren auf Dollarwerten, ohne die Inflation zu berücksichtigen, und verwenden eine Vermögensdefinition, die langlebige Konsumgüter wie Autos und Kühlschränke einbezieht. Inflationsbereinigt und ohne langlebige Konsumgüter ergibt sich für das obere 1 Prozent ein Vermögenswachstum von 8,4 Billionen Dollar im Jahr 1989 auf 29,5 Billionen Dollar im Jahr 2018, aber ein Nettoverlust von 900 Milliarden Dollar für die unteren 50 Prozent.[20]

Wie wir es auch betrachten, sei es prozentual oder in absoluten Zahlen, die ohnehin bereits äußerst ungleiche Vermögensverteilung in den USA ist noch ungleicher geworden. In anderen reichen Ländern ist die Ungleichheit zwar weniger stark ausgeprägt, nimmt aber dennoch zu.[21]

Der dritte wesentliche Punkt ist, dass diese große, wachsende Vermögensungleichheit einen Gender- und Rassismusaspekt hat: Ein weißer Mann findet sich mit höherer Wahrscheinlichkeit auf der wohlhabenden Seite der Verteilungskurve wieder, während Frauen und People of Colour tendenziell weiter unten zu finden sind. Der Rassismusaspekt der wirtschaftlichen Ungleichheit ist möglicherweise in Ländern mit einer Sklavenhaltergeschichte oder anderen Formen der »Rassen«-Herrschaft am stärksten ausgeprägt. In den USA machen Menschen lateinamerikanischer oder hispanischer Herkunft ein Fünftel der Bevölkerung aus, haben aber einen Vermögensanteil von weniger als 3 Prozent. Afro-Amerikaner stellen nahezu 14 Prozent der Bevölkerung, besitzen aber weniger als 5 Prozent des Vermögens. Wenig überraschend, profitieren Weiße am meisten von der derzeitigen Vermögensverteilung. Außerdem verschärft das Steuersystem die rassistische Ungleichheit, da Steuervergünstigungen für Vermögen, wie die vorteilhafte steuerliche Behandlung von Kapitalerträgen oder Subventionen für Hauseigentümer, für schwarze und hispanische Familien weniger relevant sind.[22]

Die Zukunftsaussichten sind düster. In den meisten Ländern ist sowohl die Vermögens- als auch die Einkommensungleichheit gestiegen und wird voraussichtlich weiter steigen, wenn die Bevölkerung und ihre Regierungen nicht radikal andere Entscheidungen treffen als in den letzten vierzig Jahren. Ob dies möglich ist oder nicht, ist eine unter Fachleuten heiß diskutierte Frage. Viele von ihnen betonen, die Ungleichheit habe ein inakzeptables Maß angenommen und die Macht des 1 Prozents sei so groß und ihr Einfluss so übermächtig geworden, dass Staaten sie nicht länger zur Rechenschaft ziehen können. Schon jetzt erleben wir Spannungen zwischen denjenigen, die finden, die ungerechten wirtschaftlichen Verhältnisse müssten dringend in Angriff genommen werden, und jenen, die alles beim Alten belassen wollen.

Worauf all diese Statistiken letztlich hinweisen, ist ein zunehmender Interessenkonflikt zwischen verschiedenen sozioökonomischen Gruppen. Diese Interessenkonflikte sind nicht zu erkennen, wenn wir uns lediglich auf erfolgreiche Einzelpersonen konzentrieren oder uns wie besessen mit der neuesten großen Story über einen Tech-Milliardär beschäftigen. Die Statistiken zeigen, worüber wir wirklich sprechen sollten, ein Thema, das in der öffentlichen Debatte meist nicht vorkommt: der Zusammenhang von Geld und Macht, das Verhältnis zwischen verschiedenen sozioökonomischen Gruppen und die Kräfte, die diese fortwährende Verschiebung in der Vermögensverteilung antreiben. Mit anderen Worten: Wir müssen über Gesellschaftsklassen sprechen. Es gibt unterschiedliche Verwendungsweisen des Klassenbegriffs, aber wir können uns an quantitativen Studien zur Ungleichheit orientieren, welche die Bevölkerung reicher Länder in vier Gruppen unterteilen: die Arbeiterklasse oder Unterschicht (die ärmsten 50 Prozent); die Mittelschicht (die nächsten 40 Prozent); die Reichen (die oberen 10 Prozent); und die Superreichen oder die herrschende Klasse (das reichste 1 Prozent). Darüber gibt es noch die Ultrareichen, das oberste 0,1 Prozent. Innerhalb der Arbeiterklasse können wir noch die Gruppe der Armen oder Verarmten unterscheiden (die in reichen Ländern 5 bis

17 Prozent der Bevölkerung ausmachen). Diese Kategorien werden auch für Schwellenländer verwendet, allerdings variiert die Größe der verschiedenen Gruppen. Entwicklungsländer haben eine wesentlich höhere Armutsrate (von durchschnittlich 30 Prozent in Lateinamerika und Asien bis zu über 80 Prozent in Subsahara-Afrika) und eine erheblich kleinere Mittel- und Oberschicht von Reichen und Superreichen.[23]

Wir können nicht anfangen, über die Argumente gegen extremen Reichtum nachzudenken, ohne über Gesellschaftsklassen zu sprechen. Das ist jedoch schwierig, da es in vielen Gesellschaften tabu ist. Der folgende Witz passt auf nahezu alle Länder:

Person 1: Weißt du, wie Amerikas Klassensystem funktioniert?
Person 2: Amerika hat ein Klassensystem?
Person 1: Ja, genau so funktioniert es.

Die meisten von uns merken nichts von der Wirkungsweise der Klassenteilung in unseren Gesellschaften und in unserem Leben. Das ist kaum überraschend. Die Bürgerrechts- und Emanzipationsbewegungen der ausgehenden 1960er und der 1970er Jahre haben viele zu dem Glauben verleitet, alle hätten Chancengleichheit erlangt. Und wenn wir alle die gleichen Chancen haben, spielt die Klassenzugehörigkeit ja wohl keine Rolle mehr – stimmt's?

Parallel dazu hat der überall erfolgte stetige Niedergang der Gewerkschaften und an manchen Orten sogar deren systematische Bekämpfung eine wichtige Institution geschwächt, die das Bewusstsein für Klassenunterschiede schärft. Noch tückischer ist eine zunehmende gesellschaftliche Entwicklung, die bewirkt, dass Menschen aus unterschiedlichen sozialen Schichten kaum noch Umgang miteinander haben. Wohnen, Erziehung, Bildung und Gesundheitsversorgung spielen sich großenteils nach Klassenzugehörigkeit getrennt ab, und die weitgehende Säkularisierung hat in Europa dazu geführt, dass der einzige Ort, an dem sich früher Menschen aller sozialen Klassen trafen – die Kirche –, mittlerweile von den meisten nicht mehr besucht wird. Die Abschaffung der allgemeinen Wehrpflicht (die in den meisten Ländern allerdings nur für Männer galt) hat ebenfalls eine der letzten Institutionen beseitigt, die Menschen über Klassengrenzen hinweg zusammenbrachte. Viele haben keine richtige Vorstellung vom Leben der Menschen anderer Gesellschaftsschichten als ihrer eigenen und von den damit verbundenen Einschränkungen.

Vielleicht neigen wir infolgedessen dazu, das Ausmaß der Ungleichheit zu unterschätzen. Diejenigen, die arm sind, überschätzen gewöhnlich ihre Position, und die Reichen spielen eher herunter, wie viel mehr sie besitzen.

Quer durch die Gesellschaft besteht ein weit verbreiteter Mangel an Gelegenheiten, wirtschaftliche Unterschiede unter Klassenaspekten zu diskutieren. Ja, es ist ein Tabu, aber ich vermute, dass das Problem tiefer reicht: Es liegt nicht nur daran, dass wir gelernt haben, nicht über Gesellschaftsklassen zu sprechen, vielmehr haben wir anscheinend vergessen, in Klassenkategorien zu denken. Wir stellen uns unseren Erfolg im Leben gern als Ergebnis unserer individuellen Entscheidungen vor und neigen dazu, externe Faktoren zu übersehen, etwa die Entwicklung neuer Technologien, die Interessenkonflikte und Machtunterschiede zwischen verschiedenen Gruppen oder die Beziehungen zwischen den Eigentümern des Unternehmens, für das wir arbeiten, und den Politikern, die das Land regieren.

Nicht zuletzt steht die Klassenterminologie in Widerspruch zu einem der in vielen Gesellschaften als heilig geltenden politischen Prinzipien, nämlich dass alle Menschen gleich sind. Kein Land hat dies eindeutiger zum Ausdruck gebracht als Frankreich in seinem Nationalmotto – *Liberté, Égalité, Fraternité* (Freiheit, Gleichheit, Brüderlichkeit) –, das seinen Ursprung in der Französischen Revolution hat. Als die Franzosen, schon bald gefolgt von anderen europäischen Ländern, die sozialen und politischen Feudalstrukturen abschafften, die seit dem Mittelalter geherrscht hatten, legten sie fest, dass alle Bürger gleiche politische Rechte haben sollten (in der Praxis galt das für alle französischen Männer). Die Gleichheitsidee bildet den Kern von Demokratien auf der ganzen Welt: Jede Stimme zählt gleich viel, und unsere Rechtssysteme sorgen dafür, dass vor dem Gesetz alle gleich sind. Diese weit verbreitete konstitutionelle und formale Vorstellung, dass wir alle gleich seien, hat jedoch manche von uns zu dem Glauben verleitet, wir seien tatsächlich gleich. Leider besagen die Daten etwas anderes. Unsere Verfassungen mögen zwar unsere Gleichheit verkünden, aber in Wirklichkeit haben wir im Leben äußerst ungleiche Ausgangspositionen und Erfolgschancen. Dies liegt, wie wir sehen werden, nicht nur an einer ungleichen Verteilung von Talenten oder an unterschiedlichen Entscheidungen, die jeder von uns trifft, sondern auch daran, dass der Gesellschaftsvertrag – die moralischen und politischen Prinzipien, nach denen wir unsere Gesellschaft organisieren – Gleichheit und soziale Gerechtigkeit nicht an erste Stelle setzt. Wir leben nach den Prinzipien wirtschaftlicher Effizienz und dem Motto: »Jedem das, was er aus anderen herauspressen kann.«[24]

Selbstverständlich sind in der heutigen Gesellschaft Gruppen aktiv, die nicht erst überzeugt werden müssen, dass sie nicht als Gleiche behandelt werden. Feministische, antirassistische Bewegungen, solche für Menschen mit Behinderung oder die LGBTQ+-Bewegung sowie in manchen Ländern die Bewegungen der Dalit und der indigenen Volksgruppen kämpfen seit Jahrhunderten dafür, als Gleiche behandelt zu werden. Aber im Fall von Klassenunterschieden glauben manche gern, zumindest diese Form der Ungleichheit hätten wir überwunden.

Es gibt vor allem eine Gruppe, die ein starkes Interesse daran hat, die Überzeugung zu fördern, es gebe keine sozialen Klassen: die sehr Reichen und die Superreichen. Denn wenn man die Bevölkerungsmehrheit glauben machen kann, die Klasse spiele keine sonderliche Rolle mehr in ihrem sozialen und politischen Leben, besteht auch keine Notwendigkeit mehr für Klassenkampf, Umverteilung von Reichtum und eine grundlegende Überarbeitung des Gesellschaftsvertrags.

Das trägt zur Erklärung bei, warum Reiche und Superreiche, die das derzeitige Maß an Ungleichheit beenden wollen – wie Abigail Disney und die Mitglieder von Resource Generation –, sich als Klassenverräter »outen« mussten. Yahya Alazrak, der Geschäftsführer von Resource Generation, erklärte mir:

> Die Gesellschaft ist um die Erhaltung des bestehenden Klassensystems herum aufgebaut. Als Gegenleistung für materiellen Wohlstand wird von uns ein gewisses Maß an Loyalität und Treue verlangt. Was wir von unseren Mitgliedern erwarten, ist die Entscheidung für Solidarität mit Menschen der armen Schichten und der Arbeiterklasse, was für die wohlhabenden Klassen ein Akt des Verrats ist.

Als ich Alazrak fragte, ob es schwierig sei, in Amerika über Klassenfragen zu sprechen, bestätigte er ohne Zögern: »Es ist ein Tabu! Das ist ein wichtiger Aspekt, warum es uns gibt: um dieses Tabu zu durchbrechen. Eines unserer strategischen Ziele ist, die Kultur dahingehend zu verändern, dass offener über Klassenfragen gesprochen wird. Und über Geld. Punkt.«[25]

Wie sind wir dahin gekommen? Ein bemerkenswerter Aspekt, den die Daten offenbaren, ist, dass die Ungleichheit in Europa und Nordamerika in der Nachkriegszeit – von 1945 bis etwa 1975 – erheblich geringer war. Wie ist es gelungen, diesen Trend umzukehren?

Mainstream-Ökonomen würden typischerweise auf Faktoren hinweisen, die Teil der Wirtschaftsentwicklung sind: technologische Fortschritte, die Ausbreitung der Globalisierung. Diese Veränderungen reduzierten die Nachfrage nach körperlicher Arbeit in den Ländern mit hohem Lohnniveau, da sich die Arbeit in Niedriglohnländern oder von computergesteuerten, automatisierten Maschinen billiger erledigen ließ. Die geringere Nachfrage nach körperlicher Arbeit führte zu niedrigeren Löhnen für diese Arbeitskräfte und vergrößerte die Kluft zu Beschäftigten mit Hochschulabschluss. Das würde die wachsende wirtschaftliche Ungleichheit erklären. Aber laut dem Wirtschaftsprofessor Robert Reich, der in den neunziger Jahren US-Arbeitsminister unter Bill Clinton war, ist das nur eine Seite der Medaille – und er bedauert, dass er selbst diese Erklärung lange geglaubt hat.[26]

Was in dieser Version der Geschichte fehlt, ist, dass unser wirtschaftliches und politisches System ab den siebziger Jahren zunehmend von einer fundamentalistischen Marktideologie beherrscht wurde, die Selbstsucht als Triebkraft des Wirtschaftshandelns postuliert; eine Ideologie, die Schlüsselakteure veranlasste, Veränderungen vorzunehmen, von der die herrschende Klasse erheblich profitierte. Von gewissen rechten Ideologen als bewusster Versuch gedacht, Governance und die Gestaltung der Politik zu beherrschen, begann diese ideologische Revolution ganz allmählich und setzte sich letztlich durch. Am offensichtlichsten war sie in den USA unter Präsident Ronald Reagan und im Vereinigten Königreich unter Premierministerin Margaret Thatcher. Als Reagan an die Macht kam, setzte er die größten Steuersenkungen der amerikanischen Geschichte um. Der Höchststeuersatz sank von 70 Prozent bis auf 28 Prozent, als seine Amtszeit endete. Sowohl Reagan als auch Thatcher betrieben eine ausgesprochen gewerkschaftsfeindliche Politik und hatten keinerlei Bedenken, streikenden Arbeitskräften zu kündigen. 1981 feuerte Reagan 11 000 streikende Fluglotsen und untersagte ihnen, je wieder auf Bundesebene für den Staat zu arbeiten. Ganz ähnlich reagierte Thatcher wesentlich aggressiver als ihr Vorgänger, als in Großbritannien 1984 Bergarbeiter in den Streik traten; es gelang ihr, den Streik zu brechen und die Gewerkschaften zu schwächen. Die Zahl der durch Tarifverträge abgesicherten britischen Arbeitskräfte sank von 82 Prozent, als Thatcher an die Macht kam, auf nur noch 26 Prozent im Jahr 2018.[27] Andere europäische Länder erlebten zwar keine ähnlichen Steuersenkungen oder Angriffe auf Streikende, aber die Wirtschaftsideologie, die generell mit Reagan und Thatcher assoziiert wird, setzte sich schließlich auch dort und in den meisten Teilen der Welt durch.[28]

Zuvor hatte es in den Jahrzehnten nach dem Zweiten Weltkrieg breite Unterstützung für die Ansicht gegeben, dass sich in einer »gemischten Wirtschaft« der größte soziale Fortschritt erzielen ließe – also in einem Wirtschaftssystem, das kapitalistische Märkte mit staatlicher Regulierung kombiniert. Geleitet von den Vorstellungen des einflussreichen englischen Ökonomen John Maynard Keynes, strebten Staaten danach, Menschen aus der Armut zu holen, Ungleichheit zu reduzieren und soziale Mobilität durch umfangreiche Investitionen in öffentliche Güter zu stärken, die allen zugutekämen, wie beispielsweise Gesundheitsversorgung und Bildung. Die Steuersätze waren wesentlich höher und stärker progressiv, aber in Europa und Nordamerika sah die Bevölkerung darin ein Mittel, eine zivilisierte, sichere und gerechte Gesellschaft zu schaffen. Und weitreichende staatliche Interventionen, unter anderem der Schutz einiger Industriezweige, galten als bewährtes Mittel der Wirtschaftsförderung.

Die meisten Wirtschaftswissenschaftler dürften die Geschichte so erzählen, dass die Keynesianische Wirtschaft in den frühen siebziger Jahren an Boden verlor, als die Industrieländer eine Stagflation erlebten – eine Kombination aus hoher Arbeitslosigkeit, geringem Wirtschaftswachstum (Stagnation) und steigenden Preisen (Inflation). Da der Keynesianismus nach Einschätzung vieler keine angemessenen Antworten auf dieses Problem bot, fielen neue Wirtschaftsideen auf fruchtbaren Boden, besonders ein Governance-Paradigma, das schon lange im Stillen keimte: der Neoliberalismus.[29]

Wie Historiker gezeigt haben, begann der beträchtliche Einfluss des Neoliberalismus auf die Politik in den frühen siebziger Jahren, aber seine Verfechter hatten ihre Ideen bereits seit den dreißiger Jahren in transnationalen Netzwerken entwickelt. Der Neoliberalismus besteht wie jede politische und ökonomische Ideologie aus einem Ideal: einem Satz zugrundeliegender moralischer Annahmen und praktischer politischer Maßnahmen. Er geht von der Überzeugung aus, dass Menschen außerhalb ihrer Familie von Selbstsucht motiviert sind und es uns allen besser ginge, wenn wir unsere Gesellschaften entsprechend organisieren würden. Er verlangt von uns, zu glauben, dass Menschen an sich nicht zu harter Arbeit motiviert sind und wir daher engmaschig überwacht und zur Rechenschaft gezogen werden müssen, auch wenn es einen riesigen bürokratischen Aufwand erfordert. Er verlangt von uns, zu glauben, dass wir Menschen in Konkurrenz zueinander bringen müssen, um eine Wirtschaft effizient zu machen. Der Markt sorgt für Konkurrenz zwischen Menschen, die nach Profit streben, aber der Neoliberalismus behauptet, auch öffentliche Güter wie Bildung und Gesundheitsversorgung sollten auf Wettbewerbsmodellen basieren – da der Privatsektor wesentlich effektiver Dienstleistungen bereitstellen und Probleme lösen könne als der Staat. Und er verlangt von uns, zu glauben, dass das Individuum in diesem System die alleinige Verantwortung für seinen Erfolg oder Misserfolg tragen sollte.[30]

Die neoliberale Ära hatte enorme Auswirkungen auf unsere Gesellschaften und die Vermögensverteilung in ihnen. Am offensichtlichsten ist wohl, dass neoliberale Politiker viele Versorgungsbetriebe privatisierten, die zuvor in öffentlicher Hand waren wie Stromversorger, Gesundheitseinrichtungen und öffentliche Verkehrsbetriebe.

In vielen europäischen Ländern wurden Dienstleistungen, die bis dahin (teilweise) staatlich finanziert, aber von anderen Trägern bereitgestellt wurden, wie etwa Pflege und Bildung, strengen Compliance-Regeln und Rechenschaftspflichten unterworfen. Das ist die logische Konsequenz der neoliberalen Ansicht, dass Beschäftigte im öffentlichen Dienst von sich aus nicht motiviert seien, weil sie nicht im Wettbewerb stehen und keinen Profit anstreben.

Aber die Veränderungen reichen noch tiefer. Der Neoliberalismus bot den Superreichen das perfekte Umfeld, um ihre eigenen Interessen voranzubringen. Wie Noam Chomsky zu Recht betonte, lässt sich der reale Neoliberalismus, wie wir ihn besonders in den USA erleben, häufig besser als Neoliberalismus für die arme Unterschicht und die Arbeiterklasse beschreiben, während große Konzerne und die Reichen großzügige staatliche Subventionen bekommen. Neoliberale betrieben Lobbyarbeit für die Deregulierung der Märkte, für Steuersenkungen für Unternehmen und Wohlhabende und für eine aggressive Geopolitik – all diese Punkte nützen denjenigen, die am meisten besitzen, und schaden den Vulnerabelsten.

Der entscheidende Punkt ist: Sowohl in den einzelnen Ländern als auch auf globaler Ebene haben die neoliberalen Mechanismen, die eine extreme Vermögenskonzentration ermöglicht haben, zugleich Armut zu einer dauerhaften Falle gemacht. Aus diesem Grund wächst die Ungleichheit und gerät in manchen Ländern effektiv außer Kontrolle.[31]

Gegen diese Schlussfolgerung wird es zwei Einwände geben. Der erste ist, dass wir uns auf Armut, nicht auf Ungleichheit – oder Reichtum – konzentrieren sollten. Nehmen wir folgende Äußerung von Willem Buiter, einem einflussreichen Wirtschaftswissenschaftler, der an diversen amerikanischen Eliteuniversitäten lehrte, bevor er Chefvolkswirt bei der Citibank wurde: »Armut beunruhigt mich. Ungleichheit nicht. Sie kümmert mich einfach nicht.«[32] Buiter ist nicht der einzige Ökonom, der findet, dass Fragen der Gerechtigkeit und Verteilung ärgerliche Ablenkungen sind. Selbst außerhalb der Wirtschaftswissenschaften wird diese Haltung typischerweise von vielen – männlichen wie weiblichen – reichen Philanthropen, Unternehmern und Politikern eingenommen, die erklären, sie strebten eine bessere Welt an. Lasst uns Armut ausmerzen, lautet ihre Parole. Das ist das, was wirklich zählt. Ungleichheit ist schlicht nicht auf ihrer Agenda.

Warum beschäftigt uns Armut? Die Antwort hängt davon ab, wie wir dieses Konzept verstehen. Wenn wir Armut als Zustand des Leidens begreifen, der durch die materiellen Lebensbedingungen einer Person bedingt ist, dann spielt Armut *intrinsisch* eine Rolle. Sie ist ein Zustand des Unwohlseins, den es zu vermeiden gilt. Verstehen wir Armut jedoch als den Zustand, nicht genug Geld (oder Konsumgüter in Subsistenzwirtschaften) zu haben, ist Armut *instrumentell* wichtig, weil der Geldmangel zu Hunger, Stress, sozialer Ausgrenzung und anderen negativen Konsequenzen führt. Wenn Armut instrumentell, nicht intrinsisch wichtig ist, wird sie dadurch keineswegs moralisch irrelevant – es gibt viele Beispiele für überaus wichtige Phänomene, die instrumentell wichtig sind, wie eine zu hohe Konzentration von Treibhausgasen in der Atmosphäre oder die mangelnde Verfügbarkeit von Covid-Impfstoffen in manchen Ländern.

Armut lässt sich auch anhand des Maßstabs der »relativen Armut« begreifen, der sie in Beziehung setzt zu dem, was andere in der Gesellschaft besitzen. Dieses Maß ist in reichen Gesellschaften weit verbreitet und wird von der Organisation für wirtschaftliche Zusammenarbeit und Entwicklung (OECD) so definiert, dass eine Person von weniger als der Hälfte des mittleren verfügbaren Haushaltseinkommens in einem Land lebt. Dem liegt die Vorstellung zugrunde, dass die Bedeutung von Armut in einem Zusammenhang dazu steht, was sich eine »Durchschnittsperson« in derselben Gesellschaft leisten kann. Das Konzept der relativen Armut baut eine Dimension der Ungleichheit in den Armutsbegriff ein. Wenn die Art von Armut, um die wir uns sorgen, ein relativer Armutsbegriff ist, folgt daraus logischerweise, dass wir uns auch zumindest um einige Aspekte der Ungleichheit kümmern (zugegebenermaßen in diesem Fall nur um die Einkommensverteilung von den Ärmsten bis zu den Menschen mit einem mittleren Einkommen, daher fließt das, was mit den Reichen und Reichsten passiert, nicht in die Gleichung ein).[33]

Dagegen ist Ungleichheit immer nur instrumentell wichtig. Anders ausgedrückt: Ungleichheit ist schlecht, weil sie schlechte Konsequenzen hat. Sie produziert Unterschiede der sozialen Stellung, sorgt dadurch für Stigmata und untergräbt den gesellschaftlichen Zusammenhalt. Sie führt zu Machtmissbrauch und zur Beherrschung des politischen Prozesses durch die Elite, was wiederum ungerechte politische Maßnahmen nach sich zieht, die den Reichen mehr nützen als den Armen. Sie untergräbt die Chancengleichheit, erzeugt Stress und wirkt sich negativ auf die mentale Gesundheit von Menschen aus. Wer behauptet, Ungleichheit spiele keine Rolle, macht daher einen schweren Fehler. Vielleicht wollen diese Leute damit sagen, dass Ungleichheit nicht intrinsisch, sondern instrumentell von Bedeutung ist, daraus folgt aber keineswegs, dass sie nicht wichtig wäre.[34]

Die Frage ist, ob es möglich ist, etwas gegen Armut zu unternehmen, ohne die Ungleichheit in Angriff zu nehmen. Vielleicht geht das in einem utopischen Land, in dem nur sehr begrenzte Ungleichheit herrscht und die Politik die Reichen nicht einseitig bevorzugt. Aber in den meisten Ländern bedeutet ein Vorgehen gegen Armut auch, etwas gegen die Ungleichheit zu tun. Der Soziologe Matthew Desmond zeigt in seinem Buch *Poverty, by America* (dt.: *Armut. Eine amerikanische Katastrophe*), wie der Staat in den USA Armut durch Maßnahmen konsolidiert, die den Reichen und Superreichen verschiedene Subventionen und Steuervergünstigungen zubilligen, während er in seiner Politik für die Armen wesentlich weniger großzügig ist. Subventionen für Immobilienkredite oder für Spareinlagen für den Collegebesuch, Steuervergünstigungen für große Spenden an Hochschulen – all diese politischen Maßnahmen sind für die meisten Armen irrelevant, nutzen aber den Bessergestellten erheblich. Es gibt noch weitere politische Entscheidungen, die Ungleichheit verschärfen und die Linderung der Armut erschweren: den Zuwachs von Vermögenswerten (Kapitalgewinnen) nicht zu besteuern; den Spitzensteuersatz der Einkommenssteuer zu senken; Steuerflucht in erheblichem Ausmaß zu dulden. All diese Entscheidungen bringen den Staat um Einnahmen, die er für Maßnahmen nutzen könnte, die den Armen helfen, etwa für eine allgemeine Krankenversicherung, bessere staatliche Bildung oder bessere Sozialwohnungen. Desmond betont zu Recht: »Hilfe vom Staat ist ein Nullsummenspiel« – Geld, das über Subventionen an die Reichen fließt oder über Steuervergünstigungen nicht von ihnen erhoben wird, kann nicht denjenigen gegeben werden, die schlechter gestellt sind. In welchem Maß der Staat »den Reichen, statt den Armen gibt«, unterscheidet sich offenkundig von Land zu Land, und die USA sind ein besonders beunruhigender Fall. Aber selbst in egalitäreren Ländern treffen Regierungen immer wieder politische Entscheidungen, die den Reichen mehr nützen als den Armen.[35]

Somit können wir den Einwand, dass Armut zwar eine Rolle spielt, nicht aber Ungleichheit, getrost beiseitelassen. Da er so einfach zu widerlegen ist, mag man sich fragen, wieso diejenigen, die ihn vorbringen, es überhaupt tun. Ich vermute, dass manche, die diese Ansicht vertreten, deren Mängel gar nicht sehen können, weil sie (vielleicht unbewusst) ideologisch in neoliberalen Werten verhaftet sind. Andere verfolgen vielleicht einfach einen pragmatischeren Ansatz und glauben, dass Ungleichheit im Gegensatz zu der drängenderen Aufgabe, die Armen aus der Armut zu holen, etwas Spaltendes ist. Was die Dringlichkeit der Armutsbekämpfung angeht, haben sie selbstverständlich recht, aber dennoch bleibt das Argument bestehen: Das ist nicht zu schaffen, ohne die Ungleichheit in Angriff zu nehmen. Zudem gibt es da noch die superreichen Philanthropen, die sich sehr um Armut kümmern, aber nicht über wirtschaftliche Ungerechtigkeit reden wollen, weil sie dann vielleicht ihre eigene privilegierte Stellung in Frage stellen müssten. Über Armut zu sprechen ist politisch ungefährlich, weil man es tun kann, ohne zu fragen, warum manche so viel haben und andere so wenig.

Der zweite Einwand, mit dem wir uns beschäftigen müssen, ist der sogenannte Trickle-down-Effekt, also die Vorstellung, wenn wir durch politische Maßnahmen wie Steuersenkungen erlauben, dass die Reichen reicher werden, werden sie ihr zusätzliches Kapital produktiv investieren, damit Arbeitsplätze schaffen und für mehr Wohlergehen für alle sorgen. Letztlich wird ihr größerer Reichtum zu den Armen und der Mittelschicht »durchsickern« (*trickle down*). Daher sei es im Interesse aller, eine Wirtschaftspolitik zu verfolgen, die Kapitaleigentümer (also die Reichen) bevorzuge. Eine kurzfristige Zunahme der Ungleichheit könne nach dieser Argumentation also tatsächlich etwas Gutes sein, da sie zur Schaffung eines größeren Kuchens führen werde und jeder davon ein Stück abbekomme. So erklärte Premierminister Tony Blair von der Labour Party 2011: »Wenn man letztlich gegen die Menschen vorgeht, die die reichsten der Gesellschaft sind, hilft das, was man tut, letzten Endes nicht einmal denen am unteren Ende.«[36]

Wie wir gesehen haben, wirkt sich das in der Praxis nicht so aus. Empirische Studien haben wiederholt bestätigt, dass die Trickle-down-Ökonomie eine falsche Theorie ist. Sie funktioniert nicht. Die US-Senatorin Elizabeth Warren stellte dann auch fest: »Reichtum sickert nicht nach unten. Er sickert nach oben.«[37]

Die Trickle-down-Ökonomie ist seit einiger Zeit unter Fachleuten in Misskredit geraten. In einer Studie, die sämtliche größeren Steuersenkungen für Reiche von 1965 bis 2015 in achtzehn Ländern untersuchte, stellten David Hope und Julian Limberg fest, dass diese zu höherer Einkommensungleichheit führten und weder einen signifikanten Effekt auf das Wirtschaftswachstum hatten noch die Arbeitslosigkeit reduzierten. Selbst der Internationale Währungsfonds – der angesichts seines vorrangigen Interesses an makroökonomischen Parametern wie Wirtschaftswachstum, statt Gerechtigkeit, generell als ideologisch auf der Linie der neoliberalen Wirtschaftstheorie gesehen wird – ist zu dem Schluss gekommen, dass Reichtum von oben nicht nach unten durchsickert.[38]

Es ist jedoch nicht nur empirisch belegt, dass die Trickle-down-Ökonomie nicht stimmt: Zudem wird die entgegengesetzte Ansicht zunehmend empirisch erhärtet, nämlich dass die Ungleichheit der Wirtschaft schadet. Wie Heather Boushey, die ehemalige Präsidentin und CEO des Washington Center for Equitable Growth, gezeigt hat, verhindert Ungleichheit durch mehrere Mechanismen Produktivität und Wachstum. Sie bedeutet, dass Kinder und Jugendliche ohne die Unterstützung und die Chancen aufwachsen, ihr wirtschaftliches Potenzial voll auszuschöpfen. Sie schadet der sozialen Mobilität, was wiederum Innovationen behindert. Und die Stagnation der Löhne und Einkommen für alle bis auf die Reichen und Superreichen geht Hand in Hand mit nachlassender Konsumnachfrage, die ansonsten zum Wirtschaftswachstum beitragen könnte.[39]

Angesichts all dieser Belege, sollte man meinen, die Idee einer Trickle-down-Ökonomie sollte mittlerweile verschwunden sein. Leider ist das nicht der Fall. Der australische Wirtschaftswissenschaftler John Quiggin stufte sie zu Recht als »Zombie-Idee« ein: eine Vorstellung, die als falsch widerlegt wurde und gestorben sein sollte, aber dennoch von Zeit zu Zeit wiederauflebt. Trotz aller Beweise, dass Steuersenkungen für die Reichsten nicht zu allgemein vorteilhaftem Wirtschaftswachstum führen, erleben wir, dass diese Idee in der Politik immer wieder auftaucht. Am erstaunlichsten ist, dass Liz

Truss, die 2022 fünfzig Tage lang britische Premierministerin war, die Trickle-down-Ökonomie als Möglichkeit vorschlug, auf die Krise eskalierender Lebenshaltungskosten zu reagieren, die durch die Covid-19-Pandemie und den russischen Krieg gegen die Ukraine verursacht wurde. Sie verkündete ein Maßnahmenpaket, das die für Reiche geltenden Steuern reduzieren sollte, unter anderem eine Senkung des Spitzensteuersatzes von 45 auf 40 Prozent und die Rücknahme einer geplanten Anhebung der Unternehmenssteuern von 19 auf 25 Prozent. Auf diese Ankündigung reagierten die Finanzmärkte alarmiert, was den Internationalen Währungsfonds veranlasste, die britische Regierung zum Umdenken aufzufordern. Nur wenige Wochen später musste Liz Truss zurücktreten. Als Schuldiger galt ihr Haushaltsplan.[40]

Trotz alledem haben beide Einwände immer noch ihre Verfechter. Sie sind bis heute in den Medien, in der Politik und in öffentlichen Diskussionen zu finden. Viele von ihnen sind in Thinktanks angestellt, die von den Superreichen finanziert werden. Tatsächlich hatte der Thinktank, der Liz Truss beriet, das Institute of Economic Affairs, erheblichen Einfluss auf ihren Nachfolger, den Multimillionär Rishi Sunak, der mehrere der größten Unterstützer dieser Lobbygruppe in sein Kabinett berief. Auch in diesem Punkt hatte John Quiggin, fürchte ich, recht mit seiner Schlussfolgerung: »Die Geschichte zeigt, dass es, ganz gleich wie bevorzugt die Begüterten behandelt werden, immer Argumente dafür geben wird, dass sie eine noch bessere Behandlung bekommen sollten.«[41]

KAPITEL 3

Extremer Reichtum stammt aus schmutzigem Geld

Die Daten sind eindeutig: Die Vermögensungleichheit nimmt zu, die Superreichen horten schwindelerregende Mengen Geld und häufen es schneller an, als alle anderen ihre mageren Ersparnisse vermehren können – wodurch die Armen in der Falle sitzen. Aber es gibt noch weitere gewichtige Gründe, warum exzessiver Reichtum ein Problem ist.

Fangen wir mit dem offensichtlichsten an: dem zutiefst unmoralischen und häufig illegalen Charakter dieses Reichtums. Die Londoner, die an der Studie zur Wohlstandsobergrenze teilnahmen, hatten bei der Frage, ob der Reichtum einer Person etwas Problematisches hat, alle den Eindruck, dass dies vom Verhalten der Betreffenden abhing. Manche Superreiche verdienten ihn, sagten sie, weil sie die Welt besser machten – sie schufen ordentliche Arbeitsplätze, lieferten Waren und Dienstleistungen, die Bedürfnisse der Menschen befriedigten und deren Lebensqualität verbesserten, erfanden verschiedene nützliche Technologien oder neue Medikamente, die Krankheiten zu heilen halfen.[1] Aber stimmt das auch? Machen die Superreichen die Welt *unterm Strich* besser?

Die Sache ist die: Indem die Superreichen tun, was sie tun (und dazu gehören auch Aktivitäten, die die Welt verbessern), machen sie die Welt nahezu ausnahmslos auch schlechter. Ob sie nun Gutes tun oder nicht, tun sie zugleich etwas Schlechtes – etwas wirklich Schlechtes. Sie richten Schaden an.

Akademische Debatten über das Problem extremer Vermögensungleichheit neigen dazu, Reichtum zu ignorieren, der auf schädliche Weise erworben wurde. Oder der auf eine Weise gewachsen ist, die nachteilige Auswirkungen für andere hatte. Das ist keineswegs überraschend, da nahezu allen hinlänglich klar ist, dass jedem auf unmoralische oder illegale Art erworbenen Reichtum die Legitimität fehlt. Auf dem Gebiet der politischen Philosophie füllen Bücher über Ungleichheit ganze Bibliotheken, und dennoch halten es deren Autoren für völlig logisch, über schmutziges Geld hinwegzugehen, da es keiner moralischen Begründung bedarf, uns darüber eine Meinung zu bilden: Dieses Geld ist schlecht. Menschen, die reich werden, indem sie schmutziges Geld anhäufen, handeln bestenfalls unethisch. Manche sind schlichtweg kriminell.[2]

Aber die Welt, in der schmutziges Geld verdient wird, ist nicht hermetisch abgeschlossen, sondern durchdringt unsere Gesellschaften und schadet normalen Bürgern (und tötet sie manchmal). Schmutzige Vermögen richten viele Kollateralschäden an. Sie behindern unsere Möglichkeit, eine gerechtere Welt zu schaffen. Wir können es uns nicht leisten, sie noch länger zu ignorieren: Es mag durchaus unsere vorrangige Aufgabe sein, schmutziges Geld auszumachen, einzudämmen und zu eliminieren, wenn wir uns vor den Schäden der Vermögenskonzentration schützen wollen. Politiker auf der ganzen Welt sollten dieses Anliegen ganz oben auf ihre Agenda setzen, wenn sie in den höchsten demokratischen Foren zusammenkommen – in den Vereinten Nationen, im Europäischen Parlament etc. Wir brauchen dringend internationale Zusammenarbeit, damit wir die Steueroasen schließen und andere Praktiken unterbinden können, die eine Akkumulation schmutzigen Geldes ermöglichen. Wenn es dem Weltwirtschaftsforum mit seiner Mission ernst ist, die Welt zu verbessern, sollten seine Teilnehmer auch darüber diskutieren. Selbstverständlich tun sie das nicht: Sie ziehen es vor, Unternehmern zuzuhören, die darüber reden, wie sie all unsere Probleme lösen und dabei noch Gewinne machen können. Oder sie sprechen ein- oder zweimal darüber, um ihre Kritiker zu widerlegen, und unternehmen dann doch nichts dagegen. Es spricht wenig dafür, dass die Superreichen bereit sind, in den Spiegel zu schauen und sich harte Fragen zu stellen, ob ihr Geld schmutzig ist. Sie ziehen es ebenso wie die meisten Politiker vor, sich auf positive Geschichten zu konzentrieren, auf öffentlich-private Partnerschaften und auf Probleme, die sie nicht betreffen.[3]

Wir sollten nicht vergessen, dass schmutziges Geld viele Formen annehmen kann – und dass es keine Frage von Schwarz und Weiß ist, was als »schmutzig« im Sinne von illegal oder illegitim gilt. Es gibt zwar wirklich finsteres Geld, das nicht ans Tageslicht kommen darf, weil seine Eigentümer sonst im Gefängnis landen würden, aber es gibt auch viele Grautöne. Bei schmutzigem Geld geht es nicht nur um gewalttätige Diktatoren, die wertvolle Ressourcen ihres Landes an Firmen verkaufen, die sie mit Millionen Dollar bestechen. Es nimmt auch Formen an, die viele für harmlos halten – also Geld, das durch alltägliche Praktiken getrübt ist, die irgendwie zwar nicht harmlos, aber scheinbar doch unvermeidlich und schwer auszumerzen sind. Manche dieser Praktiken gelten nicht einmal als unmoralisch, zumindest nicht, solange sie nicht zu einer Verurteilung geführt haben. Wie wir aus *Der Pate* gelernt haben sollten, verstehen Kriminelle es bestens, ihre unrechtmäßig erworbenen Vermögen zu legitimieren und vor sich selbst zu rechtfertigen.

Also fangen wir an, durchzusieben und herauszufinden, welche Kategorien Vermögender nicht auf die Weise zu ihrem Reichtum hätten gelangen dürfen, wie sie es getan haben, weil ihr Reichtum gegen grundlegende moralische Prinzipien verstößt, die das gesamte politische und ideologische Spektrum unterstützt. Ich möchte hier keinen vollständigen Überblick über die illegalen oder unmoralischen Möglichkeiten geben, wie die Reichen ihr Geld angehäuft haben könnten, vielmehr geht es mir darum, zu zeigen, dass wir bei einem beträchtlichen Anteil superreicher Personen nicht einmal nach den negativen Konsequenzen ihres großen Reichtums zu fragen brauchen – eine Frage, mit der sich die nächsten beiden Kapitel befassen. Denn sie hätten dieses Geld schlichtweg gar nicht erst bekommen dürfen. Punkt.

Die erste – und vielleicht offensichtlichste – Gruppe reicher Personen mit Geld, das ihnen aus moralischen Gründen gar nicht gehören dürfte, sind diejenigen, die von systematischen Verbrechen gegen die Menschlichkeit profitiert haben. Solche blutgetränkten Vermögen sind überall auf der Welt zu finden, aber konzentrieren wir uns hier auf zwei Beispiele: die deutschen Industrievermögen, die mit NS-Gräueltaten verknüpft sind; und die Vermögen, die aus transatlantischem Sklavenhandel stammen.

Es ist weithin bekannt, dass mehrere deutsche Unternehmerfamilien zum Erfolg des NS-Regimes beigetragen und von den Gräueltaten der Nationalsozialisten profitiert haben – unter anderem die früheren Eigentümer von BMW, Porsche und Dr. Oetker. Industriemagnate finanzierten nicht nur den Wahlkampf der Nationalsozialisten bei den fatalen Wahlen vom März 1933 im vollen Bewusstsein, dass Hitler die Beendigung der Demokratie plante, sie profitierten auch materiell vom NS-Regime, unter anderem durch den Einsatz Zigtausender Zwangsarbeiter in ihren Fabriken. Im Rahmen des nationalsozialistischen Ziels, das deutsche Volk zu »säubern« – was zur Ermordung von elf Millionen Menschen, darunter sechs Millionen Juden führte –, sperrten sie Juden, politische Dissidenten,

Homosexuelle sowie Roma und Sinti aus ganz Europa unter bestialischen Bedingungen in Konzentrationslager. Männer, Frauen und Kinder mussten arbeiten, bis die meisten von ihnen dabei starben oder in den Gaskammern ermordet wurden. Diese Unmenschlichkeit schreckte Firmeneigentümer nicht ab. In der Nähe von Auschwitz im deutsch besetzten Polen erwarb die IG Farben – für wenig Geld – Land, nachdem die NS-Besatzungskräfte es konfisziert und die polnischen Bewohner durch Zwangsräumung vertrieben hatten. Dort errichtete die IG Farben eine Fabrik, in der sie Tausende Häftlinge aus dem nahen Konzentrationslager Auschwitz arbeiten ließ.[4]

In Deutschland gab es Proteste dagegen, dass viele dieser Vermögen nach dem Krieg einfach in den Händen der NS-Kollaborateure blieben, und manche argumentierten, die Entschädigungen seien zu gering ausgefallen oder zu spät gekommen. Der deutsche Historiker Andreas Wirsching stellte fest, dass derzeit, siebzig Jahre nach Kriegsende, immer mehr deutsche Banken und Unternehmen historische Forschungen zu ihrem nationalsozialistischen Erbe in Auftrag geben. Diese vermehrte Bereitschaft, die Vergangenheit zu untersuchen, führt er auf einen Generationswechsel in Unternehmensführungen, Geschichtswissenschaften und Archiven sowie auf neue Recherchemöglichkeiten nach der Wiedervereinigung Deutschlands zurück. Gleichzeitig sieht Wirsching aber auch eine starke Beimengung kommerzieller Eigeninteressen, da solche Forschungen effektiv ein Prüfsiegel oder Zertifikat darstellen, das besagt: »Der Nationalsozialismus und seine Konsequenzen wurden evaluiert und verarbeitet.« Und er fügt hinzu: »Die eigentlichen Resultate sind beinahe sekundär (um es etwas zu übertreiben).« Und doch ziehen es manche deutschen Milliardäre heute immer noch vor, der Rolle, die ihre Vorfahren im Krieg gespielt haben, nicht allzu viel Aufmerksamkeit zu schenken. In seinem neuesten Buch *Nazi Billionaires: The Dark Histories of Germany's Wealthiest Dynasties* (dt.: *Braunes Erbe.*

Die dunkle Geschichte der reichsten deutschen Unternehmerdynastien) betont der niederländische Journalist David de Jong, die heutigen Erben reicher NS-Unterstützer müssten transparent mit der Tatsache umgehen, dass ihr ererbtes Vermögen von der Mitwirkung ihrer Vorfahren an Genozid und Kriegsverbrechen beschmutzt ist.[5]

Hätten die historischen Eigentümer das Richtige getan, ist es höchst unwahrscheinlich, dass ihre Unternehmen so reich geworden wären – oder heute überhaupt existieren würden. Die Superreichen in Deutschland und den Nachbarländern – und alle, die Geld von Geschäftsleuten und Unternehmen geerbt haben, die im Dritten Reich florierten – sollten sich fragen, in welchem Maße ihr heutiges Geld die Frucht einer Kollaboration mit dem NS-Regime ist. Das sollte mehr als bloß eine PR-Maßnahme sein. Es ist ein moralischer Imperativ, wenn man ein reines Gewissen haben möchte.

Weitgehend dasselbe gilt für den zweiten Fall, auf dem der Reichtum vieler heute lebender Personen beruht: Sklaverei. Das ist besonders in den USA wichtig, obwohl es auch im Vereinigten Königreich, in Portugal, Spanien, Frankreich und den Niederlanden Vermögen gibt, die aus dem transatlantischen Sklavenhandel hervorgegangen sind. In den heutigen USA hängt die rassistische Ungleichheit im Vermögensbesitz unmittelbar mit der systematischen Ausbeutung Schwarzer für den Profit weißer Sklavenhalter zusammen. Kurz vor der Abschaffung der Sklaverei um 1860 lebten und arbeiteten etwa vier Millionen versklavte Männer, Frauen und Kinder auf amerikanischem Boden. Laut Berechnungen entgingen diesen Menschen geschätzte 20,3 Billionen US-Dollar an Arbeitslohn. Das bedeutet schlicht, dass alle amerikanischen Familien und Institutionen, unter deren Vorfahren es Sklavenhalter gibt und die von ihnen irgendetwas von Wert geerbt haben, weniger besitzen würden, wenn man die Versklavten nicht ihrer Freiheit und eines angemessenen Lohns für ihre Arbeit beraubt hätte. Umgekehrt würden heutige Afro-Amerikaner erheblich mehr besitzen als die mageren 4,5 Prozent des gesamten Privatvermögens, die sie gegenwärtig halten, obwohl sie 13,6 Prozent der US-Bevölkerung stellen.[6]

Es ist schwer, etwas gegen die Behauptung einzuwenden, dass Vermögenseigentümer keinen moralischen (und in einer gerechten Welt auch keinen rechtlichen) Anspruch auf den Teil ihres Reichtums haben, der auf historischen Verbrechen gegen die Menschlichkeit beruht. Dieses Geld sollten sie nicht besitzen, ungeachtet der Frage, ob sie selbst oder ihre Vorfahren an diesen Verbrechen beteiligt waren. Man könnte zu Recht darauf hinweisen, dass dieses Prinzip für die Mittelschicht ebenso gilt wie für die Reichen und Superreichen. Tatsächlich sollten Vermögen in dem Maße, wie sie auf Unrecht basieren, denen zurückgegeben werden, denen sie genommen wurden, oder für Entschädigungen zur Verfügung gestellt werden – unabhängig davon, ob die Eigentümer extrem reich oder lediglich gut gestellt sind. Niemand hat das Recht, die Profite historischer Verbrechen zu behalten.

Es gibt immer mehr Beispiele für Bestrebungen, solche Wiedergutmachungen zu versuchen. So fand die University of Glasgow 2016 heraus, dass sie im 18. und 19. Jahrhundert Spenden und Erbschaften von Menschen bekommen hatte, die von der Sklaverei profitiert hatten. Nach der Veröffentlichung einer Studie, die diese Forschungsergebnisse dokumentierte, erklärte die Universität im September 2018, sie werde eine Reihe von Initiativen entwickeln, die diesen Teil ihrer Vergangenheit anerkenne, und Projekte finanzieren, um die Erforschung der Sklaverei und ihrer Geschichte zu fördern. Im Jahr 2019 unterzeichnete sie ein Abkommen mit der University of the West Indies in Jamaika, in diesen Fragen zusammenzuarbeiten, und stellte 20 Millionen Pfund für Wiedergutmachungsaktivitäten (Restorative Justice) bereit. Eines der Ergebnisse dieser Zusammenarbeit ist ein einschlägiger Master-Studiengang in Partnerschaft mit der Hochschule in Jamaika, das Masters Programme in Reparatory Justice.[7]

Aber wie Olivette Otele, Distinguished Research Professor of the Legacies and Memory of Slavery an der School of African and Oriental Studies (SOAS) in London, betont, geht es bei der wiedergutmachenden Gerechtigkeit für die Sklaverei nicht bloß um finanzielle Entschädigung. Entscheidend ist, dass der Zusammenhang zwischen den Ungerechtigkeiten der Sklaverei und heutigen Ungleichheiten verstanden wird und die Nachfahren der Versklavten die Agenda der Wiedergutmachung bestimmen. Otele weist darauf hin, dass wiedergutmachende Gerechtigkeit letztlich auf nationaler Ebene erfolgen muss, und eben dafür sorgten die Niederlande, als sich die Regierung im Dezember 2022 für die Rolle des Landes bei der Sklaverei entschuldigte und einen Fonds einrichtete, um das Bewusstsein dafür zu schärfen und sich mit deren heutigen Auswirkungen auseinanderzusetzen. Auch in anderen Ländern gibt es Forderungen, dass der Staat Wiedergutmachung leisten soll. So wurde Haiti 1825 gezwungen, als Preis für seine Unabhängigkeit von Frankreich einen großen Kredit beim französischen Staat aufzunehmen, der die ehemaligen Sklavenhalter entschädigen wollte. Jahrzehntelang verlangte die Regierung Haitis von Frankreich die Rückerstattung der geleisteten Kreditzahlungen, was tatsächlich eine historische Ungerechtigkeit wiedergutmachen würde.[8]

Die Bandbreite der von Otele angeführten Beispiele für Institutionen, die erfolgreich Wiedergutmachungsprojekte auf den Weg gebracht haben – wie die amerikanischen Universitäten Brown und Harvard und das britische Unternehmen Greene King –, zeigen, dass jede Organisation erhebliche Schritte in dieser Richtung unternehmen kann. Das gilt selbst für Familien, wie die britische Familie Trevelyan bewies, als sie sich 2023 öffentlich dafür entschuldigte, dass ihre Vorfahren tausend Menschen auf der Insel Grenada versklavt hatten, und einen Gemeinschaftsfonds für wirtschaftliche Entwicklung der Insel einrichtete. Wie wäre es wohl, wenn alle Nachfahren derjenigen, die von Sklaverei profitiert haben, unter anderem auch die britische und die niederländische Königsfamilie und viele amerikanische Dynastien mit ererbtem Vermögen, etwas Ähnliches tun würden. Man kann sich kaum vorstellen, was für eine gewaltige Umschichtung von Geld und Macht das bewirken würde.[9]

Eine weitere große Gruppe Superreicher, die auf unmoralische Weise reich werden – und dieses Geld eindeutig nicht behalten dürften –, sind Kleptokraten und korrupte Amtsinhaber. Kleptokratie bedeutet buchstäblich »Herrschaft der Diebe« (aus den griechischen Wörtern *kleptes*, Dieb, und *kratia*, Macht oder Herrschaft). Wir sprechen hier über Staatsoberhäupter und politische Führungskräfte, die ihr Land ausplündern. Nehmen wir beispielsweise Teodoro Nguema Obiang Mangue, den Vizepräsidenten von Äquatorialguinea und Sohn von Präsident Theodore Obiang. Obwohl das Land in den neunziger Jahren anfing, Erdöl zu verkaufen, hat die Mehrheit seiner Bevölkerung keinerlei Verbesserung des Lebensstandards erlebt; die meisten leben nach wie vor in bitterer Armut. Das hindert den Vizepräsidenten aber nicht an einem Jetset-Lebensstil. Von 2004 bis 2011 kaufte er angeblich eine 80 Millionen US-Dollar teure Villa in Paris, eine weitere für 30 Millionen Dollar in Kalifornien und eine für 15 Millionen Dollar in São Paulo sowie einen Privatjet für 38,5 Millionen Dollar, zwei Yachten, vierzehn Luxusautos, Kunst für 44 Millionen Dollar und noch einiges mehr. Bei einer Versteigerung gab er 275 000 Dollar für den kristallbesetzten Handschuh aus, den Michael Jackson während seiner Tournee 1987/88 trug. Jüngste Änderungen der internationalen Regeln führten zur Beschlagnahmung einiger seiner Immobilien in Europa. Aber nichts deutet darauf hin, dass der Präsident und seine Familie das Land nicht weiter fest im Griff hätten oder ihr riesiges, unverdientes Vermögen nicht genießen würden. Im November 2022 wurde Präsident Obiang in Wahlen, die alle bis auf seinen eigenen Klan für gefälscht hielten, wiedergewählt.[10]

Die meisten gegenwärtigen Kleptokraten sind autokratische Herrscher von Ländern, in denen die Bevölkerungsmehrheit in extremer Armut lebt, wie Gabun und die Republik Kongo. Die Bürger dieser Länder kommen nicht in den Genuss der Einnahmen aus Erdöl, Diamanten und anderen Rohstoffen, die sie alle prosperieren lassen könnten. Stattdessen fließen diese Einnahmen in die Taschen von Politikern und deren Freunden sowie an die multinationalen Konzerne, mit denen sie zusammenarbeiten. Aber nicht nur die multinationalen Konzerne des Globalen Nordens sind darin verwickelt: Wie der Philosoph Leif Wenar in seinem Buch *Blood Oil* argumentiert, machen sich auch die Konsumenten dieses Öls mitschuldig. Wir alle akzeptieren, dass Erdöl von denjenigen verkauft wird, die es schaffen, es unter ihre Kontrolle zu bringen, statt das Prinzip der Ressourcensouveränität zu unterstützen (wonach Ressourcen allen Menschen eines bestimmten Territoriums gehören und das Erdöl daher allen als gemeinsame Ressource zusteht). Sobald wir uns den Welthandel genauer ansehen, sind Menschen weltweit, aber vor allem diejenigen, die das Geld für den Konsum haben, auf vielfältige Weise an rechtswidrigen Praktiken beteiligt.[11]

Noch schlimmer wird es, wenn kleptokratische Regime staatliche Gewalt, Folter und andere Menschenrechtsverletzungen als Methode einsetzen, um ihre Macht zu sichern. Kleptokraten streben nach politischer Macht, um sich zu bereichern, und nutzen diesen Reichtum dann, um an der Macht zu bleiben, was in einen Teufelskreis führt. Sie begehen Wahlbetrug, werfen Gegner ins Gefängnis oder lassen sie ermorden, zerschlagen unabhängige Medien und terrorisieren Wähler. Korruption ist Teil ihrer üblichen Vorgehensweise – Formen von Korruption, die wesentlich brutaler, gewalttätiger und endemischer sind als die in modernen Demokratien verbreiteten Formen. Kleptokraten sind als Herrscher nicht bestrebt, sich für die Interessen des Volkes einzusetzen, sondern verfolgen ihre eigenen Interessen, die ihrer Familienangehörigen und einiger weniger anderer, die für sie zweckdienlich sind. Sobald sie die Kontrolle über den Reichtum ihres Landes und die politische Macht erlangt haben, tun sie alles, um sie zu behalten.[12]

Viele von uns werden denken, es verstünde sich doch von selbst, dass diese Diktatoren das Geld, das sie besitzen, nicht haben sollten. Mobutu Sese Seko, der langjährige Diktator Zaïres (der heutigen Demokratischen Republik Kongo), hätte nicht ein persönliches Einkommen haben dürfen, das größer war als die Staatsausgaben seines Landes für Gesundheit, Bildung und Wohlfahrt zusammengenommen.[13] Ebenso empörend war, dass Imelda Marcos, die ehemalige First Lady der Philippinen, mehrere Tausend Paar Schuhe besaß, während unter dem Regime ihres Mannes so viele Filipinos in Armut lebten.

Aber während mittlerweile eine wachsende Zahl von Menschen und Organisationen über solchen Missbrauch empört sind, war diese Reaktion durchaus nicht immer weit verbreitet. Wie wir aus der Forschungsarbeit von Jason Sharman, einem Professor für internationale Beziehungen an der Cambridge University, wissen, kam es erst seit Anfang dieses Jahrhunderts zu einem Wandel in den weltweiten Normen hinsichtlich extremer Korruption und zu entsprechenden Regeln. Wurde Kleptokratie früher als etwas Gegebenes hingenommen und häufig sogar von anderen Ländern gefördert, auch von solchen, die Entwicklungshilfe leisteten, bestehen nun internationale Rechtsabkommen, wonach es kriminell ist, Geld zu »beherbergen«, das Amtsinhaber eines anderen Staates gestohlen haben. Allerdings halten sich viele Staaten nach Sharmans Einschätzung nicht an diese Regeln. Manche legen lediglich Lippenbekenntnisse zu diesem neuen Konsens ab. Aber selbst diejenigen, die sich ehrlich dafür engagieren, der Kleptokratie Einhalt zu gebieten, sind in ihren Möglichkeiten eingeschränkt.

Menschen, die wie wir in reichen demokratischen Staaten leben, sollten sich hüten, Kleptokratie nicht als Problem zu sehen, das nur arme Entwicklungsländer betrifft. Korruption großen Stils von Amtsinhabern ist ein Problem, gegen das kein Land immun ist. Es kommt auch in Nordamerika und Europa und in fortgeschrittenen asiatischen Volkswirtschaften wie Südkorea und Japan vor. Ein wichtiger Unterschied ist natürlich, dass dort die Auswirkungen auf das Wohl der Bevölkerung weniger verheerend sind. Während verbreitete Korruption in einem hochentwickelten Land in erster Linie zu einem größeren Haushaltsdefizit führt, hat sie in ärmeren Ländern zur Folge, dass die Bevölkerung weiterhin ohne fließendes Wasser oder angemessene Nahrungsversorgung leben muss. Dennoch ist Korruption überall eine gefährliche, zersetzende Kraft – wie zwei europäische Beispiele belegen.

Schauen wir uns zunächst Wladimir Putin und seine Kumpane an. Fachleute für russische Politik zeichnen ein düsteres Bild. Seit Putin 1999 an die Macht kam, nutzte er kleptokratische Methoden, um seine Machtbasis zu erweitern, sich zu bereichern und einen Kreis enger Vertrauter aufzubauen. Korruption grassiert: Es wird der Staatshaushalt geplündert, Geld von Privatunternehmen erpresst, und sogar Firmen werden rundweg übernommen. Wer in Russland zur politischen Elite gehören will, wird in Korruption verwickelt, und das schafft Loyalität zu Putin. Wenn Kollaborateure des Regimes der Kreml-Linie nicht folgen, werden sie wegen Korruption angeklagt und wandern ins Gefängnis. Korruption wird so nicht nur eingesetzt, um Putin und seinen Freunden riesige Vermögen zu verschaffen, sondern auch dazu, dass alle Beteiligten gefügig bleiben. Wenn sie von Putins Regime profitiert haben, gehen viele seiner superreichen Freunde ins Ausland. Viele haben ihr enormes Vermögen in Immobilien in europäischen Hauptstädten investiert, wo sie die Vorteile des Lebens in einer echten Demokratie genießen mit dem ganzen Schutz, den der Rechtsstaat Bürgern bietet. Sie investieren nicht mehr zum Nutzen aller Russen im sich entwickelnden Russland. Sie setzen sich nicht einmal verbal für ihre russischen Mitbürger ein, da es für sie gefährlich wäre: Eine erstaunliche Anzahl von zu Kritikern gewandelten Kollaborateuren sind unter äußerst suspekten Umständen gestorben, indem sie etwa aus unerklärlichen Gründen aus dem Fenster fielen oder durch radioaktive Stoffe vergiftet wurden. Auch unabhängige Journalisten sind nicht sicher; viele, die kritische Reportagen veröffentlichten, wurden getötet. Der Herausgeber der russischen *Forbes*-Ausgabe wurde 2004 erschossen, nur wenige Wochen, nachdem das Magazin eine Liste der hundert reichsten Russen veröffentlicht hatte. Am 7. Oktober 2006, an Wladimir Putins Geburtstag, wurde die Journalistin Anna Politkowskaja, eine engagierte Regimekritikerin, im Treppenhaus vor ihrer Wohnung ermordet.[14]

Der von Putins kleptokratischem Regime angerichtete Schaden beschränkt sich nicht auf russische Bürger. Putin setzt sein riesiges Finanzvermögen auch zu geopolitischen Zwecken ein, besonders indem er sich die Unterstützung internationaler Verbündeter erkauft. Seine politische Partei, Einiges Russland, unterstützt rechte Parteien in vielen anderen Ländern mit großzügigen Spenden. Da dies in den meisten Fällen illegal ist, müssen solche Transaktionen häufig über Gesetzeslücken erfolgen. So bekam die rechte italienische Partei Lega angeblich 2018 aus Moskau 65 Millionen Euro, die über eine zwischengeschaltete Organisation geschleust wurden, um innerhalb der italienischen Vorschriften für Parteispenden zu bleiben. Ein größeres Wahlkampfbudget beeinflusst Wahlergebnisse in der Regel positiv, und obwohl sich ein Kausalzusammenhang unmöglich nachweisen lässt, wurde die Lega bei den ersten Wahlen, nachdem sie diese Spenden erhalten hatte, (den Europawahlen) zur drittstärksten Partei Italiens. Das dürfte Putin gefallen haben, da die Lega seitdem auf europäischer Ebene lautstark russische Interessen vertritt. So argumentierte sie für eine Aufhebung der EU-Sanktionen, die nach der russischen Annexion der ukrainischen Krim 2014 verhängt wurden.

Ein Problem dieser korrupten Finanzierung ist eindeutig die mangelnde Rechenschaftspflicht, da die betreffenden Parteien alles dafür tun werden, dass sich die Zahlungen nicht zurückverfolgen lassen. Selbst wenn sämtliche Indizien auf Russlands finanzielle Unterstützung rechtsradikaler und konservativer Parteien hindeuten, gibt es kaum stichhaltige Beweise. So ist es bei der niederländischen rechtsextremen Partei Forum voor Democratie, dessen Vorsitzender Putin unter allen Umständen hartnäckig verteidigt hat, auch als er 2022 den Krieg gegen die Ukraine begann. Es wurden jedoch keine handfesten Belege entdeckt, dass die Partei Geld vom Kreml bekommen hätte – aber das ist kaum überraschend. Es ist nicht immer bekannt, wie sich Kleptokraten die Loyalität von Kollaborateuren im Ausland erkaufen.[15]

Aber Korruption ist nicht nur ein russisches Problem. Auch andernorts in Europa sorgt Korruption im Staat für Probleme, wie das Beispiel Italien eindeutig belegt. Dort sind kleptokratische Praktiken unbestreitbar von einer anderen Größenordnung als in Russland, da es eine Demokratie mit vielen Parteien ist, die Italiens Bürger frei wählen können. Dennoch ist Korruption in der italienischen Politik und Gesellschaft seit langem endemisch. Der berüchtigte Fall Silvio Berlusconis zeigt, wie problematisch diese weit verbreiteten gesellschaftlichen Gewohnheiten werden können, wenn ein Superreicher, der bereits in anderen Sektoren großen Einfluss besitzt (in seinem Fall in Wirtschaft und Medien), politische Macht erlangt. Berlusconi war von 1994 bis 2011 Ministerpräsident von vier Regierungen. Als er sein Amt antrat, war er bereits Milliardär. Italienische Politikwissenschaftler argumentieren, der Staat habe während seiner Amtszeit zahlreiche korruptionsfördernde Maßnahmen ergriffen. Berlusconi selbst wurde wegen Bestechung, Bilanzfälschung, Verdunkelung, Steuerhinterziehung, Korruption und Betrug sowie Förderung der Prostitution Minderjähriger angeklagt, weil er für Sex mit einer Siebzehnjährigen bezahlt hatte. Da ihm ein Medienimperium gehörte, warf man ihm zudem erhebliche Interessenkonflikte vor. Einige der Verfahren gegen ihn wurden wegen Verjährung eingestellt, und nur in einem Fall wurde er 2013 wegen Steuerhinterziehung zu einer vierjährigen Haftstrafe verurteilt, die dann auf ein Jahr reduziert wurde. Aufgrund seines Alters (er war damals 76 Jahre alt) leistete er stattdessen ein Jahr lang Sozialdienst. Zudem schloss man ihn von politischen Ämtern aus, aber nach der Aufhebung dieses Verbots wurde er ins Europäische Parlament und 2022 in den italienischen Senat gewählt.[16]

Putins Russland und Berlusconis Italien sind zwei besonders denkwürdige Beispiele, allerdings ist es ratsam, nicht davon auszugehen, dass verbreitete Korruption im staatlichen Bereich nur anderswo vorkäme – man denke nur an den Skandal um Vetternwirtschaft bei der Vergabe von Staatsaufträgen im Vereinigten Königreich 2020 oder an Trumps Versuche, im selben Jahr die Präsidentschaftswahlen in den USA zu manipulieren. All diese Fälle sind aufschlussreich und zeigen, was nötig ist, um Kleptokratie zu bekämpfen: eine eindeutige Gewaltenteilung im Staat mit einer wahrhaft unabhängigen Justiz; eigenständige, unparteiische und unabhängige Massenmedien, die keine Angst davor haben müssen, ihre Meinung frei zu äußern; finanzielle Transparenz, damit wir wissen, wem was gehört; und sorgfältige Aufsicht über andere demokratische Institutionen wie das Wahlsystem. Diese Instrumente müssen wir vor Übergriffen von Milliardären und Multimillionären schützen, die – wieder und wieder – den kleptokratischen Weg eingeschlagen haben, Reichtum und Macht anzuhäufen und unsere demokratischen Institutionen nach Kräften zu schwächen. Leider ist es ihnen häufig gelungen.

Kriegsverbrechen und staatliche Korruption sind selbstverständlich nicht die einzigen Möglichkeiten, wie Superreiche Vermögen anhäufen und dem Leben ihrer Mitbürger schaden. Eine weitere Form schmutzigen Geldes erwächst aus Geschäftspraktiken, die Kunden gezielt schaden.

Man nehme nur die Familie Sackler, Eigentümer des amerikanischen Pharmaunternehmens Purdue Pharma, das ein Schmerzmittel namens OxyContin, ein Opioid, verkauft. In den später neunziger Jahren startete das Unternehmen bei Allgemeinmedizinern und Hausärzten eine aggressive und irreführende Marketingkampagne für OxyContin. In den sechs Jahren nach Zulassung des Medikaments durch die Food and Drugs Administration bewarb es das Medikament in bewusster Irreführung der Mediziner als weniger suchtgefährdend als andere Schmerzmittel, obwohl es wusste, dass dies nicht stimmte. Ein weiteres Element seiner betrügerischen Marketingstrategie war, dass es sich gezielt an Hausärzte, nicht an Spezialisten wandte, da ihm klar war, dass diese in medizinischen Fragen zu Sucht und Opioiden weniger gut ausgebildet waren. Zudem verteilten die Vertreter von Purdue Pharma gefälschte Tabellen und Grafiken an sie, um ihre Behauptungen zu untermauern.[17]

Als Hausärzte OxyContin in großem Maßstab zu verschreiben begannen, explodierten die Umsätze und erreichten ein Ausmaß, das weit über dem lag, was bei einer Verschreibung allein durch Fachärzte möglich gewesen wäre. Im Jahr 2015 erreichte der Jahresumsatz von OxyContin annähernd 3 Milliarden US-Dollar, und *Forbes* schätzte das Vermögen der Familie Sackler auf 14 Milliarden Dollar.[18] Die Sacklers engagierten sich nun in philanthropischen Projekten und spendeten vor allem an Kunstmuseen im Vereinigten Königreich und den USA.

Mit der Entwicklung der Opioidkrise, die in den USA schätzungsweise 500 000 Todesopfer forderte, gerieten die Familie Sackler und Purdue Pharma zunehmend in die Kritik. Bis 2020 hatten alle fünfzig Bundesstaaten das Unternehmen und Mitglieder der Sackler-Familie wegen ihres Anteils an der Opioidkrise verklagt, und die Firma meldete Insolvenz an. Im Oktober 2020 bekannte sich Purdue

Pharma des irreführenden Marketings von OxyContin schuldig. Im März 2022 handelte die Familie Sackler einen Vergleich aus, 6 Milliarden US-Dollar zu zahlen und damit vor sämtlichen gegenwärtigen und zukünftigen Zivilklagen geschützt zu sein, wobei von diesem Betrag 750 Millionen Dollar für die Entschädigung der über hunderttausend Opfer vorgesehen waren. Dies ist jedoch ein schwacher Trost für die Familien, die erleben mussten, wie einer ihrer Angehörigen innerhalb von Monaten süchtig wurde und starb – darunter junge Erwachsene in ihren zwanziger und dreißiger Jahren, die nach Routineeingriffen wie einer Wurzelbehandlung angefangen hatten, OxyContin zu nehmen. Da der Vergleich weitere Ermittlungen zu Straftaten nicht ausschließt, hoffen einige der Opfer, dass das Justizministerium solche in naher Zukunft einleiten wird.[19]

Es ist nicht klar, wie groß das derzeitige Vermögen der Familie Sackler ist. Aber unabhängig davon dürfte es nicht größer sein als die Profite, die sie gemacht hätte, wenn sie OxyContin als das gefährliche Medikament verkauft hätte, um das es sich tatsächlich handelt, was sie durchaus wusste – ein höchst suchtgefährdendes Medikament, das nur von Spezialisten hätte verordnet werden dürfen. Die Sacklers und Purdue Pharma hätten akzeptieren müssen, dass OxyContin ein Medikament mit einem kleinen Markt ist. Sie hätten begreifen müssen, dass der Versuch, die Profite zu steigern, indem sie die Nachfrage nach dem Medikament auch durch Irreführung von Ärzten und Patienten gefährlich steigerten, zutiefst falsch war. Sie dürften also nicht mehr Geld besitzen, als sie hätten verdienen können, wenn sie ihre Geschäfte moralisch einwandfrei geführt hätten.

Wenn es um schmutziges Geld von Geschäftsleuten geht, ist das durchaus noch nicht alles. Es gibt auch die skrupellose Gewohnheit, seinen Reichtum zu bewahren, indem man andere für seine Fehler bezahlen lässt. Wie jeder weiß, scheitern Unternehmen gelegentlich. Das Geschäftsleben ist immer mit einem gewissen Risiko behaftet.

Es gibt jedoch Leute, die gern das mit Geschäften generierte Geld nehmen, aber im Fall eines Scheiterns andere die Lasten tragen lassen. In manchen Fällen sind beträchtliche Summen nötig, um mit solchen Problemen fertigzuwerden, aber häufig werden diese Kosten auf alle Bürger und Steuerzahler abgewälzt, was den Schaden für den Ruf der Eigentümer verwässert.

Das wohl denkwürdigste Beispiel hierfür ereignete sich in jüngerer Zeit während der Finanzkrise 2008, als weltweit Hunderte Banken gerettet werden mussten. Um zu überleben, brauchten sie staatliche Unterstützung – mit anderen Worten die finanzielle Unterstützung aller Bürger. Und auch ohne auf die komplizierten, technischen Einzelheiten räuberischer Finanzprodukte und irreführender Kreditratings einzugehen, können wir mit Bestimmtheit sagen, dass der Crash das Ergebnis unvorsichtiger, extremer Risikobereitschaft von Bankern in den vorangegangenen Jahren war. Dies war dank der Deregulierung möglich, für die sich Superreiche mit ihrer Lobbyarbeit eingesetzt hatten, da es ihrer neoliberalen Überzeugung entsprach, dass ein schwächerer Staat insgesamt besser für die Schaffung von Wohlstand sei. Sobald sie Opfer ihres eigenen unverantwortlichen Verhaltens wurden, mussten ebendiese wohlhabenden Banker und Unternehmer ironischerweise an die Tür des Staates klopfen, um nicht bankrott zu gehen. Gestützt auf Steuergelder, konnten sie überleben (gemäß dem Sprichwort: »Sozialismus für die Reichen, Kapitalismus für die Armen«). Wissenschaftler haben diese Vergesellschaftung der Risiken der Finanzindustrie scharf verurteilt, und selbst die libertär gesinnten unter ihnen sind zu dem Schluss gekommen, dass sich ein stark dereguliertes Finanzsystem nicht mehr rechtfertigen lässt – dass es Beschränkungen braucht. Ob sich aber genug geändert hat, um uns, die einfachen Leute, die ihre Steuern bezahlen und deren Wirtschaftsmacht zu vernachlässigen ist, zu schützen, wird sich erst in der nächsten Finanzkrise zeigen.[20]

Darüber hinaus gibt es erschreckende Fälle von unverantwortlichem Verhalten von Unternehmen, die nicht nur dazu geführt haben, dass die Öffentlichkeit beträchtliche finanzielle Belastungen schultern musste, sondern auch viele Todesopfer forderten. Allzu oft versuchen Unternehmen in solchen Fällen, ihre Hände in Unschuld zu waschen, damit sie und ihre Aktionäre Entschädigungszahlungen für den angerichteten Schaden vermeiden können. Das wird vielleicht nirgendwo deutlicher als am Beispiel der Katastrophe von Bhopal, der Hauptstadt des indischen Bundesstaates Madhya Pradesh, wo sich am 3. Dezember 1984 die schlimmste Chemiekatastrophe der Menschheitsgeschichte ereignete. Sie passierte in einem indischen Zweigwerk des amerikanischen Unternehmens Union Carbide, das Schädlingsbekämpfungsmittel produzierte. Dort gab es erhebliche Sicherheitsprobleme, die sowohl dem Unternehmen als auch den örtlichen Behörden bekannt waren. Ein defektes Ventil in Kombination mit einem nicht funktionierenden Sicherheitssystem führte zur Freisetzung enormer Gasmengen, die über 3800 Menschen sofort und mehrere Tausend weitere in den folgenden Tagen töteten. In den folgenden beiden Jahrzehnten wurden 15 000 vorzeitige Todesfälle sowie mehrere hunderttausend Fälle gesundheitlicher Beeinträchtigungen und angeborener Missbildungen bei Neugeborenen auf diese Katastrophe zurückgeführt.

Union Carbide stritt jegliche Verantwortung ab. Die indische Regierung verlangte 4 Milliarden US-Dollar, um die Opfer zu entschädigen. Letztlich einigte man sich außergerichtlich auf 470 Millionen Dollar. Der Richter befand, dass Union Carbide damit ein für alle Mal aus der Haftung entlassen und vor weiteren Forderungen geschützt sei.

Das Unternehmen hatte also eine rechtliche Möglichkeit gefunden, sein Versagen wiedergutzumachen. Laut einigen Quellen bedurfte es dazu diplomatischer Bemühungen und politischer Lobbyarbeit auf höchster Ebene seitens der USA. Aber eine moralische oder politische Analyse, die etwas taugt, sollte über die Vorgänge vor

Gericht hinausschauen. Bei der außergerichtlichen Einigung ging es um Peanuts: 470 Millionen US-Dollar, die auf der Schätzung basierten, dass 3300 Menschen gestorben und 102 000 permanente Behinderungen erlitten hatten – Zahlen, die umstritten waren.[21] Schätzungen zufolge macht diese Summe weniger als 5 Prozent dessen aus, was eine ähnliche Regelung in den USA gekostet hätte – die Entschädigungssumme hätte dann insgesamt mehr als 9 Milliarden Dollar betragen. Dieses Geld blieb also im Unternehmen und in den Taschen der Aktionäre, es wurde nicht ausgegeben, um die Einwohner von Bhopal zu entschädigen.

Die Börsen nahmen die Nachricht der außergerichtlichen Einigung, wenig überraschend, mit Erleichterung auf, und der Kurs der Union-Carbide-Aktie stieg um etwa 7 Prozent. Der persönliche Reichtum der Aktionäre wuchs, weil sie für die fatale Fahrlässigkeit des Unternehmens keine angemessene Entschädigung zahlen mussten. Somit sitzen also alle, die Aktien von Union Carbide besitzen oder je besaßen, auf schmutzigem Geld. Wenn sie sich rehabilitieren wollen, sollten sie einen beträchtlichen Teil des Wertes dieser Aktien an Organisationen spenden, die sich um die Opfer kümmern. Leider besteht eine hohe Wahrscheinlichkeit, dass die heutigen Aktionäre von Union Carbide oder dem Nachfolger Dow Chemical Company nie von der Katastrophe von Bhopal gehört haben. Als ich diesen Fall 2022 in einer Vorlesung in New York erwähnte und fragte, wer schon einmal davon gehört hatte, hob niemand die Hand. Aber in Bhopal leiden noch heute viele Menschen tagtäglich unter dieser schweren Ungerechtigkeit, weil das Gelände nach wie vor nicht saniert ist, die Entschädigungen unzureichend waren oder manche Überlebende später schwerbehinderte Kinder bekamen, die einer Vollzeitpflege bedürfen, die ihre Eltern ohne sonderliche staatliche Unterstützung leisten müssen. All das hätte sich vermeiden lassen, wenn das Unternehmen Sicherheit den Vorrang vor Profit und einer angemessenen Entschädigung den Vorrang vor Aktionärsschutz gegeben hätte. Bis heute sitzen Millionäre und Milliardäre in Unternehmen wie Union Carbide und Dow Chemical auf Geld, das ihnen nicht rechtmäßig gehört.[22]

Die Union-Carbide-Philosophie »Profit vor Menschen« herrscht heutzutage überall vor, und eine noch verbreitetere Art, schmutziges Geld zu generieren, ist die tägliche Missachtung von Arbeiterrechten: Auf der ganzen Welt machen Unternehmen riesige Gewinne, während sie ihre Arbeitskräfte unmenschlichen Arbeitsbedingungen aussetzen. Die meisten Kleider, die Menschen in reichen Gesellschaften tragen, werden von Unternehmen verkauft, deren Jahresgewinne in die Milliarden gehen und die ihre Eigentümer oder Hauptaktionäre zu Multimillionären oder Milliardären machen. Aber die Arbeitsbedingungen der Beschäftigten in den Textilfabriken sind häufig haarsträubend – und gefährlich. In der Fast-Fashion-Industrie besitzt eine begrenzte Zahl globaler Marken beträchtliche Macht über die Lieferkette und diktiert den Lieferanten effektiv die Preise; diesen bleibt kaum Spielraum, um anständige Löhne zu zahlen und sichere Arbeitsbedingungen zu schaffen. Die Männer und Frauen an der Spitze dieser Modeketten haben ihre Seele dem Raubtierkapitalismus verkauft – hätten sie das nicht getan, würden sie anständige Bedingungen für die Arbeitskräfte schaffen, die ihre Produkte herstellen. Und akzeptieren, dass dies möglicherweise geringere Profite nach sich zieht. Aber spielt es wirklich eine Rolle, ob die Milliardäre, denen diese Unternehmen gehören, am Ende ein paar Millionen weniger haben?

Häufig wird die Lage noch durch Korruption vor Ort verschlimmert, was dazu führt, dass Sicherheitsvorschriften kaum durchgesetzt werden. Dieser Faktor trug erheblich zum verheerenden Einsturz des achtstöckigen Rana-Plaza-Gebäudes am 24. April 2013 bei. Es beherbergte eine Bank, mehrere Geschäfte und fünf Textilfabriken. Einen Tag vor dem Einsturz hatte man große Risse in dem Gebäude entdeckt. Die Geschäfte und die Bank wurden umgehend geschlossen, aber die Textilarbeiterinnen wurden angewiesen, am nächsten Tag zur Arbeit zu kommen. Einige Stunden nach Arbeitsbeginn brach das Gebäude in sich zusammen. Insgesamt wurden 1134 Arbeitskräfte getötet und 2600 verletzt, viele trugen lebenslange Behinderungen davon; manche konnten nur gerettet werden, indem man ihnen Gliedmaßen amputierte. Die Internationale Arbeitsorganisation der UN richtete den Rana Plaza Donors Trust Fund ein, um Opfer und ihre Familien für medizinische Behandlungskosten und Einkommensverluste zu entschädigen. Viele bekannte Marken, die ihre Kleider im Globalen Norden verkaufen, hatten ihre Textilien im Rana-Plaza-Gebäude herstellen lassen, darunter Benetton, The Children's Place und Primark.[23] Laut der Kampagne für saubere Kleidung (Clean Clothes Campaign) taten sich lediglich Primark und Loblaw nennenswert hervor, während andere Unternehmen wie Walmart nur den Mindestbetrag zum Hilfsfonds beitrugen und Benetton wesentlich weniger als den verlangten Betrag bezahlte (1,1 Millionen statt 5 Millionen US-Dollar), und das auch erst nach einer weltweiten Kampagne von Aktivisten und Gewerkschaften. Die Modeindustrie versprach auch bessere Arbeitsbedingungen für ihre Textilarbeiterinnen. Allerdings stellte Bloomberg fest: »Ein Jahrzehnt nach dem Rana-Plaza-Einsturz werden Textilarbeiter nach wie vor ausgebeutet. Die Gebäudesicherheit hat sich zwar verbessert, aber die wirtschaftlichen Verhältnisse in der Textilindustrie sind weiterhin zum Nachteil der Menschen, die den größten Teil der Kleidung herstellen, die die Welt trägt.« Und diese Wirtschaftsstruktur ist von erheblichen Machtungleichheiten geprägt, durch die große Modemarken, deren Eigentümer in der *Forbes*-Liste der Milliardäre geführt werden, die Löhne weiterhin drücken.[24]

Diese Struktur – Profiten Vorrang vor Arbeitskräften zu geben – ist, wie wir wissen, nicht auf die Modeindustrie beschränkt. Das wohl berühmteste Beispiel für die Ausbeutung von Arbeitskräften bietet Amazon, das 2019 zur wertvollsten börsennotierten Aktiengesellschaft wurde. Ihr Gründer und langjähriger Vorstandsvorsitzender Jeff Bezos hat ein Vermögen von über 100 Milliarden US-Dollar. Amazon erwirtschaftete 2021 über 21 Milliarden US-Dollar Gewinn. Gleichzeitig gab es regelmäßig Berichte über zermürbende, ausbeuterische Arbeitsbedingungen der Amazon-Beschäftigten. Im Laufe der Jahre wurden in britischen und amerikanischen Medien immer wieder erschreckende Details über die Bedingungen in Amazon-Lagern enthüllt: Beschäftigte müssen ohne ordentliche Pausen arbeiten; ständig wird jeder Schritt und die Anzahl der erledigten Aufgaben überwacht; sie arbeiten Zehn-Stunden-Schichten mit nur einer Pause (die sie teils damit zubringen, durch die Metalldetektoren zu kommen, die als Diebstahlschutz installiert sind); aufgrund von Erschöpfung kommt es zu Verletzungen; sie bekommen nicht den Lohn ausbezahlt, auf den sie Anspruch haben; und wenn sie sich beschweren – oder schlimmer noch, sich gewerkschaftlich zu organisieren versuchen –, riskieren sie ihre Entlassung.[25]

Gleichzeitig gibt es viel Augenwischerei. So werden die Beschäftigten bei Amazon nicht Arbeiter genannt, sondern »Mitarbeiter« (»associates«), ebenso wie Jeff Bezos ein »Mitarbeiter« ist, wenngleich einer, der mehr verdient als diejenigen, die Bestellungen zusammenstellen und Pakete ausliefern, ohne Zeit für Toilettenpausen zu haben. Amazon hat noch mehr beschönigende Worte, die die Wirklichkeit umschreiben – das Versandlager heißt »Fulfilment Center« und Beschäftigte werden nicht »gefeuert«, sondern »freigestellt«. Aber schöne Worte ändern nichts an materiellen Fakten.[26]

Angesichts seiner enormen Ressourcen hätte Amazon die Arbeitsbedingungen ohne weiteres verbessern und die Gesundheits- und Sicherheitsrisiken verringern können, indem das Unternehmen den Beschäftigten beispielsweise mehr Pausen und Löhne zugestanden hätte, die ihnen bei einer Vollzeitarbeit ein anständiges Leben ermöglichen. Vielleicht glaubt die Unternehmensführung, wenn sie die Arbeiter hetzt und wie Roboter behandelt, könne sie ihre Produktivität und damit ihre Profite maximieren. Selbst wenn das stimmen würde, könnte sich die Amazon-Führung entschließen, etwas geringere Gewinne zu erwirtschaften und stattdessen bessere Arbeitsbedingungen für ihre über eine Million »Mitarbeiter« zu schaffen.

Amazons Konzernleitung verfolgt anscheinend eine Strategie, die dafür sorgt, dass die Beschäftigten machtlos bleiben, so dass Management und Aktionäre Löhne und Arbeitsbedingungen einseitig festlegen können. Es ist mittlerweile weithin bekannt, dass Amazon Gewerkschaften nicht anerkennt und nicht mit ihnen verhandelt. Offenbar kümmert es das Unternehmen nicht, dass es ein international anerkanntes Menschenrecht ist, sich gewerkschaftlich zu organisieren. Aber vielleicht liegt eine Veränderung in der Luft. Der ehemalige Amazon-Beschäftigte Chris Smalls begann 2020, Beschäftigte in einem Versandlager auf Staten Island zu organisieren. Im April 2022 beschlossen die Arbeiter in einer Abstimmung, eine Betriebsgruppe zu gründen – das erste Mal, dass sich Amazon-Beschäftigte in den USA gewerkschaftlich organisierten.[27]

Im Kern geht es um die gerechte Verteilung der Gewinne. Profite werden von allen erwirtschaftet, die für ein Unternehmen arbeiten, aber Bezos behält den Löwenanteil für sich und seine Aktionäre, während seine Beschäftigten fast nichts bekommen. Es ist durchaus nicht so, als wäre er sich dessen nicht bewusst: Als Bezos im Juli 2021 mit einer Rakete ins Weltall flog, dankte er allen, die dies ermöglicht hatten: »Ich möchte auch allen Amazon-Beschäftigten und allen Amazon-Kunden danken, weil ihr für all das bezahlt.« Angesichts der anhaltenden Kritik an den Arbeitsbedingungen bei Amazon und der Tatsache, dass das skrupellose Streben nach einer Monopolstellung die freie Wahl der Kunden massiv einschränkt, war diese Äußerung recht zynisch. Aber da ist noch mehr. Amazon ist zudem bekannt für eine internationale Steuergestaltung, die gewährleistet, dass das Unternehmen sehr wenig Steuern zahlt. So verzeichnete es 2020 in Europa Einnahmen von 44 Milliarden Euro – eine enorme Umsatzsteigerung aufgrund der Pandemie. Dennoch wies es in der Bilanz seiner Hauptverwaltung in Luxemburg Verluste von 1,2 Milliarden Euro aus, was bedeutete, dass es keine Unternehmenssteuer zahlen musste.[28] Es verwehrt also nicht nur den Beschäftigten faire Arbeitsbedingungen, sondern enthält auch der Gesellschaft ihren fairen Beitrag zu den Staatsfinanzen vor.

Steuervermeidung ist selbstverständlich die am weitesten verbreitete Form schmutzigen Geldes. Und rechtlich betrachtet, ist es auch die undurchsichtigste. Die Millionäre und Milliardäre (und ihre Unternehmen), denen wir bisher in diesem Kapitel begegnet sind, werden öffentlich rundweg (von normalen Leuten, Medien oder beiden) für die unmoralischen Praktiken verurteilt, die sie reich gemacht haben. Leider ist von außen nicht immer so einfach zu erkennen, wer von den Superreichen auf Geld sitzt, das auf Steuervermeidung zurückgeht. Manche werden als unternehmerische Helden gefeiert, andere meiden das Rampenlicht und genießen die Achtung und die Gesellschaft ihresgleichen. Außerdem gibt es viele Steuervermeider, die von häufig illegalen oder grenzwertigen Aktivitäten profitieren. Der Unterschied zwischen schmutzigem Geld, das durch eindeutig inakzeptable Mittel erworben wurde, und solchem, auf das man stolz sein kann, aber für das man keine Steuern bezahlt hat, ist nicht immer eindeutig.

Es gibt zwei Hauptformen, Steuern zu umgehen: Steuervermeidung und Steuerhinterziehung. Bei der Steuervermeidung handelt es sich um die (häufig kreative) Nutzung von legalen Möglichkeiten – einschließlich Schlupflöchern –, die zu zahlenden Steuern zu minimieren. Steuerhinterziehung bedeutet, durch illegale Praktiken Steuern zu umgehen. Steuervermeidung kann Formen annehmen, die weithin praktiziert und akzeptiert sind. Sie ist insofern im strikten Wortsinn legitim, als sie rechtlich zulässig ist. Allerdings ist sie moralisch nur dann legitim, wenn sie die Regeln nicht auf eine Weise ausnutzt, die gegen die ursprüngliche Absicht des Gesetzes verstößt. In Ländern, in denen Steuervergünstigungen für Hauseigentümer mit Hypothekenkrediten vorgesehen sind, können sich diese beispielsweise beraten lassen, welche Art von Hypothekenkredit sie aufnehmen sollten, um solche Vergünstigungen optimal zu nutzen. Diese Praxis gilt weithin als sowohl rechtlich als auch moralisch legitim, da solche Steuervergünstigungen ursprünglich eingeführt wurden, um den Besitz von Eigenheimen zu fördern. Ob sie für die Gesellschaft gut sind, ist eine andere Frage, denn häufig verstärken sie die Ungleichheit, weil sie den Armen nicht nützen.

Diese milden Formen der Steuervermeidung sind weitgehend irrelevant, wenn es um die Reichen und Superreichen geht, die Steuern umgehen. In den meisten Ländern gelten progressive Steuersätze – sie sollen gewährleisten, dass diejenigen, die ein höheres Einkommen haben, einen höheren Anteil an Steuern abführen. Forschungen zur Besteuerung zeigen jedoch, dass die sehr Reichen es geschickt verstehen, Wege zu finden, um solche Steuern nicht zu zahlen. Sie betreiben eine im streng rechtlichen Sinne legitime Steuervermeidung, die jedoch moralisch zweifelhaft ist.

Was die illegalen Wege – die Steuerhinterziehung – angeht, so gibt es verschiedene Möglichkeiten, die diejenigen, die Steuern umgehen wollen, nutzen können und tatsächlich nutzen. Eine besteht schlicht darin, das Einkommen, das sie beziehen, nicht anzugeben. Das ist möglich, wenn es keine dritte Partei gibt, die ihr Einkommen den Finanzbehörden meldet, wie es bei Selbständigen, Firmenbesitzern und in vielen Ländern auch bei den Empfängern von Kapitalerträgen wie Dividenden, Sparzinsen und so weiter der Fall ist. Wenn Banken und andere Finanzinstitute verpflichtet wären, alle Einkommen den Behörden zu melden, wäre diese Möglichkeit der Steuerhinterziehung versperrt. Von denjenigen, die dieses Mittel der Steuerhinterziehung derzeit nutzen, mag zwar starker Widerstand kommen, aber es wäre keineswegs schwierig, dies durchzusetzen. Dazu müsste lediglich gesetzlich festgelegt werden, dass jedes Einkommen, sei es aus Arbeit, Kapital oder unternehmerischer Tätigkeit, gemeldet und entsprechend besteuert werden muss.

Auch mangelnde Durchsetzung erleichtert Steuerhinterziehung. In vielen Ländern sind die entsprechenden Stellen erheblich unterbesetzt. Die Finanzbehörden, die in Fällen von Steuerhinterziehung ermitteln, haben nicht genug Personal oder Mittel, um ihre Arbeit ordentlich zu erledigen. Dieser Personalmangel macht Steuerhinterziehung für diejenigen, die viel zu gewinnen haben, zu einem kalkulierbaren Risiko.

Für manche Länder gibt es Daten dazu, wie das funktioniert. In den USA schätzt die Bundessteuerbehörde Internal Revenue Service (IRS) periodisch die Höhe der Steuern, die nicht gezahlt werden. Nach der jüngsten Schätzung bleibt nach Eintreibung verspäteter Steuerzahlungen alljährlich eine Nettodiskrepanz von etwa 470 Milliarden US-Dollar. Analysen sind sich einig, dass eine Erhöhung des Etats für die Eintreibung von Steuern wesentlich mehr zusätzliche Steuereinnahmen bringen würde, als sie kostet – etwa dreimal so viel, und noch mehr, wenn man die indirekte Abschreckungswirkung einbezieht. Also selbst wenn man sich nicht für Gerechtigkeit interessiert, ist dies im Grunde die geschickteste und effektivste Maßnahme. Warum wird es also nicht gemacht? Weil diejenigen, die durch eine konsequente Steuereintreibung verlieren würden, bei politischen Entscheidungen ein gewichtiges Wort mitzureden haben.[29]

Man stelle sich einmal vor, alle würden die Steuern zahlen, die sie zahlen müssen. Es gäbe eine vollständige Gesetzestreue. Was würde das ändern? Nun ja, für die USA beispielsweise würde es bedeuten, dass der Staatshaushalt 470 Milliarden US-Dollar mehr zur Verfügung hätte. Bei derzeit etwas mehr als 74 Millionen Kindern unter achtzehn Jahren könnte die US-Regierung für jedes amerikanische

Kind ein Sparkonto eröffnen und alljährlich einen Betrag von 6350 Dollar darauf einzahlen. An seinem achtzehnten Geburtstag hätte dann jedes amerikanische Kind etwa 115 000 Dollar plus Zinsen auf seinem Konto.[30]

Stattdessen nimmt die Steuervermeidung zu, vor allem durch die Nutzung von Steueroasen, die in den Steuerangelegenheiten der Superreichen eine Schlüsselrolle spielen. Der französische Wirtschaftswissenschaftler Gabriel Zucman stellte in einer faszinierenden Studie alle verfügbaren Daten zusammen, um den Umfang des weltweit in Steueroasen gehaltenen Vermögens zu schätzen und herauszufinden, wer davon profitiert und welche Kosten sie anderen Nationen verursachen. Seine schockierende Schlussfolgerung war, dass es noch nie so viel Reichtum in Steueroasen gab wie heute. Weltweit werden 8 Prozent der Privatvermögen in Steueroasen gehalten – das entspricht etwa 10 Prozent des weltweiten Bruttoinlandsprodukts. Lange war die Schweiz die größte Steueroase, aber in den 2020er Jahren haben asiatische Steueroasen (besonders Hongkong und Singapur) zunehmend an Bedeutung gewonnen. Wie Zucmans Studie zeigt, bestehen von Land zu Land erhebliche Unterschiede, inwieweit die jeweiligen Bürger Offshore-Konten nutzen. In Staaten wie Südkorea, Japan und den skandinavischen Ländern machen Leute relativ wenig Gebrauch davon. Am anderen Ende des Spektrums stehen Staaten wie die Vereinigten Arabischen Emirate, Saudi-Arabien, Russland, Argentinien, Venezuela und Griechenland, in denen Reiche sehr viel Gebrauch von Steueroasen machen.[31]

Wer sind die Leute, die Steuerzahlungen umgehen? Wenig überraschend, nutzen in erster Linie die Superreichen die Möglichkeiten, die Steueroasen bieten. Sie verfügen über eine ganze Branche, die ihnen hilft, Vermögen im Ausland zu verstecken, und wie wir gesehen haben, stammt ihr Geld größtenteils aus Vermögen oder Kapital und nicht aus Arbeit. Tatsächlich profitieren die wirklich Ultrareichen am meisten von Steueroasen: Laut einer Schätzung, die auf Daten aus

Norwegen, Schweden und Dänemark basiert, gehören 50 Prozent der Vermögen, die Bürger aus diesen Ländern in Steueroasen verlagert haben, 0,01 Prozent der reichsten Personen, die auf diese Art etwa 25 Prozent der Steuern, die sie zahlen müssten, vermeiden können.[32]

Im April 2016 sorgte das Internationale Netzwerk investigativer Journalisten (International Consortium of Investigative Journalists, ICIJ) mit der Veröffentlichung der Panama Papers dafür, dass eine große Personengruppe, die Steueroasen und Briefkastenfirmen nutzte, um Geld anonym zu verlagern und zu deponieren, namentlich bekannt wurde. Sie enthüllten, dass Wladimir Putin, der Ministerpräsident von Island, der König von Saudi-Arabien und die Familien zahlreicher Regierungschefs und Staatsoberhäupter auf der ganzen Welt Geld in Briefkastenfirmen in Panama geschleust hatten. Auf dem Papier hatten diese von der Anwaltskanzlei Mossack Fonseca eingerichteten Briefkastenfirmen andere Direktoren, so dass kein Außenstehender sie ohne Hilfe der Kanzlei zu ihren wahren Eigentümern zurückverfolgen konnte. Ein anonymer Whistleblower unter dem Pseudonym »John Doe« gab diese Informationen heimlich an den Journalisten Bastian Obermayer von der *Süddeutschen Zeitung* weiter. Er bestand darauf, Obermayer nicht persönlich zu treffen und ausschließlich über verschlüsselte Kanäle mit ihm zu kommunizieren, da er glaubte, sein Leben sei in Gefahr, wenn seine Identität bekannt würde.

Obermayer, der dem ICIJ angehörte, teilte die Informationen mit Kollegen des Netzwerks, und sie arbeiteten hart daran, die wahren Eigentümer den Briefkastenfirmen zuzuordnen. Auch wenn es zuweilen legitime und legale Gründe geben kann, Konten einer Firma in einer Steueroase zu führen, ist es doch wesentlich wahrscheinlicher, dass dieses Geld dort entweder liegt, weil es aus illegalen Aktivitäten stammt (auch aus Diebstahl) oder weil Superreiche Steuerzahlungen umgehen wollen. Zu denen, die durch die geleakten Panama Papers bloßgestellt wurden, gehörten auch der argentinische

Fußballer Lionel Messi (lange als weltbester Fußballspieler gefeiert) und sein Vater. Inzwischen wurden sie in Spanien wegen Steuerhinterziehung in Höhe von 4,1 Millionen Euro verurteilt, erzielten aber mit den spanischen Finanzbehörden eine Einigung, so dass sie nicht ins Gefängnis mussten.[33]

Aber nicht alle Länder ziehen Steuerhinterzieher auf diese Weise zur Rechenschaft. In Staaten mit geringer »Steuermoral« und weit verbreiteter Korruption mögen Leute einfach mit den Achseln zucken. Was soll man schon erwarten, wenn es so leicht ist, damit durchzukommen? Nach Ansicht des kanadischen Politologen Tom Malleson ist das eine völlig irregeleitete Reaktion auf Steuervermeidung. Wir alle sollten sie als Straftat verurteilen, die sie schließlich ist. In Wirklichkeit bleibt Steuerhinterziehung meist unentdeckt, und selbst wenn sie entdeckt wird, bleibt es häufig bei einer Verwarnung. Malleson weist darauf hin, dass der mittlere Verlust durch Steuerhinterziehung in den USA kürzlich bei 309 000 US-Dollar lag, verglichen mit 2100 Dollar durch Raub, was sich in den Strafen jedoch nicht widerspiegelt. Im Fall von Steuerhinterziehung führten lediglich 68 Prozent der Verurteilungen zu Haftstrafen, die durchschnittlich siebzehn Monate betrugen, während bei einfachem Raub 99 Prozent der Täter ins Gefängnis kamen und die Haftstrafe im Durchschnitt 107 Monate betrug. Angeklagte, die wegen des Verkaufs von Marihuana (der zudem in mehreren Ländern legal ist, im Gegensatz zu Diebstahl, der überall illegal ist) verurteilt werden, bekommen zu 91 Prozent Haftstrafen, die durchschnittlich 29 Monate betragen – also 40 Prozent länger sind als die durchschnittlichen Haftstrafen für Täter, die die Öffentlichkeit durch Steuerhinterziehung bestehlen. Die Straftat einer reichen Person wird also nicht mit der gleichen Härte bestraft wie die einer armen. Dafür gibt es ein Wort: Klassenjustiz. Da Weiße bei der Steuerhinterziehung überrepräsentiert sind, hat dieses ungleiche Strafmaß auch einen Rassismusaspekt.[34]

Als ich Marlene Engelhorn, die deutsch-österreichische Erbin und Mitbegründerin von taxmenow interviewte, betonte auch sie, dass wir uns fragen sollten, welchen Gruppen die Bürokratie eines Staates Aufmerksamkeit schenkt. »Wir sollten uns die ganze bürokratische Energie sehr genau anschauen, die sich gegenwärtig auf Leute richtet, die in einem Wohlfahrtsstaat rechtmäßig Transferzahlungen wie Arbeitslosengeld bekommen.« Sie erklärte, dass wir diese Zahlungen häufig als »Geschenk« des Staates bezeichnen und dabei übersehen, dass es sich in Wirklichkeit um einen Bestandteil des Sozialversicherungssystems handelt, zu dem wir alle beitragen. Aber welche Fragen stellen wir in Bezug auf die Reichen? »All diese bürokratische Energie, alles über arme Leute herauszufinden, sollte sich auf reiche Leute richten, denn sie sind die eigentlichen Profiteure der Gesellschaften, aber sie wollen nicht teilen. Und das ergibt absolut keinen Sinn«, merkte Engelhorn an. Schlimmer noch: Überall auf der Welt ist festzustellen, dass Sozialleistungsbetrug nur einen winzigen Bruchteil des gesamten Steuerbetrugs ausmacht. So belief er sich in Österreich 2022 auf geschätzte 14 Millionen Euro, verglichen mit 12 bis 15 *Milliarden* Euro an Steuerhinterziehung, und dennoch konzentrieren wir uns weitaus stärker auf Ersteres als auf Letzteres, wie Engelhorn hervorhebt.[35]

Auch Konzerne nutzen Steueroasen reichlich, wobei Amazon die – zugegebenermaßen riesige – Spitze des Eisbergs ist. Um Steuerzahlungen zu vermeiden, werden »Gewinne verlagert« und andere komplizierte Meisterleistungen der Steuergestaltung vollbracht. Große Konzerne sind häufig multinationale Unternehmen, und das internationale Rechtssystem behandelt jedes ihrer Tochterunternehmen als eigenständige Einheit. Daher hat ein multinationales Unternehmen Gewinne (oder Verluste) in mehreren Ländern und zahlt die Unternehmenssteuersätze, die dort jeweils gelten. Weltweit unterscheiden sich die Unternehmenssteuersätze erheblich. Das gilt besonders, wenn man sich die tatsächlichen Steuersätze anschaut (die Abschreibungen, Ausnahmen und Schlupflöcher mit einbeziehen). Tochterunternehmen eines multinationalen Konzerns nehmen interne Transaktionen vor, die von Darlehen bis hin zur Nutzung von Logos und Handelsmarken reichen, und bei den Preisen für solche Transaktionen besteht ein recht großer Spielraum. Durch geschickte Manipulation dieser Preise lassen sich die Gewinne eines multinationalen Unternehmens letztlich (auf dem Papier) so darstellen, dass sie von einer Tochtergesellschaft mit Sitz in dem Land mit den niedrigsten Steuersätzen kommen. Für Konsumenten der Endprodukte ergibt sich daraus keinerlei Unterschied bei dem, was sie kaufen, aber eine solche Gewinnverlagerung ist für ein Unternehmen äußerst vorteilhaft, da es auf diese Weise die Steuern, die es zu zahlen hat, völlig legal auf ein Minimum reduzieren kann. Idealerweise versuchen Unternehmen, gar keine Steuern zu zahlen, selbst wenn ihre Gewinne in die Milliarden gehen.[36]

Als ein Beispiel führen die Wirtschaftswissenschaftler Emmanuel Saez und Gabriel Zucman an, wie Google die Gewinnverlagerung nutzt. Die Google Holdings auf Bermuda machte 2017 einen Umsatz von 22,7 Milliarden US-Dollar. Sie besitzt die Rechte an einigen Google-Technologien, für die sie Lizenzen an Google-Töchter in Europa vergibt. Dank dieser organisatorischen Konstellation und Transaktion innerhalb des Konzerns bezahlt Google in Europa nur wenig oder gar keine Steuern. Stattdessen zahlt der Konzern Unternehmenssteuern auf Bermuda – wo der Unternehmenssteuersatz bei null liegt. Saez und Zucman schätzen, dass an die 60 Prozent der Auslandsgewinne multinationaler amerikanischer Konzerne in Ländern mit niedrigen Steuern angemeldet werden.[37]

Die CEOs der multinationalen Konzerne, die Gewinnverlagerung betreiben, gehören in der Regel zu den Leuten, die unter den Top Twenty der *Forbes*-Milliardärsliste auftauchen. Wir sprechen hier von Menschen, die Vermögenswerte von mindestens 50 Milliarden Dollar besitzen. Doch irgendwie glauben sie, sie seien als CEOs oder

CFOs verpflichtet, ein ganzes Heer von Rechts- und Finanzberatern zu engagieren, die dafür sorgen, dass sie so wenig Steuern wie möglich zahlen. Unterdessen braucht die Infrastruktur vieler Länder, in denen sie operieren, dringend Investitionen. Entweder unterbleiben solche Investitionen dort, oder man erhöht die Steuern für Arbeitskräfte, um sie zu finanzieren. Auf der ganzen Welt ziehen also normale Leute den Kürzeren, weil diese Konzerne Steuern umgehen. Nach den derzeitigen Spielregeln mag das praktisch zwar legal sein, das macht es aber keineswegs moralisch weniger unentschuldbar. All das Geld, das sich reiche Steuervermeider zu zahlen weigern, ließe sich verwenden, um das Leben der Armen zu verbessern. Es ist Geld, das man nutzen könnte, um Arbeitskräften gute Löhne zu zahlen, damit sie für ihre Familien sorgen können. Die weit verbreitete Steuervermeidung – besonders durch die Nutzung von Steueroasen – ist ein wesentlicher Faktor, warum Reichtum weiterhin nach oben sickert.

Aus all diesem versteckten Geld lässt sich noch eine weitere – nachdenklich stimmende – Folgerung ziehen: Wahrscheinlich ist die Vermögensungleichheit noch größer, als derzeitige Schätzungen vermuten, da die Reichsten über Vermögen verfügen, das nicht zu entdecken ist.

Wie finden all diese Superreichen – von Erben bis hin zu CEOs – heraus, wie man Steuern vermeidet? Das ist einfach. Es gibt eine ganze Branche von Finanz- und Rechtsberatungen, die ihnen dabei helfen, ihre Steuerzahlungen zu minimieren und sich dabei *gerade noch* im legalen Rahmen zu bewegen – eine Branche, die man als *Wealth-Defense-Industry* (Vermögensschutzindustrie) bezeichnet. Diese Berater, von Steuer- und Finanzberatern bis hin zu Anwälten, nutzen jedes erdenkliche Steuerschlupfloch und legen das Recht so kreativ wie möglich aus, um zu gewährleisten, dass ihre Mandanten möglichst wenig Steuern zahlen. Sie selbst gehören in der Regel nicht zu den 0,1 Prozent der Ultrareichen, sondern eher zu den nachfolgenden 9,9 Prozent der Reichen und Superreichen. Finanziell gewinnen eindeutig sowohl die in der Wealth-Defense-Industrie Tätigen als auch ihre Klientel. Diese vermeiden Steuern in Millionen- und sogar Milliardenhöhe, während ihre Berater sehr gute Honorare bekommen und diese Steuervermeidungstechniken selbst nützen. Die meisten Ultra- und Superreichen brauchen gar nichts zu tun, um ihr Vermögen zu schützen; es gibt andere, die es für sie erledigen und eine kleine Scheibe von dem finanziellen Gewinn abbekommen, den sie machen, indem sie weniger Steuern zahlen.[38]

Die Details variieren von Land zu Land, da jedes seine eigenen Steuergesetze hat, aber Chuck Collins zeigt an einem schönen Beispiel, wie es funktioniert. Donald Trumps Vater Fred Trump hatte ausgiebig sämtliche legalen Schlupflöcher und andere Steuergestaltungsmöglichkeiten genutzt, die das US-amerikanische Recht zulässt, um sein Vermögen an seine Kinder weiterzugeben, ohne dass sie Steuern zahlen mussten. Eine dieser Strategien bestand in Schenkungen, die als Darlehen getarnt waren. So investierte Fred 1987 in eines von Donalds Immobilienprojekte 15,5 Millionen US-Dollar und verkaufte seinen Anteil 1991 für 10 000 Dollar zurück an Donald. Den Finanzbehörden entgingen Schenkungssteuern auf eine tatsächliche Schenkung vom Vater an den Sohn in Höhe von 15,49 Millionen Dollar.[39]

Die potenziellen Gewinne durch Steuervermeidung sind zwar eindeutig am größten für diejenigen, die am meisten besitzen, aber auch die Reichen-aber-nicht-Ultrareichen nutzen diese Strategien. Ein Beispiel ist folgende Taktik, um in den Niederlanden Erbschaftssteuern zu sparen. Nach niederländischem Recht müssen Erben eine Erbschaftssteuer abführen, die je nach Beziehung des Erblassers zum Erben und nach Größe der Erbschaft zwischen 10 und 40 Prozent beträgt. Es gibt jedoch einige Ausnahmen, und die bei weitem großzügigste gilt, wenn eine Firma vererbt wird. Ein Erbe, der ein

Unternehmen erbt, braucht auf die ersten 1,13 Millionen Euro des Firmenwerts keine Erbschaftssteuer zu entrichten. Vom restlichen Wert sind 83 Prozent erbschaftssteuerfrei. Es ist also kaum überraschend, dass Menschen ihre persönlichen Vermögenswerte in Unternehmensanteile umwandeln, damit ihre Erben die Erbschaftssteuer (weitgehend) umgehen können. Anwälte kennen sich aus und helfen gern – selbstverständlich gegen Honorar.

Das ist keineswegs eine Privatangelegenheit und nicht einmal ein Problem, das nur die Steuervermeider und die Finanzbehörden anginge. Es ist ein Problem, das den Kern des Gesellschaftsvertrags betrifft. Wenn den Finanzbehörden durch Steuervermeidung und -hinterziehung Geld entgeht, verlieren auch alle anderen. Steuervermeidung verringert die Steuereinnahmen, was wiederum kaskadierende Auswirkungen hat. Es stehen weniger Finanzmittel zur Verfügung, um öffentliche Güter und Sozialleistungen bereitzustellen. Einfache Leute ziehen den Kürzeren; die gesellschaftlichen Institutionen beginnen zusammenzubrechen. Die öffentliche Gesundheitsversorgung bröckelt. Staatliche Schulen leiden unter Personalmangel und fehlenden Mitteln. Diejenigen, die nicht reich genug sind, um die Hilfe der Wealth-Defense-Industrie in Anspruch zu nehmen – also der größte Teil der Bevölkerung –, müssen mehr Steuern zahlen, um den Fehlbetrag auszugleichen. In jedem Fall ist Steuervermeidung nicht »clever«, wie Donald Trump behauptete, sie ist egoistisch, unpatriotisch und eng mit extremem Reichtum verknüpft.

Die von der Wealth-Defense-Industrie betriebene Steuergestaltung bewegt sich auf einem schmalen Grat zwischen Legalität und Illegalität. Steuervermeidung ist legal, Steuerhinterziehung illegal. In der Praxis ist nicht ganz klar, inwieweit diese Unterscheidung eine Rolle spielt, da die Wahrscheinlichkeit, dass die Steuererklärungen der Superreichen von den Finanzbehörden geprüft werden, äußerst gering ist. Die meisten Staaten stecken schlicht nicht genügend Mittel in die Prüfung von Steuererklärungen und Finanztransaktionen von Unternehmen, obwohl ein Ausbau der entsprechenden Bürokratie ein Vielfaches seiner Kosten einbringen würde.

Dennoch ist klar, dass es Reiche und Superreiche alles in allem vorziehen, innerhalb der gesetzlichen Grenzen zu bleiben. Es ist immer beruhigend zu wissen, dass man nicht vor Gericht oder vielleicht sogar im Gefängnis landen würde, wenn die Finanzbehörden beschließen sollten, die Steuerunterlagen zu prüfen. Daher sollte es keineswegs überraschen, dass sich die Superreichen in den vergangenen Jahrzehnten in vielen Ländern bemüht haben, das Steuerrecht so zu verändern, dass sie innerhalb des legalen Rahmens weniger Steuern entrichten müssen. Mit anderen Worten: Sie haben Lobbyarbeit geleistet und ihren Einfluss geltend gemacht, um die Gesetze plutokratischer zu gestalten. Die Steuerlast so zu verlagern, dass Arbeit stärker besteuert wird als Kapital, war ein Weg, wie dies erreicht wurde; die Spitzensteuersätze zu senken war ein weiterer; mehr Schlupflöcher zu schaffen ein dritter.

Ein bemerkenswertes Beispiel aus den USA schildern Morris Pearl und Erica Payne, der derzeitige Vorsitzende der Patriotic Millionaires und seine Vorgängerin, in ihrem Buch *Tax the Rich! How Lies, Loopholes and Lobbyists Make the Rich Even Richer* von 2021. Darin dokumentieren sie, wie sich reiche Amerikaner für Änderungen des Steuerrechts einsetzten, die nach und nach, Schritt für Schritt bewirkten, dass sie immer weniger Steuern zahlten. Das führte dazu, dass in den USA mittlerweile für Reiche und Arme effektiv der gleiche Steuersatz gilt – außer für die Reichsten, die am wenigsten zahlen, weil sie gar kein Einkommen aus Arbeit haben und maximalen Gebrauch von der Wealth-Defense-Industrie machen. Saez und Zucman schätzen, dass der durchschnittliche Steuersatz in den USA 28 Prozent beträgt, wenn man alle Steuerarten zusammenzählt (Verbrauchssteuern, Lohnsteuer, Steuern auf der

Ebene der einzelnen Bundesstaaten, bundesweite Steuern etc.). Die unteren 70 Prozent der Bevölkerung bezahlen etwas weniger – meist um die 25 Prozent – und die Reichen etwas mehr, aber am wenigsten bezahlen die vierhundert reichsten Familien an der Spitze: lediglich 23 Prozent. Sie bezahlen hauptsächlich die relativ niedrigen Unternehmens- und Grundsteuern, statt der höheren Lohn- und Verbrauchssteuern.[40]

In den meisten Ländern wird Einkommen aus Arbeit höher besteuert als Einkommen aus Kapital. Mit anderen Worten: Das Einkommen, das man durch Arbeit generiert, wird höher besteuert als das, was man durch den Besitz von Aktien, Anleihen, Sparguthaben, Immobilien oder durch Unternehmensgewinne erzielt. Das ist in nahezu allen Ländern ein Problem, außer in solchen, die keine Einkommenssteuer erheben wie Bermuda. Pearl und Payne zeigen anhand des folgenden Beispiels, welchen Unterschied das bewirkt. Man nehme zwei Familien mit einem Jahreseinkommen von jeweils 400 000 Dollar. Die »arbeitende Familie« erzielt ihr Einkommen durch Arbeit. Nach Abzug des Grundfreibetrags von 24 800 Dollar bezahlt sie etwa 104 970 Dollar Steuern (der Steuersatz für bundesweite Steuern rangiert zwischen 10 und 32 Prozent). Die »reiche Familie« hat ebenfalls ein Einkommen von 400 000 Dollar, die aber vollständig aus Investitionen stammen. Nach Abzug des gleichen Grundfreibetrags muss sie auf die ersten 80 000 Dollar steuerpflichtigen Einkommens aus Investitionen keine Steuern zahlen und auf den Rest nur 15 Prozent. Somit zahlt sie am Ende 44 280 Dollar, also 60 690 Dollar weniger als die arbeitende Familie.[41]

Das Fazit ist, dass es steuerlich erheblich günstiger ist, von Kapital zu leben als von Schweiß und Plackerei. Und das können sich nur die Superreichen leisten. Selbst wenn sie es nicht aktiv anstreben, Steuern zu umgehen, haben alle extrem reichen Menschen Geld, das mit dem Makel der Wealth-Defense-Industrie und den Bemühungen der Kapitaleigner und Superreichen behaftet ist, die jahrzehntelang Lobbyarbeit für unfaire Änderungen des Steuer- und Arbeitsrechts betrieben haben – Veränderungen, die am Ende die Arbeiter- und Mittelschicht bestrafen, deren Vermögen sich in der Regel auf das Eigenheim und bescheidene Sparguthaben beschränken. Die Reichen profitieren heute von Vermögen, das auf eine Weise erworben wurde, die früher nicht legal gewesen wäre, es aber mittlerweile dank neuer plutokratischer Regeln ist. Solche Veränderungen sind moralisch unhaltbar. In dem Maße, wie die Reichen und Superreichen Vermögen besitzen, das sich auf diese illegitimen Änderungen des Steuerrechts zurückführen lässt – und das haben sie nahezu alle –, ist es Geld, das sie gar nicht erst hätten bekommen dürfen. Es ist eine weitere Form von schmutzigem Geld.

Den meisten Vermögenden fällt es leicht, von ganzem Herzen zuzustimmen, dass Kleptokratie und kriminelle Aktivitäten nachdrücklich zu verurteilen sind. Und dann fügen sie hinzu, dass *sie* sich selbstverständlich an die Gesetze halten, somit nichts Falsches tun und weiterhin nachts ruhig schlafen können.

Es fällt ihnen nicht nur leicht, sondern allzu leicht.

Diese Haltung übersieht, dass es aus den oben angeführten Gründen nahezu unmöglich ist, extremen Reichtum anzuhäufen und zu bewahren, ohne dass er einen gewissen Anteil schmutzigen Geldes enthält. Theoretisch wäre das zwar möglich, aber praktisch besteht selbst bei den moralisch einwandfreiesten Helden, die es vom Tellerwäscher zum Millionär gebracht haben und ihre Arbeitskräfte gut behandeln, das hohe Risiko, auf die dunkle Seite abzugleiten, sobald sie einen Finanzberater engagieren. Eindeutig werfen nur einige Fälle von extremem Reichtum Fragen nach unmittelbaren Gesetzesverstößen auf. Aber jeder extreme Reichtum wirft Fragen auf nach dem Schaden, der bei seiner Akkumulation angerichtet wurde, nach einer Buchführung in der Grauzone der Legalität und nach der ungerechten Verschiebung der Grenzen zwischen dem, was legal, und dem, was illegal ist.

Dieser letzte Punkt bringt uns zum nächsten großen Problem extremen Reichtums: Er sorgt nicht nur für einen erheblich größeren Spielraum innerhalb der *bestehenden* Gesetzgebung, sondern ermöglicht auch mehr Einfluss auf zukünftige Normen und Regeln. Anders gesagt: Extremer Reichtum zersetzt die Demokratie.

KAPITEL 4

Extremer Reichtum untergräbt die Demokratie

Seit die Allgemeine Erklärung der Menschenrechte 1948 von der UN-Generalversammlung verkündet wurde, gilt sie als Maßstab für die Rechte von unterdrückten und benachteiligten Gruppen. Artikel 1 beginnt mit dem Kernsatz: »Alle Menschen sind frei und gleich an Würde und Rechten geboren. Sie sind mit Vernunft und Wissen begabt und sollten einander im Geiste der Brüderlichkeit begegnen.« Im weiteren führt die Erklärung aus, was der Kernbegriff der gleichen Menschenwürde in verschiedenen Lebensbereichen bedeutet. Artikel 21 betrifft die Politik. Dort heißt es:

> [1] Jeder hat das Recht, an der Gestaltung der öffentlichen Angelegenheiten seines Landes unmittelbar oder durch frei gewählte Vertreter teilzunehmen.
> [2] Jeder hat das Recht auf gleichen Zugang zu öffentlichen Ämtern in seinem Lande.
> [3] Der Wille des Volkes bildet die Grundlage für die Autorität der öffentlichen Gewalt; dieser Wille muss durch regelmäßige, unverfälschte, allgemeine und gleiche Wahlen mit geheimer Stimmabgabe oder einem gleichwertigen freien Wahlverfahren zum Ausdruck kommen.[1]

Seit langem wird Demokratie als eng mit dem moralischen Grundprinzip verknüpft verstanden, dass alle Menschen an Würde gleich sind. Durchgängig haben Menschen in der Geschichte große Opfer gebracht, um in den Augen der Welt als gleich behandelt zu werden und ihr Recht auf Teilhabe am politischen Prozess zu sichern. Dieser Kampf währte bis weit ins 20. Jahrhundert – man denke nur an den Kampf um das allgemeine Wahlrecht in Europa oder für gleiche Rechte für schwarze Südafrikaner unter dem Apartheid-Regime – und dauert bis heute an. Massenproteste in so unterschiedlichen Ländern wie Hongkong und Iran zeigen, dass Menschen bereit sind, alles zu riskieren, um als Gleiche in Freiheit zu leben. Ihre Opfer erinnern als starke Mahnung an den Wert der Demokratie.

Heutzutage sind viele Demokratien auch *liberale* Demokratien. In ihrer grundlegendsten heutigen Form erfordert die liberale Demokratie schlicht, dass jeder erwachsene Bürger eine Stimme hat, ungeachtet der Herkunft, der Klassenzugehörigkeit, des Geschlechts, der Religion und der politischen Überzeugungen; alle Bürger sollten gleiche Chancen haben, sich direkt oder indirekt an politischen Entscheidungen zu beteiligen.

Die liberale Demokratie ist selbstverständlich nicht das einzig mögliche politische Modell. Regime können autoritär sein wie eine Diktatur oder eine Theokratie. Und sie kann wie jedes andere politische System geschwächt werden und scheitern. Das kann auf zwei Arten geschehen: Entweder wird sie weniger demokratisch – das heißt, ihre Bürger haben zwar demokratische Wahlrechte, aber die Vorlieben der Eliten dominieren die politische Entscheidungsfindung. Das ist gegenwärtig eine besonders drängende Sorge in den USA, die Politologen als Oligarchie einzustufen begonnen haben. Oder sie wird weniger liberal. In diesem Fall werden die Rechte von Minderheiten nicht mehr geschützt und vom Volk gewählte Vertreter können den »Volkswillen« so umsetzen, wie sie ihn interpretieren. In illiberalen Demokratien schränken die Machthabenden die

Möglichkeiten der freien Presse, unabhängiger Denker und politischer Gegner ein, die Regierung zu kritisieren; zudem schwächen sie das Rechtssystem. Ein Beispiel für diese Art der Demokratie ist Ungarn unter Viktor Orbán.[2]

Wenn uns aufrichtig daran liegt, die Menschenrechte zu schützen, muss uns daran liegen, die Demokratie im Allgemeinen und ihren liberalen Charakter im Besonderen zu schützen. Möglicherweise müssen wir sogar darüber hinausgehen, da Liberalismus als Ideal weit von der Unterdrückung entfernt ist, die viele Gruppen im Namen des Liberalismus erfahren haben. Siedlergesellschaften wie die in Australien, Kanada, Neuseeland und den USA haben eine tiefe Kluft erlebt zwischen dem idealisierten Diskurs über grundlegende Menschenrechte und der Realität des Völkermordes und der Unterdrückung, die der Kolonialismus indigenen Völkern gebracht hat. Ebenso gibt es keine einzige liberale demokratische Gesellschaft, der es bislang gelungen ist, die Rechte von ethnischen Minderheiten oder von queeren und transgeschlechtlichen Menschen zu schützen. Manche Wissenschaftler stehen daher dem Gebrauch des Wortes »liberal« äußerst kritisch gegenüber, weisen auf die zahlreichen Übergriffe hin, die im Laufe der Geschichte im Namen des Liberalismus begangen wurden, und plädieren für erheblich demokratischere Regierungsformen, die Bürgerversammlungen und eine Demokratisierung der Wirtschaft beinhalten.[3]

Nach meiner Einschätzung der gegenwärtigen politischen Lage sollten sich diejenigen, die mehr Demokratie und besseren Schutz der Rechte aller wollen, jedoch mit den »gemäßigteren« Verfechtern der liberalen Demokratie, wie wir sie kennen, zusammentun. Denn beide, ganz zu schweigen von ihren radikaleren progressiven Alternativen, sind zunehmenden reaktionären Bedrohungen von den Gegnern liberaler Demokratien ausgesetzt.

Viele von uns spüren bereits, dass diese Erosion unserer Demokratien stattfindet. Viele haben auch intuitiv erkannt, dass sie mit

Vermögensungleichheit zusammenhängt. Jahrelang haben Politiker, Wissenschaftler und Aktivisten vor dem schädlichen Einfluss gewarnt, den Reichtum auf unser demokratisches System haben kann. Aber wie genau untergräbt die Vermögenskonzentration die Demokratie? Wenn wir einen Schritt zurücktreten, erkennen wir, dass Vermögensungleichheit die Demokratie in ihren Grundfesten bedroht und mehrere ihrer prägenden Merkmale entstellt.

Das erste dieser Merkmale ist der kollektive Entscheidungsprozess. Wir sind keine Individuen, die zufällig mit anderen Seite an Seite leben, die von unserem Handeln und Verhalten unberührt bleiben. Wir leben in einem gemeinsamen physischen Raum zusammen, haben alle unterschiedliche Bedürfnisse und Wünsche, was wir mit diesem Raum und seinen Ressourcen tun möchten, und aus diesem Grund müssen wir alle uns auf Regeln einigen, nach denen wir unser Leben gestalten. In jeder Gruppe von Individuen, die nah beieinander leben, müssen diese unvermeidlich miteinander interagieren, Dinge austauschen und sich einigen, wem was gehört. Die Alternative ist Chaos, extreme Unsicherheit und Herrschaft des Stärkeren. Wenn wir einen Eindruck davon bekommen wollen, wie das aussehen würde, brauchen wir uns nur die dystopischen Science-Fiction-Szenarien anzusehen, in denen jederzeit jeder jeden töten kann – und damit durchkommt. Es mag unterhaltsam sein, solche Geschichten in Büchern zu lesen oder in Filmen anzuschauen, aber ich bin mir ziemlich sicher, dass die meisten von uns lieber in einer Gesellschaft leben, in der unser Leben und das unserer Liebsten, unsere Projekte und unsere persönliche Habe sicher sind.

In kleinen Gesellschaften mögen radikal nichthierarchische Formen kollektiver Entscheidungsfindung genügen, um Entscheidungen zu treffen, wie begrenzte gemeinsame Ressourcen aufzuteilen sind (Wohnung, Nahrung, Wasser). In diesem Rahmen sitzen Menschen zusammen und reden, und da die Gemeinschaft klein ist, kann jeder gehört werden und mitbestimmen. Diese Art von Entscheidungsprozess – zu dem alle zusammenkommen und die anstehenden Probleme besprechen – kann auch in gemeinschaftlichen Wohnformen oder in kleinen Gemeinden funktionieren, wo sie eine besonders hilfreiche Möglichkeit sein kann, die Lasten des Schutzes der Gemeinschaftsinteressen zu teilen (sei es gegen eine Bedrohung von außen durch andere Menschen oder vor Naturkatastrophen, wie zum Beispiel Überschwemmungen). Größere Gemeinschaften haben im Laufe der Zeit vielleicht Regeln für die Entscheidungsfindung entwickelt, wie es bei indigenen Stämmen der Fall ist, in denen die Ältesten über Angelegenheiten des Kollektivs entscheiden. In heutigen Gesellschaften brauchen wir wegen ihrer beträchtlichen Größe strukturierte kollektive Entscheidungsprozesse, die diese stärker delegieren. In den meisten Ländern erfolgt dies durch die Wahl von Amtsinhabern, die im Namen der gesamten Bevölkerung vernünftige Entscheidungen fällen, die sich gegenüber denen, die sie betreffen, rechtfertigen lassen.[4]

Wie wir sehen werden, schwindet die Möglichkeit zu wahrhaft kollektiven Entscheidungen, sobald extremer Reichtum ins Spiel kommt. Das ist nicht nur ein logistisches Problem, sondern auch ein moralisches. Es untergräbt das demokratische Grundprinzip politischer Gleichheit, das am prägnantesten in dem Slogan zum Ausdruck kommt: »Eine Person, eine Stimme.« Dahinter steht der Leitgedanke, dass die Ansicht keiner Person mehr Gewicht haben sollte als die einer anderen – zumindest nicht, weil sie aufgrund von Glück oder Zwang mehr Macht angesammelt hat. In der Entwicklung politischer Maßnahmen und der Abwägung der Interessen vieler verschiedener Gruppen, die davon betroffen sein werden, werden die Interessen mancher Gruppen selbstverständlich oft die anderer überwiegen. Dafür kann es triftige Gründe geben: Wenn es um politische Maßnahmen für Menschen mit Behinderung geht, ist es durchaus sinnvoll, den Ansichten der Betroffenen mehr Gewicht zu geben als denen anderer. Aber die Interessen einer bestimmten

Gruppe sollten niemals mehr zählen, nur weil sie mehr Macht besitzt und bereit ist, diese dazu einzusetzen (oder zu missbrauchen), um ihren Willen durchzusetzen.[5]

Sowohl das Prinzip als auch die Praxis demokratischer Entscheidungsfindung erfordern eine Reihe formeller und informeller Institutionen, die Bürger wohlinformierte Entscheidungen ermöglichen – und auch diese werden durch Vermögensungleichheit bedroht. In einer gesunden Demokratie müssen Politik und Recht auf Fakten und Argumenten beruhen, nicht auf Lügen, Täuschung und Rhetorik oder auf Einschüchterung und anderen Formen von (physischer oder nichtphysischer) Gewalt. Das bedeutet, dass wir ein funktionierendes, unabhängiges Rechtswesen brauchen, das Streitfälle beilegen kann. Wir brauchen eine unabhängige, freie Presse, die über die nötigen intellektuellen und materiellen Ressourcen für korrekte Berichterstattung und Recherchen verfügt. Journalisten sollten in der Lage sein, ihre Arbeit mit Integrität und öffentlicher Unterstützung zu erledigen und nicht um ihre berufliche oder persönliche Zukunft fürchten müssen, wenn sie über Dinge berichten, die manchen Mächtigen (einschließlich den Eigentümern der Medien) nicht gefallen könnten. Wir brauchen unabhängige und zugängliche Universitäten, deren Aufgabe die Wahrheitssuche und die Förderung fundierten Denkens ist, das sich immer an die Regeln der wissenschaftlichen Methode hält und seine Ergebnisse und Argumente der Evaluierung durch andere öffnet. Und so weiter. Das sind die Institutionen, die wir verteidigen sollten, wenn wir ein Abgleiten in Tyrannei vermeiden wollen, wie der Historiker Timothy Snyder sagt.[6]

Was hat nun Geld mit alledem zu tun?

Mehrere Formen von schmutzigem Geld, die oben beschrieben wurden, untergraben die Demokratie selbstverständlich eklatant. Bei der Kleptokratie und der Vereinnahmung des Staates könnte es gar nicht offenkundiger sein: Die Bürger von Äquatorialguinea können zwar wählen, haben aber keine der oben aufgeführten demokratischen Rechte, und die enorme Macht Wladimir Putins und seines engsten Zirkels erschwert es russischen Bürgern extrem, ihre Rechte wahrzunehmen. Aber wie wir gesehen haben, gibt es zahlreiche Grautöne, wenn es um schmutziges Geld geht, und ein Großteil des Geldes, das die Demokratie untergräbt, ist nur teilweise schmutzig oder scheint sogar völlig sauber zu sein.

Um ein genaueres Bild zu erhalten, schauen wir uns die verschiedenen Mechanismen an, wie sich Geld in politischen Einfluss ummünzen lässt und manchen Bürgern damit mehr Macht gibt als anderen. Beginnen wir mit dem Mechanismus, der den Zusammenhang von Geld und Demokratie in seiner reinsten Form zeigt: die Kommodifizierung der Staatsbürgerschaft, oder anders ausgedrückt, die Möglichkeit, sich einen erstrebenswerten Pass zu kaufen, wenn man bereit und imstande ist, dafür zu bezahlen. Dabei handelt es sich schlicht um den Verkauf politischer Rechte gegen Geld.

Es ist leicht nachzuvollziehen, warum jemand den Wunsch haben könnte, einen neuen Pass zu kaufen: Er ist der formale Beleg für die legale Staatsbürgerschaft eines Landes, die mit dem Recht einhergeht, dort zu leben, zu arbeiten und zu wählen und von dessen Rechtsinstitutionen geschützt zu werden. Wenn jemand in einer Diktatur oder in einem illiberalen Land lebt, in dem Minderheitenrechte nicht geschützt sind, ist die Aussicht, sich einem anderen politischen Gemeinwesen anschließen zu können, äußerst attraktiv – und möglicherweise sogar lebensrettend. Aber häufig hat der Wunsch, einen anderen Pass zu bekommen, weniger mit Menschenrechten zu tun als mit den lukrativen Möglichkeiten, die die Staatsbürgerschaft eines anderen Landes bietet.

Superreiche haben zwei einfache Optionen: sich ein goldenes Visum oder einen goldenen Pass beschaffen. Ein goldenes Visum bezieht sich auf ein befristetes oder permanentes Aufenthaltsrecht, das man durch Investition (oder zuweilen auch durch Spenden) in einem Land erwirbt. Ein goldener Pass macht aus dieser Investition oder Spende eine vollwertige Staatsbürgerschaft. Menschen beantragen goldene Visa oder Pässe aus unterschiedlichen Gründen. Für manche ist es ein Weg zu einer höheren Lebensqualität in einer stabileren Gesellschaft, für andere ist es eine Möglichkeit, kriminelle Aktivitäten zu tarnen. Oder es ermöglicht, Geschäfte in einem wesentlich günstigeren Umfeld zu tätigen – und beispielsweise weniger Unternehmens- oder Einkommenssteuern zu zahlen.

Für den rechts-libertären amerikanischen Milliardär Peter Thiel war der Kauf eines neuseeländischen Passes der erste Schritt, um ein großes Grundstück in unberührter Natur zu erwerben. Dorthin möchte er fliegen, falls es zu schweren sozialen Unruhen oder einer Klimakatastrophe kommt. Thiel hat keine Familie und keinerlei Verbindung zu Neuseeland. Wie viele Tage verbrachte er dort, bevor er die Staatsbürgerschaft beantragte? Zwölf.[7]

Für weniger reiche oder nicht so gut vernetzte Menschen gelten strengere Aufenthaltsvorschriften. Häufig braucht man aber nur Geld und die Bereitschaft, die Mindestanzahl an Tagen in dem Land zu verbringen, dessen Staatsangehörigkeit man bekommen möchte. Es gibt Firmen, die – natürlich gegen Honorar – Antragsteller beraten und sich um den ganzen Papierkram kümmern. Sie äußern sich klar und deutlich zu den Gründen für einen solchen Zweitpass – in einer instabilen Welt einen »Plan B« zu haben und visafreien Zugang zu vielen Ländern zu erhalten. Auf der Karibikinsel Antigua braucht man lediglich dem Antigua National Development Fund 100 000 US-Dollar zu spenden, um einen Pass zu bekommen, was attraktiv ist, weil man dadurch visafreien Zugang zu über 150 Ländern auf der Welt erhält. Es gibt jedoch noch andere Wege: Alternativ könnte man 400 000 Dollar in ein staatlich genehmigtes Immobilienprojekt investieren. Besonders interessant für sehr reiche Menschen sind Pässe von Malta oder Zypern, da sie es ermöglichen, irgendwo in der Europäischen Union zu leben und zu arbeiten. In Malta muss man lediglich zwölf Monate lang seinen Wohnsitz haben und 750 000 Euro an den nationalen Investitionsfonds spenden. Auch andere Länder – wie Portugal, Irland, das Vereinigte Königreich und die USA – bieten unbefristete Aufenthaltsgenehmigungen gegen Investitionen an.[8]

Diese Praxis ist sowohl moralisch als auch politisch problematisch. Wieso? Zum einen, weil der Verkauf von Pässen gegen hohe Geldsummen das Prinzip politischer Gleichheit untergräbt. Ein Land, das seine Staatsbürgerschaft verkauft, wendet zweierlei politische Regelsätze an: einen für Vermögende, die sich ihren Weg ins Land erkaufen können, und einen anderen für gewöhnliche Menschen, die das nicht können. Es macht politische Rechte zu einer Ware, die allerdings mit einem Preis versehen ist, den sich lediglich Superreiche leisten können. Um alles noch zu verschlimmern, belohnt es Kriminalität, indem es Vermögende, die auf schmutzigem Geld sitzen, einlädt, Mitglieder eines politischen Gemeinwesens zu werden. In Malta sind ein Viertel der Personen, die über den goldenen Pass die Staatsbürgerschaft erwerben, Russen, viele davon Oligarchen. Im Vereinigten Königreich gab es einen Sturm der Entrüstung, weil das goldene Visum es ermöglichte, Geld aus kriminellen Aktivitäten und weniger angenehme Personen wie Oligarchen und Familienangehörige von Diktatoren ins Land zu lassen. Wenig überraschend gibt es Forderungen, die Regierung solle die Regelungen für goldene Visa überprüfen.[9]

Dieses Vorgehen untergräbt die Politik noch auf eine andere Weise. Wenn ein Staat Sanktionen gegen Bürger eines bestimmten Landes beschließt (beispielsweise ihr Vermögen einzufrieren), können diese versuchen, die Sanktionen zu umgehen, indem sie den Pass wechseln. Goldene Pässe machen somit ein wesentliches Instrument der Außenpolitik nutzlos. Nachdem die USA und Europa 2015 und 2016 Sanktionen gegen Russland verhängt hatten, stieg die Zahl russischer Oligarchen, die einen maltesischen Pass erwarben, sprunghaft an. Im März 2022 feierte dieses Problem erneut fröhliche

Urstände. Vor dem Hintergrund von Sanktionen gegen russische und belarussische Bürger, die den russischen Krieg gegen die Ukraine unterstützten, rief die Europäische Kommission alle Mitgliedstaaten auf, diesen goldenen Weg zur Staatsbürgerschaft eines EU-Landes abzuschaffen.[10]

Während der Fall Russlands zeigt, wie politisch schädlich diese goldenen Visa und Pässe sein können, gilt der moralische Einwand gegen den Passkauf durch Superreiche auch außerhalb von Kriegszeiten und Sanktionen. Ein Grund, diese Praxis aus moralischen Gründen abzulehnen, ist der krasse Gegensatz zur Behandlung von Flüchtlingen. In Südeuropa starben von 2014 bis 2022 mehr als 25 000 Flüchtlinge, die mit Booten Europa zu erreichen versuchten. Malta wird scharf kritisiert, weil es seiner rechtlichen Verpflichtung nicht nachkommt, in Seenot geratene Menschen zu retten und ihnen zu helfen. Wenn diese Flüchtlinge in Europa eintreffen, sind sie oft gezwungen, unter sehr schwierigen Bedingungen zu leben, in der Regel ohne Arbeitserlaubnis, während sie jahrelang auf eine Entscheidung über ihren Asylantrag warten. In London werden Flüchtlinge in Hotelzimmern ohne Fenster untergebracht, die teils kleiner sind als Gefängniszellen, und bekommen weder ordentliches Essen noch Kleidung zum Wechseln – dennoch bezeichnete der britische Staatsminister für Immigration diese Unterkünfte als »luxuriös«. In den USA werden Asylverfahren seit Präsident Trump und auch unter Präsident Biden bewusst restriktiv gehandhabt.[11] Kurz, Flüchtlinge, die eine Aufenthaltsgenehmigung in einem Land des Globalen Nordens anstreben, weil ihre Menschenrechte schwerwiegend verletzt wurden, ihr Leben in ihrem Heimatland bedroht ist oder sie wegen extremer Armut oder den verheerenden Auswirkungen des Klimawandels flüchten mussten, stoßen auf eine Mauer des Widerstands. Unterdessen können sich Multimillionäre und Milliardäre den Zugang einfach erkaufen, weil sie auf einem Haufen von (legitim oder sonst wie erworbenem) Geld sitzen.

Das ist aber noch nicht alles. Die moralisch verwerfliche Praxis, goldene Visa und Pässe zu verkaufen, steht nicht nur in krassem Gegensatz zur Behandlung von Flüchtlingen, sondern ist auch von einer grundlegenden Ironie: Jahrzehntelang haben Regierungen die Steuersätze für die Reichsten gesenkt, nur um dann zu beschließen, mehr Finanzmittel anzulocken, indem sie das höchste politische Gut verkaufen: die Staatsbürgerschaft. Wäre es nicht demokratischer – gar nicht zu reden davon, dass es effizienter wäre –, geeignete Maßnahmen zu ergreifen, damit die Reichen angemessen besteuert werden, wie es von 1945 bis 1975 der Fall war, und diese Steuergelder dann wieder in die Wirtschaft zu investieren? Selbst wenn diese Vorgehensweise für die Länder, die gegenwärtig Staatsbürgerschaften verkaufen, zu exakt den gleichen Steuereinnahmen führen würde, würden dabei das Prinzip der politischen Gleichheit sowie die Steuergerechtigkeit gewahrt – und es würde gewährleistet, dass reiche Einwohner mehr zum Staatshaushalt beitragen. Aber es ist, wie es ist, und so verschärfen goldene Visa und Pässe die globale Ungleichheit, da viele ihrer Käufer superreiche Bürger korrupter oder undemokratischer Staaten sind, die häufig im Globalen Süden liegen. Ihre Abwanderung in europäische Länder wie das Vereinigte Königreich oder Malta bedeutet eine massive Verlagerung von Ressourcen aus der ökonomischen Peripherie in reichere Länder. Warum fördern wir das?

Es gibt noch einen weiteren, vielleicht bekannteren Mechanismus, durch den sich Geld in politische Macht übersetzt: indem Vermögende politische Parteien und Kandidaten finanzieren. Bei Reichen ist die Wahrscheinlichkeit, dass sie dies tun, und zwar mit beträchtlichen Summen, wesentlich größer als bei anderen Bevölkerungsschichten – und es wäre extrem naiv zu glauben, dass Großspender keine Sonderbehandlung bekämen, auch wenn Politiker in ihren offiziellen Äußerungen das Gegenteil behaupten mögen. Spenden gehen in der Regel mit der Erwartung einher, dass die Spender, wenn sie eines Tages Hilfe von der Politik brauchen, diese auch bekommen. Diese Binsenweisheit spiegelt sich in dem Sprichwort wider: »Wer die Musik bezahlt, bestimmt, was gespielt wird.« Geld zu bekommen, verpflichtet Politiker gegenüber den Spendern und erhöht die Wahrscheinlichkeit, dass sie ihnen zu gefallen versuchen, ihnen Gefälligkeiten erweisen, ihre Ansichten verbreiten oder zumindest ihre eigenen Ansichten einer Selbstzensur unterziehen, um sie nicht zu verärgern.[12]

Zugegeben, dieser Mechanismus ist sehr schwer zu beweisen. Sofern über solche Gefälligkeiten gegen Geld überhaupt offen gesprochen wird, dürfte es wohl nie in einer E-Mail oder in Sitzungsprotokollen erwähnt werden. Welche Indizien haben wir also? Gelegentlich gibt es Personen, die es zugeben, obwohl das, was sie sagen und tun, weithin als moralisch inakzeptabel gilt. Transparenz bei solchen Praktiken ist selten und erstaunlich. Aber für die Entscheidung, zu offenbaren, was im Grunde eine weiche Form von Bestechung, vielleicht sogar Korruption ist, könnte es mehrere mögliche Erklärungen geben: Vielleicht möchte die betreffende Person signalisieren, dass sie sich bewusst zu einem amoralischen Verhalten entschieden hat; möglicherweise will sie Korruption normalisieren; sie ist zu dumm, zu begreifen, dass ein solches Verhalten gesellschaftlich schädlich ist, oder sie leidet an einer psychopathischen Störung und kennt schlicht keine Scham. Welche Gründe es auch haben mag, es gibt tatsächlich einen hochrangigen Fall eines Spenders, der nachweislich erklärt hat, dass seine Spenden an politische Parteien als finanzielle Gefälligkeit verstanden werden sollten und dass er als Gegenleistung politische Gefälligkeiten erwarten würde. Diese Person ist Donald Trump. Ein Journalist fragte ihn 2015, warum er sowohl den Republikanern als auch den Demokraten Geld gespendet hatte: »Sie haben diese Spenden [an die Demokraten] damit erklärt, dass Sie es getan haben, um geschäftliche Gefälligkeiten zu bekommen. Und kürzlich sagten Sie, wenn Sie spenden, tun sie, was immer Sie von ihnen wollen.« Darauf erwiderte Trump: »Das können Sie ruhig glauben … Ich sage Ihnen, unser System ist kaputt. Ich habe vielen Leuten gespendet. Vorher, vor zwei Monaten, war ich Geschäftsmann. Ich habe allen gespendet. Wenn Sie anrufen, spende ich. Und wissen Sie was? Wenn ich zwei, drei Jahre später etwas von ihnen brauche, rufe ich sie an. Dann sind sie für mich da. Und das ist ein kaputtes System.«[13]

Wir mögen glauben, dieses Problem sei eine Eigenart der USA, da es dort weniger Einschränkungen für Spenden an politische Parteien gibt als in vielen anderen Ländern und Geld dort bei Wahlkämpfen eine größere Rolle spielt. Leider sollten wir jedoch davon ausgehen, dass dies überall geschieht, angesichts des durchaus nicht unbegründeten Verdachts, dass große Spenden an politische Parteien nie wirklich umsonst sind. So machte ein niederländischer Geschäftsmann 2021 eine große Spende an die christdemokratische Partei der Niederlande (CDA), als diese gerade einen Gesetzesvorschlag ins Parlament einbrachte, der Unternehmen im niederländischen Erbschaftsrecht eine Vorzugsbehandlung sichern sollte. Demnach sollten Kinder und andere Familienmitglieder ein Familienunternehmen erben können, ohne sonderliche Erbschaftssteuern zu entrichten, während ein Einfamilienhaus und Ersparnisse einer Familie weiterhin ohne solche Ausnahmen besteuert würden. Lange vor dieser Spende hatte es bereits eine wachsende Opposition gegen eine solche Sonderbehandlung von Unternehmen gegeben, da sie Umverteilungseffekte von unten nach oben hat: Sie begünstigt Erben großer Vermögen erheblich, weil die Wahrscheinlichkeit, Unternehmen zu erben, bei ihnen höher ist, aber auch weil es für reiche Familien leichter ist, ihr Geld (mit Hilfe der Wealth-Defense-Industrie) in Form einer Gesellschaft anzulegen. Glücklicherweise müssen in den Niederlanden Spenden von mehr als 4500 Euro öffentlich gemeldet werden. Alle können die Liste solcher Spenden einsehen. Dass manche Spenden außerordentlich hoch waren, hat viele Politiker beunruhigt, und so billigten 2022 alle – bis auf die extrem rechten – Parteien eine Gesetzesänderung, wonach die Gesamtspenden einer Person an eine politische Partei und ihre Tochterorganisationen auf 100 000 Euro im Jahr begrenzt wurden.[14]

Großspenden, die sich als Anstoß zu Gefälligkeiten nutzen lassen, untergraben eindeutig die politische Gleichheit. Aber wie der amerikanische Philosoph Thomas Christiano anmerkt, stehen dabei noch andere demokratische Werte auf dem Spiel. Wenn man mit Geld Abgeordnetenstimmen kaufen kann, werden diejenigen, die gewählte Abgeordnete finanziert haben, ihre Interessen in den politischen Maßnahmen gewahrt sehen – aber die Kosten dieser Politik werden großenteils von allen anderen getragen. Stimmenkäufer sind in gewisser Weise Trittbrettfahrer der Aufwendungen, die von der gesamten Gesellschaft erbracht werden. Wir alle bezahlen für eine Gesetzgebung, die die Interessen nur einiger weniger privater Spender begünstigt.[15]

Das alles lässt erkennen, dass die Rolle des Geldes in der Politik weit über individuelle Gefälligkeiten hinausreicht. In Ländern, in denen die Möglichkeit, Spendengelder aufzutreiben, wesentlich darüber mitentscheidet, wer die nächste politische Mehrheit erlangt, haben politische Kandidaten, die den Interessen der Reichen und Superreichen Vorrang einräumen, eine wesentlich höhere Wahrscheinlichkeit, auf dem Stimmzettel zu erscheinen. Reiche und Superreiche tätigen mit größerer Wahrscheinlichkeit Parteispenden und bevorzugen in der Regel Kandidaten aus ihrer eigenen Schicht. Bei Menschen, die nicht spenden können, ist es wesentlich weniger wahrscheinlich, dass ihre Interessen und Ansichten in den Wahldebatten vorkommen oder sich später in der Politik widerspiegeln. Das entspricht wohl kaum dem demokratischen Ideal, alle Bürger gleich zu behandeln und ihnen im kollektiven Entscheidungsprozess das gleiche Mitspracherecht einzuräumen.

Politologische Forschungen zeigen beunruhigenderweise, dass sich die Agenda tatsächlich nicht nur nach den Interessen derjenigen richtet, die am meisten spenden können – das superreiche 1 Prozent –, sondern generell die Reichen bevorzugt. Eine einflussreiche Studie der Politikwissenschaftler Martin Gilens und Benjamin Page ergab, dass der US-Kongress am wahrscheinlichsten politische Entscheidungen trifft, die den Interessen von Unternehmen und Personen ab dem neunzigsten Perzentil der Einkommensverteilung (also der Reichen und Superreichen) entsprechen. Es gibt nicht viele Untersuchungen, wie dies andernorts funktioniert, aber eine Handvoll Studien aus anderen Ländern haben tendenziell eine ähnliche Bevorzugung der politischen Präferenzen der Reichen festgestellt. Aber es gibt auch interessante Unterschiede zwischen den Ländern. Man nehme etwa Norwegen, ein sozialdemokratisches Land mit begrenzter Ungleichheit, starken Gewerkschaften, einem allgemeinen Verbot politischer Fernsehwerbung, einer politischen Klasse, deren Mitglieder nicht sonderlich reich sind, und politischen Parteien, die sich zu zwei Dritteln durch staatliche Zuwendungen finanzieren. Wie der Politologe Ruben Mathisen feststellte, kam auch in Norwegen die Regierungspolitik den Präferenzen der Reichen stärker entgegen, allerdings erheblich weniger als in den USA; tatsächlich entschied der Bildungsgrad stärker als das Vermögen darüber, ob die Bedürfnisse einer Person befriedigt wurden. Bemerkenswert ist allerdings, dass sich die politischen Präferenzen der verschiedenen Gesellschaftsschichten nicht sonderlich unterscheiden, was sich möglicherweise durch den allgemeinen Charakter des norwegischen Wohlfahrtsstaates und die im Großen und Ganzen homogene demographische Zusammensetzung der Gesellschaft erklären lässt (anders als in anderen europäischen Ländern gehören Mitglieder der Arbeiterklasse nicht überwiegend einer ethnischen Minderheit an). Zudem hat Norwegen außerordentlich gute Voraussetzungen, all seine Bürger zufriedenzustellen, weil es mit seinen beträchtlichen

Erdöleinnahmen einen soliden Wohlfahrtsstaat finanzieren kann, ohne Steuern von den Reichen zu erheben.[16]

Nahezu überall auf der Welt sind die Wohlhabenderen – und Menschen mit Hochschulabschluss – im Politikbereich erheblich überrepräsentiert. Dagegen sind Angehörige der Arbeiterklasse massiv unterrepräsentiert und besitzen nur sehr wenig politischen Einfluss. In vielen Ländern fühlen sie sich zu Recht ausgeschlossen und der Politik entfremdet, was manche dazu bringt, gar nicht zu wählen. Daher ist es kaum überraschend, dass wir eine weit verbreitete politische Tendenz zu den Interessen der Reichen und Superreichen erleben.

Die Lage ist, gelinde gesagt, beunruhigend. Sie wird allerdings durch eine andere, unmittelbarere Strategie noch verschlimmert, die Reiche und Mächtige anwenden, wenn Politiker im Amt sind: Sie bezahlen Lobbyisten, die sich für ihre Interessen einsetzen. Lobbyisten zu engagieren ist teuer – daher bedeutet diese Praxis, dass Entscheidungsträger und Politiker den Interessen reicher Personen – wieder einmal – wesentlich stärker Rechnung tragen.

In Europa heißt es häufig, dass Lobbyisten erheblichen Einfluss auf politische Entscheidungen auf EU-Ebene haben. In Brüssel, dem Sitz der Europäischen Kommission und zeitweise auch des Europäischen Parlaments, sind etwa 25 000 Lobbyisten registriert. Die Europäische Union verlangt, dass alle Organisationen, ihre Lobbyisten und das Budget, das sie für Lobbyarbeit aufwenden, in einem Transparenzregister gelistet werden. Nach den Angaben der EU gibt es »Aufschluss darüber, wer auf EU-Ebene welche Interessen vertritt und welche Finanzmittel und personellen Ressourcen dafür eingesetzt werden«. Das ist ein lobenswertes Ziel, aber was trägt es dazu bei, das massive Ungleichgewicht des Lobbyeinflusses zwischen Gruppen zu verhindern, die jede Menge Geld haben, und solchen, die dies nicht haben? In der EU arbeiten lediglich 28 Prozent der registrierten Lobbyisten für nichtkommerzielle Organisationen; alle anderen betreiben Lobbyarbeit für die Interessen von Privatunternehmen. Die Ansichten, welche Gruppen den meisten Einfluss haben, variieren zwar, aber es erscheint äußerst unwahrscheinlich, dass sich die Finanzmittel, die Lobbyisten zur Verfügung stehen, nicht in politischen Einfluss übersetzen. Und diese Mittel sind äußerst ungleich verteilt. Tatsächlich ist es durchaus möglich, dass manche Interessen gar nicht repräsentiert werden.[17]

Das Problem ist weniger der Lobbymechanismus an sich, als vielmehr die angesichts der Kluft bei den finanziellen Mitteln erheblich unterschiedlichen Möglichkeiten verschiedener Gruppen, diese zu betreiben. Eine gleichberechtigte Form der Lobbyarbeit, in der alle Beteiligten etwa die gleiche Macht haben, sich Gehör zu verschaffen, könnte hilfreich sein – sie könnte sogar die Demokratie stärken, da sie der Politik und den Entscheidungsgremien viele Informationen liefern und ihnen helfen würde, Entscheidungen aufgrund besserer Informationen zu treffen. Das Problem liegt in den äußerst ungleichen Chancen.

Es gibt noch eine andere, heimtückischere Variation der Lobbyarbeit, bei der große Unternehmen politische Entscheidungen zu beeinflussen versuchen, indem sie bestimmte Maßnahmen androhen, falls Dinge nicht nach ihren Wünschen laufen – eine Art unternehmerische Erpressung. Hier geht es nicht um kleine Firmen – wir brauchen uns keine Sorgen zu machen, dass die Bäckerei an der Ecke wesentlich mehr Einfluss auf politische Entscheidungen hätte als ihre Nachbarn. Bei großen Konzernen ist das jedoch durchaus der Fall. Sie können demokratisch gewählte Zielsetzungen durch ihre Wirtschaftsmacht untergraben. Wenn Bürger beispielsweise kollektiv beschlossen haben, dass ihr Land seine Treibhausgasemissionen senken soll, und ihre demokratisch gewählte Regierung strengere Emissionsvorschriften einführen will, könnten Unternehmen, die erheblich zur Umweltverschmutzung beitragen, damit drohen, ihre

Wahlkampfspenden einzustellen oder ihre Produktion ins Ausland zu verlagern (und damit viele Arbeitsplätze vor Ort zu opfern), statt ihre Umweltbilanz zu verbessern.

Viele Drohungen von Unternehmen dürften zunächst über einen Telefonanruf erfolgen und daher schwer zu dokumentieren sein. Gelegentlich sickert jedoch ein Beispiel an die Medien durch, häufig weil ein geschickter Journalist zur rechten Zeit die richtigen Fragen stellt. In den Niederlanden geschah dies dem dritten Kabinett Mark Ruttes, das von 2017 bis 2021 im Amt war. Diese Regierung bestand aus einer Koalition von vier konservativen und christdemokratischen Mitte-rechts-Parteien. Auf Vorschlag der wirtschaftskonservativen Partei VVD beschloss die Koalition die Abschaffung der Dividendenbesteuerung. Da dieses Vorhaben im Wahlprogramm keiner dieser Parteien vorkam, löste seine Bekanntmachung einen Sturm öffentlicher Entrüstung aus. Es war durchaus bekannt, dass diese Maßnahme vor allem den Aktionären niederländischer multinationaler Konzerne nützen würde. Zudem würde es äußerst kostspielig werden – und den Staat um Steuereinnahmen von 1,9 Milliarden Dollar bringen. Mitarbeiter des Finanzministeriums rieten von der Abschaffung dieser Steuer ab, da andere fiskalische Instrumente wesentlich effektiver wären, wenn die Regierung ausländische Unternehmen in die Niederlande locken wollte. Kurz: Fast alle waren dagegen. Regierungsunterlagen, die schließlich an die Medien durchgestochen und dem Parlament vorgelegt wurden, belegten eindeutig, dass große niederländische multinationale Konzerne, vor allem Shell und Unilever, Lobbyarbeit für die Abschaffung dieser Steuer betrieben hatten. Als der damalige CEO von Unilever, Paul Polman, dem niederländischen Ministerpräsidenten telefonisch mitteilte, dass das Unternehmen bereits seine vollständige Verlagerung ins Vereinigte Königreich beschlossen habe, gab man den Plan auf, die Dividendenbesteuerung abzuschaffen. Das Erstaunlichste an diesem Drama war, wie groß und wie unsichtbar der Einfluss zweier multinationaler Konzerne mit niederländischen Wurzeln auf den demokratischen Prozess war. Bürger hatten nie auch nur eine Chance, diesen Vorschlag im Vorfeld der Wahlen zu diskutieren. Das Parlament wurde nicht umfassend informiert. Nur dank der Unabhängigkeit der niederländischen Medien und des Geschicks einiger Journalisten kam die Wahrheit überhaupt ans Licht. Das wirft die Frage auf: Wie oft werden Bürger und ihre politischen Vertreter nicht darüber informiert, wie und warum Entscheidungen getroffen werden und wer die Entscheidungen tatsächlich bestimmt?

Selbstverständlich ist das noch nicht alles: Der Einfluss des Geldes auf die Politik reicht noch über die staatlichen Institutionen hinaus bis in die öffentliche Sphäre hinein. Es besteht die beunruhigende Tendenz, dass Superreiche Medienunternehmen kaufen und nutzen, um sowohl die Verbreitung von Informationen als auch die öffentlich verbreiteten Argumente zu kontrollieren. Eine freie, unabhängige Presse ist lebenswichtig für das Funktionieren unserer Demokratien. Aber die Medien – und vor allem die Nachrichten – werden zu einer Ware, die sich vom Höchstbietenden kaufen und an ihn verkaufen lässt, und den Reichen wird damit ein weiterer Mechanismus geboten, Finanzmacht in politische Macht umzumünzen.

Es gibt wohl kaum ein bezeichnenderes Beispiel für einen Medienmilliardär, dessen Macht die Demokratie gefährdet, als Rupert Murdoch. Er begann seine Karriere in der konservativen Boulevardpresse Australiens, übernahm zunächst zwei Zeitungen in Adelaide, die sein Vater geleitet hatte, bevor er nach und nach sein eigenes Medienimperium mit Tageszeitungen, Zeitschriften, Verlagen, Online-Medien und Kabelfernsehsendern in zahlreichen Ländern aufbaute, auch wenn seine Präsenz vor allem in Australien, dem Vereinigten Königreich und den USA zu spüren war. Seit Murdoch seine ersten Zeitungen in Australien herausbrachte, setzte er auf Provokation und Sensationsberichterstattung als Geschäftsmodell.

Im Vereinigten Königreich ist er berühmt-berüchtigt, weil er zuließ, dass in seiner Zeitung *News of the World* weithin unethische und illegale Praktiken genutzt wurden, vor allem das Hacken von Sprachnachrichten breiter Personengruppen von Prominenten, Beamten und Politikern bis hin zu Mordopfern und in Afghanistan getöteten britischen Soldaten. Angeblich versuchte Murdoch, Labour-Abgeordnete zu überreden, nicht länger auf Ermittlungen dieses Skandals zu drängen, und als ein parteiübergreifender parlamentarischer Untersuchungsausschuss die Vorgehensweise von *News of the World* in einem Bericht verurteilte, tat er es als Parteipolitik ab. Erst nach weiteren belastenden Enthüllungen über das Hacken von Telefongesprächen schloss er die Tageszeitung. Der britische Journalist Henry Porter kommentierte 2010, Murdochs Versuche, die Wahrheit zu kaschieren und während der Ermittlungen Verschwörungstheorien zu verbreiten, zeugten von seiner völligen Missachtung demokratischer Verfahren. Als David Cameron, der damalige Vorsitzende der Konservativen Partei, später den ehemaligen Chefredakteur der *News of the World* als Pressesprecher engagierte, stellte Porter fest, dass »Medienmacht und politische Macht in immer stärkerem Maße verschmelzen«.[18]

Rückblickend war das lediglich der Beginn einer erheblich stärkeren Verschmelzung von Murdochs Medienimperium mit der politischen Sphäre. Im Vereinigten Königreich spielten seine Tageszeitungen eine aktive Rolle an der Verbreitung von Desinformation und falschen Versprechungen, die eine Mehrheit der britischen Bevölkerung für den Austritt aus der Europäischen Union stimmen ließen – mit all den nachteiligen wirtschaftlichen und sozialen Folgen, die dies für die Bürger, den Handel und die Industrie hatte. Andere britische Zeitungen schrieben sofort über den Schaden, den der Brexit verursachte, sobald diese Auswirkungen deutlich wurden – von der Unmöglichkeit, osteuropäische Arbeitskräfte für die Verarbeitung von Truthähnen für Weihnachten anzuheuern, bis hin zum Chaos an den Flughäfen für britische Passinhaber, die in EU-Länder reisen wollten. Es dauerte sehr lange, bis die Zeitungen in Murdochs Besitz anfingen, über die durch den Brexit verursachten Probleme zu berichten.[19]

Jenseits des Atlantiks konnte Murdochs Medienimperium, vor allem Fox News, unter Trumps Führung der Republikanischen Partei die Macht über die politische Sphäre nahezu vollständig übernehmen. Der Fernsehsender Fox News, der als Boulevardfernsehen bezeichnet wurde, stützt seine Berichterstattung rückhaltlos auf Angst und Wut – und zwar so stark, dass der Enkel eines 84-Jährigen, der einen schwarzen Teenager erschoss, nur weil er an seiner Tür geklingelt hatte, die Reaktion seines Großvaters auf einen rassistischen Verfolgungswahn zurückführte, nachdem er ununterbrochen Fox News geschaut hatte. Der ehemalige Präsident Barack Obama machte Medien wie Fox News für die zunehmende Polarisierung der amerikanischen Gesellschaft verantwortlich und fasste prägnant zusammen, dass dies aus einem profitmaximierenden Geschäftsmodell erwuchs: »Die Ökonomie der Medien, die Klicks, basieren mittlerweile darauf: Wie viel Aufmerksamkeit errege ich? Nun, die einfachste Möglichkeit, Aufmerksamkeit zu erregen, ohne viel Phantasie und Überlegungen aufzubringen und ohne etwas Interessantes zu sagen zu haben, ist, einfach Menschen wütend zu machen, sie aufzubringen und ihnen das Gefühl zu vermitteln, jemand wolle ihnen etwas anhaben und etwas nehmen, was ihnen rechtmäßig zusteht.«[20]

Fox' Pro-Trump-Berichterstattung brachte ihm den Wahlsieg. Anschließend übernahmen einige leitende Fox-Mitarbeiter wichtige Positionen in Trumps Weißem Haus, und es entwickelte sich eine Synergie zwischen dem, was Trump tat, dachte und wollte, und dem, was Fox berichtete. Für Murdoch ging es um die Kernfrage: Wie ließen sich diese großen Zuschauermengen loyal an Fox binden? Es bedarf keiner Erwähnung, dass diese vollständige Kommodifizierung der Nachrichten, bei der Fakten keine Rolle spielen, solange sich das

Gesagte verkauft, erheblich auf Kosten der Demokratie geht. Das wurde schmerzlich offenbar, als durchsickerte, dass die von Fox News verbreiteten Behauptungen über die Präsidentschaftswahl 2020 – sie sei gestohlen worden und die elektronischen Wahlmaschinen hätten Stimmen für Trump in Stimmen für Biden umgewandelt – frei erfunden waren. Und obwohl dies alle beim Fernsehsender wussten, verbreiteten sie diese unbegründeten Behauptungen weiter. Im April 2023 verklagte Dominion Voting Systems, ein Hersteller dieser elektronischen Wahlmaschinen, Fox wegen solcher Lügen. Murdoch gab keinerlei Fehlverhalten von Fox zu, und die Fox-Moderatoren entschuldigten sich nicht bei der amerikanischen Bevölkerung dafür, dass sie sie wissentlich belogen hatten. Stattdessen einigte sich der Sender außergerichtlich mit Dominion auf die Zahlung von 787,5 Millionen US-Dollar. Der Anwalt von Dominion erklärte anschließend: »Lügen haben Konsequenzen.« Aber die Macht, die dieser Milliardär nach wie vor über die amerikanische Politik hat, ist immer noch enorm, wie die altgediente Investigativjournalistin Jane Mayer in einem Gespräch mit ihren Kollegen Susan Glasser und Evan Osnos feststellte.[21]

Was Murdoch und sein Stab bei Fox News nicht erkennen, ist, dass es für die Demokratie überaus wichtig ist, dass die Informationen, die wir bekommen, der Wahrheit entsprechen und nicht irreführend präsentiert werden; dass sie auf solider Berichterstattung basieren und hinreichend nuanciert sind. Dazu müssen die Medien stark reguliert werden, so dass eine Kontrolle durch nur wenige Personen unmöglich wird. Journalismus ist ein Dienst an der Öffentlichkeit, der den höchsten demokratischen Prinzipien gerecht werden muss. Die Deregulierung des Medienmarktes in Verbindung mit der Konzentration von Reichtum ist ein sehr gefährlicher Cocktail, wie der Fall Murdoch beweist.

Über diese offenkundigste Strategie hinaus gibt es noch subtilere Wege, wie Reiche und Superreiche die öffentliche Debatte prägen.

Sie geben beträchtliche Finanzmittel an Forschungseinrichtungen und Thinktanks, die ihre Ansichten widerspiegeln und ihre Financiers in diversen sozialen, ökonomischen und politischen Fragen mit Argumenten unterstützen. Wie Propagandaforschungen gezeigt haben, braucht man nicht die Wahrheit zu sagen, um Menschen dazu zu bewegen, dass sie eine bestimmte ideologische Position oder eine politische Führungspersönlichkeit unterstützen. Der Einsatz einer Bandbreite rhetorischer Strategien, die stärker auf Emotionen und psychologische Täuschungsmechanismen setzen, kann sogar effektiver sein, und für diese Strategie brauchen die Behauptungen nicht von triftigen Argumenten oder soliden empirischen Fakten untermauert zu sein. Im Laufe der Zeit führt dies zu einer Veränderung des ideologischen Klimas und dessen, was als »stichhaltiger Beleg« wahrgenommen wird.[22]

Für diese Propaganda durch die Hintertür gibt es ein besonders auffallendes Beispiel, das versinnbildlicht, wie extremer Reichtum der Demokratie schadet. Es spielt beinahe in einer eigenen Liga: der Fall des Koch-Netzwerks unter der Leitung der ultrakonservativen amerikanischen Milliardäre Charles und David Koch. Da ein Teil ihrer Aktivitäten wahrscheinlich geheim bleibt, kennen wir nicht mit absoluter Gewissheit alle Wege, auf denen sie die amerikanische Politik geprägt haben. Aber dank der Arbeit der Investigativjournalistin Jane Mayer und einiger Politikwissenschaftler wie Theda Skocpol von der Harvard University und Alexander Hertel-Fernandez von der Columbia University wissen wir einiges über die Arbeitsweise ihres Netzwerks.[23]

Die Brüder Charles und David Koch erbten Koch Industries 1967 von ihrem Vater und bauten das Unternehmen zu einem multinationalen Konzern mit diversen Tätigkeitsfeldern wie Chemie, fossile Brennstoffe und Rohstoffe aus. David Koch starb 2019; das persönliche Vermögen seiner Erben und seines Bruders wird gegenwärtig auf insgesamt 120 Milliarden US-Dollar geschätzt.

Die Familie begann 1977, Einfluss auf die Politik zu nehmen, als Charles und David Organisationen finanzierten, die ultra-marktliberale Vorstellungen und politische Maßnahmen förderten. Vor etwa fünfundzwanzig Jahren steigerten sie ihr Engagement erheblich und gründeten eine Reihe neuer Organisationen wie die Koch-Seminare, bei denen reiche Leute Kontakte knüpfen konnten und Spenden für ultra-marktliberale und libertäre politische Ziele eingeworben wurden. Das Koch-Netzwerk finanzierte nicht nur politische Kandidaten, sondern auch Ideen, Forschung und Hochschulbildung. So finanzierte es Universitäten und Denkfabriken und unterstützte Lobbyisten, damit sie für politische Maßnahmen eintraten, die Reiche noch reicher machen würden, also Maßnahmen wie Deregulierung, Unternehmenssteuersenkungen und Abschaffung der Erbschaftssteuer. Zudem setzte es sich erfolgreich für eine Reihe politischer Maßnahmen wie die Privatisierung der Sozialversicherung ein, durch die Arbeiter und vulnerable Bevölkerungsschichten schlechter gestellt wurden, und es betrieb 2010 eine Kampagne gegen Präsident Obamas Gesundheitsreform. Insgesamt ist es dem Koch-Netzwerk gelungen, einen extremen Rechtsruck der Republikanischen Partei zu bewirken, mit allen verheerenden Konsequenzen, die das derzeit für Amerikaner hat, unter anderem mit Angriffen auf demokratische Grundregeln und heftigem Widerstand gegen Änderungen der Waffengesetze, die verhindern könnten, dass in den USA alljährlich Tausende unschuldiger Menschen getötet werden – 2022 gab es dort über 44 000 Tote durch Waffengewalt. Der reaktionäre Einfluss der Koch-Brüder tötet nicht nur Amerikaner: Der ganze Planet muss mit den äußerst schädlichen Auswirkungen fertigwerden, die das Leugnen des Klimawandels durch die Republikanische Partei zeitigt, da sie viele entscheidende Jahre vergeudet und nichts unternommen hat, um die wachsenden Treibhausgasemissionen einzudämmen.[24]

Der Einflussbereich der Koch-Brüder zeigt, dass es nicht genügt, sich einzelne Aktivitäten von Personen oder auch einzelnen Organisationen anzusehen: Reichtum ist auch auf eine viel grundlegendere Art in unsere Politik einbezogen. Er prägt systematisch Politik und Meinungen, während die Wählerschaft nominell die Kontrolle zu haben scheint. Das geschieht nicht nur in einem einzigen Land, sondern weltweit. Um das zu erkennen, müssen wir uns den internationalen Netzwerken Superreicher zuwenden, die über dem ausgesprochen ungerechten Weltwirtschaftssystem schweben. Wer sind die Leute, die dazu beitragen, die weltweiten Steuerregeln festzulegen? Wer sind diejenigen, die weltweit die politischen und wirtschaftlichen Vorstellungen prägen, die beeinflussen, was einzelne Staaten und Regierungen für erreichbar halten?

Peter Goodman, Reporter der *New York Times*, nennt sie die Davos-Männer. Und diese Männer (und vereinzelt auch eine Frau) haben ein sehr mächtiges Netzwerk aufgebaut, das darauf abzielt, in globalem Rahmen eine wirtschaftsfreundliche Agenda voranzubringen. Sie sind nach der malerischen Schweizer Alpengemeinde benannt, in der das Weltwirtschaftsforum sein jährliches Treffen abhält, bei dem die Elite der Wirtschaftslenker und Politiker zusammenkommt, um die drängendsten Probleme der Welt zu diskutieren. Einige Journalisten, darunter Peter Goodman und Anand Giridharadas, haben die Teilnehmer dieser Treffen beobachtet und dokumentiert, wie sie denken. Kurz und bündig: Sie verfolgen den neoliberalen Weg.[25]

Die Davos-Männer versuchen die Regeln der Weltwirtschaft so zu beeinflussen, dass sie letztlich die Akkumulation von Kapital ermöglichen und die Entscheidungsgewalt auf ihre eigene Klasse verlagern (oder dort halten, nachdem sie diese bekommen haben). Ihren Diskussionen in Davos liegt das neoliberale Credo zugrunde: Es ist im besten Interesse aller, es dem Privatsektor zu überlassen, sich um die großen Herausforderungen unserer Zeit zu kümmern. Schließlich verfügt er über Problemlösungsmöglichkeiten, die Staaten nicht besitzen, da er alles wesentlich effektiver und effizienter macht als der Staat. Ja, dem Privatsektor Macht zu geben, mag manche Geschäftsleute sehr reich machen, aber wichtiger ist, dass es auch dafür sorgt, dass es uns allen besser geht.

Wo haben wir das schon einmal gehört, dass sich das Leben aller bessert, wenn Unternehmen die Kontrolle haben?

Es ist uns beim Blick auf die weltweiten Armutsstatistiken begegnet, die gezeigt haben, dass sich der Lebensstandard der Vulnerabelsten in Wirklichkeit nur geringfügig verbessert hat, während er sich für die Reichsten erheblich erhöht hat. Die Leute in Davos und im Weltwirtschaftsforum sind dieselben, die ständig mit Nachdruck betonen, wir sollten in Betracht ziehen, ob es allen besser gehe als zuvor, statt zu fragen: Warum wurden die Globalisierungsgewinne so ungleich verteilt, und wer entschied darüber? Diese Frage meiden sie auffallend. Auf der Webseite des Weltwirtschaftsforums können Leser Beiträge zu einer ganzen Bandbreite von Themen lesen, mit denen sich die Organisation beschäftigt, aber wirtschaftliche Ungleichheit gehört nicht dazu. Ungleichheit ist in den Köpfen seiner Mitglieder schlicht kein wichtiges Problem.

Aus den Fallstudien Goodmans geht hervor, dass die Davos-Männer weitreichende Aktivitäten betreiben: So schrieben sie im Hintergrund die neue Rentengesetzgebung in Frankreich, die es Kapitalbeteiligungsgesellschaften ermöglicht, die Kontrolle über Pensionsfonds in Milliardenhöhe zu erlangen und damit ihre eigenen Profite zu steigern; sie unterstützen Donald Trumps Kampagne für seine Wiederwahl; sie verhalfen der britischen Konservativen Partei an die Macht, und sobald sie an der Macht war, unterstützten sie deren Sparmaßnahmen, die Armut und Entbehrungen erheblich verschärften und reiche Briten noch reicher machten. Die Davos-Männer tun alles für ihren eigenen Vorteil, während ihre Bemühungen, den Armen zu helfen, bestenfalls oberflächlich sind: Wie Anand Giridharadas dokumentierte, suchen reiche Philanthropen immer nach Strategien zur Armutsbekämpfung, die auf die Märkte vertrauen, aber sie fragen nie nach den strukturellen Ursachen dieser Probleme und Ungleichheiten und ziehen keine effektiveren Möglichkeiten in Betracht, sie zu beheben.[26]

Diese wichtigen journalistischen Überblicke über Philanthropie und Politikgestaltung der Elite, die jeweils auf über ein Jahrzehnt der Berichterstattung über Milliardäre basieren, werden erhärtet von wissenschaftlichen Forschungen über die *transnationale Kapitalistenklasse*, wie Sozialwissenschaftler sie nennen. Diese breit gefasste Gruppe besteht aus sehr reichen und mächtigen Menschen: den Vorstandsmitgliedern der größten globalen Hedgefonds und Investmentgesellschaften; den CEOs der größten Konzerne; den Direktoren von Organisationen wie dem Weltwirtschaftsforum, die die Arbeit dieser Investoren und CEOs erleichtern; und den Führungsspitzen sehr großer Medienkonzerne, die helfen, für Reiche günstige Narrative zu verbreiten. Gemeinsam haben sie die Wirtschaft erfolgreich zu ihrem eigenen Vorteil umgestaltet – die Steuersätze für die Wohlhabendsten gesenkt und die Steuerschlupflöcher vervielfacht.[27]

Viele, die zum ersten Mal etwas darüber lesen, dürften es recht schockierend finden. So reagierte ich jedenfalls, als ich erstmals auf diese Werke von Wissenschaftlern und Investigativjournalisten stieß. Wie sollen wir uns fühlen, wenn wir herausfinden, dass es einen sehr mächtigen Bruchteil Superreicher gibt, die nicht nur extrem vermögend sind, sondern auch alles in ihrer Macht Stehende tun, um die Regeln zu ihren Gunsten und zum Nachteil anderer zu beugen?

Wir sollten uns über den Charakter der Herausforderung im Klaren sein, mit der wir uns konfrontiert sehen. Sie besteht nicht nur darin, dass wir auf der ganzen Welt große und zunehmende Ungleichheit sehen, sondern auch darin, dass eine gut vernetzte Gruppe die politischen Regeln aktiv manipuliert, um das Kapital zu mehren, das sie bereits besitzt.

Und eben das vereint die Reichen mit den Superreichen: Ihr Kapital oder Vermögen wird immer größer. Es mag sein, dass sich nicht jeder aktiv und gezielt daran beteiligt, diese Kapitalakkumulation zu ermöglichen, aber solange sie sich berechtigt fühlen, ihr Kapital »wachsen« zu lassen, oder solange sie ein Jahresgehalt verlangen, das ein Vielfaches des Durchschnittslohns eines Arbeiters beträgt, unterstützen sie ein ungerechtes System, das ein inakzeptables Maß an Ungleichheit produziert. Nicht alle Mitglieder der herrschenden Klasse beteiligen sich aktiv daran, politische Macht zu erlangen, wie es die Männer von Davos tun, aber sie alle finden es »nur logisch«, dass sie mitmachen und die Regeln nutzen, die ihr Gesamtvermögen wachsen lassen. Alle, die »mehr als genug« Geld haben – also die ethische Obergrenze von 1 Million Euro/Dollar/Pfund überschreiten –, profitieren von den endlosen Bemühungen der Davos-Klasse, die Weltpolitik auf eine Weise zu formen, die ihnen am meisten entgegenkommt.[28]

Mittlerweile sollte hinlänglich klar geworden sein, dass die Wirtschaftselite zu viel politische Macht hat und die Lage für gewöhnliche Leute verschlimmert. Die Arbeiter- und Mittelschicht im Globalen Norden sieht ihre Arbeitsplätze schwinden, ihre relative Entlohnung sinken und die wirtschaftliche Unsicherheit wachsen. Die Welt könnte wesentlich gerechter sein, aber diese Elite hat auch die globalen Ungleichheiten beträchtlich verschlimmert im Vergleich dazu, wie die Dinge unter gleichberechtigten Handelsbedingungen sein könnten. Und da ihr Drang nach Kapitalakkumulation kurzfristig ausgerichtet ist, hat sie zugelassen, dass die Erderwärmung in einer Klimakatastrophe gipfelt, die schon jetzt verheerende Auswirkungen für die vulnerablen Bevölkerungen im Globalen Süden hat. Diese Katastrophen führen zu verstärkter Migration aus dem Globalen Süden, was wiederum zunehmende Fremdenfeindlichkeit in den Ländern des Globalen Nordens auslöst. So erleben wir eine Polykrise, die sich großenteils darauf zurückführen lässt, wie die globale Wirtschaftselite ihre eigene Agenda vorantreibt. All diese sozialen und wirtschaftlichen Verwerfungen kommen faschistischen Politikern gelegen, da sie diese Entwicklungen für ihre Zwecke zurechtbiegen und die Demokratie noch weiter von innen untergraben können. Es sollte daher durchaus nicht überraschen, dass diese Faschisten, sobald sie die Macht ergreifen, anfangen, die »liberalen« Elemente unserer liberalen Demokratien abzuschaffen, darunter auch die grundlegenden Menschenrechte. Zunächst schwächen sie die Macht der Justiz, damit sie ihre Macht konsolidieren können. Historiker totalitärer Regime können uns sagen, was als Nächstes passiert.

Wenn demokratisch gewählte Parteien, die bereitwillig mit der globalen Wirtschaftselite zusammengearbeitet haben, erkennen, eine wie große Gefahr Faschisten mittlerweile für die liberale Demokratie darstellen, fangen sie an, gegenzuhalten, normalerweise indem sie den undemokratischen, illiberalen Charakter der Faschisten betonen. Und das zu Recht. Aber sie sollten sich auch fragen, welche Verantwortung sie für den Aufstieg dieser politischen Flügel tragen. Unterdessen sollten diejenigen unter uns, die den Verlockungen des protofaschistischen Sirenengesangs nicht anheimgefallen sind, erkennen, dass die Gefahr von zwei Seiten kommt. Auf der einen stehen die Faschisten, auf der anderen die etablierten neoliberalen Kräfte, die bereit sind, uns bei der Bekämpfung von Armut und Klimawandel zu »helfen«, allerdings nur mit schwachen marktbasierten Lösungen – anders ausgedrückt: mit politischen Maßnahmen, welche die Interessen großer Konzern und Vermögensinhaber begünstigen. Entweder sie begreifen nicht, was sie tun, oder es ist ihnen egal: Sie verstehen nicht, dass sie Teil des Problems sind.

Da stehen wir nun also mit dieser langen Liste von Wegen, auf denen Reichtum die Demokratie untergräbt. Erfordern diese verheerenden Auswirkungen der Vermögenskonzentration auf demokratische Werte tatsächlich eine limitaristische Antwort? Können wir uns nicht Strategien einfallen lassen, die verhindern, dass aus Finanzmacht politische Macht wird, ohne dass wir reiche Menschen zwingen, ihr überschüssiges Geld abzugeben? So könnten wir doch versuchen, die Gesetze zur Wahlkampffinanzierung zu reformieren, oder der Staat könnte unparteiische Rundfunk- und Fernsehsender finanzieren, um wieder für eine ausgewogene Darstellung von Ansichten und Argumenten in der öffentlichen Debatte zu sorgen. Dean Machin, ein ehemaliger britischer Philosophieprofessor, der mittlerweile Politikberater ist, schlägt vor, wir sollten die Superreichen vor die Wahl stellen, entweder eine Steuer von 100 Prozent auf ihr Vermögen oberhalb des Niveaus zu zahlen, das sie zu Superreichen macht, oder aber auf gewisse politische Rechte zu verzichten. Dahinter steht die Idee, dass es die Reichen daran hindern würde, sich politischen Einfluss und Macht zu erkaufen. Ebenso könnte man argumentieren, wenn wir eine angemessene Gesetzgebung gegen Korruption und Wahlkampfspenden hätten, könne das von den Reichen gespendete Geld nicht mehr so großen Einfluss auf die Politik ausüben und dann gäbe es keinen demokratischen Grund mehr, eine Vermögensobergrenze festzusetzen. Damit würden wir einen effektiven Schutzwall zwischen der Sphäre des Geldes und der der Politik errichten.[29]

Manche dieser institutionellen Maßnahmen sind zwar für eine gesunde Demokratie notwendig, aber keine davon wird politische Gleichheit zwischen Vermögenden und gewöhnlichen Bürgern herstellen. Denn wie wir gesehen haben, entzieht sich der politische Einfluss Reicher weitgehend dem Wirken offizieller Institutionen wie Gesetzgebung und Regulierung. Reiche könnten ihr Wahlrecht aufgeben, aber solange sie nach wie vor Denkfabriken gründen und finanzieren können, die ideologisch motivierte Forschung produzieren, oder sie unmittelbaren privaten Zugang zu Amts- und Mandatsträgern haben, werden sie weiterhin überproportional viel politischen Einfluss besitzen.

Daher ist es nur begrenzt machbar, den Einfluss des Geldes auf die Politik durch formale institutionelle Mechanismen zu verringern. Große Vermögensungleichheiten werden immer eine Bedrohung für politische Gleichheit und andere demokratische Werte darstellen. Und es gibt noch eine andere, noch größere Gefahr, die von der Vermögenskonzentration ausgeht und gegen die solche Maßnahmen sehr wenig ausrichten können: der Klimazusammenbruch.

KAPITEL 5

Extremer Reichtum steckt die Welt in Brand

ExxonMobil erwirtschaftete 2022 einen Gewinn von annähernd 56 Milliarden US-Dollar – den höchsten seiner Geschichte und mehr als doppelt so viel wie 2021. Shell machte 40 Milliarden US-Dollar Gewinn, ebenfalls doppelt so viel wie im Vorjahr und ebenfalls den höchsten seiner Geschichte. Zusammengenommen lagen die Gewinne von BP, Shell, Chevron, ExxonMobil und Total Energies 2022 bei 199,3 Milliarden US-Dollar. Präsident Biden bezeichnete diese Zahlen als »so hoch, dass es kaum zu glauben ist«. Sie sind tatsächlich schwindelerregend. Wie Greenpeace vorrechnete, würde jemand, der von Jesu Geburt bis heute täglich 40 000 Pfund verdient hätte, immer noch nicht so viel erwirtschaftet haben wie Shell in diesem einen Jahr.[1]

Im selben Jahr stiegen die Energiepreise in vielen Teilen der Welt so stark, dass viele Arbeiter- und Mittelschichtfamilien es sich nicht mehr leisten konnten, ihre Wohnung zu heizen. Überall litten immer mehr Haushalte unter Energiearmut.

Auf den Punkt gebracht, war Folgendes passiert: Die großen Energiekonzerne profitierten von der wirtschaftlichen Unruhe auf dem Markt, ausgelöst durch den russischen Krieg gegen die Ukraine, und taten dies auf Kosten der breiten Bevölkerung.

Welche Optionen standen diesen Konzernen offen? Sie hätten die Preise für Haushalte, die es besonders schwer traf, senken können. Sie entschieden sich jedoch, es nicht zu tun. Sie hätten ihre Gewinne in den beträchtlichen Ausbau erneuerbarer Energien investieren können. Sie entschieden sich, es nicht zu tun. Es gab zugegebenermaßen keinen Grund zu erwarten, dass sie dies tun würden, da sie Vorschläge ihrer eigenen Aktionäre, mehr in erneuerbare Energien zu investieren und ihre Bemühungen um Maßnahmen gegen den Klimawandel zu verstärken, immer wieder abgelehnt hatten. Stattdessen ließen sie die Gewinne auf die übliche Weise an ihre Aktionäre fließen. Und die Konzentration der Treibhausgase in der Atmosphäre stieg erneut auf Rekordhöhen an.[2] 2022 war das Jahr, in dem »das Imperium zurückschlug«, wie es Mark van Baal, Gründer der Aktionärsaktivistengruppe Follow This, ausdrückte.[3]

Können wir innerhalb der Nachhaltigkeitsgrenzen der Umwelt leben, während diese und andere Unternehmen Rekordgewinne anstreben? Können wir die Klimakrise innerhalb eines Systems abwenden, das derart extreme Vermögensungleichheit schafft? Können Umweltsicherheit und Stabilität Hand in Hand mit dem Lebensstil der Superreichen gehen?

Viele sind der Ansicht, dass dies nicht möglich ist. Der britische Autor und Umweltaktivist George Monbiot unterstützt den Limitarismus mit der Begründung, dass es unmöglich sein wird, das Leben auf der Erde zu retten, ohne eine Obergrenze für den Reichtum festzulegen, den eine Person besitzen darf. Auch Thomas Piketty äußerte sich eindeutig zum Zusammenhang von extremem Reichtum und Klimasicherheit: »Ohne eine tiefgreifende Umverteilung von Reichtum sowohl innerhalb von Ländern als auch international ist es unmöglich, den Klimawandel ernsthaft zu bekämpfen.«[4] Piketty und Monbiot sind nicht die Einzigen, die einen starken Zusammenhang zwischen dem Zusammenbruch der Umwelt und extremem

Reichtum sehen. Wenn ich mit Menschen über meine Forschungsarbeit spreche, fragen sie häufig, wie Ungleichheit mit dem Zustand des Planeten und unserer Pflicht zusammenhängt, uns um die Natur zu kümmern.

Worin besteht der Zusammenhang genau? In welcher Beziehung stehen die Superreichen und die Krise des Klimas und der Ökologie? Ist extremer Reichtum tatsächlich schädlich für die Erde? Wenn ja, wieso?

Fangen wir mit den Grundlagen an. Mit der Veröffentlichung des ersten Sachstandsberichts des Intergovernmental Panel on Climate Change (IPCC, kurz Weltklimarat genannt) im Jahr 1990 teilten Klimaforscher allen, die es hören wollten, mit, dass es aufgrund menschlicher Aktivitäten zur Erderwärmung kommt. Wie sie zeigten, haben die Menschen seit der Industriellen Revolution weitaus mehr Treibhausgase emittiert, als die Erde (in ihren sogenannten Kohlenstoffsenken) absorbieren kann, was zu einer Konzentration von Treibhausgasen in der Atmosphäre und zum Anstieg des Meeresspiegels führt. Die Haupttreibhausgase sind Methan, das unter anderem von Rindern und Schafen und durch das Auftauen von Permafrostböden freigesetzt wird; Stickstoff, der überwiegend aus Landwirtschaft, Industrie und Fahrzeugen mit Verbrennungsmotor stammt; sowie das bekannteste, Kohlendioxid, das freigesetzt wird, wenn wir fossile Brennstoffe nutzen oder Biomasse wie Holz verbrennen. Wissenschaftler warnten, wenn wir die Emissionen dieser drei Gase nicht einstellten, drohe uns eine Katastrophe.[5]

Das Jahr 1990 können wir als Zeitpunkt nehmen, ab dem keine Regierung, keine Organisation und kein Unternehmen mehr behaupten konnte, nicht zu wissen, dass es den Klimawandel gibt und was ihn verursacht. Doch selbst wenn wir von 1990 ausgehen, räumen wir Staaten und Ölkonzernen einen Vertrauensvorschuss ein. Denn Journalisten der mit dem Pulitzer-Preis ausgezeichneten Webseite Inside Climate News entdeckten Dokumente, die belegen, dass die Geschäftsführung von ExxonMobil bereits 1977 von ihren eigenen Wissenschaftlern gewarnt wurde, dass das durch die Nutzung fossiler Brennstoffe freigesetzte CO_2 die Erde erwärmen und die Menschheit potenziell gefährden könne. In den USA wusste die größte Handelsorganisation der Öl- und Gasindustrie mindestens seit den fünfziger Jahren über den Schaden Bescheid, den Emissionen anrichten können, und bei anderen auf fossilen Brennstoffen basierenden Branchen und Unternehmen (wie der Kohleindustrie, General Motors oder Ford) war dies seit den sechziger und siebziger Jahren der Fall.[6]

In den Jahrzehnten seit 1990 haben Politik und Öffentlichkeit begonnen, die Emissionen zu reduzieren. Zu den am weitesten verbreiteten Strategien, die empfohlen wurden, um eine weitere Erderwärmung zu verhindern, gehören: dass Menschen weniger konsumieren, vor allem weniger fliegen, und von tierbasierter zu pflanzlicher Ernährung übergehen; dass Unternehmen und Haushalte energieintensive Aktivitäten (Verkehr, Kochen, Heizen etc.) auf Strom umstellen; und dass Staaten die Nutzung von Land umstellen (indem sie Renaturierung, Wiederaufforstung etc. fördern).

Trotz dieser Bemühungen nehmen unsere Emissionen weiter zu. Seit 1991 haben wir mehr Kohlendioxid emittiert als während der gesamten übrigen Menschheitsgeschichte. Wissenschaftler warnten 2022, dass uns bei den gegenwärtigen Emissionsraten nur noch sechseinhalb Jahre bleiben, bis wir unser »Kohlenstoffbudget« überschreiten – also die maximale Kohlendioxidmenge, die wir freisetzen dürfen, wenn wir noch eine Chance haben wollen, die Erderwärmung auf 1,5 Grad Celsius zu begrenzen.[7]

Schon jetzt, bei einer Erderwärmung von 1,2 Grad Celsius, erleben wir die verheerenden Auswirkungen des Klimawandels. Er ist keine Dystopie für eine ferne Zukunft mehr: Der Klimawandel ist da und fordert schon jetzt seinen Preis. Dürreperioden sind häufiger und richten mehr Schaden an, führen zu überlasteten Bewässerungssystemen, Missernten, einem erhöhten Risiko von Wald- und Buschfeuern und unsicherer Wasserversorgung. Die südafrikanische Provinz Westkap erlebte 2018 nach drei aufeinanderfolgenden Jahren mit geringen Niederschlägen eine furchtbare Wasserkrise, durch die ganz Kapstadt nicht mehr genug Wasser für seine Einwohner hatte. Die Erderwärmung hat das Vorkommen solcher Dürren dreimal wahrscheinlicher gemacht.[8]

Auch schwere Überschwemmungen nehmen zu. In den letzten Jahren kam es zu schwerwiegenden Überschwemmungen in Südchina, Ostaustralien, Bangladesch und andernorts. In all diesen Fällen war die Rede von Jahrhunderthochwassern historischen Ausmaßes, und Experten brachten sie alle mit dem Klimawandel in Verbindung. Die Wahrscheinlichkeit schwerer Überschwemmungen steigt selbst in Regionen stark an, wo sie früher selten waren. Nach wissenschaftlichen Schätzungen kamen solche Ereignisse vor dem Klimawandel etwa einmal in 400 Jahren vor, während die Wahrscheinlichkeit aufgrund des Klimawandels inzwischen auf einmal in 44 bis 210 Jahren angestiegen ist.[9]

Wald- und Buschbrände werden mittlerweile häufiger, dauern länger und erstrecken sich über größere Gebiete – und haben daher verheerendere Auswirkungen. Sie töten Millionen Tiere, zerstören ganze Landstriche und ihre Pflanzenwelt, führen zu riesigen Immobilienverlusten und erzeugen vor allem für immer größere Bevölkerungsteile ein Gefühl erhöhter Unsicherheit und Gefahr. Für Menschen in anderen Regionen erwächst die Bedrohung nicht aus Waldbränden, sondern aus dem Anstieg des Meeresspiegels. Er wird häufig für dystopische Szenarien der Auswirkungen des Klimawandels genutzt, die New York oder Amsterdam unter Wasser zeigen, aber schon heute sind Menschen davon betroffen. Die kleinen Pazifikinseln haben bereits beträchtliche Landflächen ans Meer verloren, und für manche wird vorhergesagt, dass sie innerhalb der nächsten zwanzig Jahre unter dem Meeresspiegel verschwinden und unbewohnbar sein werden.[10]

In armen Ländern führt die Zunahme von Dürren, Überschwemmungen und extremen Wetterbedingungen zu einem erhöhten Risiko von Lebensmittelknappheit und Hungersnöten. Das Welternährungsprogramm der Vereinten Nationen warnt, wenn die Erderwärmung 2 Grad Celsius erreicht, werden 189 Millionen Menschen mehr Hunger leiden, und in einer 4 Grad wärmeren Welt würde die Zahl auf 1,8 Milliarden ansteigen. Hungersnöte haben vielfältige Ursachen, unter anderem Kriege und staatliche Misswirtschaft, aber geringere Ernteerträge im Globalen Süden aufgrund des Klimawandels werden die Lage nur noch verschlimmern.

Um dieses Leid zu mildern und eine Chance zu haben, zu verhindern, dass die Lage unerträglich wird, müssen wir dringend unsere Treibhausgasemissionen reduzieren. Die bisher ergriffenen Maßnahmen reichen eindeutig nicht aus. Es genügt nicht, Menschen aufzufordern, dass sie weniger fliegen oder aufhören sollen, Fleisch zu essen: Wir brauchen erheblich weitreichendere strukturelle Maßnahmen. Kurz, wir brauchen einen echten Übergang zu einer ökologisch nachhaltigen Wirtschaft. Und an dieser Stelle kommt die Vermögenskonzentration ins Spiel.

Die Konzentration von Reichtum verschlimmert den Klimawandel auf diverse Weisen. Die erste ist schlicht, dass reiche Menschen wesentlich höhere Kohlenstoffemissionen verursachen als die Mittelschicht oder die Armen. Das gilt für alle Länder und alle Regionen der Welt. Jüngere Daten belegen, dass außer in Subsahara-Afrika die Zugehörigkeit zum obersten 1 oder den obersten 10 Prozent der Einkommensverteilung in einem Land ein besserer Indikator für hohe Pro-Kopf-Emissionen ist als die Geographie.

Im Jahr 2019 erreichten die durchschnittlichen globalen CO_2-Emissionen 6 Tonnen pro Person. Laut dem französischen Ökonomen Lucas Chancel setzen die unteren 50 Prozent der globalen Einkommens- und Vermögensverteilung durchschnittlich 1,4 Tonnen CO_2 pro Person frei und tragen lediglich 11,5 Prozent zu den Gesamtemissionen bei. Die obersten 10 Prozent emittieren nahezu 29 Tonnen CO_2 pro Person, was einen Anteil von 48 Prozent der globalen Gesamtemissionen ausmacht. Innerhalb dieser Gruppe sticht das oberste 1 Prozent heraus: Es emittiert erstaunliche 101 Tonnen CO_2 pro Person und Jahr.[11]

Zudem unterscheiden sich diese Durchschnittswerte noch erheblich von einer Region zur anderen. In Nordamerika emittieren die reichsten 10 Prozent 69 Tonnen CO_2 pro Kopf und Jahr, verglichen mit nahezu 22 Tonnen für die mittleren 40 Prozent und 10 Tonnen für die unteren 50 Prozent. In Europa betragen die entsprechenden Zahlen für die jeweiligen Gruppen 29 Tonnen, 11 Tonnen und 5 Tonnen, in Ostasien 40 Tonnen, 8 Tonnen und 3 Tonnen, in Lateinamerika 18 Tonnen, 5 Tonnen und 2 Tonnen, und in Subsahara-Afrika 7,5 Tonnen, 2 Tonnen und 0,5 Tonnen. Kohlenstoffungleichheit ist somit ein signifikanter Faktor der globalen Ungleichheit.[12]

Der Beitrag des ultrareichen 1 Prozents zu den Gesamtemissionen ist nicht nur extrem hoch, sondern im Laufe der Zeit auch noch gestiegen. Weltweit sind die Emissionen derjenigen, die viel, aber keineswegs am meisten CO_2 freisetzen (praktisch also die Gruppe zwischen dem 75. und dem 95. Perzentil der Verteilung der Treibhausgasemissionen) zwischen 1990 und 2019 um etwa 10 Prozent gesunken, während diejenigen, die für das 1 Prozent der höchsten Emissionen verantwortlich sind, im selben Zeitraum um 23 Prozent gestiegen sind.[13]

Generell lässt sich also sagen, dass der Reichtum einer Person der beste Indikator dafür ist, wie umweltverschmutzend ihr Lebensstil ist. Reiche haben größere Häuser, reisen mehr, nutzen seltener öffentliche Verkehrsmittel und investieren in umweltverschmutzende Industrien. Bei den Superreichen sehen wir riesige Villen und Zweitwohnungen, mehrere Autos, Privatjets und Kapitalakkumulation von Gewinnen aus Industrien, die zum Klimawandel beitragen. Ja, es gibt immer Ausnahmen, und manche Reichen und Superreichen setzen ihr Vermögen für den Naturschutz ein; aber auf jeden dieser grünen Helden kommen Ausnahmen in der anderen Richtung – zum Beispiel Leute, die Weltraumtourismus entwickeln oder unermüdlich die Förderung fossiler Brennstoffe betreiben.

Man schaue sich nur an, wer fliegt. Die meisten Menschen auf der Welt sind noch nie geflogen und werden es auch nie tun. Dagegen fliegen die Reichen und Superreichen ständig und sind für die meisten der durch Flugverkehr verursachten Emissionen verantwortlich. Diese Emissionen wirken sich vor allem auf die Armen aus, die keine Möglichkeit haben, sich vor den zunehmenden Klimaschäden und -risiken zu schützen. Ein Hin- und Rückflug von Amsterdam nach New York verursacht durchschnittlich 906 Kilogramm Kohlendioxidemissionen sowie 1728 Kilogramm anderer Treibhausgase (die in Debatten über Emissionshandel in der Regel ignoriert werden). Ein Flugticket für diese Reise mit einer großen Fluggesellschaft ist ohne weiteres für unter 800 Euro zu finden. Für die meisten Menschen ist dieser Preis eine Menge Geld. Aber in Anbetracht der Kosten, die durch die Emissionen dieses Flugs für die Zukunft aller Lebewesen auf der Erde entstehen, ist eine solche Reise erstaunlich preisgünstig. Um den »echten« Preis für einen Hin- und Rückflug von Amsterdam nach New York zu bezahlen, müsste ich den Geldwert der Kompensation für den durch diese Emissionen verursachten Schaden hinzurechnen. Die 5 Euro, für die die Fluggesellschaft anbietet, als Ausgleich für diesen Flug irgendwo Bäume zu pflanzen (die durchaus beim nächsten Waldbrand niederbrennen könnten), kann man getrost vergessen. Selbst die Ausgleichszahlung von 125 Euro, die Organisationen vorschlagen, die hochwertige Kohlenstoffausgleichszertifikate verkaufen, sind zu niedrig angesetzt. Wie könnten sie den Verlust der Lebensgrundlagen für die Bevölkerung von Kiribati, Barbados oder Bangladesch kompensieren? Oder die Kosten, die das Überschreiten des verbliebenen Kohlenstoffbudgets verursacht? Manche Wissenschaftler und Experten für Klima-Governance und -ethik sind der Ansicht, wir sollten viel höhere Ausgleichszahlungen von bis zu 400 Euro pro Tonne Kohlenstoff bezahlen. Wenn ich also den echten Preis für diese höchst umweltverschmutzende Aktivität aufbringen müsste, würde ich nicht für 800 Euro nach New York und zurück fliegen, sondern wahrscheinlich für den doppelten Preis – aber selbst 1600 Euro erscheinen als winziger Betrag sowohl für die reichen Leute, die fliegen, als auch für die Menschen, die schon jetzt unter den nachteiligen Auswirkungen der Klimakatastrophe leiden.[14] Würde es ausreichen, damit sie ihr Jetset-Verhalten einschränken?

Unternehmen, die Konsumgüter verkaufen, geben sich alle Mühe, uns davon zu überzeugen, dass sie »grün« werden können, wenn wir einen winzigen Beitrag leisten. Im Sommer 2022 erklärte Shell seinen europäischen Kunden, wenn sie 1 Cent zusätzlich auf jeden Liter Kraftstoff zahlten, würden sie kohlenstoffneutral Auto fahren, da Shell von diesem Geld Bäume pflanzen würde. Neun Jurastudenten der Climate and Sustainability Law Clinic der Freien Universität Amsterdam legten bei der Stichting Reclame Rood, einer selbstregulierenden Beschwerdestelle für die Werbewirtschaft der Niederlande, Beschwerde ein. Das Gremium bestätigte ihre Beschwerde: Die Behauptung, für jeden verbrauchten Liter Kraftstoff einen Baum zu pflanzen, würde die gefahrenen Kilometer kohlenstoffneutral machen, entsprach nicht der Wahrheit und war irreführend.[15]

Im Fall der Luftfahrtindustrie sprechen wir allerdings nicht nur darüber, dass die Reichen indirekt den Armen durch ihre exzessiven, kohlenstoffemittierenden Reisegewohnheiten schaden. In vielen Ländern zahlen gewöhnliche Steuerzahler tatsächlich für die Flüge der Reichen – da die Luftfahrt mit öffentlichen Mitteln subventioniert wird. Zuweilen geschieht dies unmittelbar, wenn die Regierung eines Landes eine Fluggesellschaft für so wichtig hält, dass sie eine staatliche Finanzierung verdient. Alle Fluggesellschaften profitieren jedoch davon, dass das im Luftverkehr verwendete Kerosin aus historischen Gründen von Kraftstoffsteuern befreit ist. Das ist nicht nur eine beträchtliche indirekte Subvention, sondern verleiht den Fluggesellschaften auch einen Vorteil gegenüber anderen, nachhaltigeren Transportmitteln wie Fernbussen oder Fernzügen.[16]

Und wie wir wissen, fliegen die Superreichen nicht nur oft, sondern auch luxuriös – das heißt in Privatjets, der in Hinblick auf das Klima schlechtesten Form der Fortbewegung (wenn man vorübergehend mal vom Weltraumtourismus absieht). Ironischerweise reisen viele Teilnehmer des Weltwirtschaftsforums im Privatjet nach Davos, um darüber zu diskutieren, was öffentlich-private Partnerschaften gegen den Klimawandel tun können. Zum Treffen 2022 flogen geschätzte 500 Jets Flughäfen in der Umgebung von Davos an und verursachten Emissionen in der Größenordnung, wie 26 700 Kraftfahrzeuge sie auf der Fahrt von Paris nach Davos freigesetzt hätten. Flüge mit Privatjets sind vier- bis vierzehnmal umweltverschmutzender als kommerzielle Flüge und fünfzigmal umweltverschmutzender als Bahnreisen. Wenig überraschend, haben einige Klimaaktivistengruppen begonnen, Flughäfen ins Visier zu nehmen, die Privatjets bedienen. Sie fordern ein Verbot der privaten Nutzung dieser Maschinen.[17]

Es ist ganz einfach: Weil Reiche und Superreiche so ungeheuer reich sind, können sie in allen Lebensbereichen überproportional großen Schaden für das Klima anrichten – und tun dies auch – und schaden damit denjenigen, die zu vulnerabel sind, um sich dagegen zu wehren. Auf diese Weise verstoßen sie dramatisch gegen ein Prinzip, dem alle moralphilosophischen Traditionen zustimmen würden: das Verursacherprinzip. Es gilt allerdings nicht nur für umweltverschmutzende Konsumenten, sondern auch – und sogar noch mehr – für Investoren und Produzenten. Große Erdölkonzerne wissen seit Jahrzehnten, dass wir nicht weiter Treibhausgase emittieren dürfen und fossile Brennstoffe im Boden bleiben sollten. Stattdessen graben und bohren sie weiter, verkaufen und machen enorme Gewinne. Ich erwarte gar nicht, dass es möglich wird, sie für den angerichteten Schaden haftbar zu machen. Sicher haben sie ein ganzes Heer von Rechtsberatern, die Opfern den Zugang zur Justiz unmöglich machen werden. Aber ganz gleich, was ihre Rechtsberater auch sagen, ist es für ein Energieunternehmen gerade jetzt das moralisch richtige Verhalten, einen Plan zu erstellen, die Nutzung fossiler Brennstoffe so schnell wie möglich auslaufen zu lassen, ihre gesamten Gewinne in den Energiewechsel umzulenken und Entschädigungen für all den von ihnen verursachten Schaden zu zahlen. Wie wir bei den extremen Gewinnen gesehen haben, die sie 2022 erwirtschaftet haben, werden sie das nicht tun. Ihr einziges Ziel ist, mehr Reichtum zu generieren.[18]

Ohne staatliches Eingreifen besteht kaum Grund zur Hoffnung in Bezug auf das, was wir von den umweltverschmutzenden Großkonzernen erwarten dürfen. Sie werden den enormen Reichtum nicht einfach aufgeben, den sie erwirtschaften und horten können, indem sie fossile Brennstoffe verkaufen oder die kohlenstoffintensive Produktion von Stahl, Kunststoff und Konsumgütern fortsetzen, statt »grüne« Versionen dieser Produkte zu entwickeln. Aber die Führungskräfte dieser Industrien sind ebenfalls Väter, Mütter und Großeltern. Was werden sie ihren Enkelkindern sagen? Wie wollen sie nach ihrem Tod in Erinnerung bleiben? Die Botschaft an Personen, die durch ihre Arbeit in der fossilen Brennstoffindustrie und in anderen höchst umweltverschmutzenden Branchen reich oder superreich geworden sind, ist eindeutig: Ihr verdient dieses Geld nicht. Es ist schmutzig. Gebt es weg, um das Leben der Menschen zu verbessern, denen ihr durch eure Arbeit geschadet habt. Hätten die Reichen (und alle anderen) das Verursacherprinzip beherzigt, als sie ihr Geld – durch Produktion oder Finanzinvestitionen – erwirtschafteten oder es ausgaben, wären sie wesentlich weniger reich. Vermutlich wären ganze Industriezweige nicht mehr profitabel gewesen.[19]

Aber es wird noch schlimmer. Umweltverschmutzende Unternehmen haben nicht nur Lobbyarbeit betrieben, damit sie die Kosten der Umweltschäden nicht bezahlen mussten und so ihre Gewinne (und den Reichtum ihrer millionenschweren Führungskräfte und Aktionäre) steigern konnten. Manche verbreiteten sogar gezielt Falschinformationen über den wahren Charakter des Klimawandels. Diese »Leugnungsmaschinerie« war gut inszeniert und säte lange Zeit erfolgreich Zweifel an unserer tatsächlichen Lage. Man hätte sich wesentlich früher auf die Ziele des Pariser Klimaabkommens von 2015 einigen können und nicht so viel kostbare Zeit verloren.

In einigen Ländern, wie den USA und Russland, ist die Klimaleugnungsmaschinerie besonders wirkmächtig. In den USA sind konservative Denkfabriken – wie die von den Koch-Brüdern finanzierten – schon lange bestrebt, den wissenschaftlichen Konsens zum Klimawandel zu schwächen und zu untergraben, und haben die Entwicklung der Klimapolitik auf nationaler Ebene erfolgreich verhindert. Laut einer Studie von 2014 erhielt eine Gruppe von 91 Organisationen, die den Klimawandel leugnen, jährlich Spenden in Höhe von etwa 900 Millionen US-Dollar, vorwiegend von konservativen Stiftungen, die nicht nur von Milliardären, sondern auch von Konzernen wie ExxonMobil finanziert werden.[20]

In anderen Ländern, unter anderem auch in der EU, verfügen konservative Multimillionäre und ihre Unternehmen über weniger Geld, und es gibt strengere Gesetze zu anonymen oder dubiosen Spenden, die es erschweren, solche Bestrebungen zu finanzieren. Dennoch betreiben umweltverschmutzende Unternehmen, die sehr viel Geld verdienen, wie Fluggesellschaften, Stahlproduzenten und Konzerne für nichterneuerbare Energie, ebenso den Versuch, Menschen in falscher Sicherheit zu wiegen. Anfang 2023 betrug das geschätzte verbleibende Kohlenstoffbudget, um innerhalb einer Erderwärmung von 1,5 Grad Celsius zu bleiben, nur noch 260 Gigatonnen CO_2-Emissionen, was uns, wenn wir so weitermachen wie bisher, nur noch bis 2029 Zeit lässt, unsere Wirtschaft vollständig auf nichtfossile Energie umzustellen. Wir können es uns nicht leisten, dass uns diese Industrien noch länger in Bezug auf den Charakter und die Konsequenzen ihrer Aktivitäten hinters Licht führen.[21]

Unseren Planeten als sicheren Lebensraum für unsere Menschheit zu bewahren erfordert eine tiefgreifende Dekarbonisierung und einen grundlegenden Wirtschaftswandel – von einer auf fossilen Brennstoffen basierenden hin zu einer klimaneutralen Produktion. Andernfalls wird es unmöglich sein, innerhalb des restlichen Kohlenstoffbudgets zu bleiben. Bei dieser »grünen Wende« wird es jedoch Gewinner und Verlierer geben. Wir haben Grund zu der Annahme, dass die grüne Wirtschaft, die aus dieser Wende hervorgehen sollte, im Vergleich zu dem gegenwärtigen Weg insgesamt zu einem wesentlich besseren, gesünderen und glücklicheren Leben für nahezu alle Menschen führen wird. Die Superreichen mögen vielleicht imstande sein, sich einen Ausweg aus der Katastrophe zu erkaufen, indem sie im Fall von Waldbränden, die ihre Häuser bedrohen, private Feuerwehren engagieren oder sich Bunker bauen, in die sie sich zurückziehen können, wenn es richtig schlimm wird, aber für 99,9 Prozent der Menschheit ist das keine Option.[22]

Eine grüne Wirtschaft zu verwirklichen ist eine enorme Herausforderung. Diejenigen, die entweder als CEOs oder als Investoren durch Produkte kohlenstoffintensiver Industrien reich geworden sind, laufen Gefahr, nicht nur Geld, sondern auch die damit verbundene Macht und politische Kontrolle zu verlieren. Denn die Führungsspitzen dieser schmutzigen Unternehmen pflegen oft enge Kontakte zu starken – meist konservativen – politischen Parteien. Und wenn es darum geht, den Empfehlungen der Wissenschaftler des Weltklimarats zu folgen, was wir für die Reduzierung der Emissionen und den Übergang zu einer dekarbonisierten Welt zu tun haben, weisen diese Parteien, gelinde gesagt, eine armselige Bilanz auf. Hier ist eine beunruhigende Verknüpfung zwischen Profitstreben der superreichen Unternehmer, politischer Untätigkeit und der finanziellen Unterstützung für Organisationen zu beobachten, die zur Klimaleugnungsmaschinerie gehören. Wie beim Schutz demokratischer Werte wäre es sicher sehr gut, sich um eine strengere Regulierung zu bemühen, damit man politische Macht nicht erkaufen oder Klimaleugnung nicht finanzieren kann. Aber wie generell in der Politik wird die Barriere zwischen Klimamaßnahmen und der Geldsphäre nie stark genug sein. Nicht, solange wir uns mit Dekamillionären und Milliardären auseinandersetzen müssen.

Es gibt eindeutige, nachweisliche Zusammenhänge zwischen der Klimakatastrophe und extremem Reichtum, allerdings ist es wichtig, zu erkennen, dass dies im Kern eine zutiefst moralische Frage ist. Es gibt bestimmte moralische Imperative, denen die Reichen und Superreichen folgen müssen, wenn es um den Klimawandel geht, schlicht weil die Moral es verlangt.[23]

Zum Teil läuft das auf das bereits erwähnte Verursacherprinzip hinaus. Die Reichen und die Unternehmen, die im Laufe der Geschichte durchgängig für den größten Teil der Treibhausgasemissionen verantwortlich waren, haben für diese Umweltverschmutzung nicht bezahlt, was es ihnen ermöglicht hat, ihren großen Reichtum anzuhäufen. Dagegen tragen diejenigen, die den Preis bezahlen müssen, keine Verantwortung. Obwohl ihre Pro-Kopf-Emissionen sehr gering sind, droht den Einwohnern der kleinen Inselstaaten im Pazifik, zum Beispiel der Marshall-Inseln, Tuvalus und Kiribatis, der Verlust ihres Landes, ihrer Lebensgrundlagen, ihrer Habe und sogar der Möglichkeit, als Angehörige eines selbstverwalteten politischen Gemeinwesens zu leben.

Hier geht es jedoch auch um »Verteilungsgerechtigkeit«. Was die Emissionen angeht, haben die Reichen und Superreichen mehr als ihren gerechten Anteil daran. Die endliche Kapazität der Atmosphäre, Emissionen zu absorbieren, ist eine kostbare Ressource, die der gesamten Menschheit gehört. Mit Blick auf unsere gegenwärtigen Konsummuster müssen wir den Schluss ziehen, dass wir alle von dieser Ressource mehr wollen, als nach dem Kohlenstoffbudget verfügbar ist. Da das restliche Kohlenstoffbudget äußerst begrenzt ist, stellt sich die Frage: Wie sollten wir die verbliebenen Emissionskapazitäten aufteilen?

In einer ihrer ersten Studien zu diesem Thema untersuchten Lucas Chancel und Thomas Piketty, wie hoch unser persönliches Kohlenstoffbudget sein sollte. Dazu teilten sie das Kohlenstoffbudget von 1000 Gigatonnen (das für den ganzen Planeten zur Verfügung steht) durch die Zahl der Menschen, die derzeit leben und zwischen 2015 und 2100 leben werden, und schätzten ein »nachhaltiges Pro-Kopf-Emissionsniveau« auf etwa 1,3 Tonnen. Gehen wir vom verbleibenden Kohlenstoffbudget aus, um unter 1,5 Grad Erderwärmung zu bleiben, bekommt jeder von uns bis 2050 ein Emissionsbudget von 1,9 Tonnen pro Jahr. Die deutsche Organisation Atmosfair, die hochwertige Kohlenstoffkompensation anbietet, schlägt ein faires Emissionsbudget von 1,5 Tonnen pro Person und Jahr vor.[24]

Zu diesen Zahlen ließe sich vieles sagen. Man könnte argumentieren, Einwohner von Entwicklungsländern bräuchten für die Entwicklung mehr Emissionen und sollten daher einen größeren Anteil erhalten. Umgekehrt ließe sich auch die Ansicht vertreten, da es Menschen in Gesellschaften mit einer Infrastruktur mit hohen Emissionen äußerst schwerfalle, diese zu reduzieren, müsste ihr Anteil größer sein. Durchaus plausibel wäre auch der Einwand, das individuelle Emissionsbudget solle zwischen 2020 und 2050 oder 2100 nicht gleichbleiben: Sinnvoller wäre es, jedem von uns anfangs 5 Tonnen zuzubilligen und diese Menge mit der Zeit zu verringern, um sie später auf null zu senken, dabei aber insgesamt das Durchschnittsbudget von 1,3 oder 1,5 Tonnen einzuhalten.

Es lässt sich darüber streiten, wie hoch ein faires individuelles Emissionsbudget sein sollte, aber die genaue Zahl spielt keine Rolle. Entscheidend ist, dass wir gegenwärtig ein Vielfaches der Menge emittieren und eine beträchtliche Reduzierung unausweichlich ist, ganz gleich, ob wir unser persönliches Kohlenstoffbudget bei 1,3 oder 1,9 Tonnen ansetzen. Vergessen wir nicht, dass US-Amerikaner im Durchschnitt gegenwärtig 22 Tonnen CO_2 pro Kopf und Jahr freisetzen. Auf welches faire persönliche Kohlenstoffbudget wir uns auch einigen, es wird erheblich unter dem liegen, was Reiche – und Angehörige der Mittelschicht in reichen Ländern – gegenwärtig emittieren.

Es führt kein Weg daran vorbei: Wir werden nahezu alle gezwungen sein, unseren derzeitigen Lebensstil anzupassen. Zurzeit gibt es keine Technologie, die die schädlichen Auswirkungen von Treibhausgasen neutralisieren könnte oder Langstreckenflüge mit erneuerbaren Energien ermöglichen würde, daher müssen wir unsere Art zu reisen verändern und die Anzahl unserer Flugreisen drastisch reduzieren. Das Gleiche gilt für unsere Ernährungsweise. Erinnern wir uns an die oben genannten Daten zu den Emissionen, die ein Hin- und Rückflug über den Atlantik verursacht. Ähnlich ernüchternd sind die Emissionsdaten, die durch gegenwärtige Ernährungsweisen verursacht werden. Nach den Emissionen der heutigen Nahrungsmittelindustrie erzeugt eine vegane Ernährung 1,06 Tonnen Kohlenstoff und eine vegetarische 1,4 Tonnen, während Personen, die durchschnittlich 100 Gramm Fleisch am Tag essen, 2,63 Tonnen emittieren. Derzeit sind wir nicht in der Lage, unsere Nahrung kohlenstofffrei zu erzeugen, vor allem nicht die Art von Nahrung, die wir gegenwärtig konsumieren. Wenn aber die ganze Welt auf eine pflanzliche Ernährung umstellen würde, hätte dies enorme Auswirkungen auf die globalen Emissionen. Zum Teil läge das an den geringeren Emissionen bei der Erzeugung dieser Nahrungsmittel, aber auch daran, dass man riesige Weideflächen und Äcker, die für den Anbau von Viehfutter (statt von Nahrungsmitteln für Menschen) genutzt werden, renaturieren könnte, was eine Kohlenstoffsenke und ökologische Erneuerung in einem riesigen Maßstab ermöglichen würde. Aber wie George Monbiot in seinem Buch *Neuland* argumentiert, würden solche Veränderungen – die es zudem ermöglichen würden, die ganze Weltbevölkerung zu ernähren – eine Transformation der Landwirtschaft erfordern: Wir sprechen hier davon, die Produktion tierischer Proteine und Fette durch die von Proteinen aus Pflanzen, Pilzen und Bakterien zu ersetzen, mit all den Veränderungen in Praxis, Gerätschaften und Lieferketten, die das beinhaltet. Anders gesagt: Es gibt Änderungen, die Menschen aller Einkommensschichten vornehmen müssen, aber wir brauchen auch systemische Reformen. Die Art unserer Nahrungsmittelproduktion ist nur ein Beispiel für ein System, das der Veränderung bedarf; für einen grünen Wandel brauchen wir grundlegende Transformationen auch in vielen anderen Sektoren. So müssen wir auf dem Verkehrssektor nicht nur die Luftfahrtindustrie radikal reformieren, sondern auch von Privatautos zum Carsharing, zu öffentlichen Verkehrsmitteln und an den meisten Orten zu einer besseren Infrastruktur für Fahrräder übergehen. Dieser ganze Strukturwandel erfordert erhebliche Finanzmittel, und zwar schnell.[25]

Wenn wir zusätzlich zu diesen Dekarbonisierungsbemühungen mehr in Gemeinschaftsplätze – Parks, öffentliche Begegnungsräume etc. – investieren, werden wir innerhalb eines fairen Emissionsbudgets alle ein sehr gutes Leben führen können. Aber der Luxus der Superreichen – in großen Villen zu wohnen, mehrere Häuser zu besitzen, regelmäßig zu fliegen oder private Hubschrauber oder Jets zu benutzen – wird nicht mehr in Frage kommen. Wir müssen also zu dem Schluss kommen, dass wir nicht nur unseren eigenen Lebensstil und unsere großen Industrien ändern müssen, sondern auch etwas gegen extreme Vermögenskonzentration tun müssen, weil sie sich in einen ökologisch nicht nachhaltigen Lebensstil übersetzt.[26]

Es ließe sich einwenden, dass die Reichen zwar wesentlich größeren ökologischen Schaden anrichten als die Nichtreichen, dass aber durchaus nicht jeder einzelne Superreiche überdurchschnittlich hohe Emissionen generiert. Es sei also durchaus möglich, einen frugalen Lebensstil zu pflegen (und daher sehr wenige Emissionen zu erzeugen) und dennoch sehr reich zu sein. Das Schädliche sei der *Konsum* emissionsintensiver Güter und Dienstleistungen, nicht der Besitz von Geld an sich. Der Limitarismus visiere daher das falsche Ziel an. Wir sollten uns darauf konzentrieren, die Reichen zur Reduzierung ihrer konsumbedingten Emissionen zu ermuntern, nicht ihr Einkommen und ihr Vermögen zu begrenzen. Ökologische Nachhaltigkeit erfordere Genügsamkeit, aber – theoretisch – könne ein frugaler Lebensstil durchaus mit übermäßigem Reichtum Hand in Hand gehen.[27]

Auf den ersten Blick ist dieser Einwand richtig, da Genügsamkeit und Vermögenskonzentration zusammen vorkommen können. Aber statistisch besteht eine sehr starke Korrelation zwischen ökologischer Nachhaltigkeit und Vermögenskonzentration, denn von wenigen Ausnahmen abgesehen erzeugen Superreiche durch Überkonsum ein Vielfaches ihres gerechten Anteils an Emissionen. Und da eine starke Korrelation zwischen Konsum und Reichtum eines Haushalts besteht, könnte man dies als indirektes Argument für den Limitarismus anführen. Wenn wir über politische Entscheidungsfindung und institutionelle Gestaltung der realen Welt nachdenken, gehen wir immer von empirischen Gesetzmäßigkeiten aus – von dem, was wir auf Bevölkerungsebene beobachten. Eine faire Regierung kann über ihre Politik nicht auf individueller Basis entscheiden, daher wird es immer Einzelfälle geben, für die Regelungen ungerecht erscheinen. Aber der erhebliche moralische Vorteil, allen zukünftigen Generationen ökologische Nachhaltigkeit und einen bewohnbaren Planeten zu sichern, überwiegt einen derart geringfügigen Nachteil. Zudem ist anzumerken, dass die Superreichen ihren persönlichen Reichtum nicht vollständig für ihren Konsum aufwenden, sondern meist in Unternehmen investieren, die nicht klimaneutral sind, und auf diese Weise zusätzliche Emissionen generieren. Lediglich ihren Konsum zu besteuern würde es ihnen nach wie vor ermöglichen, ihr faires Emissionsbudget durch ihre Investitionsentscheidungen drastisch zu übersteigen. Eine Fokussierung allein auf den Konsum erfasst nicht jeden Aspekt der Klimagerechtigkeit.

Ein weiterer Einwand könnte lauten: Theoretisch gibt es einen anderen Vorschlag, der zielgenauer wäre als der Limitarismus, nämlich ein persönliches Kohlenstoffbudget festzusetzen, das es dem Einzelnen erlaubt, pro Jahr nur Emissionen bis zu 1,5 Tonnen zu generieren. Alle Arten von Konsum, die mit hohen Emissionen verbunden sind, also etwa Kraftstoff kaufen, fliegen, Fleisch und Milchprodukte essen, würden nicht nur mit einem Geldpreis, sondern auch mit einem Emissionspreis versehen. Jeder Mensch könnte sich dann entscheiden, wofür er sein Kohlenstoffbudget verwendet: Er könnte Fleisch essen, fliegen, ein Auto mit Verbrennungsmotor fahren, Dinge kaufen – allerdings könnte er nicht all diese Dinge tun und sicher nicht in beliebigem Ausmaß. Das wäre eine extrem wirkungsvolle, aber auch zwangsweise Möglichkeit, dafür zu sorgen, dass die heutige Bevölkerung innerhalb des Emissionsbudgets bleibt, das die Generationen- und Klimagerechtigkeit erfordert. In dieser hypothetischen Situation wären die Reichen (und auch die Mittelschicht) gezwungen, ihre Ausgaben auf emissionsfreie Güter und Dienstleistungen zu beschränken, da von ihrem persönlichen Kohlenstoffbudget nicht mehr viel übrig bliebe, nachdem sie für Essen, Kleidung, Wohnung und ein Minimum an Transport gesorgt haben. Das wäre eine Möglichkeit, die Geldsphäre von der ökologischen Sphäre abzugrenzen: Eine wirtschaftlich privilegierte Position würde niemanden mehr in die Lage versetzen, auf ökologischem Gebiet eine privilegierte Position zu erlangen.[28]

Diese Vorstellung birgt mehrere schwerwiegende Probleme. Zum einen würde das persönliche Kohlenstoffbudget für jeden von uns gelten, obwohl das Problem nicht von jedem geschaffen wurde – sicher nicht von Menschen, die gegenwärtig 3 Tonnen und weniger pro Jahr emittieren. Zudem verfügen die Armen und die untere Mittelschicht über wesentlich weniger Geld, sich weniger kohlenstoffintensive Konsumgüter wie teure Elektroautos zu kaufen. Beunruhigend ist auch die Vorstellung, dass ein persönliches Kohlenstoffbudget ein Problem individualisiert, das durch Systeme geschaffen wurde – also durch das, was diverse Industrien uns an kohlenstoffintensiven und kohlenstoffneutralen Konsumgütern anbieten, durch die Auswirkungen unserer staatlichen Wohnungs- und Verkehrspolitik etc. Für den Übergang zu einer ökologisch nachhaltigen Wirtschaft müssen wir strukturelle Veränderungen im großen Maßstab vornehmen, und es ist nicht klar, wie die Festsetzung eines individuellen Kohlenstoffbudgets dabei helfen könnte. Besser wäre es, wenn wir Möglichkeiten suchen, diesen Wechsel so schnell wie möglich voranzutreiben, was bedeutet, manche Industrien aufzugeben, andere auszubauen, die Produktion materieller Güter zu verlangsamen und diese Prozesse so weit wie möglich zu dekarbonisieren. Ohne klare Regeln, Regulierung und Führungsstärke wird kaum etwas von alledem passieren.

Wenn es letztlich breite Unterstützung für persönliche Kohlenstoffbudgets gäbe und die Beschränkungen, die sie Individuen und Familien auferlegen, dazu beitragen würden, genügend Druck auf Staaten und Unternehmen auszuüben, um sie zu bewegen, kohlenstofffreie Güter zu produzieren, wäre es im Prinzip der gerechteste Weg, die verbleibenden Emissionen zu verteilen. Es ist allerdings unwahrscheinlich, dass dies kurzfristig machbar ist, und ich bin äußerst skeptisch, ob es je zu erreichen wäre; bestenfalls können wir hoffen, dass einige mächtige Leute eine App entwickeln, die es uns ermöglicht, unsere eigenen Emissionen zu verfolgen, was zu einer

Bewegung führen könnte, dass Menschen freiwillig nicht mehr als ihren fairen Anteil emittieren. Sie dürften aber wohl nur einen winzigen Bruchteil der Bevölkerung ausmachen. Einem freiwilligen System würde der politische Druck fehlen, den verpflichtende persönliche Kohlenstoffbudgets schaffen würden, daher wäre der Gesamteffekt für die grüne Transformation zu schwach.

Ökonomen, die dies lesen, könnten einen etwas anderen Einwand erheben und argumentieren, statt des Einkommens und des Vermögens der Superreichen sollten wir umweltverschmutzende Aktivitäten (wie Flugreisen, den Verzehr von Fleisch, Autos mit Verbrennungsmotor etc.) besteuern. Dahinter steht die Vorstellung, dass es effizienter ist, den Preis für umweltverschmutzende Aktivitäten und Güter zu erhöhen, statt ein einkommensbasiertes Maß zu verwenden, um Menschen von der Umweltverschmutzung abzubringen. Dieser Einwand geht davon aus, dass es allen auf gesellschaftlicher Ebene besser geht, wenn wir bestimmte Arten von Konsumgütern besteuern, weil jede Person sich nur für die Dinge entscheidet, die sie zu ihrem wahren Preis tatsächlich braucht. Im Modell der neoliberalen Wirtschaftstheorie, die von einer gerechten Verteilung finanzieller Ressourcen ausgeht, stimmt das. Aber wie wir wissen, herrschen gegenwärtig große Einkommens- und Vermögensungleichheiten. Eine sehr reiche Person wäre willens und in der Lage, mehr für Güter zu bezahlen, die sie schätzt, als eine ärmere Person, die solche Güter ebenso schätzt. Daraus folgt: Je ungleicher eine Gesellschaft ist, desto wichtiger ist es, auf staatliche Rationierung statt auf Marktmechanismen zu vertrauen.[29]

Würden wir umweltverschmutzende Aktivitäten besteuern, würde es Multimillionäre und Milliardäre nicht anspornen, ihr Verhalten zu ändern; sie würden weiter massiv zu viele Emissionen generieren. Die Preise für Flugreisen, Steaks oder das Fahren eines SUV zu erhöhen könnte eine berechtigte und effektive Möglichkeit sein, das Verhalten Nichtreicher zu verändern, wird aber nichts dazu beitragen, die exzessiven Emissionen Superreicher einzudämmen. Es gibt nur drei Wege, die Superreichen zur Abkehr von ihrer grob überzogenen Umweltverschmutzung abzubringen: das Verhalten zu kriminalisieren, ihnen ein geringes Emissionsbudget zuzuteilen, das sie nicht durch den Kauf von Emissionsrechten anderer vergrößern können, oder dafür zu sorgen, dass sie nicht mehr so reich sind, dass Preiserhöhungen sie nicht kümmern – indem man ihren Reichtum begrenzt.

Wir verfügen über einen Satz von Regeln für normale Zeiten, in denen es ein ausgewogenes Verhältnis zwischen verschiedenen Werten und Prinzipien herzustellen gilt – selbst wenn wir uns über manche Details uneins sein mögen. Wir möchten einen zuverlässigen Staat und glauben, dass Menschen unter normalen Umständen legitimerweise erwarten dürfen, das Geld, das sie haben, behalten zu können, solange es kein schmutziges Geld ist und sie ihre Steuern bezahlen.

Aber dies sind keine normalen Zeiten. Auch wenn wir geneigt sein mögen, alarmierende Neuigkeiten zu meiden und uns einzureden, dass alles gut wird, sollten uns die wissenschaftlichen Belege dazu bringen, eine solche Selbstgefälligkeit in Frage zu stellen. Die Wissenschaft sagt uns, dass wir im Begriff sind, die Erde in einen Ort zu verwandeln, der für die meisten Menschen und für viele andere Lebewesen unbewohnbar wird. Ob wir es uns eingestehen oder nicht, befinden wir uns in einem Klimanotstand. Uns bleiben noch höchstens zehn Jahre, um die Emissionen zu halbieren, und zwanzig Jahre, um sie vollständig auslaufen zu lassen. Wir können nicht einfach nur an den Rändern herumbasteln, wir müssen grundlegend verändern, wie wir produzieren, was wir konsumieren und wie wir zusammenleben. Wir müssen die Menschen schützen, die bereits jetzt unter den Folgen des Klimawandels leiden, und die durch Umweltkatastrophen verursachten Schäden und Ungerechtigkeiten kompensieren, wo die Armen und Machtlosen durch die Aktivitäten der Reichen und Mächtigen das Nachsehen haben – wie bei den außergewöhnlichen Hitzewellen und Überschwemmungen, die Indien, Pakistan und Bangladesch im letzten Jahrzehnt erlebt haben.

Viele Menschen haben Ideen, wie wir unsere kollektiven Ressourcen dazu nutzen können, eine ökologisch nachhaltige Welt zu gewährleisten. Bill Gates beschreibt in seinem 2021 veröffentlichten Buch *Wie wir die Klimakatastrophe verhindern* viele neue technologische Lösungen und ermuntert Investoren wie auch Staaten, alles Erforderliche zu unternehmen, um diese technologischen Entwicklungen zu realisieren. Klimaforscher haben als Reaktion auf Gates' Buch darauf hingewiesen, dass wir bereits wissen, was zu tun ist, und die Technologie schon vorhanden ist. Das Problem ist der mangelnde politische Wille, die Behinderung durch Klimaleugner und das Versagen der Führungskräfte, das Notwendige zu tun. So entwickelte Mark Jacobson, ein Professor für Bau- und Umwelttechnik an der Stanford University, einen Plan für den Umstieg auf grüne Energie, der zu 100 Prozent auf Wasserkraft, Wind- und Solarenergie basiert und keinerlei Investitionen in neue Technologien erfordert. In Anbetracht seines Fachwissens ist er sicher besser als ich (und vermutlich auch als Bill Gates) imstande, zu beurteilen, was möglich ist. Aber selbst wenn wir um der Argumentation willen skeptisch bleiben, wie die machbaren und notwendigen Veränderungen aussehen sollten, liegt doch auf der Hand, dass wir enorme Investitionen in erneuerbare Energien, in die umfangreiche Transformation der Energiesysteme der Städte, in den Ausbau des öffentlichen Verkehrsnetzes etc. brauchen. Bill Gates hofft, dass führende Köpfe der Wirtschaft mit staatlicher Unterstützung den Retter in der Not spielen werden. Aber in seinem Buch verliert er kein Wort über Machtungleichgewichte, über den von der Klimaleugnungsmaschinerie verursachten Schaden, über exzessiven Reichtum und überzogene Emissionen oder auch nur über die Frage, woher das ganze Geld kommen soll. In Anbetracht der Tatsache, dass wir uns in einem Notstand befinden (und darin sind er und ich uns einig), wäre eine Strategie besser, die das Geld von denjenigen nimmt, denen es genommen werden sollte – den Superreichen –, und die Staaten bei den Investitionen und der grünen Transformation die Führung überlässt. Dazu müssen wir uns daran erinnern, wozu ein engagierter Staat wirklich fähig ist. Nach vierzig Jahren Neoliberalismus sind viele von uns zwar desillusioniert, und in manchen Ländern sind Regierung und Verwaltung tatsächlich geschwächt, aber wir werden uns doch wohl nicht der Phantasie hingeben, das System, das uns überhaupt erst in diese gefährliche Lage gebracht hat – der profitbesessene, schlecht regulierte Kapitalismus –, biete uns nun die Lösung?[30]

Die Lösung ist vorhanden und nicht sonderlich schwierig: eine konfiskatorische Besteuerung der Vermögen Superreicher und die Verwendung dieser Einnahmen, um sich an die Spitze der grünen Transformation zu stellen, diejenigen Menschen, die Schutz vor dem Klimawandel brauchen, angemessen zu schützen und die Umweltungerechtigkeiten der Vergangenheit wiedergutzumachen.

Aber was ist, wenn eine zunehmende Besteuerung kurzfristig wahrscheinlich nicht erfolgt? Hier müssen wir die Ethik im Blick behalten. Reiche und Superreiche brauchen nicht abzuwarten, bis ihre Regierung aktiv wird und die Finanzmittel für eine radikale Klimastrategie einfordert. Sie können ohne weiteres Möglichkeiten finden, für effektive Umweltinitiativen zu spenden, statt ihren Reichtum für die Entwicklung klimaschädlicher Weltraumtourismusprojekte auszugeben. Nichts hindert sie daran, bei der Rettung des Planeten voranzugehen. Angesichts ihres Reichtums sind sie in einer einzigartigen Position, positive Veränderungen zu bewirken.

Manche der Multimillionäre, mit denen ich gesprochen habe, tun dies bereits. Einer von ihnen unterstützte die Klimaaktivistengruppe Extinction Rebellion in ihrer Anfangszeit finanziell. Das rückt einen Punkt ins Licht, den wir ständig wiederholen müssen: *Die Super-*

reichen haben die Wahl. Tagtäglich können sie sich entscheiden, ob sie ihre enormen Geldsummen behalten oder sie dorthin geben, wo sie tatsächlich gebraucht werden. Philanthropie muss nicht luxuriös sein – man muss keine Sportmannschaft oder reiche Universität sponsern. Die Superreichen sollten ihr Geld einsetzen, um Klimagerichtsverfahren zu unterstützen, die Produktion erneuerbarer Energien zu steigern, oder in eine der zahlreichen Strategien investieren, die eine grüne Transformation fördern.[31]

Das bringt uns zu einem weiteren Zusammenhang zwischen extremem Reichtum und der ökologischen Krise. Wir alle müssen etwas tun, um den lebendigen Planeten zu retten – aber warum sollten Mittelschichtfamilien von ihren mageren Ersparnissen eine Wärmepumpe und Solarpaneele kaufen, ihren Wagen mit Verbrennungsmotor gegen ein teures Elektroauto eintauschen oder einer Fahrgemeinschaft beitreten, wenn sie sehen, dass die Superreichen in großen Villen leben, Privatjets fliegen und mit Investitionen in umweltverschmutzende Industrien Geld verdienen? Wenn die Wohlhabendsten nicht zuerst handeln, verstoßen sie gegen das Zahlungsfähigkeitsprinzip, das eines der ethischen Kernprinzipien der Steuergestaltung darstellt, aber in jüngerer Zeit auch in Vorstellungen eine Rolle spielt, wie die Lasten der Klimamaßnahmen verteilt werden sollten. Wenn es ein Problem gibt, das eine Gruppe von Menschen lösen muss, sollten nach diesem Prinzip die Leistungsfähigsten die größte Last schultern und am meisten Verantwortung übernehmen. Die 90 Prozent wird es verärgern, Opfer zu bringen, wenn die 10 Prozent weiterhin so viele Emissionen generieren; noch mehr werden sie es verübeln, wenn das 1 Prozent ein Vielfaches der Emissionen der 90 Prozent erzeugt. Wir befinden uns in einer planetaren Krise, die von allen erfordert, etwas zu unternehmen. Wir brauchen die Führungsstärke derjenigen, die Macht haben. Die Reichsten müssen mit gutem Beispiel vorangehen. Ansonsten dürfte es schwierig werden, von den Nichtreichen Opfer zu verlangen.

Auch wenn es offensichtlich sein mag, erfordert die Rettung des Planeten mehr als eine Obergrenze für extremen Reichtum. Es gibt umfangreiche Literatur, die uns allen Analysen und Anleitungen bieten kann. Alle, die oberhalb der Armutsgrenze liegen und höhere Emissionen haben als nur ein paar Tonnen im Jahr, müssen tun, was sie nur können, um sie zu verringern. Alle, die wahlberechtigt sind, sollten Parteien wählen, die die Klima- und Biodiversitätskrise verstehen und einen klugen Aktionsplan haben. Was wir am wenigsten brauchen, sind Parteien, die Greenwashing betreiben oder ihre Wirtschaftsfreunde hinter einem Deckmantel verstecken. Wir sollten Druck auf das Establishment ausüben, effektiv und schnell zu handeln, indem wir uns Klimaaktivistengruppen anschließen (oder sie unterstützen). Und wenn das Establishment nicht sehr bald aktiv wird, sollten wir ernsthaft über Andreas Malms Aussage nachdenken, dass uns die Unverletzlichkeit von Eigentumsrechten eine bewohnbare Erde kostet. Angesichts der miserablen Bilanz umweltverschmutzender Unternehmen und der nahezu ebenso miserablen Bilanz vieler politischer Führungskräfte sollte es uns nicht wundern, wenn Klimaaktivisten so verzweifelt sind, dass sie anfangen, im großen Stil das Eigentum anderer zu zerstören. Denn da Eigentum nichts Lebendiges ist und sie mit ihrem Aktivismus das Leben vulnerabler Menschen schützen, die ansonsten in einer unbewohnbaren Welt leben müssen, haben sie vielleicht die Moral durchaus auf ihrer Seite.[32]

Fassen wir zusammen: Was hat unsere Analyse zu den Problemen extremen Reichtums bislang ergeben? Es gibt enorme wirtschaftliche Ungleichheiten. Es existiert eine phänomenale Konzentration von Reichtum. Es bestehen jedoch auch eindeutige Unterschiede zwischen den Ländern, da sich Politik, Arbeitsschutz und die Macht der Konzerne erheblich unterscheiden. Aber selbst in Anbetracht dieser Unterschiede sind einige Muster in den Schäden erkennbar, die extremer Reichtum bewirkt. Wie in Kapitel 3 geschildert, ist die Akkumulation von Reichtum häufig mit unmoralischen und kriminellen Praktiken verbunden. In nahezu allen Fällen hätten Reiche und Superreiche gar nicht erst so viel Geld anhäufen dürfen, und Wiedergutmachungen für frühere Schäden – einschließlich Steuerflucht – sind längst überfällig. Zudem haben wir gesehen, dass extreme Vermögenskonzentration auf vielfältige Weise eine ernste Gefahr für die Demokratie darstellt. Und der unermüdliche Drang, immer mehr Geld anzuhäufen, verhindert die grüne Transformation und treibt die Klimakatastrophe an. Aber dieser Reichtum besitzt auch ein enormes Potenzial, zu einer Triebkraft des Guten zu werden: Nimmt man ihn eigennützigen Personen aus der Hand, könnte er die grüne Transformation erheblich beschleunigen.

In welchem Zusammenhang steht das zu unserer vorgeschlagenen Begrenzung des Reichtums? Die politische Obergrenze sollte so beschaffen sein, dass sie der Demokratie nicht schaden kann. Wo sie zu ziehen ist, muss jedes politische Gemeinwesen für sich entscheiden; meiner Ansicht nach wären 10 Millionen Pfund, Dollar oder Euro gerade richtig – wenig genug, damit es zu teuer ist, sich politischen Einfluss zu erkaufen. Die Obergrenze, die das Klimaanliegen nahelegt, ist schwieriger zu berechnen, da das Bild, wie wir gesehen haben, viel komplexer ist. Allerdings gibt es uns einen Grund, die untere ethische Grenze ernst zu nehmen: Wie kann man es rechtfertigen, in einer Welt, die in Flammen steht, die Erde zerstörende Luxusgüter zu kaufen, obwohl es so viele die Erde schützende Projekte gibt, die man finanzieren könnte?

Das ökologische Argument zeigt eindeutig die beiden Seiten des Limitarismus auf. Wir brauchen ihn, weil sich triftige Argumente gegen eine extreme Vermögenskonzentration vorbringen lassen. Aber wir brauchen ihn auch, weil sich mit dem Geld oberhalb der Reichtumsobergrenze so viel Gutes tun ließe, wenn es denn dazu genutzt würde, kollektive Probleme anzugehen.

Allerdings steht dem ein hartnäckiger Mythos entgegen: der Mythos, dass wir all das Geld verdienen, das wir auf legalem Weg bekommen können – dass es uns gehört und es daher ganz allein unsere Sache ist, zu entscheiden, was wir im Rahmen des rechtlich Zulässigen damit machen. Im Land der Reichen ist dieser Mythos am hartnäckigsten und schädlichsten.

KAPITEL 6

Niemand verdient es, Multimillionär zu sein

In jeder Steuerdebatte hört man folgendes Argument: Das Geld, das Menschen legal auf dem Markt erwirtschaften, gehört ihnen, und daher hat der Staat kein Recht, es ihnen wegzunehmen. Für Menschen, die diese Ansicht äußern, scheint auf der Hand zu liegen, dass die Allerreichsten einer Gesellschaft Großes geleistet und damit ihr enormes Vermögen (von schmutzigem Geld abgesehen) verdient haben. Sie mögen sogar hinzufügen, die Superreichen seien gewöhnlich Genies oder geborene Führungskräfte, und *ihr* Talent und *ihre* Anstrengungen hätten sie dahin gebracht, wo sie heute stehen.

Entspräche diese Behauptung der Wahrheit, würde es das Plädoyer für den Limitarismus erheblich schwächen. Könnten wir tatsächlich sagen, dass wir unseren Reichtum verdient hätten, dann gäbe es keinen wesentlichen moralischen Grund, eine Obergrenze für den Reichtum einer Person festzusetzen, obwohl wir dennoch versuchen sollten, die negativen Konsequenzen der Vermögenskonzentration zu bewältigen.

Trifft diese Behauptung denn nun zu? Lässt sich tatsächlich behaupten, dass jemand seinen Reichtum verdient hat, wenn er ihn durch harte Arbeit und Können erwirtschaftet hat? Die Antwort bringt uns zum Kern der Argumente für den Limitarismus – und zurück zu den philosophischen Grundlagen.

Der Limitarismus basiert auf der grundlegenden philosophischen Erkenntnis, dass Märkte und Eigentum gesellschaftliche Institutionen sind. Was bedeutet das? Es heißt, dass es in der Welt, wie sie ist, kein Eigentum und keine Märkte außerhalb des gesellschaftlichen Kontextes gibt – diese Dinge können nicht ohne ein gemeinsames System von Regeln und Normen existieren, in dem eine koordinierende Partei, typischerweise der Staat, eine entscheidende Rolle spielt. In der Regel erwerben wir Eigentum über Markttransaktionen; diese Märkte werden von unseren Staaten geprägt, geschützt und ermöglicht. Ohne Staaten, die unsere Interessen am Markt schützen, würden wir im »Naturzustand« enden, wie der britische Philosoph Thomas Hobbes es 1651 nannte. Das Leben wäre grauenvoll, und niemand wäre sicher – wie in entsprechenden Science-Fiction-Dystopien. Hobbes erklärte:

> In solchem Zustand gibt es keinen Platz für Fleiß, denn seine Früchte sind ungewiß, und folglich keine Kultivierung des Bodens, keine Schifffahrt oder Nutzung der Waren, die auf dem Seeweg importiert werden mögen, kein zweckdienliches Bauen, keine Werkzeuge zur Bewegung von Dingen, deren Transport viel Kraft erfordert, keine Kenntnis über das Antlitz der Erde, keine Zeitrechnung, keine Künste, keine Bildung, keine Gesellschaft, und was das allerschlimmste ist, es herrscht ständige Furcht und die Gefahr eines gewaltsamen Todes; und das Leben des Menschen ist einsam, armselig, widerwärtig, vertiert und kurz.[1]

Nach Hobbes' Ansicht war alles besser als dieser Gewaltzustand, daher sei es nur rational, dass sich alle einer Herrscherinstanz unterwarfen, die ihnen im Gegenzug zu Gehorsam Schutz biete. So entstand die Idee des »Gesellschaftsvertrags« – die Vorstellung, dass es vernünftig ist, wenn Menschen sich auf einen Satz von Regeln einigen, die unser öffentliches Leben regeln, damit das Leben für alle besser wird.[2]

Es liegt in der Verantwortung des Staates, den Gesellschaftsvertrag umzusetzen, Regeln aufzustellen, die unsere Grundrechte und Freiheiten schützen, und zu verhindern, dass Menschen die Macht an sich reißen oder die Rechte anderer missachten. Das Entscheidende ist der Schutz unserer Eigentumsrechte, die eine zentrale Rolle für unsere Freiheit, unsere Sicherheit und unser Wohlergehen spielen; sowie die Bereitstellung öffentlicher Güter – von Straßen und Eisenbahnen bis hin zu Feuerwehren und Krankenpflegern –, die es uns ermöglichen, unseren eigenen Aufgaben sicher nachzugehen.

Damit der Staat aber existieren und diese Funktionen erfüllen kann, braucht er Ressourcen – er muss Steuern erheben. Ohne Steuern könnte der Staat unser Eigentum nicht schützen und Markttransaktionen ermöglichen (indem er uns bei diesen Transaktionen zum Beispiel vor Betrug und Diebstahl schützt).

Der grundlegende philosophische Punkt ist, dass es ohne Steuern kein sicheres Eigentum geben kann. Ohne Staat gibt es kein Eigentum (wie wir es kennen), und ohne Steuern gibt es keinen Staat. Es gibt kein vorinstitutionelles Eigentum; es ist alles Teil desselben sozioökonomischen Systems, das auch das Steuersystem und einen Staat hervorbringt. Die amerikanischen Philosophen Liam Murphy und Thomas Nagel erklärten dies in ihrem einflussreichen Werk zum Besitz; nach ihrer Argumentation sind Eigentumsrechte »konventionell«: Sie erwachsen aus Vereinbarungen, die wir als Gesellschaft treffen. Da es ohne Staaten keine Märkte gibt und keine Staaten ohne Steuern, lässt sich unmöglich entscheiden, was unser Eigentum ist, ohne zunächst über gesellschaftliche Regeln nachzudenken. Man könnte sagen, es handelt sich um ein Gesamtpaket, das sich nicht sauber entwirren lässt. Die Behauptung, wir hätten ein individuelles moralisches Recht auf das Einkommen und den Gewinn, die wir am Markt erwirtschaften können, ist falsch. Über Eigentumsrechte, die Rolle des Staates und den Steuersatz muss das größere politische Gemeinwesen zusammen entscheiden.[3]

Menschen, die gegen Steuern sind oder sie als »Diebstahl« anprangern, begreifen nicht, dass es ohne Steuern – also ohne einen Gesellschaftsvertrag, der Menschen aneinander bindet – gar kein Einkommen, kein Vermögen, keine sicheren Transaktionen und keine reibungslos funktionierenden Märkte gäbe. Es gäbe nichts als Chaos und Gefahr.

Wichtig ist, dass es keine Ressourcenverteilung vor Steuern gibt, die als Richtwert für die Entscheidung dienen könnte, wie die Rückfallposition aussehen sollte. Im Gegensatz zur Ansicht vieler Libertärer, Wirtschaftskonservativer und Neoliberaler kommt die Vor-Steuer-Verteilung von Einkommen und Vermögen nicht ohne staatliche Intervention und fortwährende gesellschaftliche Zusammenarbeit zustande. Daher lässt sie sich nicht als »natürliche« Eigentumsverteilung konstruieren, von der ein Staat die Finger lassen sollte. Ein gewisses Maß an Einkommens- und Vermögenssteuern ist immer legitim und gerecht. Die eigentliche Debatte sollte sich um die Frage drehen, wie viel und von wem Steuern erhoben werden und wie dieses Geld verwendet wird – und wie es dazu beitragen kann, die Märkte gerecht zu gestalten und einen fairen, inklusiven Gesellschaftsvertrag zu unterstützen. Nahezu kein Mensch kann behaupten, er verdiene es, all seine Einkünfte zu behalten. Wie wir sehen werden, gilt dies besonders für die Superreichen – ganz gleich, wie sie an ihr Geld gekommen sind.

Der wohl offenkundigste Fall von unverdientem Reichtum ist die Erbschaft. Erbschaften sind eine beträchtliche Quelle extremen

Reichtums und machen manche wirklich sehr reich. Ökonomen streiten heftig darüber, welcher Anteil des Gesamtvermögens aus Erbschaften stammt und welcher »selbstgemacht« ist. Laut einer neueren Studie betrug der Anteil des ererbten Vermögens in Europa (einschließlich des Vereinigten Königreichs) von 1970 bis 1980 weniger als 40 Prozent und stieg 2010 auf 50 bis 60 Prozent. In den USA lag er von 1970 bis 1980 eher bei 50 Prozent und stieg in den letzten Jahren beträchtlich an.[4]

Der Anteil ererbten Vermögens wird, wie es aussieht, in Zukunft noch weiterwachsen. Wir befinden uns am Vorabend eines massiven intergenerationellen Vermögenstransfers: Das Kapital, das die Wohlhabenden in den letzten Jahrzehnten angehäuft haben, wird nach ihrem Tod bald an ihre Nachkommen weitergegeben. Die amerikanische Forschungs- und Beratungsfirma Cerrulli Associates, die die Finanzdienstleistungsbranche berät, schätzt, dass bis 2045 atemberaubende 84 Billionen US-Dollar von hochvermögenden Personen (die über mehr als 5 Millionen Dollar für Investitionen verfügen) an die nächste Generation übergehen werden.[5] Das ist das Drei- bis Vierfache des Bruttoinlandsprodukts der USA.

Wenn sich nichts ändert, wird die heutige Generation der Reichen ihr Vermögen größtenteils an ihre jeweiligen Erben weitergeben können. Die vermehrten Steuerschlupflöcher, die Abschaffung der Erbschafts- und Vermögenssteuer in mehreren Ländern, die Nutzung von Steueroasen und internationalen Steuergestaltungsmöglichkeiten sowie die enorme Macht der Wealth-Defense-Industrie werden älteren Superreichen helfen, ihr Geld zu vererben, ohne sonderlich viel an die Finanzbehörden abzuführen. Dagegen werden die älteren Leute, die nur ein bescheidenes Vermögen – den Wert ihres Eigenheims nach Abzug der Hypothekenschulden oder kleinere Sparguthaben – an ihre Kinder weitergeben können, erleben, dass es nach den in ihrem Land geltenden Erbschaftssteuergesetzen in Gänze besteuert wird. Sie haben keinen Zugang zu den Steuergestaltungsstrategien, die es ihren Erben ermöglichen würden, nur wenig oder gar keine Erbschaftssteuer zu zahlen.

Durch den massiven Vermögenstransfer von einer Generation an die nächste wird die Vermögensungleichheit in den kommenden Jahrzehnten erheblich zunehmen. Glückliche Erben werden nicht nur von dem profitieren, was ihre Eltern ihnen von Geburt an gegeben haben, sondern auch noch ein Vermögen bekommen. Unterdessen haben die Nachkommen der Menschen in den unteren 50 Prozent der Bevölkerung keine nennenswerte Erbschaft zu erwarten.

Kann irgendjemand behaupten, er *verdiene* das ererbte Geld? Im Fall von Erbschaften ist offenkundig, dass allein das Glück darüber entscheidet, was wir bekommen: Wenn eine Person Millionen erbt, so geschieht dies, weil sie zufällig in eine superreiche Familie hineingeboren wurde; sie kann also auf keine plausible Weise behaupten, sie habe dieses Vermögen verdient. Schließlich kann sich niemand seine Eltern oder Zeit und Ort seiner Geburt aussuchen. Philosophen tendieren dazu, sich in vielen Dingen uneins zu sein, aber sie sind sich auffallend einig, dass ererbter Wohlstand unverdient ist. Erben haben keinerlei persönliche Anstrengungen unternommen oder Lebensentscheidungen getroffen, die diesen Wohlstand generiert hätten.[6]

Folgt daraus, dass wir Erbschaften durch eine konfiskatorische Steuer vollends abschaffen sollten? Wir sollten durchaus bereit sein, diese Frage zu stellen. Der Philosoph D. W. Haslett stellte fest: Wir haben die Vererbung politischer Macht abgeschafft; warum sollten wir dann nicht auch die Vererbung wirtschaftlicher Macht abschaffen?[7]

Die Antwort auf diese Frage wird durch Folgendes erschwert: Vererbung ist ein Prozess mit mehreren Beteiligten. Wir müssen bei unserer Beurteilung sowohl den Blickwinkel des Erblassers als auch den der Erben in Betracht ziehen. Und wir müssen fragen, wie sich die Erbschaft auf die Gesellschaft insgesamt auswirkt. Für Erblasser,

Erben und die Öffentlichkeit geht es dabei um unterschiedliche Werte und Prinzipien. Bei der Gestaltung einer Regel oder Institution müssen wir immer die Werte und Prinzipien aller Beteiligten in Erwägung ziehen. Im Fall von Erbschaften geraten diese Werte in Konflikt miteinander.[8]

Das Standardargument gegen eine Erbschaftssteuer (oder Nachlasssteuer) ist, dass Erblasser die Freiheit haben sollten, mit ihrem Geld zu machen, was sie wollen. Das kann aber nicht zutreffen, denn die Gesellschaft kennt alle erdenklichen Einschränkungen der Freiheit, wenn deren Ausübung negative Auswirkungen für andere hat: So darf man jemanden nicht einfach stalken oder entführen, weil es einem gerade passt, da es diese Person in ihrer Freiheit einschränken würde. Und Erbschaften von beträchtlicher Größe haben tatsächlich negative Auswirkungen auf andere – auf die gesamte Gesellschaft. Sie untergraben die Chancengleichheit. Sie untergraben die soziale Mobilität. Sie bieten negative Anreize: Warum sollte man sich die Mühe machen, zu arbeiten, wenn man genug Geld für ein ganzes Leben bekommen hat? Diese Sorge war manchen gemein, die in der Vergangenheit große Vermögen aufgebaut hatten: So argumentierte der schottisch-amerikanische Industrielle Andrew Carnegie, eine (große) Erbschaft »tötet in der Regel die Talente und Energien des Sohnes und verlockt ihn, ein weniger nützliches und weniger wertvolles Leben zu führen, als er es ansonsten tun würde«.[9] Außerdem ist Vererben nicht die beste Möglichkeit, sicherzustellen, dass eine Volkswirtschaft möglichst effizient funktioniert: Die Weitergabe eines Unternehmens an Erben gewährleistet nicht, das sie es am besten führen werden.

Sind Umstände denkbar, unter denen diese negativen Auswirkungen nicht zum Tragen kommen würden? Die Antwort lautet: Ja, wenn alle mehr oder weniger den gleichen Geldbetrag erben würden. Alle diese Konsequenzen bis auf eine erwachsen aus der Tatsache, dass die meisten nahezu nichts, andere aber Millionen oder gar

Milliarden erben (der einzige Haken bei diesem hypothetischen egalitären Szenario ist, dass es wahrscheinlich nicht immer eine gute Idee ist, ein Unternehmen nach dem Tod des Erblassers von den Erben weiterführen zu lassen). Der Kern des Problems ist nicht das Erben an sich, sondern der *immens ungleiche* Charakter von Erbschaften. Das Problem betrifft vor allem *große* Erbschaften, da das Vererben kleiner Geldbeträge weder die soziale Mobilität und die Chancengleichheit untergräbt noch den Erben die Möglichkeit eröffnet, ihre Talente zu vergeuden und am Strand Tequila zu trinken, statt zum Wohl und Gedeihen aller beizutragen.[10]

Es gibt noch eine weitere Komplikation. Sicher sollten Erblasser nicht einfach »Freiheit« fordern und machen können, was sie wollen. Aber sie könnten durchaus den berechtigten Einwand vorbringen, die Besteuerung ihres Nachlasses sei ungerecht, weil sie doch ihren Kindern so viel Gutes tun möchten, wie sie nur können. Zu diesem Zweck haben sie vielleicht ein bescheideneres Leben geführt, als ihre Mittel es zugelassen hätten, und möglichst viel gespart, damit sie es ihnen hinterlassen konnten. Damit hätten sie nicht ganz unrecht. Schließlich sollte der Staat nicht diejenigen bestrafen, die bewusst weniger ausgeben, damit sie es vererben können. Für manche Menschen ist das Streben, ihren Kindern etwas zu hinterlassen, wichtiger und motivierender als der Wunsch, Geld für Reisen an exotische Orte auszugeben, sich teure Dinge zu kaufen oder regelmäßig auswärts essen zu gehen. Eine Gesellschaft, die diese familienbezogene Vorstellung eines guten Lebens zugunsten von Konsumdenken bestrafen würde, wäre grausam. Im Prinzip sollte der Gesetzgeber dieses Streben also nicht missachten. Allerdings sind noch andere Faktoren zu berücksichtigen, etwa die Frage, ob das Erbe aus schmutzigem Geld besteht oder so groß ist, dass es das Gemeinwohl gefährdet.

Ein anderer, häufigerer Einwand gegen eine Erbschaftssteuer lautet, dass es eine Art von »Doppelbesteuerung« sei. Schließlich haben

Erblasser das Geld bereits versteuert, als sie es verdient haben. Wenn sie es später an ihre Erben weitergeben, werden weitere Steuern fällig. Ist es nicht äußerst ungerecht, Geld zweimal zu besteuern?

Tatsächlich ist das nicht der Fall. Es besteht ein erheblicher Unterschied zwischen Erbschaftssteuer und Nachlasssteuer. Eine Erbschaft ist (unverdientes) Einkommen des Empfängers. Im Prinzip wird jedes Einkommen besteuert (obwohl es die Wealth-Defense-Industrie, wie wir gesehen haben, sehr geschickt versteht, manche dieser Steuern zu eliminieren). Lehrer bekommen ein Gehalt, das besteuert wird. Ladenbesitzer machen Gewinne, die besteuert werden. Musiker, die ein Album verkaufen, werden besteuert. Die einzige Ausnahme bilden sehr niedrige Einkommen, die meist von der Besteuerung ausgenommen sind.

Die tiefgreifendere philosophische Antwort auf das Argument der »Doppelbesteuerung« erwächst aus der Erkenntnis, dass jedes Eigentum in den Gesellschaftsvertrag eingebettet ist. Das Gleiche gilt für die Besteuerung und die Markttransaktionen – also die Frage, wie viel Geld eine Person ansammeln kann. Der Staat – und die Steuern – machen Erbschaften überhaupt erst möglich. Demokratische Beratungen entscheiden darüber, ob und wie Eigentum an eine andere Person weitergegeben werden kann. Das wird nicht nur bei Erbschaften sichtbar, sondern auch beim Schuldenerlass, der beinhaltet, dass die Eigentumsansprüche einer Person annulliert werden, so dass die Schulden einer anderen erlassen werden können.

Wo stehen wir nun also? Ein erheblicher Teil der Superreichen sind superreich aufgrund von Erbschaften und Schenkungen. Beide sind nicht wirklich verdient. Moralisch ergibt sich daraus die einfache Schlussfolgerung: Insoweit das Vermögen einer Person auf Erbschaft oder Schenkung basiert, ist es nicht von ihr erwirtschaftet und daher unverdient. Angesichts der wichtigen Rolle, die Erbschaften bei der Weitergabe intergenerationeller Ungleichheit spielen, werden immer mehr Forderungen laut, das Erbrecht abzuschaffen oder die Erbschaftssteuer drastisch zu erhöhen. Wir brauchen dringend ein neues Herangehen an Erbschaften – eines, das anerkennt, dass sie zu moralisch nicht zu rechtfertigender Vermögenskonzentration führen. Am Ende dieses Buches werde ich einen konkreten eigenen Vorschlag darlegen.[11]

Erbschaften können also extremen Reichtum nicht rechtfertigen. Aber was ist, wenn jemand ihn erwirtschaftet hat, vielleicht durch eine Kombination aus harter Arbeit und einem sehr hohen Gehalt? Ein auf diese Weise aufgebauter Reichtum sollte doch wohl als verdient gelten – wer so hart arbeitet, müsste doch seinen Lohn behalten dürfen. Oder nicht?

Es ist keineswegs klar, dass unsere Löhne und Gehälter dem entsprechen, was wir, moralisch gesehen, verdienen – denken wir nur an die in Kapitel 3 angeführten ausbeuterischen Löhne oder an die Tatsache, dass Frauen und ethnische Minderheiten systematisch für die gleiche Arbeit geringere Löhne bekommen. Zahlreiche empirische Studien belegen die Diskriminierung am Arbeitsmarkt und dokumentieren besondere Diskriminierung von Gruppen wie Frauen, Menschen mit Behinderung, Älteren und People of Colour. Und selbst das Aussehen kann zur Quelle von Diskriminierung werden. Wenn alle anderen Faktoren gleich sind, bekommen gutaussehende Personen nachweislich 5 Prozent höhere Löhne, während die als am wenigsten attraktiv geltenden Lohnabschläge von etwa 8 Prozent hinnehmen müssen. Manche Formen der Diskriminierung am Arbeitsmarkt (bei Einstellung, Bezahlung, Beförderung etc.) mögen vorsätzlich erfolgen, aber Psychologen nehmen an, dass viele Gründe für Diskriminierung weder in der Absicht der Betreffenden liegen noch ihnen auch nur bewusst sind. Das allein sollte uns zu denken geben. Aber es stellt sich auch die Frage nach dem oberen Ende der Skala.[12]

Bei der Bezahlung herrscht gegenwärtig enorme Ungleichheit,

und wenn wir uns die Gehälter von Konzernmanagern, Sportstars, Medienpersönlichkeiten und führenden Vertretern der Unterhaltungsindustrie ansehen, gibt es echte Extreme. Wir sprechen hier von Leuten, die Millionen im Jahr bekommen und in gewissem Maße auch von solchen, die ein bisschen weniger erhalten – sagen wir, einige Hunderttausend im Jahr (obwohl sich darüber streiten lässt, wo die Grenze zwischen »gut bezahlt« und »extrem gut bezahlt« zu ziehen ist). Nehmen wir also Leute in den Blick, deren Reichtum entweder über der politischen Obergrenze von »zehn Millionen« liegt oder diese in Anbetracht ihrer Einkünfte bald überschreiten wird. Die Gehälter von Konzernmanagern sind vor allem in den USA und in der Londoner City sprunghaft angestiegen. In den 350 umsatzstärksten US-Firmen lag die durchschnittliche Vergütung der CEOs 2021 bei schätzungsweise 27,8 Millionen Dollar. Von 1978 bis 2021 stiegen die Gehälter amerikanischer CEOs um 1460 Prozent, während die Entlohnung typischer Arbeitskräfte im selben Zeitraum lediglich um 18 Prozent stieg. CEOs erhielten 399-mal so viel wie typische Arbeitskräfte.[13]

Nicht nur Konzernmanager beziehen Millionengehälter im Jahr. Auch die bestbezahlten Fußballspieler bekommen 300 000 bis 500 000 Pfund pro Woche. Ein Beispiel ist der Fußballer Kylian Mbappé, der zu der Zeit, als dieses Buch entstand, 6 Millionen Euro im Monat verdiente, also annähernd 1,5 Millionen Euro pro Woche – mehr als die meisten in ihrem gesamten Leben. Laut Pressemeldungen war Cristiano Ronaldo 2023 der bestbezahlte Fußballspieler, nachdem er zu Al-Nassr in Saudi-Arabien gewechselt war und dort einen Vertrag über ein Gehalt von 213 Millionen Dollar pro Jahr unterzeichnet hatte. Das sind knapp 407 Dollar pro Minute oder annähernd 7 Dollar pro Sekunde. In der Unterhaltungsindustrie hatten die zehn Topverdiener von Bob Dylan und Jay-Z bis hin zu Peter Jackson, dem Regisseur von *Herr der Ringe*, 2022 Einnahmen von 150 bis 580 Millionen Dollar.[14]

Können diese Unternehmens-, Sport- und Unterhaltungsgiganten behaupten, sie verdienen ihre Einkünfte? Kann überhaupt jemand, der, sagen wir, über 250 000 Dollar im Jahr bekommt, behaupten, er habe sie wirklich verdient?

Einkommen dieser Größenordnung werden gewöhnlich mit mehreren Argumenten gerechtfertigt. Als Erstes wird mit der Schwierigkeit der geleisteten Arbeit oder der mit der Stellung verbundenen Verantwortung argumentiert. Da beides reale Belastungen sind, könnten sie tatsächlich ein Grund sein, eine höhere Bezahlung zu erhalten als Leute, die weniger schwierige Arbeit erledigen oder keine Verantwortung tragen. Aber heutzutage gibt es zahlreiche Arbeiten, die nicht sonderlich schwierig sind und keine besondere Verantwortung mit sich bringen, aber dennoch sehr gut bezahlt sind. Morris Pearl, der sich mit 54 Jahren aus dem hochrangigen Investmentbanking zurückzog und sich dem 1 Prozent zurechnet, erklärte:

> Habe ich besonders schwer gearbeitet? Vielleicht ein bisschen, manchmal. Meine Arbeit bestand meist daraus, im Büro zu sitzen, E-Mails zu lesen und zu schreiben und zu telefonieren. Habe ich härter gearbeitet als der Mann, der im Schnee die Feuerwehrschläuche an den Hydranten anschließen muss, oder als die Frau, die den ganzen Abend volle Bierkrüge schleppen und dabei lächeln muss? Nicht wirklich.[15]

Wenn Schwierigkeit und Verantwortung die Hauptkriterien wären, nach denen sich die Bezahlung richtet, sollte man erwarten, dass viele Arbeiten anderer Art, beispielsweise die Kinderbetreuung, gut bezahlt wären. Schließlich ist es schwierig, diese Aufgabe gut zu erledigen – dafür zu sorgen, dass viele Kinder sicher aufgehoben sind, man ihren Bedürfnissen gerecht wird und sie angemessen in ihrer Entwicklung gefördert werden, und das alles gleichzeitig. Zudem ist es eine Aufgabe mit viel Verantwortung, da die frühe Kindheit erhebliche Auswirkungen auf den Rest des Lebens hat. Aber trotz aller Herausforderungen und der erheblichen Verantwortung, die mit dieser Tätigkeit verbunden ist, ist die Bezahlung recht armselig (dass in vielen Ländern die Kinderbetreuung meist von – häufig eingewanderten – Frauen erledigt wird, trägt sicher mit zur Erklärung bei). Im Vereinigten Königreich verdienen Vollzeitbeschäftigte in der Kinderbetreuung 14 000 bis 24 000 Pfund im Jahr, in den USA 18 500 bis 38 000 Dollar und in den Niederlanden durchschnittlich 29 000 Euro. Es wäre schön, zu erleben, dass Investmentbanker oder CEOs, die bis zum 250-Fachen dieses Gehalts bekommen, für einige Monate in der Kinderbetreuung arbeiten würden, und dann zu sehen, ob sie immer noch finden, dass ihre Jobs 250-mal schwieriger sind oder 250-mal mehr Verantwortung mit sich bringen. Schwierigkeit und Verantwortung können eindeutig nicht der Grund für ihre extrem hohe Bezahlung sein.[16]

Ein zweites Argument, das häufig zur Verteidigung sehr hoher Gehälter angeführt wird, ist, dass sie außergewöhnliches Talent widerspiegeln, das sich in außerordentliche Leistungen übersetzt. Dahinter steht die Vorstellung, dass Menschen, die ein sehr hohes Gehalt bekommen, ein Stück weit über dem Rest stehen – sie sind intelligent, klug, haben hervorragende strategische Einblicke und legen große Führungsstärke an den Tag. Oder sie sind im Fall von Sportlern die besten und gewährleisten, dass ihre Mannschaft gewinnt. Ihr Talent ist so einmalig und die Leistung, die man von ihnen erwarten darf, so außerordentlich, dass es eine entsprechend außergewöhnliche Bezahlung rechtfertigt.

Diese Argumentation birgt mehrere Probleme. Erstens entspricht sie nicht der Wahrheit. Würde sie stimmen, müssten Spitzenverdiener weniger bekommen, sobald ihr Unternehmen oder ihre Mannschaft schlecht abschneiden. Es gab jedoch mehrere denkwürdige Fälle, in denen ein Unternehmen schlechte Ergebnisse vorwies und der CEO dennoch eine Gehaltserhöhung oder einen Bonus für gute Leistungen erhielt, während schwer arbeitende Beschäftigte entlassen wurden. Das haben manche Spitzenverdiener sogar zugegeben. Jeroen van der Veer machte in seinem letzten Jahr als CEO von Shell 2009 eine erstaunliche Aussage. In einem Interview der *Financial Times* gab er, der 2008 ein Gehalt von 10,3 Millionen Euro bekam, zu, dass die Höhe seines Gehalts keinen Einfluss auf seine Leistung habe: »Ihnen muss klar sein: Wenn man mir 50 Prozent mehr bezahlt hätte, hätte ich es nicht besser gemacht. Hätte man mir 50 Prozent weniger bezahlt, hätte ich es nicht schlechter gemacht.« Die Aufrichtigkeit dieser Äußerung mag überraschen, nicht aber ihr Inhalt. Die meisten Profis sind von einer Mischung aus inneren und äußeren Motivationen angetrieben. Würden sich alle Unternehmen weltweit auf ein Maximalniveau der CEO-Gehälter einigen, würden diese sich um nichts weniger anstrengen.[17]

Wenn ein außerordentliches Gehalt keine außerordentliche Leistung widerspiegelt, was erklärt dann, dass Spitzenmanager hundertmal mehr bekommen als die Durchschnittsarbeiter? Die empirische Literatur lässt vermuten, dass ein Großteil ihrer Bezahlung eine »Rente« ist – also Einkommen, das über dem liegt, was sie in einem tatsächlich auf Wettbewerb basierenden Markt bekommen würden. »Rent-Seeking«, also das Streben nach einer solchen Rente, bezieht sich auf den Betrag, der einer Person über den Satz hinaus bezahlt wird, für den sie zu arbeiten bereit wäre. Die meisten der höchsten Gehälter bestehen aus einer solchen Rente. Erleichtert wird die Zahlung solcher enormen Renten durch oligarchische Strukturen, die das Niveau und die Struktur von Managergehältern beeinflussen. Die Leute, die Empfehlungen zu Spitzengehältern in Unternehmen abgeben oder sie genehmigen, schauen sich ähnliche Unternehmen an und sorgen dafür, dass ihr Angebot mehr oder weniger dem entspricht, was andere auf der Welt in ähnlichen Positionen bekommen. Häufig sind sie selbst extrem gut bezahlt, was es umso unwahrscheinlicher macht, dass sie zur Zurückhaltung raten. Und auch CEOs werden solches Rent-Seeking betreiben, da sie wissen, was Spitzenmanager in anderen Unternehmen verdienen, und sie werden in der Regel ein höheres Gehalt anstreben, da es einen höheren Status widerspiegelt.

Ein weiterer Grund für den Anstieg dieser Renten ist, dass wir es in vielen Fällen, etwa bei sehr gut bezahlten Fußballspielern, mit einem Markt zu tun haben, auf dem der Gewinner alles bekommt und eine Person oder Marke die Konkurrenz dominieren und verdrängen kann. Dank des Internets herrscht auf Märkten wie dem für Profisport, Musik und Fernseh-Streamingdienste ein risikoreicher Wettbewerb: Der Gewinner geht mit einem wertvollen Preis nach Hause, und die Verlierer bekommen erheblich weniger, manchmal sogar sehr wenig. Teils ist das auf Netzwerkeffekte zurückzuführen: Da wir das konsumieren (lesen, hören oder mitbekommen) wollen, was andere in unserem sozialen Netzwerk konsumieren, führt die Marktdynamik zu einem großen Gewinner. Das ist besonders deutlich in der Kunst- und Musikbranche zu erkennen, wo manche Künstler ein sehr hohes Einkommen haben, obwohl sie objektiv betrachtet nicht viel besser sind als viele andere, die kaum über die Runden kommen. Der amerikanische Schauspieler Jon Hamm, der die Hauptrolle des Don Draper in der Fernsehserie *Mad Men* spielte, war lange Jahre Kellner, bevor er diese Rolle bekam, die sein Leben veränderte. Wenn es darum geht, über den Gewinner zu entscheiden, der alles bekommt – welcher Schauspieler eine Hauptrolle in einem Film oder einer Fernsehserie ergattert –, ist Glück wesentlich wichtiger als winzige Talentunterschiede zwischen äußerst talentierten Leuten.

Leider sehen wir die Dinge meist nicht so, da wir zu der Überzeugung neigen, dass es hauptsächlich unseren eigenen Qualitäten zu verdanken ist, wenn wir Erfolg haben. Die Erklärung dafür ist der psychische Mechanismus, den man »Zuschreibungsverzerrung«

(*attribution bias*) nennt und der uns veranlasst, uns das Verdienst an unseren Erfolgen anzurechnen und die Schuld an unseren Misserfolgen auf die Umstände zu schieben. Das heißt selbstverständlich nicht, dass alles im Leben auf Glück beruht, vielmehr spielt Glück häufig eine entscheidende Rolle, auch wenn es nur ein kleiner Faktor ist. Das klingt kontraintuitiv. Aber angenommen, das Talent der Kandidaten entscheidet zu 90 Prozent darüber, wer die Stelle bekommt, und die Unterschiede in den Fähigkeiten der Kandidaten sind sehr gering (wie es häufig der Fall ist), dann entscheidet das Glück, wer zum CEO ernannt wird oder die Hauptrolle in einem TV-Drama bekommt. Damit soll keineswegs geleugnet werden, dass Talent eine Rolle spielt. Wissenschaftliche Belege bestätigen, dass Können wichtig ist – man braucht durchaus überdurchschnittliches Können, um diese Spitzenpositionen zu bekommen. Sich anzustrengen ist ebenfalls wichtig. Aber es gibt sehr viel mehr Menschen, die talentiert sind und sich anstrengen, als es Spitzenpositionen gibt. Letztlich entscheiden Glück sowie Tendenzen in der Art und Weise, wie Menschen sich gegenseitig beurteilen, darüber, wer in einer Branche triumphiert und die damit verbundenen Spitzeneinkommen bekommt.[18]

Die Argumentation, dass sich ein hohes Gehalt rechtfertigen ließe, weil es Talent und Leistung entspricht, birgt noch ein zweites, grundlegenderes Problem, und das führt uns zu einer tiefgreifenderen philosophischen Frage: Wieso denken wir, Belohnungen *sollten* dem Talent und der Leistung entsprechen? Warum sollten das die besten Kriterien sein, um über eine angemessene Entlohnung zu entscheiden?

Im Fall des Talents begegnen wir erneut dem Problem, dass unsere angeborenen Fähigkeiten nichts sind, was wir uns als Verdienst anrechnen könnten. Vielmehr sind sie Teil der »Lotterie der Natur«, wie John Rawls, der einflussreichste Vertreter der politischen Philosophie des 20. Jahrhunderts, es nannte –, also dessen, was das zufällige Zusammentreffen eines Spermatozoids mit einer Oozyte, einer menschlichen Eizelle, einem Menschen an genetischem Material mitgegeben hat. Sicher, natürliche Talente müssen nach der Geburt gehegt und gepflegt und weiterentwickelt werden. Dafür sind die ersten tausend Tage im Leben einer Person die entscheidendste Phase – und auch in dieser Zeit sind wir zu jung, um uns unsere Entscheidungen als Verdienst anrechnen zu können.[19]

Rawls war das klar:

> Es ist also nicht richtig, daß Menschen mit größeren natürlichen Gaben und dem überlegenen Charakter, der ihre Entwicklung ermöglichte, ein Recht auf ein System der Zusammenarbeit hätten, das ihnen die Erlangung weiterer Vorteile auf Weisen gestattet, die anderen keine Vorteile bringen. Man hat seinen Platz in der Verteilung der natürlichen Gaben ebensowenig verdient wie seine Ausgangsposition in der Gesellschaft.[20]

Ja, hier begeben wir uns auf gefährliches Terrain. Ich bin mir nur allzu bewusst, dass wir, wenn wir diese Argumentation weiterführen, zu dem kommen, was Philosophen als »vollständigen Determinismus« bezeichnen – die Vorstellung, dass alles, was wir tun und sein können, vollständig auf Zufall und auf Umstände zurückzuführen ist, die sich unserer Kontrolle entziehen. Manche Philosophen vertreten diese Ansicht zwar, aber dem möchte ich mich nicht anschließen. Vollständigen Determinismus zu akzeptieren birgt die Gefahr, uns als individuelle Agenten zu eliminieren, als Wesen, die eine gewisse Kontrolle über ihr Handeln und ihr Leben besitzen. Es würde gegen die moralischen Prinzipien der Anerkennung und des Respekts verstoßen. Manche könnten die Vorstellung eines vollständigen Determinismus als Beleidigung auffassen, da sie uns zu kaum mehr als Automaten machen würde. Es ist nicht damit vereinbar, wie wir unserer Zeit auf der Erde Sinn verleihen und die Episoden unseres Lebens erfahren. Selbst wenn wir den großen Einfluss akzeptieren, den Glück und externe Faktoren auf unser Leben haben, haben wir doch alle Situationen erlebt, in denen wir nicht aus einer Laune heraus reagiert haben, sondern das Gefühl hatten, an einem Scheideweg zu stehen und eine echte Entscheidung treffen zu können, ob wir den einen oder anderen Weg einschlagen. Wir brauchen unsere Handlungsfähigkeit nicht vollständig aufzugeben, um die Rolle des Glücks in unserem Leben anzuerkennen. Vielmehr geht es darum, dass wir besser erkennen, in welchem Ausmaß es uns beeinflusst.

Wir sollten uns also die Talente und Eigenschaften, die uns ausmachen, zu eigen machen, gleichzeitig aber anerkennen, dass sie uns schlicht mitgegeben wurden und wir sie uns daher nicht als Verdienst anrechnen dürfen. Das beinhaltet auch, dass wir nicht behaupten können, wir hätten den gesamten finanziellen Lohn verdient, den diese Talente am Markt generieren können.

Folgt daraus, dass wir alle gleich bezahlt werden sollten? Nein. Es bedeutet vielmehr, dass wir nicht ohne weiteres behaupten können, Unterschiede in der Bezahlung spiegelten unsere Verdienste wider. Es gibt jedoch einige andere Prinzipien, die Unterschiede in der Bezahlung und in anderen Formen finanzieller Vergütung und Entlohnung rechtfertigen können. Eines ist, dass der Lohn Unterschiede in der tatsächlichen Arbeitsbelastung widerspiegeln sollte. Man denke nur an Sportler, die unter einem eisernen Trainingsregime leben und in ihrem persönlichen und sozialen Leben erhebliche Opfer bringen, während ihr Freundeskreis sich amüsiert. »Kein Leben außerhalb der Arbeit zu haben« ist eine Belastung, die Tätigkeiten anstrengender macht und einen Grund für eine höhere Bezahlung darstellt. Aber das gilt auch für den aufreibenden Charakter mancher Pflege- und Betreuungsarbeiten, für belastende Nachtarbeit und die destabilisierenden Folgen, sieben Tage in der Woche rund um die Uhr in Bereitschaft zu sein. Viele Tätigkeiten, die bislang nicht gut bezahlt werden, müssten wesentlich besser entlohnt werden, wenn für alle Erwerbstätigen das Prinzip umgesetzt würde, dass sich solche Belastungen im Lohn widerspiegeln sollten.[21]

Ein weiteres Prinzip, das Lohnunterschiede rechtfertigt, ist, dass sie Menschen einen Anreiz bieten, Arbeiten zu übernehmen, auf die eine Gesellschaft angewiesen ist. Meine Ärztin leistet hervorragende Arbeit, engagiert sich für ihre Patienten, und ich würde nicht wollen, dass sie aufhört und etwas tut, was sie vielleicht weniger anstrengend findet als die anspruchsvolle Versorgung Kranker in einem angespannten Gesundheitssystem. Würden Lohnunterschiede völlig abgeschafft, wäre sie vielleicht gar nicht erst Ärztin geworden, da es ihr den Anreiz genommen hätte, das Geld und die Zeit aufzubringen, die notwendig sind, um die für ihren Beruf erforderlichen Kenntnisse und praktischen Fähigkeiten zu erwerben. Würden alle Talente und alle Tätigkeiten gleich entlohnt, wäre die Welt voller Künstler. Aber wir brauchen auch Ärzte, Lehrkräfte, Ingenieure und Architekten. Lohnunterschiede lassen sich also bis zu einem gewissen Grad rechtfertigen.

Man könnte fragen: Wenn es nicht das Talent ist, was ist dann mit Leistung? Könnte sie nicht Lohnunterschiede oder sogar sehr hohe Gehälter rechtfertigen? Leistung ist eine Kombination aus Können und Anstrengung. Harte Arbeit ist sicher eine gute Sache, aber es ist anzumerken, dass die Fähigkeit, sich anzustrengen, auch von der Veranlagung abhängt. Manche Menschen werden mit wesentlich mehr Energie geboren, verarbeiten Sinneseindrücke und kognitive Informationen wesentlich schneller, sind körperlich kräftiger und ermüden nicht so schnell. Andere haben körperliche, mentale, kognitive Probleme oder Einschränkungen der Sinneswahrnehmung – von denen man manche als Behinderung einstufen könnte, die aber auch Menschen betreffen können, die sich nicht als »behindert« bezeichnen würden. Niemand entscheidet sich, schnell zu ermüden, langsam oder überfordert zu sein. Hier gilt das Gleiche wie beim Talent: Wir sollten uns klarmachen, dass wir es uns weitgehend nicht als Verdienst anrechnen können, zu wie viel Anstrengung wir imstande sind, was allerdings nicht heißt, dass es keine legitime Quelle von Stolz, Anerkennung und materiellem Lohn wäre.

Es geht nicht nur darum, dass wir uns als Individuen nicht gänzlich auslöschen wollen (das Gespenst des vollständigen Determinismus); vielmehr können wir, selbst wenn wir unsere Veranlagung zur Anstrengung als gegeben ansehen, immer noch entscheiden, ob wir uns anstrengen oder nicht. Und die Gesellschaft hat ein Interesse daran, dafür zu sorgen, dass wir uns einbringen. Angenommen, eine Frau arbeitet als Kassiererin und ist nicht durch andere Faktoren wie eine Behinderung in der Anzahl ihrer Arbeitsstunden eingeschränkt. Es wäre gegen jede Intuition, zu sagen, dass sie den gleichen Jahreslohn bekommen sollte wie alle anderen Kassiererinnen, egal, wie viele Stunden sie gearbeitet hat. Für die meisten Menschen auf dem gesamten ideologischen Spektrum dürfte auf der Hand liegen, dass diejenigen, die mehr Stunden arbeiten und sich daher mehr anstrengen, auch mehr Lohn bekommen.

Wohin führen uns diese Überlegungen? Sie geben uns Grund, gewisse Lohnunterschiede aufgrund bestimmter Erwägungen zu akzeptieren – beispielsweise anhand der Frage, wie sehr die Gesellschaft darauf angewiesen ist, dass eine bestimmte Arbeit erledigt wird; wie selten die für diese Tätigkeit erforderlichen Talente sind; wie gut entwickelt diese Talente und die entsprechenden Fähigkeiten sind; wie viel Anstrengung jemand in die Arbeit investiert (einschließlich wie viele Stunden jemand arbeitet); ob eine Tätigkeit gefährlich, aufreibend oder auf andere Weise belastend ist. Das alles kann ein gewisses Maß an Lohnungleichheit rechtfertigen – vielleicht Lohndifferenzen bis zu einem Faktor von zehn. Aber es kann die Kluft nicht rechtfertigen, die derzeit zwischen Beschäftigten in der Kinderbetreuung und den CEOs herrscht.

Manche Leser werden nun einwenden, dass viele Superreiche durchaus Wohlstand generieren – Leute, die ihre Millionen ihrem eigenen Einfallsreichtum verdanken und dabei viele Arbeitsplätze geschaffen haben. Neben Erbschaften und Arbeitseinkünften ist das durch Unternehmergeist – entweder als Profit aus dem eigenen Unternehmen oder als Rendite von Börseninvestitionen – generierte Geld sicher eine wichtige Quelle von extremem Reichtum. Wie ein kurzer Blick auf die *Forbes*-Liste der Milliardäre oder eine der nationalen »Reichenlisten« belegt, haben viele der reichsten Männer und Frauen der Welt ihr Geld auf diese Weise erwirtschaftet. Können sie behaupten, dass sie ihre Milliarden zu Recht verdienen?

Es gibt sicher Gründe, zu sagen, dass sie einen Teil davon verdienen. Es gibt aber auch zahlreiche Gründe für die Ansicht, dass es eine Illusion ist zu glauben, Eigentümer von Unternehmen hätten einen moralischen Anspruch auf sämtliche Gewinne, die es erwirtschaftet. Sie mögen zwar einen rechtlichen Anspruch darauf haben – aber wie wir gesehen haben, entspricht das, was legal ist, nicht immer dem, was moralisch ist, vor allem nicht, wenn es um Steuergesetze geht.

Inwieweit sollten sich Unternehmer und Investoren berechtigt fühlen, ihre Gewinne zu behalten? Zunächst gelten nach wie vor sämtliche Argumente, die bislang dargelegt wurden. Wenn jemand als Unternehmer erfolgreich ist, aber einen Startvorteil durch ein beträchtliches Erbe hatte, hat er von einem ungerechten Vorteil profitiert. Selbstverständlich könnte er in der Folge viel Gutes tun, wovon die Gesellschaft als ganze profitiert. Das ändert jedoch nichts an dem Urteil, dass große Erbschaften moralisch nie verdient sind und somit auch nicht die daraus erwachsenden Gewinne. Außerdem ist da noch der erhebliche Einfluss von Faktoren, die sich niemand als Verdienst anrechnen kann: Intelligenz, Kreativität, Ausdauer und andere Eigenschaften, die man sich, wie oben dargelegt, nicht aussuchen kann (auch wenn wir als Erwachsene die Wahl haben, ob wir sie weiterzuentwickeln versuchen und ob wir sie gut nutzen oder nicht). Darüber hinaus haben Kinder reicher Eltern Zugang zu nahrhaftem Essen, stimulierenden außerschulischen Aktivitäten, den besten Lehrkräften und vielen anderen Dienstleistungen, die sie in ihrer frühen Entwicklung erheblich fördern. All diese Faktoren tragen dazu bei, den Reichtum von Unternehmern hervorzubringen, und keiner davon ist gerecht.

Ein weiteres Problem betrifft unkorrigiertes Marktversagen. Laut der gängigen Wirtschaftstheorie ist ein vollkommen auf Wettbewerb beruhender Markt für alle Verbraucher am besten: Der Wettbewerb sollte die Preise auf ein Niveau senken, auf dem der langfristige Profit auf ein Minimum sinkt und die Preise die echten Kosten einer Ware widerspiegeln. In der Theorie ist das zwar eine schöne Idee, aber leider basieren Märkte in der Praxis nur selten auf vollkommenem Wettbewerb. Stattdessen gibt es überall »Marktversagen«, wie Ökonomen es nennen. Die Kosten und Schäden der Produktion von Konsumgütern werden häufig auf die örtliche Gemeinschaft oder die Gesamtgesellschaft abgewälzt – wie es etwa bei Umweltschäden der Fall ist. Und wenn sich auf einem Markt der »Winner takes all«-Effekt durchsetzt, verliert er die Vorzüge des Wettbewerbs und nimmt oligopolistische oder monopolistische Merkmale an, die im Vergleich zu einem auf echtem Wettbewerb basierenden Markt enorme Profite ermöglichen, aber das Konsumentenwohl verringern. Große Unternehmen versuchen häufig, eine solche Marktbeherrschung zu erreichen – und ihre Konkurrenten auszuschalten –, wozu sie zuweilen skrupellose Taktiken einsetzen. In all diesen Szenarien werden Unternehmensgewinne zum Teil auf Kosten anderer Beteiligter gemacht und sind daher, ethisch betrachtet, ungerecht groß.[22]

Darüber hinaus stellt sich die Frage, ob diese Gewinne tatsächlich gerecht verteilt werden. Niemand kann allein aus eigener Kraft reich werden. Die Wahrheit dieser Behauptung lässt sich anhand eines sehr einfachen Gedankenspiels überprüfen. Man nehme einen beliebigen Multimillionär oder Milliardär und setze ihn auf einer einsamen Insel aus. Er hätte nach wie vor dieselben Talente und persönlichen Eigenschaften wie zuvor. Wie reich könnte er dort werden? Offensichtlich nicht sonderlich reich. Reich zu werden ist immer nur möglich, weil andere da sind, mit denen wir interagieren: Die Eigentümer eines Unternehmens brauchen Kundschaft, Manager und Arbeitskräfte sowie alle anderen Gruppen der Lieferkette (und der Gesamtgesellschaft), damit ihr Geschäft überhaupt existieren kann. Daher lässt sich die Frage nach den Bedingungen dieser Interaktionen nicht umgehen, die auch beinhaltet, wie die Preise für Waren festgesetzt und die Gewinne aufgeteilt werden.

Wie in Kapitel 3 dargelegt, könnte sich Amazon entscheiden, eine geringere Rendite für seine Aktionäre zu erwirtschaften und das Leben für die Beschäftigten des Unternehmens erheblich zu verbessern. Selbst eine minimale Anpassung ihrer Investitionsrendite würde schon eine beträchtliche Verbesserung der Arbeitsbedingungen und des Lebens der Beschäftigten in Ländern mit schwachem rechtlichem Arbeitsschutz und ohne starke Gewerkschaften ermöglichen. Hier ist eine tiefgreifende moralische Entscheidung aufgrund der Frage zu treffen: Ist die Wirtschaft, in diesem Fall repräsentiert durch einen multinationalen Konzern wie Amazon, dazu da, den Menschen zu dienen, oder sind die Menschen dazu da, den Gewinnern der Wirtschaft zu dienen? Halten wir anständige Arbeitsbedingungen für optional oder für eine Vorbedingung, um eine moralische Minimalschwelle zu erreichen? Ähnliche Fragen lassen sich in Bezug auf unsere Sorge um den Planeten stellen. Die Modekette Zara könnte von der Produktion von Fast Fashion dazu übergehen, nachhaltige Mode herzustellen und damit ihre ausgesprochen negativen Umweltauswirkungen (sowohl in Bezug auf Emissionen als auch auf Müll) zu reduzieren. Aber das könnte die Nettorendite der Aktionäre beschneiden, vor allem die des Firmengründers Amancio Ortega (der gegenwärtig den 23. Platz auf der *Forbes*-Liste der Milliardäre belegt und ein geschätztes Vermögen von über 60 Milliarden Dollar besitzt). Angeblich bekommt Ortega alljährlich etwa 400 Millionen Dollar durch seinen 60-prozentigen Anteil an Zara, die er hauptsächlich in Immobilien in Spanien investiert. (Darin sehen wir das perfekte Beispiel, was es bedeutet, wenn man sagt, das Hauptziel von Kapitalisten sei es, Kapital anzuhäufen.)

Eine weitere wichtige Frage betrifft die weltweite Gerechtigkeit. Erinnern wir uns an die Schätzung von Jason Hickel, Dylan Sullivan und Huzaifa Zoomkawala, dass Arbeitskräfte im Globalen Süden durch ungleiche Welthandelsbeziehungen Billionen verloren haben, ganz zu schweigen vom grauenhaften Umgang reicher Unternehmen aus dem Globalen Norden mit den Arbeitskräften in Entwicklungsländern. Wie kann Tim Cook, der CEO von Apple, der zum Milliardär geworden ist, nachts ruhig schlafen, obwohl er um die schlechten, zuweilen erschreckenden Arbeitsbedingungen der Männer und Frauen an Apples Fertigungsstraßen in chinesischen Fabriken weiß? Es gibt zahlreiche Firmen, die beachtliche Profite machen und deren Aktionäre eine ansehnliche Rendite auf ihre Investitionen bekommen, die aber dabei die Menschenrechte ihrer Arbeitskräfte und anderer in der Lieferkette verletzen oder der örtlichen Umwelt oder gar dem Planeten schaden. Organisationen wie das Business & Human Rights Resource Centre haben eine Vielzahl solcher Missstände dokumentiert.[23]

Es gibt noch einen letzten Grund, warum wir nicht davon ausgehen sollten, dass die von Unternehmern erwirtschafteten Gewinne rechtmäßig als ihre und ausschließlich ihre gelten sollten: Sie bauen ihren Reichtum auf dem kollektiven Vermächtnis früherer Generationen auf. MacKenzie Scott, die Exfrau von Jeff Bezos, verstand dies sehr gut. Bei ihrer Scheidung erklärte sie der Welt, sie werde ihr gesamtes Vermögen Organisationen spenden, die für eine gerechtere und fürsorglichere Gesellschaft arbeiteten. Der Brief, in dem sie diesen Entschluss veröffentlichte, begann mit den Worten:

> Im vergangenen Jahr habe ich mich verpflichtet, den Großteil meines Vermögens der Gesellschaft zurückzugeben, die geholfen hat, es hervorzubringen, dies umsichtig zu tun, umgehend damit anzufangen und so lange fortzusetzen, bis der Safe leer ist. Für mich steht außer Frage, dass jeder persönliche Reichtum das Ergebnis einer kollektiven Anstrengung und gesellschaftlicher Strukturen ist, die manchen Chancen bieten und unzähligen anderen Hindernisse in den Weg legen.«[24]

Worauf sich MacKenzie Scott in diesem Schreiben bezieht, ist das grundlegende philosophische Argument, dass es ohne kollektive Institutionen, öffentliche Güter, grundlegende Infrastruktur und Zusammenarbeit mit anderen niemandem möglich wäre, reich zu werden –, dass wir also alle auf den Gesellschaftsvertrag angewiesen sind. Extremer Reichtum baut immer auf einer Grundlage auf, die andere geschaffen haben. Wie die italienisch-britische Wirtschaftswissenschaftlerin Mariana Mazzucato in ihrem Buch *Das Kapital des Staates* aufzeigt, stützten sich viele Unternehmer, die ein Vermögen machten, auf Innovationen, die ursprünglich mit öffentlichen Mitteln finanziert wurden – und somit von uns allen als Steuerzahlern und Bürgern, die wir mit unseren Wählerstimmen die Agenda bestimmen. So baut der Erfolg vieler Tech-Unternehmen, die Milliardäre hervorgebracht haben – wie Google und Apple –, auf Technologien auf, die sich auf staatliche Unterstützung zurückführen lassen und unter denen das Internet das bekannteste ist. Es ist fraglich, ob einer der gegenwärtigen Tech-Milliardäre von den Google-Gründern Sergey Brin und Larry Page bis hin zu Bill Gates je so reich und erfolgreich geworden wäre, wenn nicht Staaten mit Blick auf das Gemeinwohl in Forschung investiert hätten.[25]

Viele Wissenschaftler, die für die Menschheit äußerst nutzbringende Arzneimittel und medizinische Technologien entwickelten, begriffen das ohne weiteres. Ein Beispiel ist der amerikanische Arzt Jonas Salk, der 1955 den ersten Impfstoff gegen Polio entwickelte. Ohne Zweifel hätte er durch die Vermarktung dieser Entwicklung ungemein reich werden können, aber er entschied sich, mehreren Pharmaunternehmen eine Lizenz für die Produktion des Impfstoffs zu verkaufen, ohne selbst an dem Patent zu verdienen. Innerhalb weniger Jahre verschwand Polio in den USA nahezu vollständig. Als man ihn fragte, wem das Patent gehöre, antwortete er angeblich: »Na ja, den Menschen, würde ich sagen. Es gibt kein Patent. Könnten Sie die Sonne patentieren lassen?«[26]

Immer wieder stoßen wir auf Beispiele, die uns daran erinnern, dass Reiche und Superreiche eine Wahl haben. Wenn sie wie Salk ihre moralische Verpflichtung gegenüber ihren Mitmenschen erkennen, treffen sie möglicherweise die richtige Entscheidung.

Man mag sich fragen, wie wichtig diese historischen Grundlagen tatsächlich für die Entscheidung sind, wer zu extremem persönlichem Reichtum kommt. Eine Möglichkeit, diese Frage zu beantworten, bietet ein weiteres Gedankenspiel. Angenommen, ein Schiff mit hundert Passagieren an Bord havariert auf halber Strecke zwischen zwei Inseln. In einem Szenario schaffen es die Passagiere, eine einsame Insel ohne jede Infrastruktur und bestehende Zivilisation zu erreichen. Im anderen gelangen sie auf eine Insel, auf der die gesamte Infrastruktur, Technologie und alle komfortablen Einrichtungen eines reichen Landes des 21. Jahrhunderts vorhanden sind – nur haben alle Menschen diese zweite Insel einen oder zwei Tage zuvor wie durch ein Wunder verlassen (in Gedankenspielen ist so etwas möglich; vielleicht sind alle gerade aufgebrochen, um die Galaxie zu erobern). Wie viel materiellen Wohlstand könnte dieselbe Gruppe Schiffbrüchiger in ihrem Leben auf der ersten beziehungsweise auf der zweiten Insel schaffen? Der Unterschied wäre enorm. Das zeigt, wie viel von unserem Wohlstand davon abhängt, was vorherige Generationen für uns entwickelt haben. Wir können keinen Wohlstand schaffen, ohne auf den Schultern unserer Vorfahren zu stehen, und das heißt, so viel Unternehmergeist wir auch besitzen mögen, unser eigener Beitrag zu unserem Erfolg ist begrenzt.

Mit dieser Frage im Hinterkopf berechnete der amerikanische Politologe und Nobelpreisträger für Wirtschaft Herbert A. Simon, wie viel von dem Reichtum in Ländern wie den USA oder den nordwesteuropäischen Staaten sich auf »soziales Kapital«, wie er es nennt, zurückführen lässt. Seiner Ansicht nach werden mindestens 90 Prozent des Einkommens in diesen Ländern durch kollektive Institutionen wie Technologie oder staatliche Strukturen ermöglicht. Er argumentierte, dies rechtfertige es, dieses Geld für ein bedingungsloses Grundeinkommen für alle Bürger zu nutzen.[27] Sicher spricht nichts dafür, es in den Tresoren der reichsten Personen zu belassen.

Mittlerweile sollte klargeworden sein, dass sich aufgrund verschiedener Prinzipien zwar ein gewisses Maß an Einkommens- und Vermögensungleichheit rechtfertigen lässt, dass dies aber nur bis zu einem gewissen Punkt gilt. Keines lässt sich nutzen, um extremen Reichtum zu rechtfertigen, ob er nun aus einer Erbschaft, aus Arbeit oder Unternehmertätigkeit stammt. Mit den diversen negativen Auswirkungen extremer Vermögenskonzentration auf das Wohl armer Bevölkerungsteile, auf demokratische Werte und auf ökologische Nachhaltigkeit haben wir uns bereits beschäftigt. Aber die Probleme extremer Vermögenskonzentration reichen noch tiefer. Selbst wenn wir diese Auswirkungen einen Moment beiseitelassen, stellen wir fest, dass es immer noch keine sinnvolle Rechtfertigung dafür gibt, dass jemand so viel besitzt. Wir haben also eine Reihe von Argumenten für einen auf Prinzipien basierenden Limitarismus gefunden und einen Grund, die Gesellschaft so zu organisieren, dass die Akkumulation von exzessivem Reichtum unmöglich wird. Und wenn wir darüber nachdenken, wie viel Reichtum eine Person zu Recht als Verdienst für sich beanspruchen kann, mag die von mir vorgeschlagene harte Obergrenze von zehn Millionen äußerst großzügig erscheinen. Viele mögen sich allmählich argumentativ zu der niedrigeren ethischen Obergrenze von einer Million hingezogen fühlen.

Diese Argumente mögen verwirrend sein, wenn man Reichtum noch nie auf diese Weise betrachtet hat – als Produkt des Gesellschaftsvertrags und zugleich historischer Zufälle wie individueller Entscheidungen, Anstrengungen und Fähigkeiten. Es mag zudem verstörend sein, sich der Rolle des Glücks in unserem Leben so bewusst zu werden. Manche von uns sind von Geburt an mit Glück gesegnet: Sie sind gesund, haben viele Talente, liebevolle Eltern, eine fürsorgliche Umgebung in einem sicheren Land, haben viele materielle Ressourcen und Chancen. Andere ziehen bei der Geburt ein weniger günstiges Los: Sie haben gesundheitliche Probleme, geistige oder körperliche Beeinträchtigungen, wenige Talente, keine liebevollen Eltern, eine gleichgültige Umgebung in einem unsicheren Land, unzureichende materielle Ressourcen und kaum Chancen. Wir haben keinen Einfluss darauf, in welche dieser Situationen wir hineingeboren werden. Es entzieht sich gänzlich unserer Kontrolle.

Dennoch betonen Vertreter der neoliberalen Ideologie, in modernen Gesellschaften könne jeder Milliardär werden – ganz gleich, wie glücklos der Start ins Leben war, sei das dennoch zu schaffen. Und sicher finden sie Beispiele, die belegen, dass es möglich ist – man denke nur an Oprah Winfrey oder J. K. Rowling. Das ist das Mantra der sozialen Mobilität: Man kann sich am eigenen Schopf aus dem Sumpf ziehen; dazu braucht man nur den entsprechenden Ehrgeiz und den Willen zum Erfolg.

Dieses Narrativ ist sehr bequem für die herrschende Klasse. Meist ist es ihr gelungen, uns zu bewegen, dass wir uns gegenseitig für unsere Erfolge und Misserfolge verantwortlich machen – dafür, ob wir genug dafür getan haben, die Chancen zu nutzen, die das Leben uns bietet. Diese Vorstellung erlaubt es Neoliberalen, zu behaupten, die Reichsten hätten ihr Vermögen verdient. Zugleich ermöglicht es ihnen, die Armen für ihr Elend verantwortlich zu machen.

Aber die Existenz einiger weniger, die »es geschafft« haben, sollte uns nicht zum Glauben an eine Ideologie verleiten, die behauptet, wir alle seien eigenständige Individuen, die erreichen können, was sie wollen, solange sie nur an sich selbst glauben. Empirische Forschungen bestätigen eine nach der anderen, dass soziale Mobilität stark eingeschränkt ist. Und soweit sie in manchen Ländern überhaupt noch existiert, ist sie heutzutage geringer als noch vor wenigen Jahrzehnten.[28]

Immer wieder bestätigen Biographien von Leuten, die es aus armen Verhältnissen in die Finanz- oder Staatselite geschafft haben, dass sie die Ausnahme von der Regel sind. Man nehme nur Tim 'S Jongers, der 1981 in Antwerpen in extrem arme Verhältnisse geboren wurde. Er wuchs nach seiner Schilderung in einem Haus ohne Toilette auf (es gab nur ein Loch im Garten). Seine Familie war zerrüttet, und seine Kindheit war geprägt von materiellen Entbehrungen, emotionaler Härte und Aussichtslosigkeit. Letzten Endes nahm er einige der kriminellen Verhaltensweisen an, die unter seinesgleichen weit verbreitet waren; als Teenager sah er für sich keine andere Zukunft. Dann passierten zwei Dinge, die ihn dazu brachten, sein Los zu ändern: Zum einen landete sein älterer Bruder in einer Drogenentzugsklinik, zum anderen schaltete sich der neue Freund seiner Mutter ein und erklärte ihm, er habe ein großes Potenzial, das er nicht vergeuden dürfe. Er verließ seine Familie in jungen Jahren und begann, sich ein eigenes Leben aufzubauen. Jahrelang kämpfte er sich mit nur geringer oder gar keiner Hilfe und mittellos durch. Schließlich wurde ihm durch Gespräche mit Freunden klar, dass er sich nicht genügend um sich kümmerte. Er beschloss, sich an der Universität Antwerpen einzuschreiben. Während des Studiums arbeitete er nachts in einer Anlaufstelle, in der obdachlose Drogenabhängige saubere Nadeln und heiße Suppe bekamen. Nachts erlebte er die Welt der Hoffnungslosen, die die Gesellschaft aufgegeben hatte; tagsüber bewegte er sich in der Welt der Hoffnungsvollen, von denen die meisten ein Elend dieses Ausmaßes noch nie erlebt hatten und wie selbstverständlich davon ausgingen, dass sie es später in die obere Mittelschicht – oder höher hinauf – schaffen würden. Seinen Masterabschluss machte er in den Niederlanden, wo er einige Jahre später vom Rat für Gesundheit und Gesellschaft eingestellt wurde, um die kommunalen und nationalen Behörden in den Niederlanden bei Maßnahmen zur Armutsbekämpfung zu beraten. Einige Jahre später wurde er Direktor der Wiardi-Beckman-Stiftung, des wissenschaftlichen Instituts der niederländischen sozialdemokratischen Partei (Partij van de Arbeid, PvdA). Wenig überraschend fragen ihn Journalisten heute häufig, ob denn seine Lebensgeschichte nicht beweise, dass jeder es schaffen könne. Aber er erklärt hartnäckig, dass er für den Rest seines Lebens unter den Folgen seiner in bitterer Armut verbrachten Kindheit und Jugend leiden wird, unter anderem unter dem Tribut, den die übermäßigen Belastungen ihm abverlangt hätten. Wiederholt betonte er, sein sozialer Aufstieg sei kein Beweis dafür, dass soziale Mobilität möglich sei.[29]

In manchen Ländern ist die soziale Mobilität nicht mehr vorhanden und in anderen bröckelt sie. Dennoch klammern wir uns immer noch an den Mythos der Meritokratie. Ironischerweise hindert uns dieser Glaube daran, die Maßnahmen zu ergreifen, die sie zu einer Realität machen würden: die massive Umverteilung von Reichtum. Das kann schlicht nicht passieren, solange wir nicht erkennen, dass niemand den extremen Reichtum, den die gegenwärtige Wirtschaftselite besitzt, jemals »verdient«.

Es gibt einen wichtigen philosophischen Einwand gegen den Limitarismus, über den manche Leser vielleicht bereits nachgedacht haben: dass er unsere Freiheiten und Möglichkeiten unangemessen einschränken würde. Moderne Gesellschaften garantieren jedem

Menschen eine Reihe grundlegender Freiheiten, die nicht verletzt werden dürfen. Dahinter steht die zentrale Vorstellung, dass wir alle die Chance haben sollten, die Umsetzung unserer eigenen Vorstellung von einem guten Leben anzustreben, die auch beinhalten kann, Unternehmer zu werden oder erfolgreich Karriere zu machen. Wenn diese Chancen gewährleistet sind, liegt es an jedem Einzelnen, die Verantwortung zu übernehmen und sie zu nutzen.

Das Prinzip der Chancengleichheit ist grundlegend für die meisten liberalen Demokratien und für die meisten modernen Gesellschaften. Es besteht die Sorge, dass das limitaristische Ideal gegen dieses Prinzip verstoßen würde.

Nehmen wir eine Person, die sich entschließt, auf Freizeit zu verzichten, um mehr zu arbeiten. Wenn die zusätzliche Arbeit dann zusätzliches Geld generiert, das sie für Luxusgüter ausgeben kann, sollte sie die Chance dazu bekommen. Insofern untergräbt der Limitarismus die Chancengleichheit und sollte daher abgelehnt werden, da alle unabhängig von ihren politischen Ansichten das Grundprinzip der Chancengleichheit verteidigen – so lautet der Einwand.

Aber er ist falsch.

Der Limitarismus schränkt zwar den mit bestimmen Chancen verbundenen finanziellen Lohn ein, nicht aber die Chancen selbst. In einer limitaristischen Gesellschaft besteht immer noch die Möglichkeit, CEO eines großen internationalen Konzerns zu werden, aber man könnte nicht mehr Millionen im Jahr verdienen.

Würde man das Wort »Chancen« in einem sehr weiten Sinn auslegen, ließe sich als Gegenargument anführen, dass die Möglichkeit, einen besonderen Status zu erlangen (nämlich den eines CEOs mit sehr hohem Gehalt) für sehr reiche Personen nicht mehr bestünde. Zudem könnte man einwenden, dass nicht nur die Möglichkeit zusätzlicher Einkünfte ausgeschlossen wäre, sondern auch das, wofür sich diese Einkünfte verwenden ließen (Aktivitäten und Güter, die mit einem luxuriösen Lebensstil assoziiert werden und den hohen Status widerspiegeln).

Das stimmt. In einer limitaristischen Welt wären die finanziellen Möglichkeiten der Spitzengruppe eingeschränkt. Das ist der Preis, den wir dafür bezahlen, allen anderen Gruppen enorme Chancen zu eröffnen und unsere Gesellschaft gerechter zu machen. Die Möglichkeiten einer Handvoll Einzelner, übermäßig reich zu werden, zu begrenzen würde die Chancen der meisten anderen Menschen auf der Welt erhöhen. Tatsächlich würden alle anderen von den enormen Investitionen profitieren, die mit den höheren Steuereinnahmen möglich wären. Die armen Bevölkerungsteile weltweit würden profitieren, denn wenn sich Profitmaximierung nicht mehr lohnt (warum sollte man solche schwindelerregenden Summen erwirtschaften, wenn man sie nicht behalten darf?), könnte man die Löhne der Arbeitskräfte in den Fabriken, die Fast Fashion oder technologische Geräte herstellen, auf ein Niveau anheben, das die Lebenshaltungskosten deckt (und den Arbeitskräften ein ordentliches Leben ermöglicht). Die Benachteiligten in reichen Gesellschaften würden von einer Sozialpolitik profitieren, die beispielsweise besseren Zugang zur Gesundheitsversorgung psychisch Kranker oder Wohnungen für Obdachlose bereitstellt. Menschen, die in den am stärksten von den Folgen der Erderwärmung betroffenen Gegenden der Welt leben und in den kommenden Jahren ihre Chancen ansonsten rasant schwinden sähen, ließen sich vor den schädlichen Auswirkungen des historisch umweltverschmutzenden, klimaschädlichen Lebensstils der Superreichen bewahren. Und selbst die Mittelschicht – und sogar die Reichsten – hätten bessere Chancen. Wenn die höheren Steuereinnahmen zur Stärkung des gesellschaftlichen Sicherheitsnetzes verwendet würden, hätten alle Bürger weniger Grund zur Sorge und mehr Möglichkeiten, kreativ und optimistisch an die Zukunft zu denken. In New York – wo es keine staatliche Krankenversicherung gibt – müssten Familien nicht länger mit der Furcht davor leben, dass beispielsweise ein Elternteil seine Arbeit verliert und das Kind schwer erkrankt. In London wären weniger Menschen nur eine Lohnzahlung von der Obdachlosigkeit entfernt. In den Niederlanden könnte der Staat die Schließung von Werkstätten für vulnerable Erwachsene rückgängig machen, die eine wichtige Leistung des Wohlfahrtsstaates ist, ganz gleich wie reich die Familie der betreffenden Person ist (in solchen Werkstätten erzielen behinderte Menschen nicht nur ein Einkommen, sondern fühlen sich auch respektiert und dazugehörig).

In einer limitaristischen Gesellschaft gäbe es genügend Ressourcen für eine fachgerechte Gesundheitsversorgung für alle, für ein hochwertiges öffentliches Bildungswesen für alle, für bezahlbaren Wohnraum für alle und die Chance auf ein Leben frei von den übermäßigen Belastungen, denen viele Arbeitskräfte derzeit ausgesetzt sind. Nichts von alledem ist gegenwärtig verfügbar. In einer limitaristischen Gesellschaft stünden diese Chancen allen offen.

KAPITEL 7

Mit dem Geld lässt sich so viel machen

Die Covid-19-Pandemie war für Menschen auf der ganzen Welt eine traumatische Zeit. Millionen verloren ihr Leben. Manche leiden Monate und Jahre nach der Infektion noch an Long Covid und erleben so belastende Beeinträchtigungen wie außerordentliche Erschöpfung, die sie unfähig macht, Zeit mit anderen Menschen zu verbringen, geschweige denn zu arbeiten. Und selbst diejenigen, die sich nicht infizierten, litten unter der Pandemie, als Schulen ohne Vorwarnung geschlossen wurden, sie ihre Arbeit verloren oder gezwungen waren, unter schwierigen und häufig gefährlichen Bedingungen weiterzuarbeiten. Viele ältere Menschen durften ihre Familien nicht sehen und vereinsamten, während Kinder, vor allem solche, die in prekären wirtschaftlichen Verhältnissen lebten, mit ihrer psychischen Gesundheit zu kämpfen hatten und Lerndefizite anhäuften.

Nur sehr wenig von alledem betraf die sehr Reichen, die Zugang zu vielen Schutzmöglichkeiten vor der Pandemie hatten. Sie verbrachten die Lockdown-Phasen in großen Häusern mit geräumigen Zimmern, was Homeschooling weniger problematisch machte – besonders wenn man Hauslehrer engagieren konnte, die den Kindern halfen, ausgefallenen Unterricht nachzuholen. Ihre privilegierten

Jobs, unterstützt durch die fortschrittlichste Technologie – teure Tablets und Laptops sowie schnelle Internetverbindungen –, machten es ihnen leicht weiterzuarbeiten, ohne anderen Menschen persönlich begegnen zu müssen. Und wenn die Familie anfing, sich ein bisschen gestresst zu fühlen, gab es ja immer noch das Ferienhaus auf dem Land für einen Tapetenwechsel.

Die Pandemie hätte uns eine wirkungsvolle Lektion in Demut erteilen sollen. Sie hätte die Sicht der menschlichen Natur, die der Neoliberalismus verbreitet – und die betont, Menschen seien vereinzelte Individuen, die jeweils für ihr eigenes Schicksal verantwortlich sind –, Lügen strafen müssen. Unser Wohlergehen hängt grundlegend davon ab, was andere für uns tun, sowie von unserer Gesellschaftsstruktur.

Die rationale Reaktion auf die Konfrontation mit dieser kollektiven Verletzlichkeit hätte darin bestanden, zusammenzuarbeiten, um unseren gemeinsamen Feind zu bekämpfen, und sich auf den Schutz der Vulnerabelsten zu konzentrieren. Aber ganz so kam es nicht. Reiche Länder arbeiteten zusammen, um in beispiellos kurzer Zeit Impfstoffe zu entwickeln, die sie jedoch kaum mit Ländern teilten, die nur über begrenzte Finanzmittel verfügten. Es gab kaum Anzeichen, dass die Pandemie den superreichen CEOs multinationaler Pharmakonzerne einen Anlass geboten hätte, ihr endloses Streben nach Vermögensakkumulation in Frage zu stellen.

Auf dem Höhepunkt der Pandemie 2020/21 wuchs das Vermögen der 400 reichsten amerikanischen Milliardäre um 4,5 Billionen US-Dollar, was sie 40 Prozent reicher machte. Während kleine Betriebe im Vereinigten Königreich mit Schließungen kämpften, steigerten die sechs größten Tech-Unternehmen ihren Marktwert um 4 Billionen US-Dollar und 24 Multimillionäre wurden zu Milliardären. Während Millionen Menschen starben und Milliarden auf der ganzen Welt litten, profitierten die Reichsten enorm.[1]

Statt die Belastungen durch die Pandemie gleichmäßig zu verteilen oder stärkere Schultern mehr von der Bürde tragen zu lassen, übersetzte sich die Vermögensungleichheit in eine Ungleichheit des Leidens: Diejenigen, die mehr besaßen, litten weniger. Die Pandemie verschärfte das Marktversagen, indem sie oligopolistische Strukturen mehrerer Branchen, etwa die der Essenslieferdienste und der Tech-Industrie, verstärkte. Monopole sind ineffizient und schlecht für alle bis auf das Management und die Aktionäre: Sie ermöglichen es Unternehmen, die Preise zu erhöhen, ohne Kunden zu verlieren, und damit Übergewinne zu schaffen. Eine progressive Besteuerung solcher Profite könnte dieses Problem beheben, aber wie wir gesehen haben, hat die herrschende Klasse dafür gesorgt, dass Unternehmensgewinne wesentlich geringer besteuert werden als Arbeitseinkommen – und außerdem hat sie die Menge der Schlupflöcher erhöht, so dass sie noch weniger und manchmal sogar gar nichts bezahlen kann. Während also Familien um Angehörige trauerten, die starben, weil sie nicht den Luxus hatten, unter sicheren Bedingungen zu arbeiten, tat die herrschende Klasse das, was sie schon immer hervorragend konnte: Kapital akkumulieren.

Wie hätte die Alternative ausgesehen? Hätten Staaten die gegenwärtigen Dekamillionäre und Milliardäre effektiv besteuert, hätten sie die Einnahmen verwenden können, um alle mit Schutzmasken und Selbsttests auszustatten. Sie hätten denjenigen, die ihre Arbeit verloren, Arbeitslosenunterstützung zahlen können, zumal es oft unmöglich war, eine neue Anstellung zu finden. Sie hätten Schulen mit geeigneten Lüftungsanlagen ausstatten können, die das Risiko einer Verbreitung des Virus verringert und ermöglicht hätten, dass die Schulen geöffnet blieben. Sie hätten bedürftige Haushalte mit Laptops und kostenlosem Internet versorgen können, damit Kinder und Studenten aus benachteiligten Familien zu Hause angemessene Lernmöglichkeiten gehabt hätten.

Hätten wir Steuersätze, wie sie vor der neoliberalen Ära galten, und würden wir konsequent gegen Steuervermeidung und Steuerflucht vorgehen, wären Staaten besser imstande, die nötigen Schritte zu unternehmen, um uns alle zu schützen und zu unterstützen – sowohl während einer Pandemie als auch ansonsten. Ein effektiver, progressiver Steuersatz (vor allem auf Einkommen aus Kapital und Vermögen) ist nicht nur gerechtfertigt, weil sich von keinem Menschen behaupten lässt, er verdiene ein extrem hohes Vermögens- und Einkommensniveau, er ist zudem auch *effizienter*: Das Gesamtniveau des Wohls in der Gesellschaft wäre (in manchen Ländern mit großer Ungleichheit sogar erheblich) höher, wenn das zusätzliche Geld entweder an diejenigen umverteilt würde, die sehr wenig haben, oder aber für die Finanzierung öffentlicher Güter verwendet würde, die uns allen nützen.

Hinter dieser Aussage steht eine grundlegende Erkenntnis, die man als »abnehmenden Grenzwert des Geldes« bezeichnet. Diese Vorstellung wurde erstmals von den britischen Utilitaristen Jeremy Bentham und John Stuart Mill im 18. und 19. Jahrhundert entwickelt und wird von Ökonomen, Psychologen und Philosophen geteilt. Die Grundintuition ist ganz einfach: Je mehr Geld man hat, desto weniger trägt jede zusätzliche Geldeinheit zur Lebensqualität bei.

Angenommen, das monatliche Einkommen einer Person erhöht sich um 1000 Euro. Für eine Person, die derzeit arm ist oder nahe der Armutsgrenze lebt, verändert sich dadurch alles. Menschen, die mit einem Einkommen nahe der Armutsgrenze leben, können sich nur das Lebensnotwendige leisten. Oft reicht es gerade zum physischen Überleben und nicht für Dinge, die für das emotionale Wohl oder die gesellschaftliche Teilhabe notwendig sind. Kinder, die in Armut aufwachsen, werden häufig daran gehindert, Freundschaften aufzubauen. Sie schämen sich, ihre Freunde mit nach Hause zu bringen, also bekommen sie keinen Besuch. Sie können nicht zu Geburtstagsfeiern gehen, weil ihre Eltern kein Geld für Geburtstagsgeschenke haben. Als Jugendliche können sie nicht mit ihren Klassenkameraden ins Einkaufszentrum oder ins Kino gehen, weil sie häufig nach der Schule und an Wochenenden arbeiten müssen, um die Familie zu unterstützen.

Für Angehörige der herrschenden Klasse bewirken 1000 Euro zusätzlich keinen Unterschied. Für diejenigen, die ein Millionenvermögen oder ein Jahreseinkommen von einigen Hunderttausend und mehr haben, wirkt sich eine Erhöhung um 1000 Euro monatlich nicht sonderlich darauf aus, was sie machen oder wie sie leben können. Der zusätzliche (marginale) Zuwachs, den das Geld für das Wohlergehen bringt, nimmt somit ab, je mehr man hat.

Wissenschaftler streiten darüber, ob der Wert zusätzlicher Geldbeträge zwar abnimmt, aber immer positiv bleibt oder ob an irgendeinem Punkt eine Sättigung eintritt. Das hängt anscheinend vom zugrundeliegenden Verständnis von Wohlergehen ab. Versteht man darunter, dass die menschlichen Grundbedürfnisse befriedigt werden und man eine Reihe von Dingen tun kann, die nach allgemeiner Ansicht der jeweiligen Gesellschaft zum Gedeihen einer Person beitragen, dann gibt es einen Sättigungspunkt. Man kann mehr und besseres Essen verzehren, sich mehr und bessere Kleidung kaufen, aber an irgendeinem Punkt hat man alles, was ein Mensch braucht. Es ist sinnlos, zwanzig Paar Schuhe zu besitzen.

Versteht man unter Wohlergehen, dass man sich sämtliche Wünsche erfüllen kann, gleich welcher Art sie sind und welche neuen Bedürfnisse sich in Zukunft noch einstellen mögen, dann mag es keinen Sättigungspunkt geben. Es ist immer möglich, dass man sich noch einen Gegenstand oder ein Erlebnis wünscht, das Geld kostet. Man denke nur an einmalige Gemälde: Wäre es nicht schön, einen van Gogh im Haus zu haben? Oder als Tourist ins Weltall zu fliegen? Wir wissen mittlerweile von dem Weltraumflug, den Jeff Bezos organisierte, dass eine Person sich für 28 Millionen Dollar einen zwölfminütigen Flug ins All kaufen kann. Wäre das nicht aufregend?[2]

Sicher, aber es ist auch unvernünftig, zu erwarten, dass solche überspannten Phantasien etwas anderes als eben das werden sollten.

Es gibt viele Gründe, dass wir solche Exzesse im realen Leben nicht anstreben sollten, und es ist durchaus gerechtfertigt, wenn wir verlangen, dass Menschen darauf verzichten. Wir alle können sehr gut leben, ohne mehr als hundert Kilometer oberhalb der Erde zu fliegen oder van Goghs *Sternennacht* im Wohnzimmer hängen zu haben. Kunst und andere Formen von Kulturerbe sollten für alle verfügbar sein, um sie anzuschauen, von ihnen zu lernen und sie zu bewundern. Dafür haben wir Museen. Und einmalige Erlebnisse, die so exklusiv sind, weil sie extrem teuer sind, stellen schlicht eine äußerst verschwenderische, häufig schädliche Geldausgabe dar. Mit den 28 Millionen Dollar, die der zwölfminütige Weltraumflug kostete, hätte man schätzungsweise 6200 Leben retten können.[3]

Viele Menschen finden den extremen Reichtum mancher und die Entbehrungen anderer moralisch grundsätzlich inakzeptabel. Es bedarf keiner weiteren Argumente. Dem stimme ich zu. Es gibt ohne weiteres noch andere Gründe – wenn wir bereit sind, zuzugeben dass unsere finanziellen Verhältnisse zu einem großen Teil mit Glück, historischer Ungerechtigkeit oder ungerechten Handels- und Steuerregeln zusammenhängen. Aber dies ist wohl der einfachste: Das überschüssige Geld der Reichen und Superreichen sollte umgelenkt werden, um die dringenden Bedürfnisse der Vulnerablen und Notleidenden zu befriedigen, denn diese Verlagerung von Ressourcen würde uns alle sicher in eine bessere Welt bringen. Das Wesen der Moral besteht darin, dass wir Leid verhindern, wenn wir es mit geringen Kosten für uns selbst tun können. Überschüssiges Geld ist etwas, was man ohne weiteres entbehren kann. Wir alle sollten darüber nachdenken, wie viel wir brauchen und was wir abgeben können. Und von allen, die sich in einer ähnlichen Situation befinden wie ich in den Niederlanden, bezweifle ich stark, dass sie mehr als 1 Million Euro an persönlichem Reichtum brauchen, um sehr gut zu leben. Warum sollten sie auf diesem Geld hocken, wenn es anderswo so viel Gutes bewirken kann?

Dieses Argument basiert auf einer wichtigen Annahme: dass es möglich ist, die dringendsten unbefriedigten Bedürfnisse mit Geld zu befriedigen. Aber stimmt das überhaupt?

Unter Konservativen und Neoliberalen gibt es das Mantra, es helfe nicht, ein Problem »mit Geld zu überschütten«, da sich die meisten Probleme durch eine einfache Budgeterhöhung nicht lösen ließen. »Mehr Geld« mache Menschen nicht verantwortungsbewusster. »Mehr Geld« ändere nichts an gesellschaftlichen Problemen wie endemischer Korruption. Vielmehr müssten sich die Menschen am eigenen Schopf aus dem Sumpf ziehen. Länder bräuchten einen Staat, der sich nicht in das Leben seiner Bürger einmischt.

Diese Argumentation ist, offen gestanden, gewöhnlich nur ein Vorwand, nichts zu tun. Sie ermöglicht es den Superreichen, weiter knauserig und gleichgültig zu bleiben. Die meisten Probleme erfordern tatsächlich mehr als nur Geld. Bei manchen mag Geld nicht einmal das Dringendste oder Wichtigste sein, was gebraucht wird, man denke nur an Themen wie gleiche Rechte für LGBTQ+-Menschen. Aber bei nahezu allen Problemen, die über die Gewährung von begründeten Rechten hinausgehen, erfordern die geschicktesten und bewährtesten Lösungen auch eine Finanzierung.

Darunter ist das vorrangige Problem offenkundig extreme Armut. Was bedeutet es, extrem arm zu sein? Wir alle haben Bilder von ausgemergelten Kindern gesehen, die kaum mehr als Haut und Knochen sind; von Hungernden, die zwar noch leben, aber so unterernährt und geschwächt sind, dass es nur eine Frage der Zeit ist, wann sie sterben.

Viele Entwicklungsfachleute argumentieren, nicht Geld sei die Lösung, sondern der Aufbau von Institutionen. Es gelte, Korruption zu bekämpfen, Politiker zur Rechenschaft zu ziehen, Eigentumsrechte zu respektieren, Unternehmertum zu fördern. Diese Fachleute haben insofern recht, als die Zahlungen an die Regierungen von Entwicklungsländern in vielen Fällen dazu führen, dass Geld schlecht verwendet wird und oft Kleptokraten bereichert. Aber die Tatsache, dass viele Formen des Geldtransfers aus reichen in arme Länder gegenwärtig nicht zur Beendigung der Armut beitragen, bedeutet nicht, dass es keine andere Möglichkeiten gibt, Geld effektiv und effizient einzusetzen, um die Verhältnisse für die am stärksten Benachteiligten der Erde zu verbessern.

Im April 2011 besuchten eine Kollegin und ich das Dorf Otjivero in Namibia. Dirk Haarmann, damals Pastor der lutherischen Kirche in der Hauptstadt Windhoek, führte uns durch den Ort und stellte uns die Einwohner vor. Ich erinnere mich noch lebhaft an Dirks Schilderung, was es in dieser Gemeinde bedeutete, arm zu sein. Es hieß nicht nur, dass es keine Nahrungsmittel und kein Geld gab, solche zu kaufen. Es hieß auch, dass es niemanden gab, an den man sich wenden und um Essen bitten konnte. Ein Kleinkind schreit, es ist hungrig. Was kann die Mutter tun? Sie bringt Wasser zum Kochen. Das Geräusch des kochenden Wassers vermittelt dem Kind den Eindruck, sie bereite Essen zu. Immer wieder sagt die Mutter dem Kind, gleich gebe es etwas zu essen, und schließlich ist es so erschöpft, dass es einschläft. Die Mutter hat etwas Zeit gewonnen und kann nur beten, dass sich am nächsten Tag eine Möglichkeit findet, etwas zu essen aufzutreiben. Arm zu sein bedeutete für diese Dorfbewohner, dass das Leben buchstäblich ein täglicher Überlebenskampf war.

Der direkteste Weg, eine Verbindung zwischen Geld und Armut herzustellen, ist, es den Armen zu geben, ohne weitere Fragen zu stellen. Dirk und seine Frau Claudia gehörten Namibias Basic Income Grant Coalition (Koalition für ein Grundeinkommen, BIG) an, die seit langem für ein landesweites bedingungsloses Grundeinkommen von 100 Namibia-Dollars (etwa 14 US-Dollar) im Monat plädierte. Dadurch würde sich das Einkommen der ärmsten 20 Prozent der Bevölkerung um 50 Prozent erhöhen. Um zu sehen, welche Auswirkungen ein solches bedingungsloses Grundeinkommen auf Armut und Wirtschaftstätigkeit hätte, hatte Namibias BIG-Koalition 2008 ein Politprojekt in einer Gemeinde gestartet: in Otjivero.[4]

Von Januar 2008 bis Dezember 2009 wurden alle Einwohner des Ortes für das Projekt registriert und erhielten ein Grundeinkommen von 100 Namibia-Dollar im Monat. Die meisten hatten sich dort niedergelassen, weil sie keinen anderen Ort hatten, an den sie gehen konnten. In der Gemeinde herrschten Arbeitslosigkeit und bittere Armut.

Obwohl das Grundeinkommen sehr bescheiden war, hatte es erhebliche Auswirkungen auf das Leben der Einwohner. Vor Beginn des Experiments lebten 76 Prozent der Bevölkerung unter der Ernährungsarmutsgrenze (dem minimalen Geldbetrag, den man braucht, um nicht zu hungern und auf Lebensnotwendiges zu verzichten). Ein Jahr nach der Einführung des Grundeinkommens sank die Zahl der Einwohner, die nicht genug Geld für den täglichen Grundbedarf hatten, auf 37 Prozent. Das Projekt sorgte für starken Zuzug in die Gemeinde. Arme Verwandte der Einwohner zogen nach Otjivero, auch wenn sie selbst keinen Anspruch auf ein Grundeinkommen hatten. Ohne diese Migration wäre die Armutsrate nach Einschätzung der Forscher noch weiter bis auf 16 Prozent zurückgegangen. Der Anteil der unterernährten Kinder fiel von 42 auf 10 Prozent. Die Schulabbrecherrate, die häufig darauf zurückzuführen war, dass die Eltern das Schulgeld nicht zahlen konnten, sank von 40 auf nahezu null Prozent. Auch die Nutzung der örtlichen Krankenstation stieg an. All das sind eindeutige Indikatoren, dass die Armut insgesamt zurückging und das Wohlergehen stieg.

Was mir bei unserem Besuch in der Gemeinde besonders auffiel, war das nahezu völlige Fehlen einer erkennbaren Wirtschaft, wie sie in urbanen Gegenden zu finden ist. Der Ort lag weit von der nächsten Stadt entfernt, und die Einwohner konnten sich Verkehrsmittel nicht leisten. Wie soll man seinen Lebensunterhalt bestreiten, wenn es in der Umgebung kaum Ressourcen gibt und nichts, was Chancen oder auch nur Hoffnung bietet? Als meine Kollegin und ich in den folgenden Tagen durch Namibia reisten, reagierten mehrere Leute, mit denen wir sprachen und die sich für unsere Forschung interessierten, mit der typisch neoliberalen Trope: Ja, wir sollten den Armen helfen, aber nur denjenigen, die es verdienen und die zu arbeiten bereit sind. Solche Reaktionen standen in krassem Gegensatz zur Realität der Einwohner von Otjivero. Sie waren nicht arm, weil sie nicht arbeiteten, vielmehr arbeiteten sie nicht, weil es keine Arbeitsplätze gab und sie zu arm waren, um sich selbst Arbeitsmöglichkeiten zu schaffen. Sie waren nicht nur zu unterernährt, sondern es gab schlicht keine Wirtschaft, die ihnen Arbeit bot. Es versteht sich wohl von selbst, dass nur eine großzügige Injektion von Ressourcen es ermöglichen würde, die Wirtschaft anzukurbeln (wie wir es erlebt haben, als der Marshallplan Westeuropa nach dem Zweiten Weltkrieg massive Ressourcen für den Wiederaufbau bereitstellte).

Die Einführung eines Grundeinkommens ermöglichte es den Einwohnern von Otjivero, einige Kleinbetriebe zu gründen – die beispielsweise Ziegel oder Kleidung herstellten. Die Leute organisierten informelle Sparvereine, in die jedes Mitglied monatlich einzahlte und dann Zugang zu einem größeren Geldbetrag hatte. Eine Einwohnerin, Frida Nembwaya, investierte das Grundeinkommen ihrer Familie in einen Backofen und fing an, traditionelle Brötchen zu backen. Bald buk sie an sieben Tagen in der Woche 200 Brötchen täglich. Kleinbetriebe wie dieser helfen eindeutig nicht nur, einen positiven Wirtschaftskreislauf zu schaffen, sondern geben den Einwohnern auch mehr Selbstwertgefühl. Sie sind keine armen, hungrigen Dorfbewohner mehr, sondern verfügen über die nötigen Mittel, ihr Leben zu verbessern. An ihr neu gebautes Haus aus Zinkplatten schrieb Frau Nembwaya: »Gutes Leben nach zähem Ringen«.[5]

Das Experiment mit dem Grundeinkommen in Otjivero war Teil einer Strategie, bei der Staaten und NGOs zunehmend direkte Transferzahlungen nutzen. Sie können entweder bedingungslos erfolgen wie in Otjivero oder an bestimmte Anforderungen gebunden sein. Auf nationaler Ebene startete Mexiko 2022 das Programm *Oportunidades* (Chancen) und Brasilien 2003 *Bolsa Família* (Familiengeld) – beide erreichten Millionen Menschen mit positiven Auswirkungen auf das Wohl armer Bevölkerungsteile. Es waren große, staatliche Transferprogramme, die allerdings an Bedingungen geknüpft waren: Familien erhielten kleine Geldzuwendungen, wenn ihre Kinder regelmäßig in die Schule gingen und Familienmitglieder Gesundheitszentren aufsuchten und an Hygiene- und Ernährungskursen teilnahmen.

Seit 2008 gab es weitere Experimente, bei denen sehr arme Leute kleine Geldbeträge erhielten und Ökonomen die Ergebnisse untersuchten. Die seither entstehenden Forschungsergebnisse ermöglichen es, zuverlässigere Schlüsse über die Auswirkungen bedingungsloser Geldtransfers auf diese extremen Armutsverhältnisse zu ziehen. Mittlerweile wissen wir, dass sie sich positiv auf die Ersparnisse, den Besitz langlebiger Konsumgüter (wie eines Backofens) und die gesamte Lebensqualität armer Menschen auswirken. Entgegen dem gemeinhin gegen bedingungslose Geldtransfers angeführten Argument, arme Leute würden das Geld verantwortungslos verwenden, haben die Forschungen ergeben, dass diese Transfers nicht dazu führen, dass sie mehr Geld für Alkohol und Tabak ausgeben.[6]

Zudem ist ein bedingungsloser Geldtransfer eine sehr effiziente Zuteilungsart, die mit erheblich geringeren Kosten verbunden ist als bedarfsabhängige Zahlungen, die eine bestimmte Gruppe nur erhält, wenn sie belegen kann, dass sie bestimmte Bedingungen erfüllt. Diese erfordern mehr bürokratische Aufsicht und Kontrolle, um festzustellen, wer was bekommen soll – was Zeit und Geld kostet. Außerdem sind bedingungslose Geldtransfers respektvoller gegenüber den Armen als zweckgebundene Leistungen. Sie lassen ihnen ihre Würde und erweisen ihnen Respekt, indem sie davon ausgehen, dass sie am besten wissen, was sie brauchen.

Die Vorstellung, den Armen großzügig kleine Geldbeträge zu geben, hat jedoch einen wichtigen Nachteil: Solche Zahlungen an Individuen können nur begrenzt etwas an systemischer Armut ändern. Solide Institutionen sind überaus wichtig für wirtschaftliches Gedeihen – dazu zählen unter anderem eine stabile Währung, ein zuverlässiger Staat, die Bekämpfung der Korruption und eine Gewaltenteilung, die verhindert, dass Politiker die natürlichen Ressourcen ihres Landes zum eigenen Vorteil ausplündern. Das alles ist richtig – aber sich für bedingungslose Geldtransfers an die Armen der Welt einzusetzen heißt keineswegs, dass mehr nicht notwendig wäre. Ganz im Gegenteil.

Die politische und finanzielle Elite des Globalen Nordens sollte eindeutig aufhören, Diktatoren zu unterstützen und die natürlichen Ressourcen und billigen Arbeitskräfte der Länder des Globalen Südens auszubeuten. Aber darüber hinaus sollten die ehemaligen europäischen Kolonialmächte – sowie die USA als De-facto-Kolonisator – zugeben, dass sie diese Länder historisch für ihre Eigeninteressen (neben anderen, edleren Zielen, die sie möglicherweise verfolgten) ausgebeutet haben, und sollten die in der Vergangenheit angerichteten Schäden kompensieren. Dieser Vorschlag ist gegenwärtig in Europa und den USA nicht sonderlich populär, deren Bevölkerung die Rolle weitgehend ignoriert, die ihre Staaten dabei gespielt haben, den Völkern und Staaten des Globalen Südens ein Funktionieren und Gedeihen schwerzumachen. Einfacher ist es, solche Analysen als »woke« oder »radikal« zu brandmarken und den schwierigen Fragen auszuweichen. Aber wir haben eine Verantwortung, der wir uns nicht entziehen können. Extreme Armut zu beenden erfordert ein Paket verschiedener Maßnahmen, und bedingungslose Geldzuwendungen wären in diesem Gesamtpaket ein äußerst wirkungsvolles Instrument. Das Geld, das zur Finanzierung dieser Maßnahmen notwendig ist, muss in erster Linie von den Superreichen kommen, bevor wir uns den Reichen und der Mittelschicht zuwenden.

Jeffrey Sachs argumentierte ganz ähnlich, dass wir den überschüssigen Reichtum der Welt verwenden sollten, um vor allem den Hunger zu bekämpfen. Er ist ein renommierter Ökonom der Columbia University in New York und leitet dort das Center for Sustainable Development. Zudem ist er Präsident des UN Sustainable Development Solutions Network und Inhaber vieler anderer Führungspositionen auf der ganzen Welt. In einer eindrucksvollen Rede, die er im Juli 2021 beim Vorgipfel zur Welternährungskonferenz hielt, sprach er mehrere Missstände der globalen Ungleichheit an. In nur sieben Minuten machte er deutlich, wie viel Schaden angerichtet worden ist. Sachs erinnerte sein Publikum daran, dass die USA eine langjährige Geschichte habe, Politiker in Ländern an die Macht zu bringen, die ihnen wichtig sind, weil die herrschende amerikanische Klasse deren natürliche Ressourcen braucht oder weil sie vom Globalen Süden etwas anderes braucht – zum Beispiel billige Arbeitskräfte ohne sonderliche Arbeitsschutzgesetze. Anschließend kritisierte er die reichen Länder, weil sie sich nicht den tatsächlichen Finanzbedarf der Armen anschauten, sondern nur äußerst spärliche Finanzhilfen versprachen. Es sehe beinahe so aus, als ob die reichen Länder dies nur täten, weil sie es abhaken müssten, um sagen zu können, sie hätten ihnen etwas gegeben. Die Welt brauche einen Einstellungswechsel und müsse einen Betrag in der richtigen Größenordnung geben, die den tatsächlichen Bedürfnissen der Menschen gerecht werde. Aber woher sollte dieses Geld kommen? Dazu hatte Sachs Folgendes zu sagen:

> Die Reichen horten zunehmend alles. Wenn die Milliardäre ins Weltall fliegen wollen, könnten sie zumindest ihr Geld auf der Erde lassen, um die kritischen irdischen Probleme zu lösen. Mittlerweile haben wir schätzungsweise 2775 Milliardäre mit einem Gesamtnettowert von etwa 13,1 Billionen Dollar. Aus glaubwürdiger Quelle weiß ich, dass man nicht mehr

> als 1 Milliarde Dollar braucht, um komfortabel zu leben. Selbst wenn jeder Milliardär 1 Milliarde behielte, blieben etwa 10 Billionen Dollar übrig, um Hunger, Armut und Umweltzerstörung ein Ende zu setzen. Wir sollten das enorme, rasant wachsende Milliardärsvermögen besteuern, um eine zivilisierte Welt finanzieren zu helfen.[7]

Genau das ist die limitaristische Argumentation (allerdings ist die Obergrenze mit 1 Milliarde Dollar zu hoch angesetzt).

Extreme globale Armut ist ein eindeutiger Fall, in dem sich ein enormer Zuwachs an Wohlergehen erzielen ließe, wenn wir das überschüssige Geld der Superreichen nutzen würden, um den Armen zu helfen. Sie ist jedoch keineswegs das einzige Problem, das dringend der Abhilfe bedarf. Es gibt noch weitere brennende Themen, die unsere Aufmerksamkeit fordern.

Eines davon ist die Armut in reichen Volkswirtschaften. Laut OECD leben etwa 12 Prozent der Bevölkerung reicher Länder in Armut. Zwischen diesen Ländern gibt es allerdings bemerkenswerte Unterschiede: Am unteren Ende der Skala leben in einem Land wie Finnland 6 Prozent der Einwohner in Armut, während es in den USA etwa 15 Prozent sind. Zudem befinden sich 40 Prozent der Menschen in reichen Ländern in einer finanziell unsicheren Lage.[8] In all diesen Ländern leiden Menschen Not, weil sie bei der Geburtslotterie ein schlechtes Los gezogen haben oder im Verlauf ihres Lebens Pech hatten. Oder sie haben zufällig dunkle Haut, sind Migranten oder behindert – alles Faktoren, die angesichts von Rassismus, Fremdenfeindlichkeit und Ableismus, die in reichen Gesellschaften weit verbreitet sind, Existenznot wahrscheinlicher machen. Es gibt also eindeutig keine Patentlösung, die all diese Probleme zugleich beheben würde. Dennoch ließe sich dieses Leid weitgehend mildern, wenn wir einfache politische Maßnahmen gegen die endemische

Armut ergreifen würden – von denen die meisten Geld kosten. Denn für viele der Maßnahmen, die notwendig sind, um die Welt zu verbessern, brauchen wir gut durchdachte Vorschläge, gute Gestaltung und schwer arbeitende, aufrichtige Menschen, die sie umsetzen. Aber eindeutig brauchen wir auch Geld.

In reichen Ländern gibt es gut sichtbare Formen von Armut, vor allem im Fall von Obdachlosigkeit. Andere Formen können für die Öffentlichkeit unsichtbar bleiben, wenn es Menschen beispielsweise am Lebensnotwendigen wie Essen und Gesundheitsversorgung fehlt. Armut ist mit viel Scham und Stigmatisierung behaftet, daher versuchen viele, die zu kämpfen haben, ihre Not vor anderen zu verbergen. Wenn solche Bemühungen, ihre Armut zu verbergen, gelegentlich scheitern und die Medien einen Fall aufgreifen, löst es landesweite Empörung aus.

Im Oktober 2022 gab es in den Niederlanden einen Aufschrei der Entrüstung. An einem Montagmorgen wurde ein Junge in einer Rotterdamer Schule krank. Er hatte heftige Kopfschmerzen und fühlte sich unwohl. Als die Lehrerin seine Mutter anrief und sie bat, ihn abzuholen, erfuhr sie, dass sie seit Samstag nichts gegessen hatten, weil sie kein Geld mehr hatten. Das war durchaus kein Einzelfall. In den ganzen Niederlanden hatten Lehrkräfte in Schulen gewarnt, dass Kinder aus armen Familien häufig in die Schule kamen, ohne gefrühstückt zu haben. Sie setzten sich für ein gesundes Frühstück in den Schulen ein, damit Kinder nicht mit leerem Magen versuchen müssten, sich zu konzentrieren. Wir wissen, dass dieses Problem schlimmer wird: Immer mehr Familien sind auf Tafeln angewiesen, um sich einen Teil ihrer Lebensmittel zu beschaffen. Wenn mehr Steuereinnahmen zur Verfügung stünden, könnte der Staat allen Schülern kostenlose Mahlzeiten anbieten. Diese Maßnahme ist leicht umzusetzen und natürlich eine Frage der politischen Prioritäten: In New York bieten öffentliche Schulen schon jetzt allen Schülern ein kostenloses Frühstück und Mittagessen an.[9]

Wie ist es möglich, dass es in derart reichen Ländern Menschen gibt, die hungern? Zum einen sind die wirtschaftlichen Spielregeln so gestaltet, dass es die Profitmaximierungsstrategien der Unternehmen Menschen mit niedrigem Einkommen unmöglich machen können, ihre Grundbedürfnisse zu decken. Manche Güter, für die jeder Mensch Geld ausgeben muss, wie Arzneimittel oder Wohnraum, sind für viele zu teuer. Zwischen den Ländern gibt es zwar erhebliche Unterschiede, aber wie wir gesehen haben, sind die Löhne und Sozialleistungen für die Armen zunehmend nicht mehr hoch genug, um den Grundbedarf zu decken; der Zugang zu Sozialleistungen für Bedürftige, Arbeitslose und Menschen mit Behinderung wird immer schwieriger, und die seit der Finanzkrise 2008 umgesetzten Sparmaßnahmen erschweren es den Ärmsten und Vulnerabelsten, sich über Wasser zu halten. All diese Entwicklungen lassen sich auf den Aufstieg des Neoliberalismus, den vermehrt nach oben fließenden Reichtum (Trickling-up) und den Niedergang des Wohlfahrtsstaates zurückführen. Diese Geschichte des Niedergangs wird in dem Dokumentarfilm *The American Dream and Other Fairy Tales* von 2022, in dem Abigail Disney und Kathleen Hughes zeigen, was aus Arbeitskräften von Disneyland in Kalifornien wurde, sehr anschaulich dargestellt. Konnten die Beschäftigten des Freizeitparks in den fünfziger und sechziger Jahren noch ein komfortables Mittelschichtleben führen, sind viele mittlerweile aufgrund sinkender Löhne und steigender Lebenshaltungskosten in Armut gefangen. Gleichzeitig erhält Disneyland erhebliche finanzielle Unterstützung vom Staat. Und der CEO von Disneyland verdient das 2000-Fache des Lohns eines »Parkwächters«, während es 1967 lediglich das 78-Fache war.[10]

Häufig ist das Leid der Armen durch schlechte Sozialsysteme und mangelhafte staatliche Regulierung verursacht oder wird dadurch verschlimmert. Ein schmerzliches Beispiel ist die mangelhafte Gesundheitsversorgung in den USA. Die Vereinigten Staaten sind eines der reichsten Länder der Erde, haben aber auch eines der teuersten und ungerechtesten Gesundheitssysteme. Gute Gesundheitsversorgung und erschwingliche medizinische Behandlung hängen von der jeweiligen Krankenversicherung ab, die wiederum von der Großzügigkeit des Arbeitgebers (oder der des Ehepartners) abhängt. Anfang 2023 erfuhr die Öffentlichkeit, dass Hody Childres, ein Landwirt aus Alabama, der örtlichen Apotheke über zehn Jahre hinweg anonym Spenden hatte zukommen lassen, die es Einheimischen ermöglichten, verschreibungspflichtige Medikamente, die sie sich nicht leisten konnten, kostenlos zu bekommen. Childres' Großzügigkeit ist herzerwärmend. Aber es ist empörend, dass Menschen in einem derart reichen Land auf den guten Willen eines anonymen Spenders angewiesen sind, um Zugang zu verschreibungspflichtigen Medikamenten zu haben. Unser Menschenrecht auf Gesundheitsversorgung dürfte nicht davon abhängen, ob es in unserer Umgebung zufällig einen außerordentlich großzügigen Nachbarn gibt. Eine landesweite Studie ergab, dass in den USA nahezu jeder Vierte Schwierigkeiten hat, seine verschreibungspflichtigen Medikamente zu bezahlen. Gleichzeitig haben die großen Pharmakonzerne Gewinnspannen, die annähernd doppelt so hoch sind wie in anderen Branchen: 13,8 Prozent im Vergleich zu 7,7 Prozent. Es ist eine Branche, die, wenig überraschend, zahlreiche Milliardäre der *Forbes*-Liste hervorgebracht hat.[11]

Nichts hindert den amerikanischen Staat daran, die Pharmaindustrie so zu regulieren, dass Unternehmen einen vertretbaren, aber keinen exorbitanten Profit machen können, aber die Bedürfnisse der Bürger dennoch befriedigt werden. Sowohl das kanadische als auch die meisten europäischen Gesundheitssysteme sind effizienter und weniger kostspielig. Aber für solche Lösungen müssen wir zuerst erkennen, dass der Himmel nicht die Grenze der Profite sein sollte. Und dass Marktmechanismen vielleicht nicht für alle Güter gelten sollten.[12]

Die Beispiele von hungrigen Schulkindern in den Niederlanden und Patienten in den Vereinigten Staaten, die ihre verschreibungspflichtigen Medikamente nicht bezahlen können, sind nur zwei aus einer ganzen Liste von Entbehrungen in reichen Gesellschaften. Schulen für Schüler mit Behinderungen und Entwicklungsstörungen sind unterfinanziert, können nicht die bestqualifizierten Lehrkräfte anlocken und haben zu große Klassenstärken, um die Entwicklung dieser vulnerablen Kinder angemessen zu fördern. Organisationen, die aus ihren Heimatländern geflüchteten Schülern helfen, sind ständig auf der Suche nach Finanzmitteln, um diese aufgeweckten jungen Flüchtlinge zu unterstützen, die einen Schulabschluss zu machen hoffen. Obdachlose brauchen dringend eine dauerhafte Bleibe, da es ohne Wohnung äußerst schwierig ist, einen Arbeitsplatz zu finden und den Teufelskreis aus Arbeitslosigkeit, Hunger und Instabilität zu durchbrechen. Und so weiter – die Liste ist lang. Zu lang.

In einer limitaristischen Welt wären wesentlich weniger Armut und weit weniger unbefriedigte Bedürfnisse zu finden. Darüber hinaus würden uns die Finanzmittel aus den höheren Steuereinnahmen ermöglichen, »kollektive Handlungsprobleme« in Angriff zu nehmen. Dies ist eine Problemkategorie, in der eine Gruppe von Menschen wegen persönlicher Interessenkonflikte nicht zusammenarbeitet, um ein Problem effektiv zu lösen. Die Lösung kollektiver Handlungsprobleme verlangt eine Koordination, typischerweise durch den Staat. Es gibt Bereiche, die statt individuellen Handelns strukturelle Lösungen erfordern. Sind solche Probleme erst einmal gelöst, profitieren alle davon.

Die gegenwärtig drängendsten Beispiele sind natürlich der Klimawandel und die Biodiversitätskrise. Dafür gibt es keine Einzellösung, und niemand kann sie allein bewältigen. Wir mögen uns entscheiden, Flugreisen zu vermeiden oder darauf zu verzichten, tierische

Produkte zu essen. Wir können unseren Garten renaturieren. Das alles ist bewundernswert – und als Möglichkeit wertvoll, ein entsprechendes Bewusstsein und ein Gemeinschaftsgefühl unter Leuten zu schaffen, die auf eine bessere Welt hinarbeiten –, aber es wird die Krise nicht überwinden, selbst wenn es uns gelingen sollte, unsere sämtlichen Nachbarn zum Mitmachen zu bewegen. Wir brauchen, wie bereits aufgezeigt, eine grüne Strategie, die unterschiedliche Klima- und Artenschutzmaßnahmen auf höchster Ebene umfasst: Wir müssen die Produktion erneuerbarer Energien erheblich ausbauen und von fossilen Brennstoffen wegkommen; neue grünere Technologien entwickeln; arme Bevölkerungsgruppen mit netzunabhängigen erneuerbaren Energien ausstatten; die Viehhaltung drastisch reduzieren; Land aufkaufen, um es vor exzessiver Kultivierung zu schützen; die umweltschädlichsten Firmen aufkaufen etc. Nichts von alledem geht ohne Geld.

Außer die kollektiven Handlungsprobleme anzugehen, kann der Staat die zusätzlichen Steuereinnahmen auch dazu nutzen, Unternehmensziele festzusetzen, die positive Spillover-Effekte auf die gesamte Wirtschaft hätten. Man denke nur an Mariana Mazzucatos Feststellung in *Das Kapital des Staates*, dass der Staat historisch eine überaus wichtige Triebkraft für Innovationen war. Tatsächlich ist er in dieser Hinsicht wesentlich wichtiger, als gemeinhin angenommen wird. Es gibt gute Gründe, dass die Schaffung solcher Anreize eine staatliche Aufgabe ist: Denn große Erfindungen erfordern kluge Individuen, die imstande sind, langfristig zu arbeiten, ohne dem Druck ausgesetzt zu sein, kurz- und mittelfristige Profite zu generieren. Der Staat ist die beste und vielleicht sogar die einzige Institution, die riskante, langfristige Forschung finanzieren kann, da er Fehlschläge zu verkraften vermag und nicht von Aktionären gedrängt wird, die eine kurzfristige Rendite ihrer Investitionen sehen wollen.

Mit dem Aufstieg des Neoliberalismus verbreitete sich die Ansicht, der Staat sei unproduktiv und Unternehmer seien die wahren und einzigen Akteure der Innovation. Wie Mazzucato gezeigt hat, entspricht das nicht der historischen Bilanz. Die meisten wichtigen Innovationen erwuchsen nicht aus Investitionen von Risikokapital des Privatsektors am Markt, sondern waren auf staatliche Subventionen angewiesen. In ihrem neueren Buch *Mission. Auf dem Weg zu einer neuen Wirtschaft* argumentierte sie, Staaten sollten große Innovationen nicht nur als Selbstzweck anstreben, sondern auch weil sie zu unerwarteten weiteren Innovationen führen können, die Wirtschaftswachstum und Wohlergehen fördern. Die Mission, einen Menschen auf den Mond zu bringen, ist für sie ein solches ambitioniertes staatlich geleitetes Innovationsvorhaben, das zur Entwicklung und Gestaltung neuer Technologien und Materialien auf so breiten Feldern wie Elektronik, Navigation, Kommunikation, Textilien und Ernährung geführt hat. Würde der Staat seine Möglichkeit zur Steuererhebung wiederherstellen, könnte er sich erneut für solche »Mondflug«-Ambitionen engagieren.[13]

Das Fazit lautet schlicht: Es gibt so viel Gutes, das unsere Staaten mit dem überschüssigen Geld der Superreichen tun könnten. Und es ihnen wegzunehmen hätte wahrscheinlich keinerlei Auswirkungen auf ihr Wohlergehen – jedenfalls keine spürbaren. Sollte es bei ihnen zu einem etwas weniger luxuriösen Lebensstil führen, so würde dies durch die Gewinne für andere und für das Gemeinwohl mehr als aufgewogen.

Manche Leser werden fragen: Heißt das nicht, eine Gans zu schlachten, die goldene Eier legt? Wenn wir die individuelle Freiheit, Reichtum anzuhäufen, beschneiden, treffen wir dann nicht nur die Reichsten, sondern letzten Endes auch alle anderen? Wird der kollektive Kuchen nicht kleiner, werden nicht mehr Menschen leiden, wird der Limitarismus nicht nach hinten losgehen?

Diese Warnung, eine Gans zu schlachten, die goldene Eier legt, ist auch als »Anreizeinwand« bekannt. Dahinter steht die Vorstellung, dass Menschen, von denen wir eine besondere Anstrengung erwarten, einen materiellen Gewinn darin sehen müssen, weil sie sonst keinen Anreiz haben, diesen Einsatz zu erbringen. Diese Argumentation unterstellt, der Limitarismus habe Fehlanreize zur Folge, die annähernd reiche Menschen davon abhalten würden, durch mehr Arbeitsstunden, stärkeren Arbeitseinsatz, kluge Innovationen und mehr Geschäftstätigkeit einen größeren Beitrag zur Wirtschaft zu leisten – obwohl der Zusammenhang zwischen Leistung und Entlohnung durchaus nicht so geradlinig ist, wie wir bei Jeroen van der Veer gesehen haben. Dennoch herrscht unter Ökonomen der Konsens, dass der »optimale obere Grenzsteuersatz« bei der Einkommenssteuer, also der Satz, bei dem die Gesamtsteuereinnahmen maximiert werden, zwischen 70 und 80 Prozent liegt. Erhöht man den oberen Grenzsteuersatz wesentlich stärker, gehen die Gesamtsteuereinnahmen zurück.[14]

Der erste Punkt, den es dazu anzumerken gilt, ist, dass Limitarismus nicht zwangsläufig einen Spitzensteuersatz von 100 Prozent auf Einkommen bedeutet. Wenn wir erhebliche strukturelle Veränderungen der Wirtschaft vornehmen können, die eine gerechtere Verteilung dessen gewährleisten, was wir alle produzieren, besteht eine wesentlich geringere Notwendigkeit für Eingriffe des Steuersystems, die den überschüssigen Reichtum abschöpfen. Praktisch ließe sich das durch diverse Mittel erreichen: durch Mindestlöhne auf dem Niveau der Lebenshaltungskosten; durch Zerschlagung von Konzernen, die eine Monopolstellung innehaben; durch den Schutz von Gewerkschaften und die Kriminalisierung der systematischen Unterdrückung von Arbeitervertretungen; sowie durch andere Maßnahmen, die sicherstellen, dass keine Gruppe in der Wirtschaft zu viel Macht erlangt. Auf diese Weise wären die Spitzeneinkommen wesentlich niedriger, und wir bräuchten folglich gar keinen Steuersatz von 100 Prozent. Zudem müssen wir uns stärker auf die Besteuerung von Vermögen, Profiten, Erbschaften und Kapitalgewinnen konzentrieren, die gegenwärtig sehr niedrig oder gar nicht existent ist. In jedem Fall ist es sehr wichtig, dass wir den Limitarismus nicht nur unter dem Aspekt der Einkommenssteuer sehen, sondern als Leitprinzip verstehen, das uns bei der Strukturierung einer Wirtschaft helfen kann, die in erster Linie zu weniger Ungleichheit führt.

Der zweite Punkt ist: Sollte sich herausstellen, dass eine limitaristische Wirtschaft Arbeitskräften die Anreize nimmt, könnte dies die Argumente für eine harte politische Vermögensobergrenze schwächen – nicht aber die ethischen Argumente. Denn wie der Philosoph G. A. Cohen aus Oxford argumentiert, gäbe es in einer gerechten Welt keine Rechtfertigung für anreizbasierte Ungleichheiten, die den Produktivsten nützen. In einer gerechten Welt würden die Produktivsten akzeptieren, dass es nur sehr begrenzte Argumente gibt, Ungleichheiten zuzulassen. Das wahrhaft *moralische* Argument, Ungleichheit zuzulassen, beschränkt sich, wie bereits dargelegt, auf Ungleichheiten in der Entlohnung, die auf unterschiedliche Arbeitsbelastungen zurückgehen (Risiko, Investitionen in Bildung und Belastungsniveau) sowie auf die unterschiedlichen Anstrengungen und Arbeitsstunden, die Menschen in ihre Erwerbstätigkeit investieren. Aber darauf zielt der Anreizeinwand nicht ab: Ihm geht es vielmehr um Menschen, die sich vom Limitarismus freikaufen, um für sich mehr herauszuholen, die aber keinen echten moralischen Grund haben, ihr Geld zu behalten oder mehr zu bekommen.[15]

Innerhalb der Obergrenze von 10 Millionen Pfund, Dollar oder Euro bleibt ausreichend Spielraum für gerechtfertigte Anreize. Aber in unserer ungerechten Welt werden wir von Forderungen nach ungerechten Anreizen überschwemmt: Es handelt sich um pragmatische Konzessionen in Verhandlungen, geprägt von Leuten, die zufällig in einer starken Position sind, die sie nicht erreicht hätten, wenn sie nicht ein entscheidendes Quäntchen Glück gehabt und von den Auswirkungen ungerechter Gesellschaftsstrukturen profitiert hätten, die den Reichen, vor allem aber den Superreichen nützen.

Dieser Einwand geht unter anderem von der Annahme aus, dass

solche Fehlanreize real sind. Aber stimmt das überhaupt? Würden Leute mit sehr hohem Einkommen tatsächlich aufhören, zu tun, was sie tun, wenn der höchste Grenzsteuersatz auf Einkommen, sagen wir, 90 Prozent betrüge, oder würden Unternehmer aufhören, ihre Produkte zu verkaufen, wenn der Spitzensteuersatz auf Unternehmensgewinne bei 90 Prozent läge? Warum sollten sie das tun? Ist es nicht wesentlich plausibler, dass die meisten Menschen, die derzeit extrem weit oben in der wirtschaftlichen Hackordnung rangieren, nicht mehr des Geldes wegen arbeiten, sondern für Status, Netzwerke und Macht, die mit dieser Stellung einhergehen? In seinem Buch *Against Inequality* untersucht der kanadische Politologe Tom Malleson die Ergebnisse empirischer Studien zu der Frage, ob die Reichen und Superreichen weniger arbeiten, wenn sie höher besteuert werden, und kommt zu dem Schluss, dass es dafür keine Belege gibt. Ganz oben an der Spitze sind Menschen stärker von Macht und Ansehen motiviert und reduzieren daher ihr berufliches Engagement nicht, wenn sie nach Steuern weniger verdienen.[16]

Wieder einmal haben wir es mit einem weit verbreiteten Glauben zu tun, der auf einer ideologischen Unterstellung beruht, was Menschen motiviert. Die im Neoliberalismus eingebettete Vorstellung von der menschlichen Natur besagt, dass materielle Vorteile das sind, was Menschen antreibt, aber warum sollte das so sein? Und selbst wenn es (in gewissem Maße) stimmen sollte, dürfen wir doch nicht vergessen, dass sich das Ausmaß, in dem Menschen belohnt werden müssen, um einen Beitrag zu leisten, mit dem Zeitgeist ändern kann. Die neoliberale Ideologie mit ihrem Mantra »Gier ist gut« macht manche glauben, sie seien dumm, wenn sie nicht den höchstmöglichen Lohn oder das höchstmögliche Einkommen anstreben. Aber warum? Warum sollte das der Fall sein? Wenn wir uns daran gewöhnen, uns mit einer gerechten Entlohnung für Arbeit oder Unternehmertum zufriedenzugeben, und die von uns gemeinsam erwirtschafteten Erträge gerechter aufteilen, wird es seltener vorkommen, dass man für zusätzliche Anstrengung keinerlei finanziellen Lohn erhält.

Selbst wenn es keinen *finanziellen* Lohn für zusätzliche Anstrengung gäbe, folgt daraus nicht, dass es dafür insgesamt keine Belohnung gibt. Viele Menschen leisten ständig Arbeit ohne finanzielle Gegenleistung – man denke nur an all die Leute, die ehrenamtlich tätig sind, oder an diejenigen, die sich für das Gemeinwohl engagieren, wenn der Staat oder Unternehmen versagen (wie Klimaaktivisten oder der großzügige Farmer in Alabama). Oder an die Arbeit von Lehrkräften. Regelmäßig setzen sich Lehrer ohne zusätzliche Bezahlung für Schüler ein, die besondere Unterstützung brauchen. Auf der ganzen Welt machen Lehrkräfte regelmäßig Überstunden. Wenn man sie fragt, warum sie das tun, hört man in ihren Antworten nur selten Worte wie »Lohn« oder »Geld«. Sie tun es aus dem inneren Antrieb, ihre Arbeit gut zu machen und dem Moralkodex ihres Berufes zu folgen. Sie fassen ihren Beruf als Berufung auf und tun alles, was notwendig ist, um ihn gut zu machen – innerhalb vernünftiger Grenzen, versteht sich. Aber für diejenigen, die gern die Belohnungsterminologie verwenden, könnte man auch sagen, Lehrkräfte werden mit der Freude und Genugtuung belohnt, Kinder und Jugendliche wachsen und sich entwickeln zu sehen. Ihr Lohn ist menschliches Gedeihen.[17]

Nichtfinanzielle Anreize in die Diskussion einzubeziehen führt zu folgender Frage: Gibt es solche nichtfinanziellen Belohnungen oder Anreize, die höchst produktive Menschen veranlassen könnten, größere Anstrengungen zu unternehmen, so dass die Gesamtgesellschaft davon profitiert? Haben wir die Frage ernst genug genommen? Haben wir angemessen untersucht, wie wir neue Formen von Ansehen und Anerkennung einführen können, die eine Person würdigen und ihr Dankbarkeit erweisen können, ohne sie übermäßig reich zu machen? In der Wissenschaft ist der Lohn meist so beschaffen. Häufig gibt es keinen finanziellen Lohn, etwa bei Ehrendoktortiteln. Falls es ihn gibt, soll er in der Regel nicht die Wissenschaftler bereichern, die ihn erhalten, vielmehr fließen die Mittel wieder in Forschung und Lehre zurück. Alle profitieren von wissenschaftlichen Entdeckungen und Erkenntnissen; Lehrende und Forschende teilen sie als öffentliche Güter der Menschheit. Warum kann dieses Modell nicht auch für andere Branchen gelten?

Sicher wäre es besser, wenn das Vermögen der Reichen zum Nutzen aller verwendet würde, mögen manche erwidern. Aber der beste Weg, dies zu erreichen, besteht darin, die Reichen zu philanthropischen Spenden zu ermuntern. Bietet es sich nicht als einfache Lösung an, eine stärkere philanthropische Kultur zu entwickeln, so dass die Reichen mehr von ihrem Reichtum für gute Anliegen spenden?

KAPITEL 8

Philanthropie ist nicht die Lösung

Erinnern wir uns an Chuck Feeney, der Milliarden anhäufte und dann alles verschenkte. Sein Vermögen erwarb er durch eine Kombination aus harter Arbeit und geschicktem Geschäftssinn. Dieselben unternehmerischen Fähigkeiten und Energien setzte er auch bei seinen Spenden ein. Er verschenkte seine Milliarden aus lobenswerten Gründen: Er hatte den Eindruck, er brauche das Geld nicht, und erkannte, wie viel Gutes man an anderer Stelle damit anfangen konnte. Mehr noch: Er hatte das Gefühl, es noch zu seinen Lebzeiten abzugeben sei eine gute Möglichkeit, glücklich zu werden. Wenn man erst nach dem Tod anfängt, etwas zu verschenken, kann man sich nicht daran erfreuen.

Feeney wurde in den dreißiger Jahren in eine Arbeiterfamilie in Pennsylvania hineingeboren. Der enorme Reichtum, den er in seinem späteren Leben anhäufte, änderte nichts an seiner Treue zu den Werten und der Kultur der Menschen, mit denen er aufgewachsen war. Als junger Mann ging er zur US-Armee in dem Wissen, dass er nach seiner Entlassung freien Zugang zu einem College haben würde. Während er in Japan stationiert war, lernte er Japanisch und studierte nach seiner Militärzeit an der Cornell University mit einem Militärstipendium Hotelmanagement.

Feeneys Geschäftsmodell bestand darin, legale Möglichkeiten für den Verkauf von Produkten zu finden, ohne Steuern zahlen zu müssen. Er fand clevere neue Wege, in den USA hoch besteuerte und daher teurere Produkte abgabenfrei zu verkaufen. Zunächst bot er amerikanischen Soldaten, deren Schiffe in europäischen Häfen anlegten, Spirituosen an (er nahm ihre Bestellungen auf und schickte die Flaschen direkt zu ihnen nach Hause; offiziell nahmen sie diese als »unbegleitete Güter« von ihren Fahrten mit zurück). Später eröffnete er Duty-free-Shops in Flughäfen auf Hawaii, die viele japanische Touristen anlockten. Bis er fünfzig Jahre alt wurde, hatte er das Imperium Duty Free Shoppers (DFS) aufgebaut und erzielte lange Jahre eine jährliche Dividende von über 20 Millionen Dollar.

In seinem späteren Leben war Feeney zunehmend unglücklich über das Vermögen, das er angesammelt hatte. Da er nichts für den Lebensstil der Superreichen übrighatte, beschloss er, seine Energie und sein Können einzusetzen, um das Leben anderer zu verbessern. Über mehrere Jahrzehnte hinweg verschenkte er nahezu sein gesamtes Vermögen von über 8 Milliarden Dollar. So unterstützte er irische Universitäten, seine Alma Mater, die Cornell University, das vietnamesische Gesundheitssystem und den Friedensprozess in Nordirland sowie viele andere kleinere Anliegen mit sehr großen Beträgen. Feeney lebte getreu seinem Motto: »Gib mit warmer Hand.«[1]

Lange konnte er anonym spenden, was *Forbes* veranlasste, ihn als den »James Bond der Philanthropie« zu bezeichnen. Wegen eines Rechtsstreits mit einem ehemaligen Geschäftspartner konnte er ab einem gewissen Punkt jedoch nicht mehr anonym bleiben. Seitdem erhielt er aus allen Teilen der Welt Lob für seine äußerst großzügigen Spenden. Niemand hat jemals zu Lebzeiten einen derart großen Teil seines Vermögens verschenkt. Warren Buffett nannte ihn »meinen Helden«. Bill Gates erklärte, Feeney »geht uns allen mit gutem Beispiel voran«. *Forbes* zeichnete ihn 2014 mit dem Preis »Lifetime Achievement for Philanthropy« aus. Alle Universitäten Nord- und

Südirlands verliehen ihm 2012 einen Ehrendoktor. Auch die University of Queensland verlieh ihm die Ehrendoktorwürde in Anerkennung seiner Großzügigkeit gegenüber Australien im Allgemeinen und der Universität im Besonderen, und verkündete, dass sie auf dem Campus einen »Feeney Way« eröffnen würde.[2]

Kurz: Die Bewunderung und Dankbarkeit für Chuck Feeneys Großzügigkeit war überwältigend, und wiederholt wurde gesagt, alle Milliardäre sollten seinem Beispiel folgen. Es ist also keineswegs überraschend, dass so viele ihn für einen Helden halten. Man stelle sich nur vor, wie es wäre, wenn alle Milliardäre so handeln würden wie er. Das wäre eine limitaristische Welt! Oder nicht?

Wäre ich eine neoliberale Denkerin oder Politikerin, wäre das tatsächlich das Ende der Geschichte. Ich bin begeistert über Feeneys Haltung zum Spenden. Aber eine angemessene Moralanalyse sollte tiefer gehen und potenziell unbequeme Fragen stellen. Bei allen Millionären und Milliardären – ob sie nun ihr Geld verschenken oder nicht – müssen wir uns einige Fragen stellen. Die erste ist, wie viel von diesem Geld schmutzig ist. Bei den Superreichen, deren Vermögen aus Unternehmen stammt, müssen wir fragen, ob sie und ihre Firmen die Menschenrechte (einschließlich der Arbeiterrechte) ihrer Beschäftigten respektiert haben. Wir müssen fragen, ob sie Steuerzahlungen vermieden haben, indem sie das Recht manipuliert oder sogar geändert haben. Und wir müssen fragen, ob ihre Einkommen generierenden Tätigkeiten auf Kosten der Umwelt gingen. Leider legt Feeneys Biographie den Schluss nahe, dass die Antworten auf einige dieser Fragen beunruhigend sind.

Feeney baute sein gesamtes Firmenimperium auf Steuervermeidung auf. Sein erster Firmensitz war in Liechtenstein, einem Steuerparadies. Da er dort kein ständiges Aufenthaltsrecht hatte, wohnte er in Hotels und musste ebenso wie seine Beschäftigten regelmäßig ein- und auschecken, um der Polizei zu entgehen. Später ließ er seine Firmenanteile unter dem Namen seiner französischen Ehefrau registrieren, damit er in den USA keine Steuern zahlen musste. Sie war in keiner Weise an der Geschäftsführung beteiligt. Als einer der internationalen Steuerunterschiede, die seine Unternehmen ausnutzten, aufgrund einer Gesetzesänderung wegzufallen drohte, blieben Feeney und seine Anwälte eine Zeitlang in Washington, um unmittelbare Lobbyarbeit zu betreiben. Es steht also außer Zweifel, dass seine Neigung zur Steuervermeidung amerikanische (und internationale) Finanzbehörden um einige Einnahmen brachte – und damit auch US-Bürger, die demokratisch hätten entscheiden können, was mit diesen entgangenen Einnahmen geschehen sollte. Sie hätten beispielsweise beschließen können, diese Milliarden für etwas anderes auszugeben als für Feeneys Alma Mater oder für irische Universitäten.

Welche Lehren lassen sich aus Chuck Feeneys Beispiel ziehen? Die erste ist, dass unsere Einschätzung zum philanthropischen Engagement einer bestimmten Person das größere Bild in Betracht ziehen muss. Die erste Regel, die eine reiche Person beachten sollte, ist, ihr Geld auf moralisch einwandfreie Weise zu verdienen, bevor sie auch nur an Philanthropie denkt.

Manche mögen an dieser Lektion Anstoß nehmen. Ist es nicht völlig unangebracht und sogar unangemessen, jemandem, der sein gesamtes Vermögen von annähernd 8 Milliarden Dollar verschenkt hat, kritische Fragen zu stellen? Die meisten Superreichen spenden nur einen Bruchteil dieses Betrages und ziehen es vor, ein dynastisches Vermögen aufzubauen und ihren Kindern zu vererben. Oder sie geben es für so verrückte und verschwenderische Dinge aus wie goldene Toiletten. Erwarten wir von Philanthropen, dass sie Heilige sind?

Hätte ich Chuck Feeney einmal getroffen, hätte ich selbstverständlich nicht angefangen, mich wegen seiner Steuern zu beklagen. Hier geht es nicht um Einzelpersonen. Es geht um gesellschaftliche Strukturen und um Politik. Unsere Analyse soll zu einer zukunftsorientierten Agenda beitragen. Ja, wir können darüber reden, wie öffentlich-private Partnerschaften die Welt verbessern können. Wir können darüber reden, wie viel Gutes philanthropisches Engagement bewirken kann. Aber zuerst müssen wir über die Grundstrukturen unserer Gesellschaft, über den Gesellschaftsvertrag reden; über die grundlegenden Vereinbarungen, die in unseren Parlamenten getroffen werden, und über unsere internationalen Wirtschaftsabkommen. Wir müssen entscheiden, ob wir so viel Steuervermeidung und Steuerflucht und so viel Lobbyarbeit für die Gesetzgebung zulassen sollten, die beides erleichtert. Wir müssen darüber nachdenken, ob wir uns gegenseitig dazu drängen sollten, gemäß dem Geist der Gesetze zu leben statt gemäß der eigennützigsten Interpretation dieser Gesetze.

Laschheit in dieser Hinsicht hat zum gegenwärtigen Zustand beigetragen und Feeney geholfen, das Vermögen anzusammeln, das er später verschenkt hat. Die zweite Lektion, die aus Feeneys Beispiel zu ziehen ist, lautet: Wenn es um philanthropisches Engagement geht, ist das Persönliche politisch.

Wir können nicht über Philanthropie reden, ohne ihr Verhältnis zum Staat und zum Steuerwesen in Betracht zu ziehen. Häufig ist philanthropisches Engagement notwendig, weil der Staat drängenden unbefriedigten Bedürfnissen nicht gerecht wird. Man nehme nur Lebensmitteltafeln: Hätten Staaten effektive Strategien zur Armutsbekämpfung, bräuchten wir diese Art karitativer Einrichtungen nicht. Auf der anderen Seite hat jede Form der Steuervermeidung oder -flucht (auf denen die meisten großen Vermögen beruhen) eindeutige negative Auswirkungen auf benachteiligte Anspruchspersonen: auf die Arbeitskräfte oder Konsumenten, die mehr Steuern zahlen müssen, um den Rückgang der Steuereinnahmen auszugleichen, oder die unter den Folgen zu leiden haben, wenn grundlegende öffentliche Dienste nicht angemessen finanziert werden.

Das ist nicht nur eine Frage der Logik. Der Zusammenhang zwischen Philanthropie, unbefriedigten Bedürfnissen und Steuerwesen lässt sich auch anhand der Daten aufzeigen. Mit einer Armutsrate von 15 Prozent schneiden die USA schlechter ab als nahezu alle europäischen Länder; das Vereinigte Königreich liegt mit 11 Prozent etwas vor den USA, aber hinter den meisten westeuropäischen Ländern. Bei den Daten für Einkommensungleichheit sieht es noch schlechter aus: Nahezu alle europäischen Länder sowie Kanada, Südkorea und Japan schlagen sich besser als das Vereinigte Königreich und die USA. Das sind nur zwei Indikatoren für das umfassendere Bild, dass die soziale Sicherheit und die Umverteilungsmaßnahmen in westeuropäischen Ländern besser entwickelt sind als im Vereinigten Königreich und noch besser als in den USA.[3]

Beim Einfluss und der Bedeutung großer philanthropischer Einrichtungen ist es jedoch genau umgekehrt. Von den hundert größten philanthropischen Stiftungen haben neunzig ihren Sitz in den USA, fünf im Vereinigten Königreich und die restlichen fünf verteilen sich auf Kanada und Kontinentaleuropa.[4] Anders gesagt: Die politische und eigentlich moralische Debatte über Philanthropie hat eine ausgesprochen anglo-amerikanische Note. Das liegt daran, dass andere Länder, darunter auch die westeuropäischen, sich für ein Wirtschaftsmodell entschieden haben, in dem nur einige wenige Milliarden verdienen und dann philanthropische Stiftungen gründen können. Zudem ist dort die Notwendigkeit für solche Einrichtungen geringer, da diese Staaten die Ressourcen haben, mehr Bedürfnisse ihrer Bürger zu decken. Doch auch in Kontinentaleuropa fordern manche Stimmen, sie sollten mehr guten Willen sehr reicher Bürger mobilisieren, um Staaten zu helfen, die angeblich nicht länger in der Lage sind, so viel Unterstützung wie früher zu leisten. Aber wollen wir wirklich, dass der hungrige Schüler in Rotterdam sein Frühstück dank eines örtlichen Philanthropen bekommt, während die Reichsten in großem Stil Steuerflucht begehen und diverse fossile Brennstoffindustrien jährliche Steuernachlässe von bis zu 30 Milliarden Euro erhalten?[5]

Das ist ein Weg, dem wir meiner Ansicht nach nicht folgen sollten. Philanthropen sind kein Ersatz für einen ordentlich funktionierenden Staat. Wenn Philanthropen für den Staat einspringen, hat dieser einen bequemen Vorwand, seine Pflichten weiterhin nicht zu erfüllen. Und diejenigen, deren Bedürfnisse durch Philanthropen gedeckt werden, haben keinerlei Mitspracherecht an dem, was geschieht.

Eine Beurteilung philanthropischen Engagements muss daher immer Teil einer umfassenderen Diskussion über Steuern und öffentliche Güter und Dienstleistungen sein, die der Staat bereitstellt. Zudem muss sie Teil einer noch umfassenderen Debatte über andere mögliche Welten sein. Die grundlegendsten Fragen, die alle, die die Philanthropie kritisch unter die Lupe nehmen wollen, beantworten müssen, lauten: Warum brauchen wir überhaupt einen Staat? Können Philanthropen das, was Staaten derzeit tun, nicht ebenfalls leisten – nur wesentlich effizienter?

Zunächst sollten wir uns in Erinnerung rufen, dass ein ordentlich funktionierender Staat und ein gemeinsamer Regelsatz die Grundlage unseres Gesellschaftsvertrags sind – das, was uns vor Gesetzlosigkeit und Gewalt bewahrt. Die Vorstellung, dass wir keinen Staat brauchen, ist schlichtweg absurd. Die eigentliche Frage lautet, was der Staat unserer Ansicht nach für uns leisten soll.

Die meisten Konservativen und Libertären sind gegen einen »starken Staat« (*big government*). Ihr Einwand ist, der Staat mische sich zu sehr in unser Leben ein und nehme manchen zu viel Geld ab, um es anderen zu geben. Die bereits dargelegten Argumente zeigen, dass eine solche Auffassung von einem irrigen Verständnis ausgeht, in welchem Maße wir behaupten können, etwas gehöre rechtmäßig *uns*. Erst die Märkte, die der Staat gestaltet und ermöglicht, verschaffen uns die Möglichkeit, friedlich und effektiv Geld zu verdienen.

Jeglichen Reichtum, den wir besitzen, erwerben wir aufgrund der Infrastruktur und der Kenntnisse, die unsere Umgebung und unsere Vorfahren uns weitergegeben haben. Zudem möchte die große Mehrheit der Menschen in Gesellschaften leben, in denen größeres kollektives Wohl und wesentlich weniger Ungleichheit herrscht, als wir sie derzeit erleben, und der Staat bietet schlicht den besten verfügbaren Mechanismus, dies zu erreichen.

Diejenigen, die für einen schlankeren Staat eintreten, verstehen das in der Regel nicht, zumal nicht, wenn sie keine Freunde oder Verwandten haben (oder je hatten), die aus der unteren Hälfte der Vermögensverteilung kommen. Wie Morris Pearl von den Patriotic Millionaires feststellte, leben konservative Politiker (er sprach speziell über Mitt Romney) in einer eigenen Welt, in der es genügend Geld gibt. Romney hatte Studenten erklärt, sie sollten sich Geld von ihren Eltern leihen, damit sie während des Studiums nicht arbeiten müssten. In Romneys Universum hat anscheinend jeder Studierende Eltern mit genügend Geld, um die stolzen Studiengebühren der Eliteuniversitäten zu bezahlen. Kein Wunder, dass er keine Notwendigkeit für Studienbeihilfen und allgemeine staatliche Unterstützung von Studierenden sah.[6]

Unter dem Aspekt der sozialen Gerechtigkeit und Fairness spricht sehr viel für einen Staat, der das Gedeihen seiner Bürger ermöglicht und sie unterstützt, wenn sie bedürftig sind oder in Not geraten. Es gibt jedoch Menschen, die finden, es gebe nur ein Ziel, das zählt, und das sei Effizienz. Zweck des Staates sei es, die Organisation unserer Interaktionen effizienter zu machen, und nichts anderes.

Wie sich herausstellt, wird das Ziel der Effizienz auch durch einen umfangreicheren Sozialstaat erheblich gefördert. Jahrzehntelang war sie einer der beiden Hauptgründe (neben Solidarität oder Fairness), Sozialversicherungsprogramme zu schaffen, vor allem staatliche Kranken-, Renten- und Arbeitslosenversicherungssysteme. Angenommen, jeder Einzelne von uns müsste auf sich gestellt sparen, um das Risiko medizinischer Notfälle, der Arbeitslosigkeit oder der Einkommenssicherung im Alter abzudecken. Wenn wir es uns wegen sehr niedriger Löhne nicht leisten könnten, zu sparen, wäre die mangelnde Sicherheit eine hohe Belastung für uns. Wenn wir etwas Geld sparen könnten, hätten wir die Tendenz, zu viel zu sparen. Das würde wiederum in guten Zeiten unseren Konsum – und damit unser Wohlergehen – beeinträchtigen, was sich dämpfend auf die Gesamtwirtschaft auswirken würde.

Wenn bestimmte Risiken die gesamte Bevölkerung betreffen – wir alle haben das Risiko, krank, arbeitslos etc. zu werden –, ist es viel besser, sie zu bündeln. Versicherungsunternehmen können dies zwar erleichtern, da ihr Fokus aber auf der Profitmaximierung liegt, sind sie ungeeignet, die meisten dieser Güter bereitzustellen. Im Fall der Gesundheitsversorgung führt die Informationsasymmetrie und das Machtgefälle zwischen Patient und Arzt nicht zur besten, sondern zur gewinnbringendsten Behandlung, was Menschenleben kostet. Im Fall des Arbeitslosengeldes neigen unregulierte private Versicherungen zur Voreingenommenheit gegenüber den Menschen, die mit größerer Wahrscheinlichkeit arbeitslos werden, und verlangen ihnen entweder höhere Beiträge ab oder lehnen ihren »riskanten« Versicherungsantrag rundweg ab (falls es nicht verboten ist). Es gibt sehr gute Gründe dafür, dass die umfangreichen Sozialversicherungssysteme in echten Wohlfahrtsstaaten der Welt strikt reguliert oder staatlich organisiert sind. Finanziell gesehen, sind das zwar nicht die reichsten Länder, aber in Bezug auf Lebensqualität, Glück und die menschlichen Entwicklungsindikatoren der UN erreichen sie die höchsten Werte. Wem etwas an Effizienz liegt, der sollte nicht alles dem Privatsektor überlassen – und nicht nur auf den Markt und die Philanthropie vertrauen.[7]

Daraus folgt allerdings nicht, dass ein stärkerer Staat, gemessen am Prozentsatz des Volkseinkommens, der durch seine Hände fließt, das Leben seiner Bürger immer verbessert. Ein neoliberaler Staatsapparat mag ebenso groß sein wie ein großzügiger Wohlfahrtsstaat, aber einen Teil seiner Ausgaben nicht für eine Umverteilung und das Sozialsystem verwenden, sondern für Aufsichts- und Kontrollsysteme über die Bedürftigen. So machten es einige europäische Staaten, als sie eine neoliberale Wende vollzogen: Sie erhöhten die Regulierung und Kontrolle im öffentlichen Sektor und im Wohlfahrtsstaat, angeblich um »Schmarotzertum« und Trittbrettfahrertum auszumerzen. In solchen Fällen sind tatsächlich Kontrolle und Verantwortlichkeit notwendig, aber solche Maßnahmen zeugen auch von einem übermäßigen Misstrauen gegenüber den Empfängern von Sozialleistungen und dem Professionalismus der öffentlichen Bediensteten.

Gegenwärtig nimmt der niederländische Staat gegenüber Bedürftigen etwa folgende Haltung ein: Da man einer armen Person in Bezug auf ihre Sozialleistungen nicht trauen kann, muss man ein ganzes Heer von Beamten für Kontrollen und Überprüfungen einstellen. Sie müssen darüber Buch führen, ob diese Person von Verwandten (Bar- oder Sach-)Geschenke bekommt, sie müssen sich vergewissern, dass sie nicht mehr als ein paar Tausend Euro an Ersparnissen hat, was das Maximum ist, das sie besitzen darf, um Anspruch auf staatliche Hilfe zu haben. Und wenn es um eine Person mit einer Behinderung oder Erkrankung geht, müssen sie häufige Neubewertungen vornehmen, um die Arbeitsunfähigkeit zu bestätigen, selbst wenn es sich um eine lebenslange Behinderung oder Erkrankung handelt, die keine Besserung erwarten lässt. Der unübertroffene sozialkritische britische Regisseur Ken Loach zeichnet in seinem Film *Ich, Daniel Blake* nach, wie diese Kontrollstufen Menschen zermürben – und zwar häufig die vulnerabelsten. Ein Philanthrop sollte kostenlose Kopien dieses Films an öffentliche Bedienstete verteilen – vielleicht würde es sie anregen, ihren Vorgesetzten die nötigen Fragen zu stellen.

Es ist also nicht so, dass staatliche Kontrolle von Reichtum und

Ressourcen für Bürger immer besser ist als philanthropisches Engagement. Vielmehr hängt es davon ab, ob der Staat seine Macht nutzt, um das Leben seiner Bürger und aller Lebewesen, die seine Politik betreffen mag, zu verbessern. Manche starken Staaten geben enorm viele Steuergelder für das öffentliche Wohl und für Umverteilungszwecke aus; andere sind überaus ineffizient und verwenden viel Geld auf Kontrollmechanismen – oder auf militärische Infrastruktur, um geopolitische Dominanz zu bewahren, wie Noam Chomsky uns erinnerte. Alles hängt von ihren Prioritäten ab.[8]

Möglicherweise widerstrebt es manchen reichen Philanthropen wegen alledem, Staaten die Umverteilung ihres Vermögens anzuvertrauen. Diesen Punkt führte Abigail Disney 2021 in einem Artikel für den *Atlantic* eindringlich aus. Sie ist, wie bereits erwähnt, eine unverblümte Kritikerin der zunehmenden Vermögensunterschiede in den USA und Mitglied der Patriotic Millionaires. In ihrem Artikel schildert sie die »Blaupausen für dynastischen Reichtum«, mit denen Kinder wohlhabender Familien sozialisiert werden. Es gibt klare Regeln: Rühre nie das »Stammkapital« an (das heißt, gib nie das ererbte Kapital aus), damit du es an deine Kinder weitergeben kannst. Heirate innerhalb deiner Gesellschaftsschicht, da ein zu großer Unterschied bei Einkommen und Vermögen (und somit Macht) zu Reibereien führen könnte. Und nutze alle im legalen Rahmen verfügbaren Instrumente, um möglichst wenig Steuern zu bezahlen, da man dem Staat dieses Geld nicht anvertrauen kann, weil er es nur missbraucht oder falsch verwendet.[9]

Die philanthropischen Berater und superreichen Erben, die ich interviewte, bestätigten, dass diese »Regeln« vorherrschten. Als ich mit Abigail Disney sprach, fragte ich sie, warum die Superreichen dem Staat derart misstrauisch gegenüberstehen. Andere Interviewpartner hatten mir bereits einen Teil der Antwort geliefert und erklärt, es sei ein allgemeines Misstrauen gegenüber staatlicher Ineffizienz oder unklugen Ausgaben. Dieses Misstrauen entstand keineswegs zufällig, sondern ist eines der auffallendsten Merkmale der in den letzten beiden Jahrzehnten des 20. Jahrhunderts vollzogenen neoliberalen Wende, die von einer Koalition neoliberaler Ideologen und ihren großindustriellen Unterstützern geduldig inszeniert wurde.[10]

Abigail Disney gab mir eine noch finsterere Erklärung, gestützt auf das, was sie von einem ihrer Onkel gehört hatte. Er war ein zutiefst konservativer Mann, der unter der Reagan-Regierung im Staatsdienst gearbeitet hatte, und erzählte ihr, es gebe viele dumme Menschen, denen man die Regierung des Landes nicht anvertrauen sollte. Diese Aufgabe sollte man Menschen überlassen, die schlau sind und wissen, was sie tun. Und das seien die Leute, die erfolgreich sind – und ihr Reichtum sei ein Indikator für ihren Erfolg und somit für ihre Klugheit. Arm zu sein bedeutete seiner Ansicht nach im Grunde, dumm und ungeeignet für Regierungs- oder Führungsaufgaben zu sein. Daher sei es am besten, die demokratisch gewählte Regierung möglichst klein und soweit wie möglich unter der Kontrolle reicher Leute zu halten und Philanthropie als Mechanismus zu nutzen, um die größeren gesellschaftlichen Probleme anzugehen, um die man sich kümmern müsse.

Mit anderen Worten: Einer der Gründe, warum manche Superreiche finden, der Staat solle schlank bleiben, ist ein verblüffend tiefsitzendes, schichtspezifisches Vorurteil, das prägt, wie sie sich selbst und die Armen sehen. Sie halten sich für die rechtmäßige Führungsspitze, belegt durch die Tatsache, dass sie reich sind. Manche, etwa die Anhänger der Wohlstandstheologie, gehen noch einen Schritt weiter und glauben aufgrund einer verzerrten Interpretation der protestantischen Lehre, ihr Reichtum zeuge von ihrem hohen moralischen Wert. Die meisten von ihnen sind überzeugt, dass die Armen an ihrer Notlage selbst schuld und daher unfähig sind, politische Entscheidungen zu treffen. Und da Regierungen demokratisch gewählt und von der Bevölkerung statt von der klugen Elite geleitet werden, sollte man ihnen die Lösung gesellschaftlicher Probleme nicht anvertrauen. Das sollte man besser den sehr reichen Leuten überlassen, indem man ihnen einen Großteil der tatsächlichen Macht gibt, sie ihr Geld behalten und in philanthropischen Angelegenheiten das Heft in der Hand halten lässt.[11]

Ich habe keine Ahnung, wie viele steuervermeidende Philanthropen diese Denkweise (bewusst oder unbewusst) unterschreiben. Aber ich weiß, dass sie den Preis für die denkbar schlechteste Begründung verdient, warum man philanthropischem Engagement den Vorzug vor Steuerzahlungen geben sollte.

Spekulationen, warum jemand diese Einstellung haben sollte, sind schwierig. Drei mögliche Erklärungen bieten sich an: Rassismus, Narzissmus und ein genereller Mangel an Wissen über arme Menschen.

Wieso sollte Rassismus diese widerwärtige Ansicht erklären? Als Abigail Disney mir von ihrem Onkel erzählte, fiel mir etwas ein, was ich viele Jahre zuvor einen amerikanischen Arbeitsmarktökonomen hatte sagen hören. Damals studierte ich an der Cambridge University und besuchte die Vorlesung eines Gastprofessors, der anschließend noch mit einer Studentengruppe zum Mittagessen ging. Seine Forschung konzentrierte sich auf die Auswirkungen eines Mindestlohns auf die Wirtschaft. Ich fragte ihn, ob eine Chance bestünde, dass in den USA jemals ein Grundeinkommen eingeführt würde. Er antwortete, das bezweifle er stark, weil die Nettoprofiteure die Armen wären. Und in den USA herrscht die Ansicht, die armen Bevölkerungsteile seien überwiegend People of Colour (was nicht stimmt). Seiner Ansicht nach war Rassismus letztlich der Grund, warum ein bedingungsloses Grundeinkommen politisch nicht durchsetzbar sei. Ist der generelle Mangel an Sorge um die Armen in Anbetracht der Tatsache, dass die Reichen und Superreichen in den USA und darüber hinaus nahezu ausnahmslos weiß sind, also von Rassismus motiviert?

Dann ist da noch Narzissmus. Es ist offensichtlich nur schwer zu bestreiten, dass manche Superreiche narzisstisches Verhalten an den Tag legen. Das ist ein Teufelskreis: Die narzisstischen Charakterzüge einer Person (meist sind es Männer) machen es wahrscheinlicher, dass sie ihr Ziel, erfolgreich und damit reich zu werden, erreicht. Zugleich veranlasst dieser Narzissmus sie, diesen Erfolg als etwas aus eigener Kraft Erreichtes darzustellen. Wir alle leiden unter Zuschreibungsverzerrung, aber es erscheint plausibel, dass dies bei Narzissten verstärkt der Fall ist. Ihr Erfolg ist ausschließlich ihnen selbst zuzuschreiben, nicht dem Glück, dem kollektiven gesellschaftlichen Vermächtnis an Infrastruktur, Wissen und Innovationen oder der Kooperation mit oder der harten Arbeit anderer, etwa ihrer Lehrer, als sie jung waren, oder ihrer Angestellten.

Oder gibt es eine dritte mögliche Erklärung: Vergesslichkeit. Die meisten Reichen und Superreichen umgeben sich vorrangig mit anderen sehr reichen Menschen. Wie sollten sie also etwas darüber wissen, wer die Armen sind und mit welchen Problemen sie sich konfrontiert sehen? Offen gestanden, davon haben sie keine Ahnung. Also projizieren sie beliebig kulturelle Vorurteile auf ihre Mitbürger und sind überzeugt, es sei im Interesse aller, wenn erfolgreiche Leute die Entscheidungen treffen. Und das sind nicht demokratisch gewählte Politiker, sondern diejenigen, die sich als finanziell erfolgreich erwiesen haben. Mit anderen Worten: die Superreichen.

Nehmen wir einmal an, dass die meisten Philanthropen nicht derart tiefsitzende antidemokratische, misanthropische, rassistische und arrogante Motive haben. Und sehen wir von den Superreichen ab, die philanthropisches Engagement als Verteidigungsstrategie ihres Reichtums missbrauchen – indem sie beispielsweise Familienangehörigen eine sehr gut bezahlte Stellung bei einer Stiftung geben oder ein philanthropisches Finanzkonstrukt schaffen, das es ihnen erleichtert, Geld in eine Steueroase zu verlagern. Diesen Leuten geht es in Wahrheit um Steuervermeidung.[12] Konzentrieren wir uns stattdessen auf die tatsächlich Wohlmeinenden. Sollten wir ihr philanthropisches Engagement als die Lösung gegen Klimawandel, Armut und andere drängende Probleme begrüßen? Wenn wir diese Anliegen dringend und effektiv in Angriff nehmen wollen, stellt Philanthropie dann nicht eine bessere Strategie dar als der Limitarismus und andere Umverteilungsformen?[13]

Leider lautet die Antwort: nein. Das größte Problem bei der Philanthropie liegt nämlich darin, dass sie zutiefst undemokratisch ist. Das ist selbstverständlich abhängig von der Größenordnung. Sehr kleine Spenden – wenn Sie und ich ein paar hundert Dollar, Pfund oder Euro für wohltätige Zwecke spenden – untergraben die Demokratie nicht. Sie haben Ähnlichkeit damit, sich neue Kleidung zu kaufen: Es ist völlig in Ordnung, seine eigene Wahl zu treffen. Das Problem ist, dass manche philanthropischen Spenden aus riesigen Beträgen bestehen und daher mit enormer Macht verbunden sind. Und die Menschen, die diese Macht besitzen, sind niemandem Rechenschaft schuldig. Philanthropen müssen sich niemandem gegenüber verantworten. Und wir Übrigen haben keinerlei Mitspracherecht darüber, wofür sie diese enormen Geldmengen ausgeben.[14]

Zu den Wissenschaftlern, die in einiger Ausführlichkeit dargelegt haben, dass Philanthropie undemokratisch ist, gehört Rob Reich, ein Professor für politische Theorie an der Stanford University. In seinem Buch *Just Giving* von 2019 argumentiert er, dass es bei der Philanthropie nicht nur um Spenden für karitative Zwecke geht, sondern auch um plutokratische Macht. Viele Verfechter der Philanthropie sind überzeugt, dass sie zu mehr Freiheit und Gleichheit führt. Aber wie Reich argumentiert, zeigt sich bei genauerer Überprüfung, dass sie, wenn überhaupt, kaum etwas zur Gleichheit beiträgt. Eine Erklärung dafür lautet, dass Philanthropie in ihrer gegenwärtigen Form durch Steuernachlässe subventioniert wird und somit zu einer Reduzierung der Steuereinnahmen führt. Diese entgangenen Steuereinnahmen hätte man beispielsweise verwenden können, um Chancengleichheit zu fördern. Stattdessen bleiben sie in den Taschen der Philanthropen, bis diese entscheiden, einen Teil davon für ein Anliegen ihrer Wahl zu spenden.[15]

Zudem habe ich die Sorge, dass der undemokratische Charakter der Philanthropie eskalieren kann, wenn er zu einem »Verdrängungseffekt« führt – indem Philanthropen Aufgaben übernehmen, die eigentlich der Staat erfüllen sollte. Nehmen wir die Pflicht des Staates, Armut zu reduzieren. In den meisten Ländern hat die Bevölkerung demokratisch entschieden, dass ihre Regierung Armut in der Bevölkerung bekämpfen muss, aber ihr Staat versagt bei dieser Aufgabe – beispielsweise schreibt er keinen angemessenen Mindestlohn vor oder erschwert es Armen durch bürokratische Hürden, Sozialleistungen zu beantragen, auf die sie Anspruch haben. Philanthropen springen ein und versuchen, etwas gegen die wachsende Armut zu tun. Das nimmt dem Staat jedoch die Dringlichkeit, seiner Aufgabe gerecht zu werden, da wohlmeinende Bürger bereits tätig geworden sind, wo er seine Pflichten vernachlässigt hat. Ähnliche Mechanismen sind auch auf anderen Gebieten zu beobachten, auf denen der Staat vorher aktiv war, sich nun aber (teilweise oder vollständig) zurückzieht – beispielsweise bei der Finanzierung von Kunst, Sport oder örtlichen Bibliotheken. Die zynische Schlussfolgerung könnte sein, dass ein großer philanthropischer Sektor die Forderungen nach einer radikalen Überarbeitung des Gesellschaftsvertrags schwächt, indem er die Dringlichkeit reduziert, dass der Staat Steuerschlupflöcher schließt und anfängt, seine Verantwortung ernst zu nehmen. Dahinter steht die Vorstellung, dass der Leidensdruck stark genug sein muss, bevor der politische Druck einen kritischen Punkt erreicht, an dem es zu einem radikalen Wandel kommen kann. Einer der Spendenberater, mit dem ich sprach, erzählte von einem sehr reichen konservativen Spender in den USA, der viel an Lebensmitteltafeln gespendet hatte und nach Ansicht des Beraters von dem Glauben motiviert war, solche Spenden würden das Risiko verringern, dass die Armen auf die Barrikaden gehen würden.

Kann es also gar keine »grundsätzliche Rechtfertigung«, wie es in der Philosophie heißt, dafür geben, Menschen das Ansammeln von Reichtum zu erlauben, so dass sie ihn dann spenden können? (Es geht um eine Rechtfertigung aufgrund eines ultimativen Moralprinzips, unabhängig von pragmatischen Erwägungen oder den tatsächlichen Auswirkungen solcher philanthropischen Entscheidungen.) Rob Reich unterscheidet zwei Argumente, die zuweilen als grundsätzliche Begründung für Philanthropie angeführt werden. Das erste ist das »Pluralismusargument«. Da Regierungen von Kurzfristorientierung und den Interessen der Durchschnittswähler motiviert sind – ihr Blick ist immer auf die nächsten Wahlen gerichtet –, haben sie eine starke Tendenz, sich nur für eine äußerst begrenzte, risikoarme Bereitstellung öffentlicher Güter zu entscheiden. Wenn öffentliche Güter wie Kinderbetreuung, Bibliotheken und Naturschutz auch von Privatpersonen bereitgestellt werden, könnte dies das typischerweise eingeschränkte Herangehen des Staates ergänzen. Philanthropen und philanthropische Stiftungen können die Bandbreite bereitgestellter öffentlicher Güter ausweiten, unter anderem auf Güter, die zukünftigen Generationen dienen, sowie auf solche für Menschen, deren Interessen nicht zum politischen Mainstream gehören.

Reich ist skeptisch. Er findet das Pluralismusargument zwar plausibel, aber nicht unbedingt erforderlich, da relativ kleine Spenden Einzelner an gemeinnützige Organisationen für diese Zwecke durchaus genügen könnten. Zudem sind die Präferenzen Reicher nicht repräsentativ für die der breiten Bevölkerung, daher behalten ihre Zuwendungen ihren plutokratischen Charakter.

Die zweite angeführte Rechtfertigung ist das »Entdeckungsargument«. Weil philanthropische Stiftungen weder dem Wettbewerbsdruck der Märkte noch dem Druck der Wahlen ausgesetzt sind, können sie mit riskanteren, radikaleren und langfristigeren sozialpolitischen Maßnahmen und institutionellen Vorschlägen experimentieren. So könnten sie beispielsweise stark in die Entwicklung von Klimatechnologien investieren, die weder der Markt noch der Staat bereitstellen wird. Dem würde Bill Gates vermutlich zustimmen, da er in seinem jüngsten Buch über den Klimawandel, wie in Kapitel 5 erwähnt, vorgeschlagen hat, dass reiche Leute genau dies tun sollten. Nach Reichs Ansicht ist das Argument für demokratische Experimentierfreude eine stärkere grundsätzliche Begründung für Philanthropie großen Stils, da die kurzfristige Orientierung der Regierung Stiftungen nicht betrifft. Ihre fehlende Rechenschaftspflicht, die häufig zu Recht als demokratisches Problem gilt, kann so auf den Kopf gestellt und in den Dienst der Demokratie gestellt werden.[16]

Aber gelten Reichs Einwände gegen das Pluralismusargument nicht auch für das Entdeckungsargument? Könnten nicht einzelne, die jeweils ein bisschen geben, ihre karitativen Spenden zusammenlegen und so riskante Experimente oder soziale Projekte, wie zum Beispiel Versuche mit einem allgemeinen Grundeinkommen, oder die Entwicklung neuer grüner Technologien finanzieren? Genau diese Art von Crowdfunding ermöglichte das Experiment mit dem Grundeinkommen in Otjivero: Das Geld stammte von einem Zusammenschluss von Spendern, zu denen auch gewöhnliche Leute gehörten. Die Bereitstellung wirtschaftlicher Mittel durch Genossenschaften hat eine lange Geschichte. Wir müssen nicht alles dem Markt oder dem Staat überlassen. Wenn sie die Projekte, die wir brauchen, nicht finanzieren, müssen wir uns nicht zwangsläufig an reiche Philanthropen wenden; vielmehr können sich Tausende Privatpersonen zusammentun, um sie zu verwirklichen. Diese Strategie hat gegenüber dem Vorgehen, den Entdeckungsprozess philanthropischen Stiftungen zu überlassen, den Vorteil, dass sie ohne plutokratische Macht auskommt.

Es bleibt also schwierig, ein grundsätzliches Argument für individuelles philanthropisches Engagement großen Stils zu finden. Der beste verfügbare Grund, es zu unterstützen, ist vielleicht zu finden, wenn man die gegenwärtige Funktionsweise der Politik kritisch betrachtet. Unsere Demokratien sind nicht gut geeignet, die Interessen derjenigen zu schützen, die nicht zur Wählerschaft gehören, also etwa zukünftige Generationen, Tiere oder Ökosysteme wie der Regenwald. Und manche politischen Probleme sind derart monumental, dass ihre Lösung durch unsere bestehenden demokratischen Institutionen extrem unwahrscheinlich ist, es sei denn, es gäbe ausreichend Druck auf die gewählten Repräsentanten durch Lobbygruppen, Proteste, zivilen Ungehorsam etc. Manche dieser Probleme, beispielsweise der Klimawandel, sind zeitkritisch und erfordern dringend weitreichende Maßnahmen, die den kurzfristigen Wählerinteressen zuwiderlaufen. In solchen Fällen führt vielleicht nur drastischer ziviler Ungehorsam – der politische Umwälzungen bewirkt – zu den notwendigen politischen Entscheidungen. Das bringt uns zu einer einzigartigen Rechtfertigung für Spenden reicher Philanthropen, da diese in der Lage sind, solche politischen Bewegungen sofort zu finanzieren, während Crowdfunding häufig ein ebenso langwieriger Prozess ist wie politische Veränderungen durch Wahlen. Kurz: Philanthropen können ihre plutokratische Macht nutzen, um uns bei der Bewältigung einer dringenden, schweren Krise zu helfen, während die Wahrscheinlichkeit, dass demokratische Institutionen, wie wir sie derzeit kennen, diese in Angriff nehmen, wesentlich geringer ist. Philanthropische Macht lässt sich also nutzen, um eine Form der Demokratie (die die Interessen aller Beteiligten, einschließlich zukünftiger Generationen, zu wahren versucht) vor einer anderen Form der Demokratie (Politikgestaltung durch Mehrheitsentscheid) zu schützen.[17]

Doch selbst bei dieser grundsätzlichen Begründung für Philanthropie bleiben zwei Sorgen bestehen. Die eine ist, dass Philanthropen, selbst wenn sie ihre übermäßige Macht sehr gut einsetzen – um den Mangel an adäquatem staatlichem Handeln auszugleichen –, immer noch übermäßig viel Macht besitzen. Wegen dieser Machtasymmetrie wird Philanthropie großen Stils immer problematisch bleiben.

Die andere Sorge betrifft die Unterstellung, Philanthropen wüssten, was notwendig ist. Diese Bedenken wurden schon häufig in Bezug auf die Bewegung des Effektiven Altruismus geäußert, die Klein- und Großspender zu großzügigen Spenden aufruft, allerdings nur für Projekte, die sich in Wirkungsanalysen als die effektivsten erwiesen haben. Manche Versionen des Effektiven Altruismus gehen noch weiter und fordern uns auf, mit nahezu allen erdenklichen Mitteln – auch durch Arbeit in Konzernen, die das Herz des neoliberalen Kapitalismus bilden – möglichst viel Geld zu verdienen. Das ist ein im Grunde technokratisches Herangehen an soziale Probleme, als ließen sich aus Wirkungsanalysen alle erforderlichen Informationen ableiten. Sie sind zwar sicher relevant, aber wie jedes Evaluierungsinstrument messen sie nur das, wozu sie programmiert wurden, und das ist keineswegs umfassend, sondern vernachlässigt beispielsweise die Frage, ob die Empfänger der Spenden entscheiden dürfen, was ihnen wichtig ist. In Anbetracht der Tatsache, dass viele reiche Leute sich für hervorragende Entscheidungsträger halten, besteht die reale Gefahr der Hybris. Sie könnten annehmen, dass sie es am besten wissen, obwohl die meisten Superreichen, vor allem diejenigen, die in der oberen Mittelschicht aufgewachsen sind oder große Vermögen geerbt haben, in der Regel keine Ahnung vom Leben und den Existenzkämpfen der Ärmsten und Notleidendsten haben. Sie sollten bescheiden genug sein, das einzugestehen.

Alles, was bislang erörtert wurde, gibt uns starke grundsätzliche Einwände gegen übermäßige Philanthropie an die Hand. Aber was bedeutet das für die chaotische Welt, in der wir leben? Menschen leiden und sterben, der Klimawandel wird immer schlimmer; aber unsere neoliberalen Regierungen unternehmen wenig dagegen und versäumen es ständig, ihre Einnahmen zu erhöhen, indem sie die

Reichen angemessen besteuern. Reiche Philanthropen werden mit Hilfegesuchen überschwemmt. Was sollten Großspender in dieser ungerechten Welt tun?

Fangen wir mit einem offenen Ziel an: Das Erste, was alle reichen Spender tun sollten, ist, zu vermeiden, dass sie durch den Erwerb weiteren Reichtums noch mehr Schaden anrichten, und dafür zu sorgen, dass sie den Schaden wiedergutmachen, den die Begründer ihres Vermögens in der Vergangenheit möglicherweise angerichtet haben. Sie sollten sich folgende Fragen stellen: Beute ich Arbeitskräfte aus? Verschmutze ich die Umwelt oder betreibe ich Produktionsverfahren, die der Gesundheit der örtlichen Bevölkerung, meinen Konsumenten oder dem Planeten schaden? Beuge ich das Recht, um meine Steuern zu minimieren?

Wieder bietet Patagonia, die Firma für Outdoor-Kleidung, ein gutes Beispiel, wie man es richtig macht. Laut den Memoiren von Yvon Chouinard, *Lass die Mitarbeiter surfen gehen!*, engagierte das Unternehmen nie jemanden aus der Wealth-Defense-Industrie, um nach Möglichkeiten zur Steuervermeidung zu suchen. Es bezahlte, was es zu bezahlen hatte, nicht mehr und nicht weniger. Nachdem das Unternehmen die Umweltauswirkungen seiner Produktionsverfahren untersucht hatte, änderte es sie so, dass der Schaden minimiert wurde. Und dann spendete Chouinard sämtliche zukünftigen Gewinne an Umwelt- und Naturschutzorganisationen. Es gibt keine Universitätsbibliotheken, keinen Flügel der Met, die seinen Namen tragen, und keine philanthropische Stiftung, die Steueroasen auf den Bermudas nutzt. Vielmehr bezahlten Chouinard und seine Familie 17,5 Millionen US-Dollar Schenkungsteuer, als sie ihre Aktienanteile auf die gemeinnützige Stiftung übertrugen.[18]

Die zweite Regel für Philanthropen in der realen Welt lautet: Unterstützt Strukturwandel. Was das praktisch bedeutet, variiert von Land zu Land, aber hier folgen einige Dinge, die dazugehören könnten: sicherstellen, dass alle, die wählen wollen, auch wählen können; Organisationen und politische Parteien unterstützen, die für die Grundprinzipien liberaler Demokratien kämpfen, etwa für eine freie Presse, die keine Lügen und Propaganda verbreitet; Gewerkschaften unterstützen und unter Arbeitskräften ein Bewusstsein dafür schärfen, welchen Unterschied Gewerkschaften für ihre Löhne und Arbeitsbedingungen bewirken können; Organisationen finanzieren, die sich für Steuergerechtigkeit einsetzen, und solche unterstützen, die erhebliche wirtschaftliche Ungerechtigkeiten aufdecken wie das Internationale Netzwerk investigativer Journalisten ICIJ, das die Panama Papers veröffentlichte.

Es ist sinnlos, lediglich die Symptome zu lindern, aber nichts gegen die Ursachen eines Problems zu tun. Dieser Punkt ist für viele Philanthropen sehr schwer zu akzeptieren, weil sie häufig selbst von den Gesellschaftsstrukturen profitieren, die einer gerechten Welt im Weg stehen. Die Vermögen vieler Philanthropen existieren eben dank solcher ungerechten Strukturen. Das haben wir in Kapitel 4 gesehen: Die Wirtschaftselite spricht darüber, die Welt zu verbessern, ist aber nur bereit, es zu ihren Bedingungen zu tun, was in der Regel bedeutet, unangemessene marktbasierte Lösungen einzusetzen, um die Bedürfnisse der Ärmsten und Vulnerabelsten zu decken.

Die dritte Maßnahme, die Philanthropen ergreifen sollten, ist, das Geld dorthin zu geben, wo es wirklich gebraucht wird, statt es für Prestigeprojekte auszugeben. Das Geld, auf dem sie hocken, gehört ihnen zu großen Teilen moralisch gar nicht. Es steht ihnen also nicht zu, es Projekten, die nicht dringend sind, zukommen zu lassen, etwa ohnehin schon reichen Universitäten oder Kunstsammlungen. So hat sich die Bill & Melinda Gates Foundation entschieden, ihr Vermögen den grundlegenden Gesundheitsbedürfnissen in den ärmsten Ländern zu widmen. Der Kontrast zum Weltraumrennen zwischen Jeff Bezos, Elon Musk und Richard Branson könnte nicht größer sein.

Das heißt keineswegs, dass wir Universitäten oder Kunstsammlungen kein Geld spenden dürften. Das schon, allerdings nur das Geld, das wir aufrichtig als moralisch unseres erachten können. Und das ist lediglich ein Bruchteil dessen, was die meisten sehr reichen Menschen besitzen.

Wenn es um die Frage geht, was Kleinspender tun sollten, ist die Antwort wesentlich einfacher. Sie können Gutes tun und brauchen sich keine Sorgen um überproportional große individuelle Macht zu machen. Allerdings können sie an Einfluss gewinnen, indem sie sich mit anderen zusammentun. Gemeinsam können Menschen, die allein keine großen Summen spenden können, Großes erreichen – beispielsweise dem schädlichen Einfluss missbräuchlicher Staaten und Konzerne entgegenwirken. Ein gutes Beispiel für eine von Mitgliedern geführte Organisation, in der kein Spender ein überproportionales Mitspracherecht hat, ist Amnesty International. Aber gemeinsam können ihre Recherchen Staaten und Konzerne unter Druck setzen, die Menschenrechte aller Menschen zu respektieren.

Philanthropisches Engagement im Kleinen ist wichtig. Ein gerechtes Wirtschaftssystem würde überhaupt keine philanthropischen Milliardäre hervorbringen; in einem gerechten System gäbe es keine Notwendigkeit für große Stiftungen. Aber es gäbe nach wie vor eine Notwendigkeit, dass Bürger sich zusammenschließen, um ein Gegengewicht gegen die Macht des Staates (und anderer mit überproportional viel Macht) zu bilden. Die Welt wäre eindeutig ein angenehmerer Ort, wenn sich Bürger, die es sich leisten können, weiterhin zusammentun würden, um Aktivitäten zu unterstützen, die uns alle kulturell, gesellschaftlich und geistig bereichern – Gemeinschaftsaktivitäten, Kunst, Wissenschaft, Feste und Feiern zu Ehren derjenigen, die mehr als nur ihre Pflicht getan haben. All diese schönen Dinge sind auch in einer Welt ohne extrem reiche Menschen weiterhin möglich.

Philanthropisches Engagement ist also nicht die Antwort auf die Probleme extremen Reichtums. Es beseitigt nicht die Notwendigkeit, Reichtum auf ein Niveau zu begrenzen, auf dem es keinen Schaden anrichten kann, ein Niveau, auf dem Reiche plausibel behaupten können, dass sie dieses Geld verdienen. Wir müssten dann immer noch davon reden, Vermögen auf eine Obergrenze von 10 Millionen Pfund, Dollar oder Euro zu beschränken.

Aber welche Verpflichtungen beinhaltet der Limitarismus für die Menschen, die weniger als die zehn Millionen besitzen? Treffen die in diesem Kapitel dargelegten Argumente nicht auch auf sie zu? Tatsächlich gelten die meisten der dargelegten Argumente für jede wohlhabende Person – die immer noch ein sehr gutes Leben führen würde, wenn sie einen Teil ihres Reichtums abgeben müsste. Wir alle müssen überlegen, wie viel für uns genug ist. Und hier kommt die ethische Obergrenze ins Spiel.

Der Limitarismus vertritt die Ansicht, dass jede wohlhabende Person den Teil ihres Reichtums, den sie nicht für ihre eigene Lebensqualität braucht, so verteilen sollte, dass ungedeckte Bedürfnisse gedeckt, kollektive Handlungsprobleme angegangen und strukturelle Ungerechtigkeiten in einer Gesellschaft bekämpft werden. Aus der Forschung zur Wohlstandsobergrenze sowie zum abnehmenden Grenzwert des Geldes wissen wir, dass es sinnlos ist, immer mehr Geld zu horten. Die Antwort auf die Frage, wie viel jeder Mensch braucht, ist zwangsläufig persönlich und kontextabhängig. Wenn wir beispielsweise Verwandte haben, die vulnerabel sind oder einen niedrigen Lebensstandard haben, möchten wir vielleicht auch für sie sorgen. Wenn wir in einem Land leben, das nicht über ein stabiles Rentensystem verfügt, müssen wir vielleicht etwas fürs Alter beiseitelegen. Aber als Faustformel für alle, die in einer entwickelten Volkswirtschaft mit einem passablen Gesundheits- und Rentensystem und Wohnungsangebot leben, erscheint die Obergrenze von 1 Million Pfund, Dollar oder Euro pro Person als guter Ausgangspunkt.

Diese Vorstellung dient manchen Superreichen in ihren philanthropischen Überlegungen bereits als Leitlinie bei der Entscheidung, was sie behalten und was sie verschenken. Sie ist beispielsweise von zentraler Bedeutung für die Mission einer britischen Organisation namens The Good Ancestor Movement, der ersten Firma des Landes, die reiche Personen und Stiftungen bei der radikalen Vermögensverteilung berät. Ihre Arbeit beginnt mit der Frage: Was heißt es für uns, gute Vorfahren zu sein? Wie möchten wir in Erinnerung bleiben, wenn wir nicht mehr leben? Als ich mit Jake Hayman, dem Mitbegründer der Organisation, sprach, fragte ich ihn, welche Rolle die Wohlstandsobergrenze in ihrer Arbeit spielt. Er erklärte mir, dass dies je nach Person variiert. Sie lassen sich von den Wertvorstellungen ihrer Klienten leiten: Was sagen diese Werte darüber aus, wie sie ihr Vermögen erworben haben; was sagen sie darüber aus, wie viel Geld eine Person behalten sollte; und was sagen sie darüber aus, wie diese Person beim Verschenken ihres überschüssigen Reichtums vorgehen sollte. Aber was ist, wenn Leute ihre Obergrenze extrem hoch ansetzen, fragte ich ihn. Was, wenn sie, sagen wir, 100 Millionen Pfund behalten wollen? In diesem Punkt äußerte sich Hayman klar und deutlich: Die Organisation arbeitet nicht mit Klienten zusammen, die mehr als 25 Millionen Pfund behalten wollen.[19]

Was ist mit denjenigen unter uns, die keine Millionen auf der Bank haben – müssen wir nicht auch etwas tun? Diese Frage stellte mir ein älterer Mann eines Abends, nachdem ich in einer Volkshochschule in Eindhoven einen Vortrag gehalten hatte. Der Mann legte mir folgende Überlegungen dar. Zunächst erklärte er, all meinen Argumenten für eine Vermögensbegrenzung ohne weiteres zustimmen zu können. Aber sei diese Argumentation nicht auch insofern gefährlich, als sie den Wohlsituierten unter uns einen Vorwand liefere, nichts zu tun? Schließlich seien wir keine Multimillionäre und die meisten nicht einmal Millionäre und könnten daher mit dem Finger auf sehr reiche Leute zeigen. Aber auch wir hätten erheblich profitiert – zum Beispiel vom starken Anstieg der Immobilienpreise. Ein in den siebziger Jahren erworbenes Haus habe mittlerweile einen um einige hunderttausend Euro höheren Wert. Wir seien zwar nicht superreich, hätten aber doch mehr, als wir brauchen. Sollten wir nicht ebenfalls einen Beitrag leisten, indem wir für schlechter gestellte Menschen spenden?

Das ist eine sehr gute Frage. Glücklicherweise ist die Antwort nicht schwer. Der Limitarismus sagt uns etwas über die Pflichten der Personen, die über der Wohlstandsobergrenze liegen, sowie über die Gründe für diese Pflichten, aber er sagt uns nichts über die Pflichten der Menschen unterhalb der Reichtumsobergrenze. Selbstverständlich haben auch viele der Nichtreichen eine moralische Verpflichtung, überschüssiges Geld, das sie möglicherweise haben, wegzugeben. In Anbetracht des Appells der Notleidenden an uns und der Tatsache, dass unsere finanzielle Situation in beträchtlichem Maße unverdient ist, sollten wir alle versuchen, zur Linderung des Leids anderer beizutragen, soweit es unsere Mittel erlauben.

Wie weit sollten wir dabei gehen? Eine mögliche Antwort wäre, dass wir eine Maximierung des Gesamtwohls aller Menschen anstreben sollten, gang gleich, wo sie leben. Das ist der utilitaristische Ansatz, dessen Prinzip häufig auch auf andere empfindungsfähige Lebewesen angewandt wird. In Anbetracht des sinkenden Grenzwerts (oder »-nutzens«, was der Bedeutung von Utilitarismus näherkommt) des Geldes ist das Gesamtwohl umso höher, je weniger ungleich eine Verteilung ist. Auf der Ebene unserer individuellen Handlungsmöglichkeiten bedeutet Utilitarismus, dass wir unser Geld so lange weggeben sollten, wie jeder gespendete Pfund-, Dollar- oder Eurobetrag dem Wohlergehen eines anderen mehr nützt, als er unseres verringert. Anders ausgedrückt: Solange die Kosten einer weiteren Spende für die Spender geringer sind als das Gute, das sie damit bewirken, sollten sie weiter spenden.[20]

Das ist eine sehr klare Haltung, aber sie ist auch recht extrem. Es gibt nur sehr wenige Philosophen, die sie unterstützen, und noch weniger, die ihr in der Praxis gerecht werden. Ein Grund, diese Version des Utilitarismus abzulehnen, ist, dass sie uns zu Nützlichkeitsrobotern machen würde – wir wären dann keine vollständigen Menschen mehr mit Ängsten, Begierden, individuellen Eigenschaften und Ideen, was wir mit unserem Leben machen wollen, sondern Kreaturen, deren Entscheidungen ausschließlich vom Gesamtwohl der Gesellschaft bestimmt würden. Ein weiteres Problem ist, dass diese Form des Utilitarismus uns zu viel abverlangt: Es ist schlicht zu viel für uns, das gesamte Elend der Welt auf unseren Schultern zu tragen.[21]

Es gibt eine ganze Reihe möglicher Antworten auf die Frage, wie viel wir spenden sollten. Die Organisation Giving What We Can zeigt auf einer hilfreichen Webseite die verschiedenen Optionen auf.[22] Die beiden Extreme sind leicht zu beschreiben: Einerseits könnte man gar nichts spenden. Es gibt Umstände, unter denen das gerechtfertigt sein kann – wenn man beispielsweise selbst arm ist, als Student von der Hand in den Mund lebt oder alles Geld, das man erübrigen kann, für die Versorgung eines Kindes mit Behinderung ausgeben muss. Das andere Extrem wäre, alles zu spenden, was man hat und damit seine eigenen Bedürfnisse zu vernachlässigen – oder die Bedürfnisse von Menschen, gegenüber denen man »besondere Verpflichtungen« hat, wie man es in der Philosophie nennt, also Verpflichtungen, die aus der Beziehung zu diesen Personen erwachsen. Spenden sollten nicht dazu führen, sich selbst oder andere, denen gegenüber man besondere Verpflichtungen hat – Eltern, Partner, Kinder etc. –, zu vernachlässigen oder zu schädigen. Aber zwischen diesen beiden Extremen gibt es viele weitere Optionen. So könnten wir nur 2 bis 6 Prozent unseres Einkommens spenden, wie es viele tun.

Giving What We Can plädiert für ein Versprechen, 10 Prozent unseres Einkommens zu spenden. Das hat eindeutige Vorteile – es ist wenig genug, um erreichbar zu sein, aber hoch genug, um sinnvoll zu sein; es ist mehr, als Menschen gewöhnlich spenden; und es ist nicht so übertrieben viel, dass es abschreckend wirkt. Die Mitbegründer der Organisation stellen zudem klar, dass sie es für ein Moralprinzip halten, das für Menschen in der oberen Hälfte der Einkommensverteilung gelten sollte. Das ist eine wichtige Einschränkung.

Die Kosten von Spenden sind viel geringer und ihr Nutzen für andere ist wesentlich größer, als wir in der Regel glauben. Sie haben vielfältigen Nutzen. Spender verspüren wahrscheinlich eine wohlige Wärme und Glück über das, was sie tun. Wenn sie ihr Geld klug spenden und eine wohltätige Organisation aussuchen, die ihre Ziele effektiv zu erreichen vermag, können ihre Spenden Leben retten, Armut reduzieren und politische Aktivitäten unterstützen, die uns helfen, eine gerechtere Welt zu erreichen.[23]

Ist dieses 10-Prozent-Prinzip moralisch angemessen? Auffallend ist, dass es nicht progressiv ist: Es verlangt von Reichen und Superreichen nicht, einen größeren Anteil beizutragen als die Mittelschicht. Wäre es nicht besser, von Menschen in der Mitte der Einkommensverteilung einen Beitrag von 5 Prozent zu verlangen und von den Bestverdienern 20 Prozent? Schließlich hätten sie früher einen Grenzsteuersatz von 70 bis 80 Prozent bezahlt, der mittlerweile in vielen Ländern unter 50 Prozent gefallen ist. Die Geschichte zeigt also, dass sie es sich leisten können.

Ein Nachteil dieses Alternativschemas ist, dass die Einfachheit verloren geht. Die 10-Prozent-Regel ist extrem unkompliziert, und das macht sie wirkungsvoll. Aber sie fokussiert sich auf das Einkommen, nicht auf das Vermögen, das für den Überschuss sorgt. Für Vermögende reicht die 10-Prozent-Regel nicht aus. Es führt kein Weg daran vorbei: Vermögende sollten anhand der Wohlstandsobergrenze eine persönliche Obergrenze festlegen. Diese ethische Obergrenze ließe sich dann mit der 10-Prozent-Regel oder einem progressiven Spendenplan unterhalb der Wohlstandsobergrenze kombinieren.

Letztlich besagt das limitaristische Ethos Folgendes: Wir sollten nicht mehr Geld behalten wollen, als wir brauchen, um ein sicheres, gutes Leben zu führen, und darüber hinaus sollten wir dem moralischen Appell folgen, das, was wir haben, mit den Menschen zu teilen, die am wenigsten vom Glück begünstigt wurden. Viele, die im Globalen Norden leben, und die Wohlhabenden im Globalen Süden können mit weniger, zuweilen auch mit viel weniger, als sie gegenwärtig haben, sehr gut leben. Und die Reichen könnten sogar feststellen, dass sich ihr Leben dadurch verbessert.

KAPITEL 9

Auch die Reichen werden profitieren

Eine Welt, die akzeptieren würde, dass der Himmel nicht die Grenze ist – dass ein einzelner Mensch nur eine bestimmte Menge Geldes besitzen sollte –, wäre eine völlig andere. Demokratische Werte würden wiederhergestellt, eine faire wirtschaftliche Regelung wäre erreicht, und Menschen würden bekommen, was sie für ihre Arbeit tatsächlich verdienen. Wir würden nicht länger die verheerenden Auswirkungen der Ungleichheit auf das soziale Leben und die körperliche und seelische Gesundheit der Menschen erdulden. Beträchtliche Finanzmittel würden freigesetzt und es uns ermöglichen, Armut zu bekämpfen, die Erderwärmung aufzuhalten und Krankenhäuser, Schulen und Bibliotheken zu unterstützen, die in den fünfzig Jahren neoliberaler Staatsführung sträflich vernachlässigt wurden.

Aber wie würde sich das auf die Superreichen auswirken? Sie hätten offenkundig am Ende weniger materiellen Reichtum als gegenwärtig. Und das bedeutet, sie hätten auch weniger Privilegien und Macht, die damit einhergehen. Bislang habe ich argumentiert, dass dies ein großer moralischer Gewinn ist. Nach Ansicht vieler philosophischer Traditionen ist moralisches Handeln das, was uns zu Menschen macht, daher ließe sich sogar argumentieren, die Reichen und Superreichen würden in Form wiedergewonnener Menschlichkeit profitieren. Aber hätten sie vielleicht noch mehr zu gewinnen, außer vollständigere Menschen zu werden?

Nach meiner Einschätzung können die Superreichen durch den Wechsel zu einer limitaristischen Welt nicht nur bessere Menschen werden, sondern auch etwas Wichtiges gewinnen. Ich bin überzeugt, dass es sogar in ihrem eigenen Interesse ist. Anders gesagt: Es gibt eigennützige Gründe, warum die Superreichen den Limitarismus unterstützen sollten. Wie kann das sein? Auf den ersten Blick mag es unplausibel erscheinen, aber wenn man ein bisschen tiefer gräbt, treten drei Hauptgründe zutage, warum der Limitarismus unterm Strich auch für die Superreichen besser ist.

Im Januar 2020 erreichte die Teilnehmer des Weltwirtschaftsforums in Davos ein Schreiben, unterzeichnet von 121 Millionären und Milliardären. Sie argumentierten, es gebe zwei Arten von reichen Menschen: »jene, die Steuern vorziehen, und jene, die Unruhen vorziehen«. Sie warnten, eskalierende wirtschaftliche Ungleichheit werde negative Konsequenzen haben. Sie werde die Spannungen zwischen verschiedenen gesellschaftlichen Gruppen verschärfen, das gesellschaftliche Vertrauen schwinden lassen und ein Gefühl der Ungerechtigkeit verbreiten, das den gesellschaftlichen Zusammenhalt verringern werde. Zudem werde sie es der Weltgemeinschaft unmöglich machen, angemessen gegen die Klimakrise vorzugehen. Die Unterzeichnenden riefen die anderen Millionäre und Milliardäre auf, anzuerkennen, dass die Lösung höhere Steuern seien.[1]

In ihrer Forderung nach Veränderungen des Systems stützten sich diese superreichen Unterzeichnenden auf eine Reihe von Argumenten. An zentraler Stelle stand die Begründung, die Ungleichheit nehme mittlerweile derart überhand, dass die Superreichen mit wachsender politischer Instabilität und in nicht allzu langer Zeit möglicherweise mit Aufständen rechnen müssten.

Seitdem haben die Patriotic Millionaires weiter offene Briefe an die Teilnehmer des Weltwirtschaftsforums in Davos geschrieben. Immer wieder betonen sie die durch Ungleichheit verursachte gesellschaftliche Instabilität. Im Januar 2023 fragten sie: »Extreme sind unhaltbar, häufig gefährlich und werden selten lange toleriert. Warum dulden Sie also in dieser Zeit multipler Krisen weiterhin extremen Reichtum?«[2]

Andere Multimillionäre hoben die drohende Gefahr ebenfalls hervor. So veröffentlichte der amerikanische Risikokapitalgeber Nick Hanauer (dessen Vermögen auf etwa eine halbe Milliarde Dollar geschätzt wird) einen Artikel mit der eindeutigen Überschrift: »The Pitchforks are Coming … for Us Plutocrats« (»Die Mistgabeln kommen – gegen uns Plutokraten«). Er rief seine Multimillionärskollegen auf, die Augen für die Gefahren wachsender Ungleichheit zu öffnen. Hanauer stützte sich ausdrücklich nicht auf moralische Gründe, sondern appellierte allein an das Eigeninteresse der Reichen. Nach seiner Argumentation haben die Superreichen zwei wichtige eigennützige Gründe, Strategien zu unterstützen, die Ungleichheit reduzieren. Erstens:

> Wenn wir nichts unternehmen, um die eklatanten Ungleichheiten in dieser Wirtschaft zu beseitigen, wird man mit Mistgabeln auf uns losgehen. Keine Gesellschaft kann diese Art wachsender Ungleichheit aushalten. Tatsächlich gibt es in der Menschheitsgeschichte kein Beispiel, dass sich Reichtum derart ansammelte und es letztlich nicht zu Aufständen kam. Zeigen Sie mir eine höchst ungleiche Gesellschaft, und ich zeige Ihnen einen Polizeistaat. Oder einen Aufstand. Gegenbeispiele gibt es nicht. Keine. Es ist keine Frage des Ob, sondern des Wann.

Der andere Grund, aus dem Hanauer findet, Superreiche sollten Ungleichheit bekämpfen, ist das Wirtschaftswachstum: Wenn wir Maßnahmen zur Reduzierung der Ungleichheit ergreifen, wird der Gesamtkuchen wachsen und allen wird es besser gehen. Hanauer lehnt die Vorstellung einer Trickle-down-Ökonomie ab und plädiert dafür, die Mittelschicht durch Lohnerhöhungen zu stärken. Die Reichen werden reicher werden, wenn die Mittelschicht prosperieren kann. Wie sollen Geschäfte florieren, wenn die Beschäftigten kein Geld haben, um Blumen oder neue Kleidung zu kaufen oder auswärts essen zu gehen? Eine starke Mittelschicht, die ordentliche Löhne bekommt, wäre im Interesse der Reichen, da die Nachfrage nach ihren Produkten steigen würde und die Reichen mehr Gewinne erzielen könnten.[3]

Die Sorge, dass es zu Gewalt und politischer Instabilität führt, wenn die Ungleichheit zu groß wird, ist bereits alt. Schon Platon argumentiert in *Nomoi/Gesetze* dafür, den Besitz derer, die am meisten haben, auf höchstens das Vierfache dessen zu begrenzen, was die Ärmsten haben, um die Stabilität des politischen Gemeinwesens zu bewahren.[4] Das Vierfache! Stellen wir uns vor, wo diese Obergrenze läge. Tatsächlich wäre das Verhältnis heutzutage ungeheuer gering, da gegenwärtig in allen Ländern mindestens 10 Prozent der Bevölkerung praktisch nichts besitzen – nicht einmal genügend Ersparnisse, um eine defekte Waschmaschine zu ersetzen oder einen Einkommensausfall von drei Monaten zu überbrücken. Würden wir Platons empfohlene Standards für Vermögensunterschiede heute umsetzen, würden wir damit eine massive Reduzierung der Ungleichheit erreichen. Es würde tatsächlich eine erheblich radikalere Umverteilung von Reichtum beinhalten, als die meisten Bürger derzeit unterstützen.

Mit Platons Argumentation im Hinterkopf stellt sich die große Frage: Wie groß kann die wirtschaftliche Ungleichheit werden, bevor sie politische Unruhen auslöst? Die gegenwärtige politische

Landschaft gibt reichlich Anlass zur Sorge. Die destabilisierenden Folgen wachsender Vermögensungleichheit sind nicht nur in Ländern mit starker Ungleichheit wie den USA, Brasilien oder Südafrika besorgniserregend, obwohl die Rückschläge, die diese Demokratien in den letzten Jahren erlebt haben, sehr gute Gründe liefern, extrem beunruhigt zu sein. Selbst in Ländern mit einer kleineren, weniger reichen Schicht Superreicher und einem immer noch besseren (wenn auch abnehmenden) Wohlfahrtsstaat warnen Kommentatoren vor wachsender Unruhe unter den Verlierern. Der niederländische Unternehmer und Journalist Sander Schimmelpenninck, selbst ein reicher Erbe, führte ebenfalls die »Gefahr von Mistgabeln« als einen der Gründe an, etwas gegen die wachsende Ungleichheit in den Niederlanden zu unternehmen. Seiner Ansicht nach gibt es noch andere Gründe, vor allem die schwindende Chancengleichheit, aber die Gefahr einer Revolte der weniger gut Gestellten sticht heraus. Wir sollten uns tatsächlich Sorgen über die Auswirkungen machen, die der Anstieg von Unsicherheit, prekären Verhältnissen und wirtschaftlicher Ungleichheit für rechtspopulistische Parteien haben wird, die diesen Unmut in verschiedene Formen von Gewalt kanalisieren – Fremdenfeindlichkeit, Antisemitismus und Hass auf sexuelle Minderheiten, vor allem auf transsexuelle Menschen.[5]

Unterstützung rechtspopulistischer Parteien ist jedoch nicht der einzige Weg, wie Wähler ihre zunehmende Unzufriedenheit äußern. In manchen Ländern erleben wir auch den Anstieg von Gruppen am entgegengesetzten Ende des politischen Spektrums, wie den der grünen Parteien. Bisher erweisen sie sich allerdings als eine weit geringere Bedrohung für die Superreichen. In Anbetracht ihres Respekts vor dem Rechtsstaat stehen ihnen nur legale Mittel zur Verfügung – und angesichts ihrer begrenzten politischen Macht ist ihr Einfluss bescheiden. Zudem, und das ist nach Ansicht mancher wesentlich wichtiger, sind einige der führenden Kräfte in diesen progressiven Parteien bereits von neoliberalem Denken indoktriniert oder geraten in dessen Fänge, sobald sie eine Koalition mit neoliberalen Parteien eingehen.

Selbstverständlich gibt es viele Wähler der Mitte, die durch den Aufstieg der Superreichen in jüngster Zeit ebenfalls verlieren, wenn man bedenkt, was für ein Leben diese Menschen in der besten alternativen Welt führen könnten. Warum protestieren sie dann nicht lautstärker? Ich vermute, dass manche von ihnen nicht glauben, sie könnten etwas bewirken, wenn sie politisch aktiv werden (sei es, indem sie wählen oder sich organisieren), während viele andere sich schlicht nicht bewusst sind, wie groß die Ungleichheit ist und wie eigennützig die Kapitalistenklasse die Spielregeln beeinflusst hat. Es wissen schlicht nicht genügend Menschen Bescheid, was CEOs verdienen oder wie groß die Erbschaften sind, die in den nächsten Jahrzehnten an glückliche Erben gehen werden, während ihre eigenen Kinder so gut wie nichts bekommen. Und weil sie das Wenige, was sie gespart haben, an ihre Lieben weitergeben wollen, sind sie gegen eine Erbschaftssteuer, ohne zu begreifen, dass sie ein starker Gleichmacher wäre, der es uns allen ermöglichen würde, mit wahrhaft gleichen Chancen ins Leben zu starten.

Es mag auch damit zu tun haben, wie dominant neoliberale Vorstellungen mittlerweile geworden sind. Die meisten der heute lebenden Menschen sind in einer überwiegend neoliberalen politischen und wirtschaftlichen Umgebung aufgewachsen. Und ebenso wie Fische das Wasser, in dem sie schwimmen, nicht sehen können, fällt es uns schwer, neoliberale Ideen und Werte zu erkennen, wenn wir nie etwas anderes gekannt haben. Dank der Verbreitung der neoliberalen Ideologie verstehen sich Menschen in vielen Ländern nicht mehr als *Bürger*, die eine staatsbürgerliche Pflicht haben, gemeinsam das politische Gemeinwesen zu regieren, sondern sie sehen sich als Konsumenten, als Menschen mit beruflicher Identität und als Privatpersonen mit Familien und Freundeskreis. Zu viele von uns sind mittlerweile entpolitisiert. Zu viele von uns haben keinerlei Erfahrung mit Aktivismus und Sich-Organisieren und wissen daher gar nicht, welches enorme Potenzial darin steckt, gemeinsam aktiv zu werden, um für Gerechtigkeit zu kämpfen und gemeinsame Interesse zu verteidigen.

Wenn aber tatsächlich, wie manche vermuten, ein Zünder nur darauf wartet, gezündet zu werden, bedarf es möglicherweise nur eines Funkens. Das haben wir während des Arabischen Frühlings im Januar 2011 erlebt, als sich der tunesische Straßenhändler Mohamed Bouazizi in Brand steckte, weil er die ständigen Demütigungen und Schikanen eines Kommunalbeamten, die in der Beschlagnahmung seiner Waren gipfelten, nicht mehr ertrug. Seine erschütternde Tat löste eine Reihe von Protesten aus, die letztlich mehrere Regierungen im Nahen Osten, in Libyen, Ägypten und im Jemen zu Fall bringen sollten. Auch nach dem Tod von George Floyd, einem afroamerikanischen Mann, der 2020 von dem weißen Polizisten Derek Chauvin in Minnesota getötet wurde, entfachte eine individuelle Tragödie internationalen Aufruhr. Dieser entsetzliche rassistische Mord löste massive Proteste aus und ließ die Bewegung Black Lives Matter weltweit in vielen Ländern Fuß fassen. Sie entwickelte sich zu einer so starken politischen Kraft, dass Antirassismus beziehungsweise die Frage der *racial justice* in Diskussionen über den Gesellschaftsvertrag weitaus stärker berücksichtigt wird. Einer meiner Gesprächspartner, der Spender in den USA berät, erwähnte, der Tod von George Floyd und die zunehmenden Proteste von Black Lives Matter hätten manchen Philanthropen, der bis dahin nicht viel über den ausgeprägt rassistischen Charakter der Vermögensungleichheiten nachgedacht hatte, die Augen geöffnet. Dank der Bewegung Black Lives Matter begreifen diese amerikanischen Philanthropen mittlerweile, dass es im Rahmen der Bekämpfung solcher Ungleichheiten dringend geboten und notwendig ist, schwarze Gemeinden zu stärken.

Wenn unterschwellige Unzufriedenheit über die Verhältnisse herrscht, kann ein einziges Ereignis sehr schnell eine Eskalation auslösen und zu Protesten, Aufständen und sogar Regimewechseln führen. Die einzige Möglichkeit, solche dramatischen Umwälzungen zu verhindern, ist, den Gesellschaftsvertrag so zu überarbeiten, dass er allen einen gerechten Nutzen gewährleistet.

Jenseits der drohenden Gefahr eines Aufstands gegen die Reichen gibt es noch andere, konstruktivere persönliche Gründe für die Superreichen, sich von ihrem Vermögen zu trennen. Als ich mit Jake Hayman, dem Mitbegründer von The Good Ancestor Movement, sprach, fragte ich ihn, wie seine Klienten, die Multimillionäre waren, darüber dachten, dass sie ihr Vermögen weggegeben hatten. Bereute jemand, was er getan hatte? Darüber brauchte er nicht lange nachzudenken: »Ich habe keinen getroffen, der es auch nur ein bisschen bereut hätte. Alle, mit denen ich gesprochen habe und die ihren extremen Reichtum aufgegeben haben, bezeichneten es als Befreiung.« Als ich nachhakte, warum, erklärte er:

> Weil Geld so viel von deinem Leben in Anspruch nimmt, wenn du reich bist. Du musst dich mit Leuten treffen, die du gar nicht treffen willst, du musst mit Schuldgefühlen leben, du bist ständig in einer Machtposition über andere, weil du dazu beitragen könntest, ihr Leben zu verändern, es aber nicht tust. Es wird also zu deiner Entscheidung und fühlt sich falsch an. Es ist zermürbend. Und du streitest mit deiner Familie über Geld, aber eigentlich ist Geld gar nicht wichtig, weil mehr da ist, als du brauchst.

Haymans Einschätzung stand in Einklang mit dem, was einige der Vermögenden mir erzählt hatten. Sie empfanden den übermäßigen Reichtum als Bürde und als Barriere zur gewöhnlichen Welt – einer Welt, von der sie ein Teil sein wollten. Dreißig Jahre, nachdem Chuck Collins sein Erbe verschenkt hatte, kam er zu der Schlussfolgerung:

»Ich bereue nichts. Wenn überhaupt, fühle ich mich befreit. Meine Entscheidung ermöglichte es mir, ein Leben zu führen, das mehr mit meinen Werten in Einklang stand. Es eröffnete mir eine Energiequelle.«[6]

Zu viel Geld zu besitzen kann in vielerlei Hinsicht ein verkappter Fluch sein. Für Abigail Disney bestand eine grundlegende Sorge in der Frage, was Reichtum mit der psychischen Verfassung eines Menschen macht. Sie sprach mit mir über die mentalen Belastungen durch die Macht, die eine reiche Person über andere hat. »Bei jedem Obdachlosen, an dem du vorbeigehst, weißt du, dass du ihn aus dieser Lage herausholen könntest«, sagte sie. Zudem wird sie überall, wohin sie auch geht, als potenzielle Spenderin betrachtet. Es ist zermürbend. Alle wollen, dass sie für ihre Sache spendet. Eine Konsequenz daraus ist, dass man in dem Maße, wie man mehr Geld hat, sein soziales Umfeld auf Leute begrenzt, die einem selbst ähnlicher sind – und die nicht um dein Geld bitten. Aber auch das verändert eine Person. Man verliert den Kontakt zur realen Welt.

»Für mich haben die Probleme auch mit der Seele zu tun«, erklärte sie mir. »Das Vorhandensein von Vermögen hat etwas Zersetzendes, vor allem das Vorhandensein tiefer Ungleichheit, mit der sich jeder Mensch als tiefgreifende Herausforderung für sein moralisches Wohlbefinden konfrontiert sieht.« Sie erzählte von den täglichen Entscheidungen, die man als sehr reicher Mensch ständig treffen muss und von denen jede das Leben einer anderen Person verändern könnte. Dieses ständige Kalkül, das auch andere meiner vermögenden Gesprächspartner ansprachen, verändert einen Menschen ebenfalls. Disney sagte:

> Das ist an sich schon eine Aufgabe, die mir etwas abverlangt, mich zermürbt und emotional auslaugt – welchen Leuten helfe ich und welchen nicht. Und wenn man sich nicht auf diese Überlegungen einlässt, hat man keine andere Wahl, als

> diese Person auf dem Bürgersteig auf etwas zu reduzieren, was nicht menschlich ist, und damit entwickelt man eine Gewohnheit, Leute, die etwas von einem brauchen, als weniger menschlich zu sehen. Es ist schwer zu vermitteln, wie unentwegt solche Forderungen kommen. Es ist beinahe unmöglich, einen Raum zu betreten und nicht auf jemanden zu treffen, der mir mitteilen will, was er von mir braucht, und sich wünscht, dass ich das, was diese Bedürftigkeit schafft, ändern könnte.

Als Mittel zur emotionalen Selbstverteidigung errichten Vermögende eine Barriere zwischen sich und den Menschen, die etwas von ihnen wollen. Diese Reaktion ist zwar nachvollziehbar, aber mental nicht sonderlich gesund. »Wenn du dir erst einmal deinen sicheren Raum und deine sicheren Leute und deine sichere Umgebung geschaffen hast, bist du in diesem Raum ein Star und entwickelst das Bedürfnis, deines Starruhms würdig zu sein, darum fühlt es sich ein bisschen performativ an«, erklärte Disney. »Man hat das Gefühl: ›Ich sollte besser die Person sein, die dieser Vorteile würdig ist.‹« All das wirkt sich psychisch und moralisch auf die reiche Person aus – und Abigail Disney meint, dass es nicht zum Besseren ist, vor allem nicht für weiße Männer, für die sich genderfeindliche und rassistische Codes auf ungute Weise mit dieser Einstellung überschneiden. Sie erklärt:

> Wenn alle dir sagen, dass du immer im Recht bist, und alle dir sagen, dass du so großartig bist, und du dir eine ganze Welt konstruiert hast, in der du im Mittelpunkt stehst, besteht die Gefahr, dass du dich für die Sonne hältst, die auf- und untergeht. Und die Räume, in denen du dich aufhältst, gar kein Licht haben, weil du die Sonne bist. Und wenn du den Raum verlässt, hören diese Leute auf zu existieren. Du nimmst etwas Gottähnliches an, das nur schwer abzuwehren ist.

Nach Disneys Ansicht ist deutlich erkennbar, wie sich ultrareiche Leute wie Jeff Bezos im Laufe der Zeit verändert haben. Das erlebte sie auch bei ihrem Vater. »Ich sah, wie er nach und nach seine Freunde verlor. Und sie durch Leute ersetzte, die in einer bezahlten Funktion standen.« Und letztlich waren diese Männer die Einzigen, denen er vertraute.[7]

Ein besonders akuter Grund zur Sorge ist die psychisch zersetzende Wirkung von extremem Reichtum auf die Kinder der Superreichen. Jessie O'Neill hat in ihrem Buch *The Golden Ghetto* von 1997 die dunkle Seite einer Kindheit und Jugend in einer sehr reichen Umgebung geschildert. Als Enkelin eines ehemaligen Präsidenten von General Motors gehört sie selbst zur dritten Generation einer wohlhabenden Familie und hat als Therapeutin gearbeitet. Sie prägte den Begriff »affluenza« (Wohlstandssyndrom) für die schädlichen psychischen Auswirkungen extremen Reichtums vor allem auf Kinder. Häufig werden sie von Kindermädchen aufgezogen, was ihnen vermittelt, sie seien ihren Eltern nicht wichtig genug, um Zeit mit ihnen zu verbringen. Das führt zu Bindungsproblemen, nicht zuletzt, weil Kinder- und Au-pair-Mädchen häufig wechseln. In der Regel bekommen Kinder superreicher Eltern viele materielle Dinge, aber sehr wenig Zuwendung. Sie mit materiellen Gütern zu überhäufen verhindert, dass sie den Wert des Belohnungsaufschubs begreifen, und bewirkt, dass sie nie die Chance bekommen, Geduld und Frustrationstoleranz zu erlernen. Um alles noch zu verschlimmern, bekommen sie so viel Geld, dass sie nie erfahren, ob sie es auch aus eigener Kraft »geschafft« hätten – eine Sorge, die Abigail Disney mir gegenüber ebenfalls äußerte und die ihrer Ansicht nach erklärt, warum so viele Frauen, die ein Vermögen erben, studieren und ihren Doktor machen. Schließlich kann man sich den Doktortitel einer renommierten Universität nicht kaufen. Wenn man einen Doktortitel tragen will, muss man ihn sich selbst hart erarbeiten. O'Neill beschreibt auch eingehend, dass das Wohlstandssyndrom bei Superreichen häufig zu Suchtproblemen und gestörten Familien führt, was wiederum die heranwachsenden Kinder suchtanfällig macht.[8]

Nur wenige haben die Leere der Welt superreicher Kinder anschaulicher porträtiert als die amerikanische Fotografin Lauren Greenfield. Nachdem sie fünfundzwanzig Jahre lang die Superreichen in Los Angeles interviewt und fotografiert hatte, veröffentlichte sie 2017 den beeindruckenden Bildband *Generation Wealth*, der gleichzeitig mit einer Museumsausstellung und einem Dokumentarfilm erschien. Die Interviews und Fotos offenbaren nicht nur schrecklich verschwenderische Luxusausgaben, sondern zeigen überwiegend unglückliche Kinder. Die Extravaganz ihrer Umgebung macht ihnen keinerlei Freude: Sie sind daran gewöhnt. Wenn man im Luxus aufwächst, vor allem, wenn man in einer Blase sehr reicher Leute lebt, werden extravagante Konsummuster zur Normalität. Eine der von Greenfield Befragten, Wendy, wuchs umgeben von Überfluss auf und erzählte, wie schwer es für sie war, als sie achtzehn wurde und ihr Vater ihr erklärte, von nun an müsse sie selbst für ihre Rechnungen aufkommen. Wie sie erklärte, war es hart für sie, als ihr alles weggenommen wurde, nachdem sie mit so viel aufgewachsen war. Nach allem, was sie in ihrer Kindheit für selbstverständlich gehalten hatte, fand sie nun an nichts mehr Freude. Selbst das Essen in einem teuren Restaurant war kein besonderer Genuss, weil es ihr in ihrer Jugend als etwas völlig Normales erschienen war.[9]

Diese psychischen Anpassungsmechanismen werden durch die wissenschaftlichen Arbeiten des Psychologen Mihály Csíkszentmihályi bestätigt. Er entdeckte, dass reiche Leute nicht glücklicher sind als alle anderen. Bei Menschen mit wenig Geld führt größerer materieller Wohlstand zu größerem Glück, aber sehr reiche Menschen erleben das nicht mehr so. Im Gegenteil: Weil Zeit für uns alle die ultimative knappe Ressource ist, wird es für sehr reiche Leute, die immer noch auf das Geldverdienen fokussiert sind, extrem teuer, wertvolle Zeit (*quality time*) mit anderen zu verbringen – einen Nachmittag lang mit ihren Kindern zu spielen oder ein Familientreffen zu besuchen. In diesem Zeitfenster könnten sie sonst viel Geld verdienen. Nach einer Weile verlieren sie daher ihre Sensibilität für die Glückserfahrung langsamer Betätigungen – wie im Wald spazieren zu gehen oder bei einer Tasse Tee mit einem Elternteil oder Freunden zu plaudern. Viel beschäftigte reiche Menschen werden für den Wert von Muße und Aktivitäten, die sich nicht um materielle Güter und Status drehen, desensibilisiert.[10]

Wenn das Aufwachsen in der wohlhabenden Oberschicht kein Garant für eine ausgeglichene, glückliche Kindheit ist, wie die Indizien offenbar belegen, dann liefert uns das einen weiteren Grund, gegen extremen Reichtum zu sein und ihn tatsächlich zu begrenzen. Denn der psychische Mechanismus, der dem Unglücklichsein sehr reicher Menschen zugrunde liegt, ist ihr ständiges Streben, ihr Vermögen zu vergrößern. Dass sie als Gesellschaftsschicht getrieben sind, immer mehr anzuhäufen, belegen Materialien aus einer großen Bandbreite von Quellen zweifelsfrei – von autobiographischen Schilderungen von Menschen, die in Reichtum geboren wurden, über qualitative soziologische Forschungen zu Multimillionären bis hin zum massiven Wachstum der Wealth-Defense-Industrie.

In seinem Bestseller *Über die Psychologie des Geldes* von 2020 argumentiert Morgan Housel, nie genug zu haben, sei eine gefährliche Einstellung. Er schildert, wie Rajat Gupta und Bernie Madoff, beide äußerst erfolgreiche Geschäftsleute mit einem Vermögen von über 100 Millionen US-Dollar, letztlich zu Straftaten verleitet wurden – weil sie schlicht nie das Gefühl hatten, genug zu haben. Das Problem ist, dass sich die Zielsetzungen ständig verschieben, wie Housel erklärt. Wir sind durch sozialen Vergleich motiviert – wir richten den Blick immer nach oben und vergleichen uns mit denen, die viel mehr haben als wir. Diesen Mechanismus haben wir bereits bei den Managergehältern beobachtet. Er ist auch am Werk in den

Lehren, die man Erben großer Vermögen erteilt: Lass dein Geld »arbeiten«, damit es sich vermehren kann. Housel rät seiner Leserschaft, sie sollten lernen, diese ständige Verschiebung der Ziele aufzuhalten. Da es (für alle bis auf eine einzige Person) immer jemanden geben wird, der reicher ist, ist das Bestreben, die Person zu überholen, die in der Rangliste der Reichen über einem steht, ein Kampf, der nie zu gewinnen ist. »Nimm ihn also gar nicht erst auf und akzeptiere, dass dein Reichtum dir vollauf genügt, auch wenn deine Umgebung vielleicht mehr besitzt.«[11]

Zyniker mögen einwenden, wenn die Reichen ihre eigene Seele zerstören wollen, indem sie Geld horten, sollten wir kein Mitleid mit ihnen haben, da sie sich ja für diese Lebensweise entscheiden. Menschen haben die Freiheit, sich so unglücklich zu machen, wie sie wollen. Aber das enthebt uns nicht der gesellschaftlichen Verantwortung gegenüber ihren Kindern. Wenn die Kinder sehr reicher Eltern unter dem Aspekt seelischen Wohlergehens ebenso benachteiligt sind wie arme Kinder, warum sollten wir dann denken, dass wir zwar eine moralische Pflicht haben, uns um die armen Kinder zu kümmern, nicht aber um die superreichen? Nun könnten die Zyniker uns raten, uns auf die Erwachsenen zu konzentrieren: Ist die moralische und psychische Not sehr reicher Menschen wirklich etwas, um das wir uns Sorgen machen sollten? Wenn die Reichen den Eindruck haben, ihr Leben nehme eine Wende zum Schlechteren, können sie sich schließlich die professionelle Hilfe von Therapeuten leisten. Es handelt sich um ein individuelles Problem, das nur sie in Angriff nehmen müssen.

Ich halte diese Reaktion für zu einfach. Denn ich sehe nicht ein, warum wir uns um das Wohl der Superreichen weniger kümmern sollten als um das anderer Gesellschaftsschichten, nur weil sie mehr Geld und Macht haben. Sie sind psychisch ebenso verletzlich wie wir Übrigen, und wenn wir uns generell um die Verletzlichkeit anderer kümmern, sollten wir uns auch darum kümmern, wie übermäßiger

Reichtum das Leben Superreicher zerstören kann. Die meisten Moraltheorien unterschreiben die Aussage, Gesellschaften sollten so organisiert sein, dass sie die Autonomie aller Individuen schützen. Aber psychische Mechanismen wie die oben beschriebenen untergraben die moralische Autonomie derer, die übermäßigen Reichtum besitzen, wie die Philosophin Danielle Zwarthoed aufzeigte. Eine Gesellschaft, die die Autonomie aller ermöglichen, fördern und schützen will, sollte deshalb begrenzen, wie reich ihre Mitglieder werden können.[12]

Die Zahl der sehr reichen Menschen, die davon erzählen, wie leicht sie oder ihre Familienangehörigen in Drogenmissbrauch verfallen konnten, verdeutlicht, dass sie unser Mitgefühl aus psychologischer Sicht ebenso sehr verdienen wie alle anderen. (Politisch sieht die Sache anders aus: Mittlerweile sollte klar sein, dass ich keinerlei Sympathie für die entscheidende Rolle habe, die sie bei den sozialen und wirtschaftlichen Veränderungen der letzten fünfzig Jahre gespielt haben.) Aber das Suchtthema hat zwei Seiten: Zum einen ist Sucht unter Superreichen weit verbreitet, was ein eindeutiger Indikator für mangelndes Wohlbefinden ist. Zum anderen besitzt das Anhäufen von Reichtum selbst Suchtpotenzial. Housel verwendet in *Über die Psychologie des Geldes* den Begriff »Sucht« zwar nicht, erkennt das Phänomen aber im Grunde als solches. »Genug«, wie er es formuliert, heißt erkennen, dass das Gegenteil – die unersättliche Gier nach mehr – einen so weit treiben wird, dass man es bereut.[13]

Andere sprechen unverhohlen von Sucht, wenn sie die psychischen Auswirkungen des Anhäufens von Reichtum beschreiben. So begann Sam Polk, der drei Jahre zuvor seine Stelle als Börsenmakler an der Wall Street aufgegeben hatte, 2014 einen Gastkommentar in der *New York Times* mit den Worten:

> In meinem letzten Jahr an der Wall Street bekam ich eine Bonuszahlung von 3,6 Millionen Dollar – und war wütend, weil sie nicht hoch genug ausfiel. Ich war dreißig Jahre alt, hatte keine Kinder aufzuziehen, keine Schulden abzuzahlen, keine philanthropischen Ziele im Sinn. Ich wollte mehr Geld aus demselben Grund, wie ein Alkoholiker einen weiteren Drink braucht: Ich war süchtig.

Polk, der zuvor bereits übermäßig Alkohol und Drogen konsumiert hatte, diagnostizierte die Geschäftskultur an der Wall Street als eine Form von »Reichtumssucht«. Die Überzeugung von Börsenmaklern, sie hätten diese enormen Gehälter und Bonuszahlungen tatsächlich verdient, sind seiner Ansicht nach lediglich Rationalisierungen Süchtiger.[14]

Es gibt jedoch noch einen weiteren zwingenden Grund, sich um die Superreichen zu kümmern, den Abigail Disney in unserem Gespräch treffend darlegte: »Ich denke, es ist wichtig, der persönlichen Seite Aufmerksamkeit zu schenken. Denn sehr reiche Leute sind auch öffentliche Persönlichkeiten. Und wenn es zur inneren Zersetzung kommt, tragen sie diese falsche, geschädigte Einstellung in die Öffentlichkeit und nutzen diesen moralischen Kompass, der dadurch, wer sie sind, wirklich zerfressen und geschädigt ist, um zu entscheiden, wie die Welt sein sollte.« Sie hielt Elon Musk für ein perfektes Beispiel für dieses Problem, und schloss: »Jemand, der dadurch geprägt ist, zu viel Geld zu haben, ist wirklich die letzte Person, die man in einer Machtposition haben möchte.« Da große Teile der Gesellschaft Multimillionäre nach wie vor bewundern, werden sie nahezu automatisch zu Rollenvorbildern für junge Leute. Und dass die sozialen Medien im Internet eine Parallelwelt – tatsächlich eine falsche Realität – schaffen, macht alles nur noch schlimmer. Die 99 Prozent sollten nicht wollen, dass psychisch geschädigte Superreiche für ihre Kinder (oder auch für sie selbst) zu Vorbildern werden.

Wir sollten uns der Gefahr bewusst sein, dass die psychischen Mechanismen, die sich negativ auf die Reichen auswirken, letzten Endes auch uns betreffen könnten. Eine Reihe von Studien haben gezeigt, dass Angehörige der unteren Schichten und weniger reiche Menschen tendenziell empathischer und mitfühlender sind als reiche. Empathie ist wichtig für eine gut funktionierende Gesellschaft – man kann sogar sagen, dass selbst die Qualität der staatlichen Bürokratie und der Justiz von ausreichenden empathischen Fähigkeiten der Amtsinhaber abhängt. Bei Menschen, denen es an Empathie mangelt, besteht eine höhere Wahrscheinlichkeit, dass sie andere am Arbeitsplatz oder in sozialen Interaktionen einschüchtern oder schikanieren und ihr Umfeld vergiften. Kurz: Die negativen psychischen Auswirkungen von extremem Reichtum betreffen nicht nur die Superreichen selbst. Sie schaden uns allen.[15]

Ein letzter Grund, der sich dafür anführen lässt, dass es den Reichen in einer limitaristischen Welt besser ginge, bezieht sich auf die unterschwellige Unsicherheit, die heutige reiche Gesellschaften prägt. Die Soziologin Rachel Sherman kam in ihren Forschungen zum Leben sehr reicher Menschen in New York zu dem erstaunlichen Ergebnis, dass sie trotz ihres Vermögens von mehreren Millionen Dollar erklärten, sie müssten dieses Geld behalten, um ihre Sicherheit und die ihrer Familie zu gewährleisten. Falls sie ein Unglück träfe, würden sie es vielleicht brauchen. In manchen dieser Familien gab es nur einen Erwerbstätigen, und wenn dieser seine Arbeit verlieren sollte und ein Familienmitglied krank würde, hätten sie keine Krankenversicherung, um die notwendige Behandlung zu bezahlen. Daran ist sicher etwas Wahres: Das Haushaltsvermögen kann tatsächlich als private Versicherung im Fall von Scheidung, Behinderung oder Arbeitslosigkeit dienen, wie Forschungen gezeigt haben.[16] Das Forscherteam aus London, das Fokusgruppen zu extremem Reichtum organisierte, stellte ebenfalls fest, dass sie die Anhäufung großen Reichtums als privates Sicherheitsnetz durchaus gerechtfertigt fanden. Die Tatsache, dass viele diese Denkweise teilen, mag zur Erklärung des Paradoxons beitragen, dass einerseits zwar die Ungleichheit zugenommen hat, andererseits aber nicht die allgemeine Sorge über das Ausmaß der Ungleichheit. Ein Großteil der Bevölkerung akzeptiert möglicherweise das Anhäufen von Reichtum, weil er zustimmt, dass die Reichen und Superreichen dieses Geld als Strategie brauchen, um mit zukünftigen Pechsträhnen umzugehen.[17]

Was sollen wir damit anfangen? Vielleicht ist der Verweis auf das Sicherheitsbedürfnis für manche Vermögende lediglich ein Vorwand. Allerdings es ist keineswegs unplausibel, dass manche echte Angst verspüren. Dennoch ist es eine Chimäre. Reale Sicherheit erfordert eine Gesellschaft, die allen einen geschützten minimalen Lebensstandard bietet. Geld zu horten mag uns ein Sicherheitsnetz in einer Welt isolierter Individuen verschaffen, also vereinzelter Lebewesen, die wir angeblich sind, wie der Neoliberalismus uns glauben machen will. Tatsächlich sind wir jedoch stark voneinander abhängig. In der Welt, in der wir leben, ist die beste Möglichkeit, Sicherheit zu erlangen, die Risiken zu bündeln. Das ist sowohl ethisch als auch ökonomisch schlicht der beste Weg nach vorn. Statt Geld zu horten für den Fall, dass eine superreiche Person sich in der (höchst unwahrscheinlichen) Lage wiederfindet, plötzlich kein Einkommen mehr zu haben und genau zu diesem Zeitpunkt eines ihrer Kinder schwer erkrankt und eine sehr teure Behandlung braucht, wäre es besser, sie würde sich für eine hochwertige Gesundheitsversorgung aller, unabhängig vom Beschäftigungsstatus, einsetzen. Interessanterweise entspricht das weitgehend der Entscheidung, die Chuck Collins getroffen hat. Als er beschloss, im jugendlichen Alter von 26 Jahren seine Erbschaft zu verschenken, versuchte sein Vater (der Erbe der Fleischverarbeitungsfirma Oscar Mayer), es ihm mit dem Argument auszureden, er könne krank werden oder eine Beeinträchtigung erleiden. Darauf erwiderte Collins, mit dieser Situation lebten

Millionen seiner Zeitgenossen und er werde sich wie alle anderen mit diesem Problem auseinandersetzen, wenn es sich stelle.[18]

Auch wenn es angesichts des heutzutage in vielen Ländern reduzierten Wohlfahrtsstaates sinnvoll ist, ein gewisses Familienvermögen als Puffer für schlechte Zeiten anzusparen, gibt es doch klare Grenzen, wie viel man für diesen Zweck anhäufen sollte. Darüber hinaus ist schwer einzusehen, welchen Nutzen das zusätzliche Geld möglicherweise bringen könnte.

Welchen Sinn hat es, endlos Geld anzusammeln, wenn es nicht zu einem besseren Leben verhilft? Wenn es weder glücklich macht, noch für Erfüllung sorgt? Zu Recht haben der Philosoph Edward Skidelsky und sein Vater, der Wirtschaftshistoriker Robert Skidelsky, darauf hingewiesen, dass wir im Kapitalismus aufgehört haben, diese Frage zu stellen – die jedoch in früheren Zeiten durchaus wichtig war. Denker von Aristoteles bis zu Thomas von Aquin haben die Ansicht vertreten, dass ein gutes Leben eines ist, das klare Grenzen kennt; das anerkennt, dass unsere Bedürfnisse und Wünsche einen Sättigungsgrad haben. Im Laufe der Philosophiegeschichte gab es viele proto-limitaristische Denker, die es für selbstverständlich hielten, dass es Grenzen für die materiellen Güter gibt, die wir ansammeln können.[19]

Diese Einsichten haben wir aus unserem kollektiven Gedächtnis gelöscht, weil sie unserer modernen Selbstwahrnehmung widersprechen: Heutzutage glauben wir gern, wir hätten unser Schicksal selbst in der Hand und sollten dafür verantwortlich gemacht werden, wie viel – oder wenig – wir für uns herausholen können. Aber das ist dumm. Denn zum einen spielt in unserem Leben Glück eine wichtige Rolle, und unsere Fähigkeit, Geld zu verdienen, verdanken wir in erster Linie unseren früheren und gegenwärtigen Mitmenschen, und zum anderen sind unser Charakter und unsere Bedürfnisse weitgehend von der Gesellschaft geprägt, in der wir leben. Die heutige Gesellschaft wendet alle erdenklichen neoliberalen kapitalistischen Tricks an, um uns zu egozentrischen Konsumenten mit grenzenlosen Begierden zu machen; zu Wesen, deren einziges Ziel es ist, diese Begierden zu stillen; die glücklich leben können, während andere um uns herum im Elend dahinvegetieren. Aber so muss es nicht sein. Für uns alle, auch für die Reichen und Superreichen, ist ein wesentlich besseres Leben möglich, wenn wir uns und unsere Vorstellungen vom neoliberalen kapitalistischen Bann befreien können.

KAPITEL 10

Der weitere Weg

Wir sind an einem Punkt angelangt, an dem sich die Argumente gegen extremen Reichtum – und für den Limitarismus – eins nach dem anderen auftürmen. Es gibt viele verschiedene Gründe für eine limitaristische Weltsicht. Da ist die prinzipielle Ablehnung der Ungleichheit oder die Tatsache, dass so viel vom übermäßigen Reichtum mit Makeln behaftet ist. Die Reichsten der Gesellschaft haben sich einen ungerecht großen Anteil an den wirtschaftlichen Gewinnen des vorigen Jahrhunderts angeeignet und müssen diesen Überschuss umverteilen. Man könnte den Limitarismus auch unterstützen, weil er viel dazu beitragen würde, etwas gegen die bestehenden Machtungleichgewichte zu unternehmen und politische Gleichheit zu schützen – die Erosion der Demokratie aufzuhalten und den dominanten politischen Einfluss der wenigen Reichen zu verhindern. Ein Grund könnte auch sein, dass uns der Limitarismus ein gutes Stück weiterbringen könnte, unseren Planeten zu retten, da der Lebensstil, die Geschäftsstrategien, die Steuerflucht und die Lobbyarbeit der Superreichen zu zivilisationsgefährdenden ökologischen Schäden geführt haben. Eine in Flammen stehende Welt braucht viel Geld, um die Brände zu löschen, und die Superreichen haben Geld, das sie nicht brauchen. Es ist wesentlich sinnvoller, die Finanzmittel für die Brandbekämpfung von den Superreichen als von der Mittelschicht zu nehmen, ganz zu schweigen von den armen Bevölkerungsschichten. Das Gleiche gilt für andere Erfordernisse jenseits des Schutzes eines bewohnbaren Planeten, etwa für die Bekämpfung der Armut und anderer Formen von Entbehrungen. Kollektiv anzuerkennen, dass an irgendeinem Punkt genug einfach genug ist, würde auch dafür sorgen, dass es den Reichen besser geht. Und das letzte und vielleicht grundlegendste Argument lautet: Niemand kann behaupten, er verdiene es, Millionär zu sein.

Kurz: Eine limitaristische Gesellschaft wäre eine bessere Gesellschaft. Und selbst wenn die Vorstellung, eine Obergrenze für Reichtum festzulegen, kurzfristig politisch nicht durchsetzbar ist, würde es die Welt zu einem viel besseren Ort machen, die wirtschaftlichen Ungleichheiten von oben nach unten drastisch zu reduzieren.

In welchem Maße ist sich die Bevölkerung der gegenwärtig immensen wirtschaftlichen Ungleichheit bewusst? Ist ihr klar, dass diese Ungleichheit keineswegs »natürlich« ist? Weiß sie, das die herrschenden Klassen stillschweigend einen Satz von Wirtschaftsregeln etabliert haben, die ihre eigenen Interessen begünstigen, dass sie nationale Entscheidungen über Steuern und Ausgaben beeinflusst haben und dass sie weitgehend bestrebt waren, ihre eigene finanzielle Situation zu verbessern, während sie den Armen und Vulnerablen ein paar Brotkrumen hingeworfen haben?

Ich vermute, dass viele Menschen keine Ahnung haben, wie tief dieses Problem reicht. Diese Unwissenheit gilt für alle – für die Reichen, die Armen und die Mittelschicht. Wie zu Beginn dieses Buches bereits dargelegt, haben zahlreiche Studien festgestellt, dass sich Menschen, die man fragt, wo sie sich in der Einkommensverteilung einstufen, regelmäßig falsch verorten. Die Armen neigen dazu, sich für reicher zu halten, als sie in Wirklichkeit sind, und die Reichen neigen dazu, sich für weniger reich zu halten, als sie sind. Andere

Studien fragten Menschen unmittelbar nach ihrer Einschätzung zur Einkommens- und Vermögensverteilung, und auch hier stellte sich heraus, dass sie nur wenig über die tatsächliche Verteilung von Einkommen und Vermögen wussten. Tendenziell zeigte sich in den Untersuchungen ein Konsens über die Vorstellung, Einkommensungleichheit durch Umverteilung zu reduzieren, allerdings sprachen sich in einigen Ländern diejenigen, die nach einer solchen Umverteilung weniger Geld hätten, nicht dafür aus.[1]

Eine erstaunliche Studie veröffentlichten Michael Norton von der Harvard Business School und Dan Ariely von der Duke University 2011. Sie wollten herausfinden, was Amerikaner über die Vermögensverteilung in ihrem Land dachten und wie sie diese gern gestaltet wissen wollten. Sie unterteilten die Bevölkerung in Quintile – Gruppen, die jeweils ein Fünftel der Bevölkerung repräsentierten. Im ersten Teil der Studie konnten die Teilnehmer zwischen drei verschiedenen Arten der Vermögensverteilung wählen. Nach der völlig gleichen Verteilung bekam jede der fünf Gruppen genau 20 Prozent des Gesamtvermögens. Bei einer etwas weniger gleichmäßigen Verteilung erhielt jedes Quintil einen anderen Anteil am Gesamtvermögen: 36 Prozent, 21 Prozent, 18 Prozent, 15 Prozent und 11 Prozent. Die letzte Option entsprach der tatsächlichen Vermögensverteilung in den USA von 2005, wonach die Gruppen jeweils 84 Prozent, 11 Prozent, 4 Prozent und die beiden letzten praktisch nichts besaßen. Ganze 92 Prozent der Teilnehmer entschieden sich für die zweite Option.

Amerikaner wollen also eindeutig die äußerst ungleiche Vermögensverteilung nicht, die derzeit herrscht. Warum stimmen sie dann bei den Wahlen nicht für mehr Umverteilung? Dafür gibt es mehrere mögliche Erklärungen. Eine ist, dass sie an die Existenz sozialer Mobilität – den Amerikanischen Traum – glauben, obwohl sie nachweislich nicht nur äußerst begrenzt ist, sondern auch abnimmt. Eine weitere mögliche Erklärung trat im zweiten Teil der Studie zutage, in dem die Teilnehmer angeben sollten, wie die tatsächliche Vermögensverteilung ihrer Ansicht nach war und wie sie idealerweise sein sollte. Sie unterschätzten dramatisch, wie ungleich der Reichtum in ihrem Land verteilt war. Die obersten 20 Prozent der Bevölkerung besaßen zurzeit der Untersuchung 84,4 Prozent des Vermögens, aber die Teilnehmer dachten, es seien 58 Prozent, und fanden, es sollte noch weniger sein, nämlich 31 Prozent. Die unteren 20 Prozent besaßen so gut wie kein Vermögen (genau 0,1 Prozent), aber die Teilnehmer dachten, es seien 3 Prozent, und wollten ihnen etwa 11 Prozent zugestehen.[2]

Untersuchungen in anderen Ländern bestätigten dasselbe Muster: Menschen unterschätzen die Vermögensungleichheit dramatisch. Und sie wollen, dass die Vermögensverteilung noch weniger ungleich ist, als sie glauben. Das Gleiche gilt für Einkommensungleichheit. Auch hier halten Menschen die Ungleichheit für geringer, als sie in Wirklichkeit ist, wünschen sie sich aber noch weniger ungleich. Das Ausmaß, in dem sie es unterschätzen, ist enorm. In einer internationalen Studie dachten Teilnehmer, ein CEO verdiene durchschnittlich das Zehnfache einer ungelernten Arbeitskraft, und fanden, es solle auf das 4,6-Fache begrenzt werden. In Wirklichkeit betrug die Differenz jedoch weit mehr als das Zehnfache: In den USA war es das 30-Fache, in Australien das 40-Fache und in Südkorea annähernd das 42-Fache. Interessanterweise änderte sich das ideale Verhältnis, das die Leute bei der Entlohnung umgesetzt wissen wollten, über das politische Spektrum hinweg nicht: Unabhängig davon, ob sie sich politisch links, in der Mitte oder rechts einstuften, fanden alle, ideal sei ein erheblich geringerer Lohnunterschied, als er zur Zeit der Studie herrschte.[3]

Warum spielt das eine Rolle? Nun ja, wenn Menschen Ungleichheiten als groß wahrnehmen oder einschätzen, könnten sie durchaus vehementere Forderungen nach Umverteilung stellen. Wenn sie aber die Ungleichheiten fälschlich für geringer halten, als sie tatsächlich sind, wie es derzeit der Fall ist, fallen ihre Forderungen nach Umverteilung zaghafter aus. Ganz gleich, wie groß die Ungleichheiten sind und welche Forderungen gestellt werden, möchten wir, dass Menschen sich ihre Meinung auf der Grundlage von Fakten bilden; ganz gleich, ob sie Veränderungen fordern oder nicht, sollten sie ungehinderten Zugang zu korrekten Informationen haben.

Vielleicht sollten wir das Widerstreben reicher Menschen, über Geld und vor allem über die genauen Vermögensverhältnisse der Reichen und Superreichen zu sprechen, vor diesem Hintergrund sehen. Diese Weigerung ist tückisch. Eine offenere, faktenbasierte Debatte über wirtschaftliche Ungleichheit könnte die politische Unterstützung für eine Umverteilung stärken – und, so vermute ich, für eine harte Obergrenze, wie viel eine Person besitzen darf.

Aber nicht nur die Reichen wollen nicht über Ungleichheit reden. Auch in der Arbeiterklasse und der Mittelschicht gibt es viele, die gegen eine Reduzierung der Ungleichheit sind und vor allem nicht gern über eine Vermögensbegrenzung reden wollen. Überall, wo über den Limitarismus diskutiert wurde, gab es, wie bereits gesagt, immer Menschen, die über die sozialen Medien behaupteten, das werde im Kommunismus enden. Mehrfach fragten mich Journalisten rundheraus, ob der Limitarismus nicht verkappter Kommunismus sei. Und wenn sie oder gewöhnliche Leute nach Kommunismus fragen, meinen sie keine theoretische oder utopische Welt, in der ein Staat nicht mehr notwendig ist, weil alle Entscheidungen kollektiv und in Hinblick auf das Gemeinwohl gefällt werden. Sie denken vielmehr an einen Kommunismus im Stil der UdSSR: an eine despotisch zentral vom Staat gelenkte Planwirtschaft.

Seit dem Fall der Berliner Mauer 1989 und dem anschließenden Zerfall des Ostblocks und der Sowjetunion herrscht die Ansicht vor, das kommunistische Experiment sei gescheitert. Manche hatten jahrelang versucht, aus diesen Ländern zu flüchten, aber damals hatte die Mehrheit der Bevölkerung genug davon, in einem repressiven Regime zu leben, während die Menschen jenseits der Grenze ein wesentlich besseres Leben führten. In diesen Planwirtschaften war der Lebensstandard erheblich niedriger. Es herrschte schwerwiegende politische Unterdrückung, die alle Gesellschaftsbereiche durchdrang; man konnte nie sicher sein, ob die Tante oder der Freund nicht für den Staat spionierten. In mehreren Ländern traf der Staat wichtige persönliche Entscheidungen für seine Bürger, beispielsweise wer studieren und wer welches Fach belegen durfte. Technologische Innovationen hinkten weit hinter denen fortgeschrittener kapitalistischer Gesellschaften her. Es gab nur sehr wenige, die der Ansicht waren, dass sich das Experiment, das von 1945 bis 1990 in Osteuropa und der Sowjetunion stattgefunden hatte, durch kleinere Modifikationen seiner Gesellschafts- und Wirtschaftsstrukturen retten ließe.

So sind wir in einer Ära angekommen, in der nur sehr wenige den Kommunismus, verstanden als zentrale Planwirtschaft, verteidigen. Das ist für mich nicht überraschend. Auch ich lehne ihn ab. Zu glauben, dass sich eine ganze Volkswirtschaft von oben planen ließe, einschließlich der Frage, wer welche Konsumgüter braucht, wer welche Arbeit leistet, wo Lebensmittel zu welchen Preisen zu kaufen sind und so weiter, erscheint als unglaubliche Hybris. Und es ist unschwer zu erkennen, dass eine derart umfangreiche Planung auf nationaler Ebene nur in einem nichtdemokratischen System machbar ist, da viele Menschen es vorziehen, unternehmerisch tätig zu sein.

Die Behauptung, der Limitarismus sei im Grunde Kommunismus, ist zugleich lächerlich und zutiefst traurig. Lächerlich, weil man wahrhaftig keinen Abschluss in Wirtschaftswissenschaften braucht, um zu erkennen, dass ein Kommunismus im Stil der Sowjetunion gar nicht notwendig ist, wenn wir in einer Welt ohne extreme Vermögenskonzentration leben wollen. Diese Behauptung beinhaltet eine Vermischung verschiedener Kategorien: Kommunismus ist ein

Wirtschaftssystem mit politischen Implikationen, während der Limitarismus ein Moralprinzip ist, das in erster Linie die Gestaltung unserer wirtschaftlichen und gesellschaftlichen Institutionen und in zweiter Linie unsere persönlichen Entscheidungen leiten sollte. Diejenigen, die gegen den Limitarismus die Kommunismuskarte ausspielen wollen, sollten sich zumindest eine Frage stellen, die den Zusammenhang zwischen beidem betrifft: Würde wirtschaftlicher Limitarismus zu einer zentralisierten Planwirtschaft führen? Es gibt eindeutig keinen Grund, warum das der Fall sein sollte. Wir können durchaus in Richtung des Limitarismus gehen, ohne eine Kommandowirtschaft einführen zu müssen. Ja, wir müssten eine Reihe wirtschaftlicher Maßnahmen treffen. Aber keine davon würde die Einführung einer zentralisierten Planwirtschaft oder die Abschaffung der Märkte, der Privatunternehmen oder des Privateigentums umfassen.

Aber die Behauptung, der Limitarismus käme dem Kommunismus gleich, ist auch insofern sehr traurig und vielleicht sogar unerträglich, weil sie darauf hindeutet, dass die Gegner progressiver Ideen allzu oft gar nicht an einer echten Diskussion interessiert sind. Vielmehr wollen sie solche Vorschläge auf eine Weise karikieren, von der sie wissen, dass sie viele davon abhält, überhaupt darüber zu diskutieren. Im Grunde betreiben sie damit Trolling im Rahmen einer rhetorischen Strategie, die darauf abzielt, eine ernsthafte Debatte darüber zu beenden, ob der Limitarismus gut für die Gesellschaft wäre und welche Veränderungen unserer gesellschaftlichen und wirtschaftlichen Institutionen er erfordern würde.

Die gegenwärtige Mainstream-Debatte über Wirtschaftssysteme ist durch dichotomes Denken verdorben. Den Zusammenbruch des Sowjetblocks nutzten Verfechter des Kapitalismus, um sich zum Sieger zu erklären. Ihrer Ansicht nach blieb der Kapitalismus als einzige wünschenswerte und machbare Option übrig. Jede nachfolgende Kapitalismuskritik wurde allzu oft als implizite Verteidigung des Kommunismus hingestellt oder in jüngster Zeit als unzureichend verstandene Vorstellung von »Sozialismus«. Die verschiedenen Wirtschaftssysteme, zwischen denen wir uns als Bürger entscheiden könnten, so darzustellen ist extrem vereinfachend. Und angesichts des weit verbreiteten Konsenses, dass Kommunismus keine wünschenswerte Option ist, zwingt sie die meisten von uns zu der Schlussfolgerung, dass Kapitalismus die einzige Möglichkeit darstellt. Schon Margaret Thatcher sagte: »Es gibt keine Alternative« – heißt: Kapitalismus ist das einzige vertretbare System.

Ein derart dichotomes Denken ist wenig hilfreich und irreführend. Also machen wir uns die Grundlagen klar. Eine Volkswirtschaft ist ein Gesellschaftssystem, das Menschen für ihre Versorgung nutzen – um denjenigen Güter und Dienstleistungen bereitzustellen, die sie brauchen oder haben wollen. Eine moderne, große Volkswirtschaft braucht zwangsläufig einen von einer Regierung geleiteten Staat, um zumindest die Verfassung und die Rechtsordnung zu schützen und einen Satz öffentlicher Güter wie physische Sicherheit und Infrastruktur bereitzustellen. Es gibt eine Reihe von Wirtschaftsakteuren, die Güter und Dienstleistungen liefern können: der Staat, Fachleute, profitorientierte Unternehmer sowie gemeinnützige Unternehmen und Organisationen. Immobilien können privates, öffentliches (staatliches) oder kollektives Eigentum sein. Märkte können in Abstufungen gar nicht bis stark reguliert sein. Das Gleiche gilt für die Durchsetzung solcher Regulierungen. Diese können eine große Bandbreite von Aspekten betreffen, etwa die Sicherheit und Qualität der zum Verkauf angebotenen Güter, die Vertragsbedingungen zwischen Käufern und Verkäufern oder die Festsetzung von Mindest- und Höchstpreisen. Regulierung bedeutet auch, dass manche Güter und Dienstleistungen verboten werden und manche Unternehmen als zu groß gelten, um ein ordentliches Funktionieren des Marktes zu erlauben, so dass die Verbraucherinteressen angemessen geschützt werden.

All diese Dinge existieren in unseren Wirtschaften. Wir nennen sie »kapitalistische Systeme«, aber in Wirklichkeit besitzt jedes der heutigen kapitalistischen Systeme immer noch Elemente der gemischten Wirtschaft, die von 1945 bis in die 1970er Jahre das vorherrschende Modell im Globalen Norden war. Wir haben Immobilien, die der öffentlichen Hand oder Genossenschaften gehören, diverse Regulierungen, Güter, die nach wie vor vom Staat bereitgestellt werden oder deren Produktion vom Staat bezahlt wird, sowie eine Regulierung des Marktes.

Westliche Wirtschaften beruhen zwar immer noch auf gemischten Systemen, aber die Zusammensetzung dieser Mischung hat sich enorm verändert. Seit den siebziger Jahren hat sich die Bereitstellung von Gütern großenteils vom öffentlichen auf den privaten Sektor verlagert und sehr viel staatliches Eigentum wurde privatisiert; die Regulierung privater Märkte wurde abgeschwächt, während die Regulierung und bürokratische Kontrolle des öffentlichen und halböffentlichen Sektors (wie Schulen, Wohlfahrts- und Gesundheitssysteme) intensiviert wurden. Zu einigen bekannten Beispielen dieses Prozesses gehören die Privatisierung der Eisenbahn in vielen Ländern, die Privatisierung der Post- und Telekommunikationsdienste, der Verkauf staatlicher Banken sowie der Verkauf von Sozialwohnungen (die früher Kommunen oder gemeinnützigen Genossenschaften gehörten) an Privateigentümer.[4]

Die Deregulierung hat den Schwerpunkt der Wirtschaft in Richtung von Privateigentümern und vor allem von Kapitaleignern (Vermögenden oder Unternehmen) verschoben. Vermögensinhaber haben enorm von der Deregulierung des Finanzsektors profitiert, die es ihnen ermöglicht hat, immer mehr Kapital anzuhäufen. Wie die massiven Rettungsaktionen für Finanzinstitutionen nach der Finanzkrise 2008 gezeigt haben, ist der Staat zur Stelle, um sie aufzufangen, wenn sie scheitern. Dabei handelt es sich weitgehend um eine Vergesellschaftung der Risiken und eine Privatisierung der Gewinne.

Unterdessen ist die Deregulierung ausgesprochen nachteilig für die meisten Beschäftigten, deren Arbeitsplätze »umgestaltet« wurden, nachdem ihre Firmen entweder durch Kapitalbeteiligungsgesellschaften oder interne Maßnahmen zur Kosteneinsparung und Effizienzsteigerung umstrukturiert wurden. Arbeitskräfte, die zuvor finanzielle Sicherheit und sozialen Schutz besaßen, erlebten, dass ihre Stellen in »flexible« Arbeitsplätze umgewandelt wurden – wobei die Nachteile der Flexibilität den Arbeitnehmern und die Vorteile den Arbeitgebern oder den Aktionären zufielen. Das eindeutigste Beispiel dafür ist die Entstehung und das Wachstum der Plattformökonomie, die von Arbeitskräften verlangt, verfügbar zu sein, um Essen auszuliefern oder andere Arbeiten zu verrichten, falls und wann immer Kunden es über die Plattform verlangen. Beworben wird es als Möglichkeit, dass Leute arbeiten, wann sie wollen, ließe sich aber zutreffender als heutige Form des Tagelöhnertums bezeichnen. Es mag eine gute Möglichkeit für junge Leute sein, die sich etwas hinzuverdienen möchten, während sie studieren oder noch bei ihren Eltern wohnen, aber es bietet Erwachsenen keine Grundlage, eine Familie in anständigen Lebensverhältnissen zu ernähren. Dagegen sind die Eigentümer solcher neuen Plattformen wie auch die von Unternehmen, die aus Festangestellten Flexworker gemacht haben, Multimillionäre und Milliardäre geworden.

Der sich ändernde Charakter unserer gemischten Volkswirtschaften hat dazu geführt, dass sich das öffentliche Vermögen im Vergleich zu dem in Privateigentum verringert hat und die Macht vom Staat auf den Privatsektor verlagert wurde. Zudem hat er durch die massive Bereicherung der Wohlhabenden einen starken Anstieg der Ungleichheit und in vielen Ländern eine Zunahme der Armut hervorgebracht. Es ist allerdings darauf hinzuweisen, dass es nach wie vor noch Eigentum in der Hand des Staates und von Kollektiven gibt. Das ist heute wie schon immer der Fall, und insofern besteht ein Kontinuum mit vielen verschiedenen Arten der Mischwirtschaft.

Nehmen wir die in Amerika und Kanada so beliebten Nationalparks. Sie gehören den Bundesbehörden oder den Bundesstaaten und werden als öffentliche Dienstleistung betrieben. Die meisten Bürger wären entsetzt über die Vorstellung, sie an den Meistbietenden zu verkaufen. Auf der ganzen Welt gibt es zudem viele Kollektive in Form von gemeinnützigen Organisationen, die Land erwerben und renaturieren, um die Artenvielfalt zu erhöhen und vor der Zerstörung zu bewahren. Sie schaffen ein öffentliches Gut, indem sie die Biodiversität für alle wiederherstellen und manche dieser Naturflächen für Besucher öffnen, ohne auf den Staat oder gewinnorientierte Privatpersonen zu setzen.

Staaten greifen auch weiterhin auf unterschiedliche Weise in die Wirtschaft ein. Sie finanzieren öffentliche Güter wie Schulen sowie (in den meisten Ländern) höhere Bildung und Forschungsinstitute. In vielen Ländern gibt es einen Mindestlohn, was nichts weiter als ein Mindestpreis für eine Arbeitsstunde ist. Als der russische Krieg gegen die Ukraine im Winter 2022 die Gas- und Ölversorgung im übrigen Europa gefährdete, setzten europäische Länder einen Höchstpreis für Gas und Strom fest.

Ich bezweifle, dass irgendeine derzeit bestehende Volkswirtschaft eine Reinform von Kapitalismus darstellt. Unternehmen und Bürger werden durch Subventionen, Sozialleistungen, Regulierungen etc. unterstützt. Die Frage, die wir uns stellen sollten, lautet nicht, ob wir Kapitalismus oder Sozialismus haben sollten, sondern welche besondere Mischung aus Markt, Regulierung, Verteilung, Staatseigentum, Privateigentum und Kollektiveigentum wir anstreben sollten.

Es gibt nur sehr wenige derart wichtige Fragen wie die, welches Wirtschaftssystem wir für die Zukunft brauchen. Diese Frage kann ich jedoch nicht allein anhand der Argumente für den Limitarismus beantworten. Die Entscheidung, zu einem neuen Wirtschaftssystem überzugehen, bedeutet, einen neuen Satz von Regeln und Institutionen zu beschließen. Das ist im Kern eine politische Entscheidung.

Die Auswahl der Regeln und Institutionen lässt sich nur treffen, nachdem wir entschieden haben, wie unsere kollektiven Wünsche und Bedürfnisse aussehen werden. Das wirft Fragen auf, die über die limitaristische Sicht hinausgehen und beispielsweise Fragen nach der Zukunft der Arbeit und des Finanzsektors beinhalten. Das limitaristische Projekt trägt eine klare Forderung zu unserer Suche nach einem neuen Wirtschaftssystem bei: *Wir müssen eine Wirtschaft schaffen, die Ungleichheit innerhalb von Grenzen hält und das überschüssige Geld der Reichen verwendet, um dringende Bedürfnisse zu decken und kollektive Handlungsprobleme anzugehen.* Vergessen wir nicht, dass das limitaristische Projekt ein moralisches mit einer persönlichen ethischen Komponente ist. Ja, wir brauchen ein anderes Wirtschaftssystem, und strukturelle Veränderungen sollten Vorrang haben. Aber als Menschen, die zu moralischem Handeln fähig sind, sollten wir unterdessen Ressourcen nicht horten oder verschwenden, die für das Leben vulnerabler Menschen und für die Welt einen realen Unterschied bewirken könnten.

Diese ethische Dimension ist insofern wichtig, als sich die genaue Ausprägung einer Wirtschaft im Laufe der Zeit und je nach den Prioritäten einer Gesellschaft verändert. Wir brauchen nicht nur Entscheidungen über die institutionelle Gestaltung und das Steuerwesen, sondern müssen auch einen Satz öffentlicher Werte entwickeln, die kulturell verankert sind und materiellen Gewinn nicht als Hauptanreiz sehen – Werte, nach denen Menschen sich auch entschließen, hart zu arbeiten, weil sie persönlich engagiert sind, weil sie sich selbst herausfordernde Ziele setzen oder weil sie darin einfach Freude, Achtung und Ehre finden. Das ist vielleicht die größte Aufgabe, die wir bewältigen müssen: Wir müssen unsere Sicht der Gesellschaft und unser Selbstverständnis als Menschen neu ausbalancieren. Wenn wir diesen Perspektivwechsel schaffen, wird der Limitarismus etwas völlig Selbstverständliches. Auch wenn dieser Wandel in unserem Selbstverständnis vage und fernab von unserer

Sorge um Geld und Vermögen erscheinen mag, stellt er vielleicht den tiefgreifendsten ersten Schritt in Richtung des Limitarismus dar.

Es ist zwar ein Klischee, aber dennoch wahr: Wir brauchen einander – um zu überleben und zu gedeihen. Zudem sind wir alle vulnerabel, wenngleich bestenfalls nur vorübergehend am Anfang und Ende unseres Lebens und wenn wir krank oder verletzt sind, aber manche von uns haben weniger Glück und brauchen zeitlebens Unterstützung. Warum so viele Menschen einen derart starken Drang haben, sich für stark und fähig zu halten, allein zu leben, ist etwas für Psychologen. Denn das sind wir nicht. Keiner von uns kann lange ohne andere Menschen überleben.

Diese grundlegende Verwundbarkeit anzuerkennen hätte drastische Konsequenzen für die Organisation unserer Gesellschaft. Fürsorge und die Stärkung der Gemeinschaft würden ins Zentrum unserer Entscheidungsfindung rücken. Das würde durchdachte, ausgewogene Entscheidungen darüber beinhalten, wann es angebracht ist, unseren eigenen Verpflichtungen Vorrang einzuräumen und wann die Sorge für andere Priorität haben muss. Klingt das nach der Welt, die Elon Musk und Jeff Bezos uns geben? Ich denke nicht.[5]

In den letzten Jahren gab es viele Vorschläge für ein umsichtigeres, wertebasiertes Wirtschaftssystem. Manche plädierten dafür, wir sollten am Kapitalismus festhalten, aber ein allgemeines Grundeinkommen einführen. Andere schlugen eine »Eigentumsdemokratie« vor, wie sie es nannten, in der das Eigentum an den Produktionsmitteln breit gestreut wäre. Manche sind überzeugt, dass eine Demokratisierung des Arbeitsplatzes wichtig ist, wenn wir unsere Wirtschaft humaner gestalten wollen. Andere finden es wichtiger, die durch den Markt geschaffenen Ungleichheiten durch die Wiederbelebung des Wohlfahrtsstaates zu korrigieren, so dass grundlegende Güter und Dienstleistungen nicht vom Markt, sondern vom Staat bereitgestellt werden. Manche Vorschläge konzentrieren sich unmittelbar auf den von Unternehmen geschaffenen Wert und die Rolle, die der Staat bei der Regulierung von Unternehmen und Konzernen spielt (oder spielen sollte). Der österreichische Autor und Aktivist Christian Felber schlug eine »Gemeinwohl-Ökonomie« vor, die die Vorstellung ablehnt, dass es Ziel der Wirtschaft sei, die Wünsche der Menschen zu befriedigen und die Akkumulation materieller Annehmlichkeiten zu ermöglichen; stattdessen vertritt er die Ansicht, wir sollten uns um die Deckung der Bedürfnisse gegenwärtiger wie auch zukünftiger Generationen kümmern und ökologischen Erwägungen Rechnung tragen.[6]

Andere Vorschläge für ein neues Wirtschaftssystem argumentieren, wir sollten als Erstes unsere Besessenheit vom Bruttoinlandsprodukt gegen den Ehrgeiz austauschen, nachhaltigen Wohlstand zu schaffen, was zuweilen als »Postwachstum« (*degrowth*) bezeichnet wird. Zu den bekanntesten gehört die von der britischen Ökonomin Kate Raworth vorgeschlagene »Donut-Ökonomie«: Der Donut-Ring steht als Metapher für die Spanne zwischen der »gesellschaftlichen Grundlage« – wo alle menschlichen Grundbedürfnisse gedeckt sind – und der »ökologischen Obergrenze«, an der unsere Aktivitäten die planetaren Grenzen überschreiten. Raworth argumentiert, der Wechsel zu einer Donut-Ökonomie erfordere, Ungleichheit zu reduzieren und der nichtmarktwirtschaftlichen Ökonomie (die Haushaltsproduktion und Care-Arbeit ins Zentrum rückt) mehr Aufmerksamkeit zu schenken. Ein weiterer Vorstoß auf diesem Gebiet ist die »Wellbeing-Ökonomie« oder Ökonomie des Wohlergehens, die aus diversen Vorschlägen verschiedener Denker und Politiker besteht, die sich in der Wellbeing Economy Alliance zusammenfanden. Es handelt sich um ein Wirtschaftssystem, in dem das gegenwärtige und zukünftige Wohl (statt des Bruttoinlandsprodukts) den Eckstein staatlicher Politik bildet. Wales, Schottland und Neuseeland haben sich auf den Rahmen der Wellbeing-Ökonomie verpflichtet und entwickeln derzeit politische Leitlinien für die Ausarbeitung und Umsetzung dieser Ideen.[7]

Diese lange (aber immer noch unvollständige) Liste von Vorschlägen für alternative Wirtschaftssysteme ist meiner Ansicht nach sehr ermutigend, da sie zeigt, dass viele Menschen – in Politik und Wissenschaft aber auch in der breiten Bevölkerung – daran arbeiten, uns in Richtung einer besseren Wirtschaft voranzubringen. Allerdings verdeutlicht sie auch, dass es viele verschiedene Alternativen gibt, die Verfechter des Limitarismus unterstützen könnten. Es ist leider unmöglich, diese Vorschläge hier vollständig zu bewerten. Was ich jedoch tun kann, ist zu fragen: Was würde der Limitarismus praktisch beinhalten? Was ist notwendig, um ihn zu verwirklichen? Welcher Veränderungen bedarf es, eine Welt zu schaffen, in der niemand superreich ist?

Vor einer Beantwortung dieser Fragen sind drei Punkte zu betonen. Der erste ist, uns daran zu erinnern, dass der Limitarismus ein regulatives Ideal ist – etwas, das es anzustreben gilt, das aber sehr schwierig endgültig zu erreichen ist – und daher auf dem Weg dorthin von uns viele verschiedene Schritte erfordert. Dabei werden wir uns kurzfristig auf Kompromisse einlassen müssen, ohne das Ziel aufzugeben, diesem Ideal langfristig näherzukommen. Wir werden uns zusammenschließen müssen, um diese Veränderungen zu verwirklichen. Und das bedeutet immer, Koalitionen mit Menschen zu schließen, die vielleicht nicht so weit gehen wollen, wie wir es uns wünschen, die uns aber dennoch helfen könnten, diesem Ideal näherzukommen. Wenn wir eine so pragmatische Strategie unterstützen, ist natürlich anzumerken, dass wir nach einem anfänglichen Gewinn nicht aufhören sollten, unsere Ziele zu verfolgen. Angenommen, Steueroasen würden geschlossen. Das wäre ein enormer Sieg – Grund genug, zu feiern! Aber während Verfechter des Limitarismus es durchaus feiern sollten, dürfen sie sich nicht auf ihren Lorbeeren ausruhen, sondern müssen weiter für andere Veränderungen kämpfen, die notwendig sind, um das Ziel einer Welt ohne extremen Reichtum zu erreichen.

Der zweite Punkt ist, dass es keine Patentlösung für die Abschaffung von extremem Reichtum (oder von Armut und Benachteiligung) gibt. Für die meisten, die sich für weniger Ungleichheit einsetzen, liegt das auf der Hand, und die meisten Aktivisten und Organisationen empfehlen eine gewisse Bandbreite politischer Vorschläge. Aber Gegner des Limitarismus oder jeglichen Fortschritts in Richtung Gleichheit karikieren diese Sichtweise, indem sie sie vereinfachend auf einen einzigen Vorschlag reduzieren, etwa auf einen Spitzensteuersatz auf Einkommen von 100 Prozent, der gleich morgen vollständig umgesetzt werden soll. Das ist lächerlich und sollte lediglich als (recht armseliger) Versuch gewertet werden, den Limitarismus zu diskreditieren. Wir brauchen vielmehr ein Bündel von Maßnahmen, von denen keine allein perfekt ist, die uns aber zusammengenommen helfen, unser Ziel zu erreichen.

Der dritte Punkt ist, dass letzten Endes die Öffentlichkeit entscheiden muss, was zu tun ist. Es gibt keine Einzelperson, die behaupten könnte, genau zu wissen, was notwendig ist. Daher brauchen wir eine breite öffentliche Debatte darüber, ob wir den Limitarismus unterstützen sollen, und wenn ja, wie er sich umsetzen ließe. Meine Rolle besteht nicht darin, darauf eine Antwort zu geben, sondern eine Reihe allgemeiner Prinzipien darzulegen, die in dieser Debatte hoffentlich eine Orientierung geben können und zu weiteren, sicher besseren Ideen führen. Zusammen wissen wir mehr. Mit alledem im Hinterkopf: Welche Veränderungen würde die praktische Umsetzung des Limitarismus erfordern?[8]

Die erste und vielleicht wichtigste Aktion, die der Limitarismus erfordert, ist etwas, das wir bereits angesprochen haben: *die Demontage der neoliberalen Ideologie*, denn sie bildet den Kern des Problems, mit dem wir konfrontiert sind. Sie hat verändert, wie wir uns und die Gesellschaft sehen, welche Werte und Normen wir für wichtig halten und wie die grundlegenden gesellschaftlichen Institutionen strukturiert sind. Mit anderen Worten: Im Laufe des vergangenen Jahrhunderts hat der Neoliberalismus allmählich materielle Gestalt angenommen und sich zu den neoliberalen Gesellschaften entwickelt, in denen wir heute leben. Limitarismus und Neoliberalismus stehen in grundsätzlichem Widerspruch zueinander. Solange der Neoliberalismus die vorherrschende Ideologie ist, genügt es nicht, seine Folgen zu bekämpfen. Daher müssen wir die eigentliche Ursache in Angriff nehmen und den Neoliberalismus durch etwas Humaneres ersetzen, das auf einer Bandbreite von Werten basiert, die grundlegende Menschenrechte als unverhandelbar anerkennt und Fairness zum Dreh- und Angelpunkt macht statt einer Ideologie, die sich allein auf einen eng gefassten Begriff wirtschaftlicher Effizienz fokussiert.

Der Neoliberalismus propagiert die Ansicht, dass wir »technokratische« Problemlösungen umsetzen sollten statt solche, die aus demokratischer Deliberation hervorgegangen sind. Für jedes Problem gebe es eine technokratische Lösung, die angeblich jenseits demokratischer Debatten liegt. Die Sicht des Neoliberalismus von der menschlichen Natur hat uns dazu gebracht, uns als Investoren in unser »Humankapital« zu verstehen, als Konsumenten oder als Arbeitskräfte, die ihre Dienste auf dem Arbeitsmarkt anbieten – aber nicht als Aktivisten, Organisatoren, Debattierende, engagierte Nachbarn oder Mitglieder politischer Buchclubs etc. Wir müssen also eine andere Art finden, uns, andere Menschen, andere empfindungsfähige Lebewesen, die Erde und unser ganzes Handeln zu sehen. Dazu ist es notwendig, dass wir uns stärker an kommunalen Angelegenheiten beteiligen und uns als Menschen, die demokratische Prozesse gestalten, und als politische Lebewesen engagieren. Wir müssen die Politik, die Demokratie wieder für uns reklamieren.

Die neoliberale Ideologie ist, wie wir gesehen haben, nicht einfach vom Himmel gefallen. Sie war vielmehr das Ergebnis konkreter Bemühungen von Intellektuellen, Geschäftsleuten und Politikern, uns glauben zu machen, Staaten seien inkompetent und korrupt, Bedienstete des öffentlichen Sektors seien eigennützig und freie Märkte allem anderen absolut überlegen. Diese Bestrebungen haben das Narrativ der Mainstream-Medien, das, was Kinder in der Schule und in der Gesellschaft lernen, und den professionellen Diskurs verändert, den Geschäftsleute und öffentliche Bedienstete nutzen. Konkrete gesellschaftliche und wirtschaftliche Reformen haben unsere Welt in eine verwandelt, in der Wettbewerb und Gier herrschen. Der Neoliberalismus hat in verschiedenen Ländern unterschiedliche Erscheinungsformen angenommen, aber überall waren es reale Menschen, die sich entschieden haben, diese Ideologie umzusetzen und zu stärken.[9]

Die gute Nachricht lautet, dass wir ihn auch verändern können. Wir brauchen Menschen, die Alternativen zum Neoliberalismus fördern – zu seinen Werten und Normen und der Art, wie er unser Denken und unser Selbstverständnis geprägt hat, zu unserer Politik und der Gestaltung unserer Institutionen. Auf all diesen unterschiedlichen Ebenen brauchen wir Veränderungen – in den Geschichten, die wir uns erzählen, in der Kultur der Schulen, Unternehmen und Organisationen, in der Art der gesellschaftlichen und internationalen Kooperation.

Nichts von alledem können wir tun, ohne zunächst zu verstehen, was das neoliberale System mit uns allen macht. Bisher hat sich die Neoliberalismuskritik an den Rändern entwickelt, unter Leuten mit geschärftem politischem und wirtschaftlichem Bewusstsein. Diese Kritik müssen wir mit allen teilen. Das lässt sich durch Politik, Bildung oder Kunst erreichen – genau das ist das Ziel von Filmen wie Ken Loachs *Ich, Daniel Blake*, Abigail Disneys und Kathleen Hughes' *The American Dream and Other Fairy Tales* oder Ruben Östlunds *Triangle of Sadness* von 2022.

Wenn die Wirkungsweise des Neoliberalismus erst einmal aufgedeckt ist, wird offenkundig, dass es in diesem Modell Gewinner und Verlierer geben muss. Und damit wird es wesentlich einfacher, zu zeigen, warum wir es verändern müssen und manche Alternativen vorzuziehen sind.

Als Zweites ist es für den Limitarismus notwendig, *die Spaltung zwischen den verschiedenen Gesellschaftsschichten zu reduzieren*. Das müssen wir tun, weil es unmittelbar dazu beitragen wird, die Demokratie, und besonders den demokratischen Bürgersinn, wiederherzustellen und zu fördern. Klassenintegration sorgt für eine Kultur der Empathie für Menschen unterschiedlicher Herkunft und schafft mehr Möglichkeiten für schichtübergreifende Freundschaften. Es ist leicht, eine neoliberale Regierung zu wählen, die Sparmaßnahmen gegen die Vulnerabelsten beschließt, wenn man keine armen oder vulnerablen Menschen kennt und überzeugt ist, dass sie arm sind, weil sie faul sind oder die Chancen, die die Gesellschaft ihnen bietet, nicht genutzt haben. Gegenwärtig wissen zu viele Angehörige der Mittelschicht und reiche Leute, ganz zu schweigen von den Superreichen, rein gar nichts über das Leben der Arbeiterschaft, und das hat schwerwiegende Konsequenzen für die politischen und wirtschaftlichen Entscheidungen, die sie treffen. Bei Reichen für mehr Verständnis für die Realitäten zu sorgen, mit denen sich Menschen der Arbeiterklasse konfrontiert sehen, würde nahezu mit Sicherheit helfen, die Institutionen und politischen Maßnahmen abzuschaffen, die so viel zur Zunahme der Ungleichheit beigetragen haben wie der Abbau von Sozialwohnungen oder die labyrinthartigen Kontroll- und Demütigungssysteme, die Bedürftigen aufgezwungen wurden. Das liegt nicht nur daran, dass es klären würde, welche Rolle das Glück bei der Entscheidung spielt, wer reich und wer arm ist: Die Klassentrennung zu reduzieren würde auch anschaulich verdeutlichen, wie groß die Ungleichheiten sind. Zurzeit ist die politische Forderung, sie zu begrenzen, nicht sonderlich stark, das würde sich aber ändern, wenn wir das Problem aus erster Hand erleben würden.

Dass sich Chuck Feeney und Yvon Chouinard für einen bescheideneren Lebensstil entschieden und letztlich ihr Vermögen verschenkt haben, ist in Anbetracht ihrer Herkunft aus der Arbeiterklasse durchaus kein Zufall. Die Erfahrung zu besitzen, was es bedeutet, arm zu sein, spielt eine Rolle.

Sollte man es jedem Einzelnen überlassen, die Klassentrennung zu reduzieren? Schließlich kann sich jeder einem gesellschaftlich gemischten Club oder Sportverein anschließen. Man könnte der Ansicht sein, dass der Staat nichts zu unternehmen braucht; dass es an uns liegt, Entscheidungen zu treffen, die unsere gesellschaftlichen Kreise ausweiten. Leider wird es nicht funktionieren, sich auf freiwillige Aktionen zu verlassen. Wenn die Aufhebung der Klassenschranken freiwillig ist, dürfen wir erwarten, dass viele sehr reiche und privilegierte Leute nicht mitmachen werden. Sie werden entschieden in ihrer Blase, ihrer Parallelgesellschaft bleiben. Viele Reiche richten den Blick insofern »nach oben«, als sie sich die noch Reicheren zum Maßstab nehmen. Forschungen sagen voraus, dass diese Gruppe sich Versuchen, Klassenschranken aufzuheben, widersetzen wird: Wie wir gesehen haben, ist die Begrenzung ihrer sozialen Kreise auf ähnlich gut situierte Leute eine ihrer Strategien, ein schlechtes Gewissen wegen ihres Reichtums zu vermeiden. Sie wollen schlicht nicht mit der Kluft zwischen sich und den weniger Wohlhabenden konfrontiert werden.[10]

Wir müssen strukturelle Veränderungen vornehmen, damit sich klassenübergreifende Interaktionen selbstverständlicher ergeben. Wir brauchen in Bereichen wie Wohnungsbau und Bildung eine Politik, die soziale Integration fördert. So sollte der Staat Viertel mit gemischten Wohnformen (Eigentums- und Mietwohnungen in kommerzieller und öffentlicher Hand) bauen. Wenn er über die zukünftige Verwendung öffentlicher Räume, beispielsweise alter öffentlicher Gebäude oder Freiflächen, die nicht mehr gebraucht werden, entscheiden muss, sollte er sie nicht einfach an den Höchstbietenden verkaufen, sondern lieber daran denken, wie wichtig es ist, genügend Kontakte zwischen *allen* Bürgern zu haben.

Wir sollten auch die Idee einer nationalen Zivildienstpflicht für alle ernsthaft in Betracht ziehen. Debra Satz, Philosophieprofessorin an der Stanford University, hat kürzlich einen Vorschlag verteidigt, bundesweit ein verpflichtendes Zivildienstjahr für alle US-Bürger zwischen achtzehn und fünfundzwanzig Jahren einzuführen, ausgenommen junge Leute, die Militärdienst leisten oder für die es aus gesundheitlichen Gründen unmöglich ist. Die Teilnehmer würden öffentliche Grünflächen pflegen, mit älteren Menschen, im Bildungswesen oder in anderen öffentlichen Projekten arbeiten. Satz argumentiert, dass demokratische Bürgerschaft nicht nur erfordert, dass Bürger das Wahlrecht und die Pflicht haben, Steuern zu zahlen und Gesetze einzuhalten, sondern auch bereit sind, sich nach demokratischen Verfahren zu richten. Aber diese Bereitschaft erfordert Gemeinsinn, der in den letzten Jahrzehnten stark abgenommen hat. Da es nur sehr wenige obligatorische Kollektivaktivitäten gibt, bei denen sich alle sozioökonomischen Gruppen mischen, mangelt es unterschiedlichen gesellschaftlichen Gruppen zunehmend an Verständnis füreinander. Die Verpflichtung als Geschworene ist eine solche Institution (und in den USA das einzige Beispiel), aber die meisten werden nie zu diesem Ehrenamt aufgefordert und zudem ist diese Erfahrung zeitlich begrenzt und ergibt sich vielleicht erst spät im Leben. Eine allgemeine Zivildienstpflicht würde viel dazu beitragen, die heutige Abschottung zwischen gesellschaftlichen Gruppen zu durchbrechen.[11]

Die dritte für den Limitarismus erforderliche Maßnahme ist, dass wir *für ein wirtschaftliches Machtgleichgewicht sorgen*. Es ist interessant, dass liberale Demokratien in Bezug auf politische Macht die Vorstellung beinhalten, dass manche Grundrechte dem Machtbereich der Regierung entzogen sind und eine Gewaltenteilung wichtig ist – dass also die drei Hauptbereiche des Staates (Exekutive, Legislative und Judikative) klar voneinander getrennt sind. Das ist notwendig, um Machtmissbrauch zu verhindern, die Freiheit der Bürger zu schützen und uns vor Tyrannei zu bewahren. Wir sind uns alle einig, dass wir ein System wechselseitiger Kontrollen brauchen; wenn wir einer Institution politische Macht übertragen, brauchen wir ein Gegengewicht in anderen Institutionen.

Warum haben wir kein solches Gleichgewicht bei wirtschaftlicher Macht? Dass die Wirtschaft ein Machtbereich ist, erkannten Denker bereits vor Jahrhunderten. Adam Smith wies 1776 in *Der Wohlstand der Nationen* darauf hin, dass zwischen dem Besitzer einer Stecknadelfabrik und seinen Arbeitern ein großes Machtungleichgewicht herrscht. Wenn die Arbeitskräfte den Eindruck hatten, der Lohn, den sie für ihre Arbeit erhielten, sei zu niedrig, konnten sie zwar theoretisch die Arbeit verweigern, aber sie hatten eine Familie zu ernähren und keinerlei Ersparnisse, daher hatten sie im Grunde keine Wahl und keine Verhandlungsmacht: Sie mussten einfach den mageren Lohn akzeptieren, den der Fabrikbesitzer ihnen anbot. Dieser war nicht dem gleichen Zeitdruck ausgesetzt und daher mächtiger und konnte die Verletzlichkeit der Armen ausnutzen.[12]

In der gegenwärtigen Philosophie würde man eine solche Situation als Herrschaft oder Ausbeutung bezeichnen, da die Arbeitskräfte keine anderen vernünftigen Optionen hatten. Aus diesem Grund wurden Gewerkschaften gegründet: um der Herrschaft über die Arbeiterschaft etwas entgegenzusetzen. Aus diesem Grund ist die systematische Bekämpfung der Gewerkschaften, die derzeit in den USA stattfindet, ein solcher Schlag für die Arbeiterschaft, weil sie die Arbeitskräfte erheblich anfälliger für Ausbeutung macht.[13]

Der 2017 verstorbene britische Ökonom Anthony Atkinson, der sein gesamtes herausragendes Berufsleben Fragen von Armut, Ungleichheit und staatlicher Politik widmete, stellte in seinem Buch *Inequality: What Can be Done?* (dt.: *Ungleichheit. Was wir dagegen tun können*) eine Agenda mit fünfzehn Vorschlägen und fünf Ideen zur Verbesserung des Gesellschaftsvertrags vor. Sein zweiter Vorschlag konzentriert sich darauf, eine wirtschaftliche Gegenmacht zu stärken. Dazu würde es gehören, Arbeitskräften innerhalb der Betriebe eine gewisse Mitbestimmung zu geben; Gewerkschaften zu schützen; und schließlich einen »Sozial- und Wirtschaftsrat« einzurichten, in dem »Sozialpartner und andere Nichtregierungsorganisationen« vertreten sind und diese Angelegenheiten auf politischer Ebene diskutiert werden. Eine solche Gegenmacht würde die Ungleichheit nach unten begrenzen, indem sie Löhne und Arbeitsbedingungen verbessern und schützen würde, aber auch nach oben, indem sie exorbitant hohe Managergehälter verhindern würde.

Wenn wir heute wieder ein Machtgleichgewicht herstellen wollen, gibt es klare Strategien, die wir verfolgen sollten. Wie Atkinson darlegt, besteht eine darin, Gewerkschaften zu schützen und zu stärken und systematische Versuche, sie auszuschalten, zu kriminalisieren. Eine weitere ist, Arbeiter darüber aufzuklären, wie wichtig eine kollektive Organisation ist. Manche Wissenschaftler und Aktivisten haben vorgeschlagen, Arbeit solle demokratisiert werden, entweder in gemäßigter Form, indem man weithin das deutsche Modell der betrieblichen Mitbestimmung übernimmt, wonach der Aufsichtsrat eines Unternehmens je nach Unternehmensgröße bis zur Hälfte aus Vertretern der Arbeitnehmer und zur anderen aus Vertretern der Anteilseigner bestehen muss, oder eine radikalere Arbeitsplatzdemokratie einführt, bei der Betriebe demokratisch von allen Beschäftigten geführt werden.[14]

Die Arbeit ist nicht der einzige Wirtschaftsbereich, in dem ein großes Machtungleichgewicht herrscht, denn wie in Kapitel 5 dargelegt, wirft auch das Verhältnis etwa zwischen Aktionären und den Interessen der Gesamtgesellschaft erhebliche Fragen auf. Daher müssen wir uns fragen, welche umfassenderen Maßnahmenpakete notwendig sind, um eine Konzentration von Wirtschaftsmacht zu verhindern. Denn eine solche Machtkonzentration – die bei Unternehmen, ganzen Branchen und Finanzinstitutionen festzustellen ist – hat zu einer derart extremen Vermögenskonzentration geführt, da Manager Gesamtvergütungen in Multimillionenhöhe erhalten und Aktionärsinteressen Vorrang vor denen von Arbeitskräften, Konsumenten und der Umwelt haben.

Der Limitarismus erfordert zudem, dass wir *die fiskalische Handlungsfähigkeit des Staates wiederherstellen.* Das Steuersystem ist das Kernstück des Gesellschaftsvertrags eines Landes. Wie viel Steuern zu zahlen sind und auf welche Sozialleistungen Einwohner Anspruch haben, sind wesentliche Aspekte der Verteilung von Unterstützung und Belastungen in einer Gesellschaft. Ohne ein funktionierendes Steuerwesen ist die wirtschaftliche Gerechtigkeit gefährdet. Ganz gleich, ob Menschen den Limitarismus, eine progressive Besteuerung oder ein anderes Steuersystem anstreben, ist dies nicht möglich, wenn andere einfach Steuervermeidung oder -flucht betreiben können. Daher ist es enorm wichtig, dass wir die Möglichkeit des Staates wiederherstellen, die Steuern zu erheben, die seine Bürger als angemessen beschließen, und entschieden gegen Steuerflucht und -hinterziehung vorzugehen.

In der neoliberalen Ära wurde die fiskalische Macht des Staates dramatisch geschwächt. Die Zahl der Steuerschlupflöcher hat sich vervielfacht. Die Finanzbehörden, die für die Prüfung von Steuererklärungen und andere Finanzangelegenheiten zuständig sind, sind unterbesetzt und unterfinanziert. Steueroasen florieren. Die internationalen Kapazitäten, grenzüberschreitende Steuerhinterziehung zu bekämpfen, sind schwach.

Solange dies der Fall ist, hat der Staat kaum Möglichkeiten, den Spitzensteuersatz zu erhöhen, insbesondere auf Vermögen und Kapitalerträge. Selbst bei unseren heutigen laschen Steuerregelungen, die in den meisten Ländern Unternehmenseigentümer und Reiche begünstigen, erleben wir massive Steuerhinterziehung und -flucht. Die Steuern auf Gewinne und Kapitalerträge oder die Spitzensteuersätze auf sämtliche Einkommen zu erhöhen könnte dies noch verschlimmern. Meiner Ansicht nach ist es nicht sinnvoll, darauf zu setzen, dass ein staatsbürgerliches Pflichtgefühl die Reichen veranlasst, ihre Steuern nach dem Geist des Gesetzes und nicht nach dessen eigennützigster Auslegung zu zahlen. Dazu geben uns die bisherigen Erfahrungen keinerlei Anlass. Dank der neoliberalen Kultur herrscht die Ansicht vor, es sei dumm, mehr als den Steuerbetrag zu zahlen, mit dem man gerade noch ungestraft davonkommt.

Ist es möglich, die fiskalische Handlungsfähigkeit des Staates wiederherzustellen? Solange es einen internationalen Steuerwettbewerb und die entsprechende Kapitalflucht gibt – das heißt, solange die Reichen ihr Geld in Länder verlagern, in denen es am niedrigsten besteuert wird –, haben die einzelnen Länder in ihren fiskalischen Entscheidungen nur begrenzte Spielräume. Aber die Mobilität des Kapitals ist kein Naturgesetz: Sie lässt sich regulieren, wenn Staaten bereit sind, miteinander zu kooperieren. Der deutsch-kanadische Ökonom und Philosoph Peter Dietsch hat eine detaillierte Analyse erarbeitet, wie dieses Problem anzugehen ist. Die Grundidee ist simpel: Staaten sollten sich darauf einigen, Menschen in dem Land zu besteuern, in dem sie leben – und somit von der staatlichen Infrastruktur profitieren. Zusätzlich sollten ungerechte und strategisch motivierte Steuermaßnahmen verboten werden – es sollte also keine Steueroasen und keine Orte mit einem Steuersatz von null Prozent wie die Bermudas geben. Zudem sollten sie eine internationale Steuerorganisation schaffen, die über die Einhaltung (Compliance) wacht und Streitfälle beilegt. Diese Maßnahmen würden Gewinnverlagerung und Kapitalflucht minimieren, es aber jedem Land ermöglichen, weiterhin über seine eigene Finanzpolitik zu entscheiden. Das ist nur ein Vorschlag unter vielen: Politologen, Ökonomen und Philosophen haben Pläne erarbeitet, die fiskalische Handlungsfähigkeit eines Landes wiederherzustellen und den internationalen fiskalischen Wettlauf nach unten zu stoppen. Es ist an uns, sicherzustellen, dass solche politischen Maßnahmen umgesetzt werden.[15]

Die fünfte Veränderung, die der Limitarismus erfordert, ist, *schmutziges Geld zu konfiszieren* und Entschädigungen für vergangene Schäden zu zahlen. Die Beschlagnahmung von Geld, das aus Straftaten stammt, dürfte wohl kaum auf sonderlichen Widerstand stoßen. Aber wie ich ausgeführt habe, gibt es viele Grautöne, wenn es darum geht, wie schmutzig manche Vermögen sind. Und einige der angeführten Beispiele deuten darauf hin, dass liberale Demokratien häufig eine Menge kleptokratischer Aktivitäten dulden.

Es besteht ein eindeutiger Zusammenhang zwischen diesem und dem vorigen Punkt – die fiskalische Handlungsfähigkeit eines Landes wiederherzustellen. Dieses Ziel erfordert die Schließung von Steueroasen. Wie wichtig das ist, lässt sich gar nicht überschätzen. Vielleicht sollten Journalisten allen, die für ein politisches Amt kandidieren, zwei grundlegende Fragen stellen: Haben oder hatten Sie jemals Vermögen (in irgendeiner Form) in einer Steueroase angelegt? Und welche Politik würden Sie gegenüber Steueroasen verfolgen, wenn Sie das Amt bekämen?

Die Zahlung von Entschädigungen für vergangene Schäden dürfte wohl einen weitaus weniger breiten Konsens finden als die Bekämpfung von Steuerhinterziehung und -flucht. Schon jetzt stößt sie in vielen Ländern auf Widerstand, deren Bevölkerung von Wirtschaftsaktivitäten profitiert hat, die die Menschenrechte anderer verletzt haben. Häufig sind wir nicht bereit, uns ruhig und rational mit diesen Angelegenheiten auseinanderzusetzen. Das ist in der Multimillionärsklasse nicht anders. Allerdings gibt es Anlass zu vorsichtigem Optimismus. Wie in Kapitel 3 geschildert, gibt es einige jüngere Beispiel für Familien, Firmen, Universitäten und sogar Regierungen, die sich entschlossen haben, ihre historische Verbindung zur Sklaverei zu untersuchen und Wiedergutmachungsprojekte auf den Weg zu bringen. Die Veränderungen mögen langsam vorangehen, aber diejenigen, die ein Beispiel setzen, erschweren es anderen erheblich, weiterhin wegzuschauen.

Der Limitarismus verlangt noch eine umfassendere Form wirtschaftlicher Gerechtigkeit: Wir sollten *die internationale Wirtschaftsarchitektur gerechter gestalten.* Es ist sinnlos, ein paar Krumen Entwicklungshilfe zu verteilen, wenn wir nicht auch nach Fairness auf der internationalen Handelsebene fragen. Wir brauchen nicht nur in jedem Land ein vernünftiges wirtschaftliches Machtgleichgewicht, sondern auch in der Weltwirtschaft und den internationalen Handelsbeziehungen. 2022 forderte in der Europäischen Union eine Bürgerinitiative Gesetze, die Modeunternehmen zwingen, ihre Beschäftigten wie auch die ihrer globalen Lieferkette fair zu bezahlen. Laut der Kampagne würden sich die Endkosten eines Kleidungsstücks um lediglich 1 Prozent erhöhen, wenn Textilarbeiterinnen einen Existenzlohn bekämen (also einen Lohn, der ihnen ein anständiges Leben ermöglicht) – eine Erhöhung, die man selbstverständlich von den enormen Profiten der Milliardäre nehmen könnte, denen diese multinationalen Modekonzerne gehören. Die äußerst niedrigen Löhne der Erwerbsarmen und das Horten von Reichtum der Milliardäre hängen eng zusammen. Ein beträchtlicher Anstieg des menschlichen Wohls wäre möglich, wenn sich die Aktionäre und Eigentümer eines Unternehmens mit moderaten statt mit grenzenlosen Profiten zufriedengäben.[16]

Das bringt uns zu einer weiteren der wesentlichen Maßnahmen, die der Limitarismus erfordert: *die Managergehälter zu begrenzen.* Wie mir ein langjähriger Firmenmanager erklärte, gab es bei den Managergehältern eine Aufwärtsspirale, weil sich die Vergütungsnormen geändert haben und mit ihnen auch die Unternehmenskultur. Früher hätte man sich geschämt, wenn man das Hundert- oder Tausendfache dessen verdient hätte, was die am schlechtesten bezahlten Beschäftigten eines Unternehmens bekamen. Diese Scham gibt es heute nicht mehr.

Viele Fachleute empfehlen, die Gehaltsungleichheit nicht nur durch Anhebung des unteren Lohnniveaus zu begrenzen, sondern auch durch Absenkung der Spitzengehälter. Wir sollten nicht nur sicherstellen, dass wir einen anständigen verbindlichen Mindestlohn haben, sondern auch einen Maximallohn. Das ließe sich entweder durch entsprechende Gesetze oder durch Eigeninitiative der Unternehmen erreichen. Wir können auch die gesellschaftlichen Normen zu Managergehältern ändern. Wie der Politologe Fergus Green gezeigt hat, entwickelten sich weltweit moralische Normen, die einst weit verbreitete Praktiken wie die Sklaverei kritisierten und damit veränderten, und derzeit beginnen sie, auch die mit fossilen Brennstoffen verbundenen Aktivitäten zu umfassen. Sie könnten sich auch dahingehend entwickeln, dass sie extreme Lohnniveaus betreffen. Dazu ist es notwendig, dass einflussreiche Menschen mit gutem Beispiel vorangehen (und nicht aufgeben): Wir brauchen berühmte CEOs, die ihre Vergütung einschränken und über ihre Gründe dafür reden; wir brauchen gesellschaftliche Bewegungen, die unentwegt gegen exzessive Bezahlung argumentieren; und wir brauchen prominente Journalisten, Schriftsteller und moralische Leitfiguren, die eine Begrenzung der Spitzengehälter fordern.[17]

Vielleicht hat dieser Prozess bereits begonnen. Der Journalist Sam Pizzigati führt in seinem Buch *The Case for a Minimum Wage* von 2018 eine ganze Liste von Personen an – Journalistinnen, Aktivisten, Akademiker und Politiker –, die alle eine Obergrenze gefordert haben. In der Schweiz, wo Referenden ein gängiges Instrument der demokratischen Entscheidungsfindung ist, stimmten die Wahlberechtigten 2013 über eine Begrenzung der Lohnspanne ab. Vorgeschlagen worden war, dass Führungskräfte monatlich nicht mehr verdienen dürfen als die am schlechtesten bezahlten Beschäftigten des Unternehmens in einem Jahr, was die Spanne auf ein Verhältnis von 12:1 reduziert hätte. Laut einer Umfrage, die vor dem Referendum durchgeführt wurde, unterstützten 44 Prozent der Befragten diesen Vorschlag. Darauf folgte eine umfangreiche, von Unternehmen finanzierte Anzeigenkampagne dagegen. Am Tag der Abstimmung erhielt der Vorschlag 34 Prozent der Stimmen und wurde somit abgelehnt, erreichte aber etwas überaus Wichtiges: nämlich eine Diskussion über die Gründe, eine Begrenzung der Gehälter in Betracht zu ziehen.[18]

Ein Maximalgehalt würde zwar verhindern, Firmenmanager zu Multimillionären zu machen, hilft uns aber nicht, Einkommen aus Kapitalerträgen zu begrenzen. Das ist dringend geboten, da Einkommen aus Arbeit in der Regel höher besteuert wird als Einkommen aus Kapital (Gewinne, Dividenden). An dieser Front gibt es einige positive Entwicklungen. Mit Stand von 2023 haben sich 136 Länder, die zusammen mehr als 90 Prozent der Weltwirtschaft ausmachen, geeinigt, einen Mindestunternehmenssteuersatz von 15 Prozent zu erheben. Dieser Vorschlag ist durchaus nicht perfekt: Ein Problem ist, dass er nur für Konzerne mit einem Umsatz von mindestens 750 Millionen US-Dollar gilt und somit etwa 85 Prozent der multinationalen Unternehmen nicht betrifft. Dieser Vorschlag löst also eindeutig nicht alle Probleme, ist aber dennoch ein Schritt in die richtige Richtung.[19]

Auf nationaler Ebene erscheint es selbstverständlich, dass die Fairness gebietet, Einkommen aus Arbeit nicht höher zu besteuern als Einkommen aus Kapital. Aber genau das passiert in vielen Ländern. In den Niederlanden wurden bei der letzten größeren Steuerreform 2001 beide Einkommensarten mit demselben Steuersatz belegt, aber im Laufe der Jahre führten eine Reihe kleinerer Änderungen, zum Beispiel mehrere Ausnahmeregelungen für Kapitalerträge, dazu, dass der Steuersatz für Arbeitseinkommen mittlerweile 11 Prozent höher ist als der auf Kapitalerträge. Das ist nicht nur an sich schon ungerecht, sondern macht das niederländische Steuersystem zu einem regressiven, da Kapital an der Spitze der Vermögensverteilung konzentriert wird. Diese Information wurde erst 2022 öffentlich, als die Regierung eine Untersuchung in Auftrag gab, die alle relevanten Behörden und Parteien einbezog und die besten verfügbaren Daten analysierte. Länder, die diese Information nicht haben, täten gut daran, selbst einen solchen Bericht zu erstellen. Auch sie entdecken möglicherweise, dass selbst in einem als egalitär geltenden Land das Steuersystem das Kapital gegenüber der Arbeit begünstigt.[20]

Außer der unterschiedlichen Besteuerung von Arbeitseinkommen und Kapitalerträgen sollten auch die Steuersätze insgesamt überprüft werden. In den sechziger und siebziger Jahren waren die Steuersätze in den OECD-Ländern wesentlich stärker progressiv, und Spitzensteuersätze von 60 bis 80 Prozent waren nichts Ungewöhnliches. Diese Sätze sind stark gesunken: In vielen Ländern liegt der höchste Grenzsteuersatz auf Einkommen mittlerweile weit unter 50 Prozent.[21]

Der letzte Politikwechsel, den der Limitarismus meiner Ansicht nach erfordert, ist vielleicht der dringendste von allen: *der Vererbung von Vermögen von einer Generation an die nächste Einhalt zu gebieten.* Das heißt, Erbschaften und Schenkungen radikal zu begrenzen. Manche Philosophen argumentieren, das Erbrecht sollte gänzlich abgeschafft werden: Wenn ein Mensch stirbt, sollte sein gesamtes Vermögen wieder an die Gesellschaft zurückfallen, aus der es ursprünglich stammte. Mehrere Wissenschaftler, etwa der Politologe und Philosoph Stuart White und die Ökonomen Anthony Atkinson und Thomas Piketty, plädieren für eine drastische Anhebung der Erbschaftssteuer; zudem argumentieren sie, junge Erwachsene sollten einen Anteil bekommen, finanziert aus verschiedenen Quellen wie einer Vermögenssteuer und der Erbschaftssteuer. Wie in Kapitel 3 dargelegt, würde es eine angemessene Besteuerung der Reichen in den USA ermöglichen, für jedes Kind ein Sparkonto anzulegen, auf das jährlich 6350 Dollar eingezahlt würden, bis sie achtzehn Jahre alt werden.[22]

Ich möchte für eine Variante dieser Vorschläge plädieren, die moralische Erwägungen in Hinblick auf die Erben (die keinerlei moralischen Anspruch auf ein Erbe haben) und auf die Freiheit der Erblasser (deren Präferenz, zu sparen und zu vererben statt zu konsumieren, ebenfalls moralisches Gewicht haben sollte) berücksichtigt. Sie besteht in der Idee, eine Obergrenze festzusetzen, wie viel eine Person im Laufe ihres Lebens an Erbschaften und Schenkungen erhalten darf, und alle daraus erzielten Steuereinnahmen an die Bürger des Landes zurückzugeben.[23]

Der Staat könnte dieses ererbte Geld einsammeln und einfach in seine Staatskasse fließen lassen, um Straßen, Schulen und andere öffentliche Ausgaben zu finanzieren. Es gibt jedoch eine viel bessere Alternative. Er könnte dieses Geld an alle jungen Bürger umverteilen, so dass jeder einen Teil vom Vermögen früherer Generationen bekommt.

Für ein solches Vorgehen sprechen drei Hauptgründe. Erstens hat der Besitz eines bescheidenen Vermögens erhebliche positive Auswirkungen für dessen Eigentümer, wie Verfechter eines Bürgeranteils ausführlich dargelegt haben.[24] Das gilt nicht nur für extrem arme Gemeinwesen, wie Otjivero gezeigt hat. Auch in reicheren Ländern ermöglicht es jungen Leuten, ein Geschäft zu gründen, eine Hochschule zu besuchen oder ihren Kindern einen guten Start ins Leben mitzugeben. Schon ein relativ kleiner Geldbetrag kann allen ein gewisses Maß an Sicherheit verleihen. Er nimmt ihnen Sorgen und Stress. Warum sollten wir das nur Menschen zugestehen, die zufällig von Geburt an reiche Eltern haben?

Der zweite Grund ist, dass eine Umverteilung von Erbschaftssteuereinnahmen an jüngere Bürger die derzeit herrschende enorme Ungleichheit zwischen Alt und Jung in Angriff nehmen würde. Viele Fachleute machen sich Sorgen, dass die Jungen erheblich zu kurz kommen. Häufig vererben Menschen, die mit über achtzig Jahren sterben, ihr Vermögen an ihre Kinder, die bereits über fünfzig sind. Diese Erben haben schon, bevor sie das Erbe tatsächlich erhalten, einen beträchtlichen Vorteil: So können sie Studien- oder Immobilienkredite in dem Wissen aufnehmen, dass sie letztlich Geld erben werden. Und wahrscheinlich haben sie im Laufe ihres Lebens bereits größere Schenkungen von ihren Eltern bekommen. Eine Umverteilung der Erbschaftssteuereinnahmen an junge Leute in den Zwanzigern leistet wesentlich mehr Gutes für den Wohlstand der Gesamtbevölkerung. Jeder junge Mensch könnte ins Erwachsenenleben eintreten, ohne sich übermäßige Sorgen zu machen, wie er über die Runden kommen soll.[25]

Der dritte Grund, sich für eine solche Umverteilung des Geldes zu entscheiden, ist die Tatsache, dass es eine tiefsitzende Abneigung gegen Erbschaftssteuern gibt: Häufig wurde sie als die meistgehasste Steuer bezeichnet. Das ist nicht überraschend, da sie wohl am stärksten emotional befrachtet ist. Sie wird gerade zu einer Zeit fällig, in der Menschen ihren Verlust betrauern. Sie haben einen geliebten Menschen verloren, und nun will der Staat ihnen auch noch ihr Geld nehmen? Solche Gefühle sind zwar verständlich, aber die breite Opposition dagegen ist irrational. Schließlich erben die meisten so gut wie gar nichts. Lediglich die Reichen und Superreichen erben große Vermögen. Würden wir alle Einnahmen aus der Erbschaftssteuer vollständig verteilen, würde sehr schnell offenkundig, dass die überwiegende Mehrheit der Bevölkerung dadurch nur gewinnen würde.[26]

Dieser Vorschlag wirft eine offenkundige Frage auf: Ab welchem Niveau sollte eine Erbschaftsobergrenze greifen? Sie sollte nicht höher sein als das, was man in einer gerechten Gesellschaft bei einem genügsamen Leben für zukünftige Generationen ansparen kann. Es bedarf keiner Erwähnung, dass dies schwer in Zahlen zu fassen ist, da Menschen so unterschiedliche Lebensstile pflegen. Eine Möglichkeit wäre, als Berechnungsgrundlage eine »Durchschnittsperson« aus der Mitte der Mittelschicht zu nehmen: Zwei Drittel der Bevölkerung hätten ein niedrigeres Einkommen als diese Person und ein Drittel ein höheres Einkommen. Ökonomen und Soziologen können sicher die Differenz abschätzen, die sich bei dieser Person zwischen einem genügsamen und einem verschwenderischeren Lebensstil ergeben würde. Angenommen, diese Differenz betrüge für den Haushalt eines Paares mit zwei Kindern im Laufe des Lebens etwa 400 000 Dollar. Dann könnte jede Person 200 000 Dollar erben oder zu Lebzeiten als Schenkung erhalten, der Rest würde an die Finanzbehörde fließen und allen zugutekommen. Es sind aber auch andere Benchmarks möglich, etwa der mittlere Marktwert eines Hauses in einem Land. Wie bei der politischen Obergrenze für das Gesamtvermögen ist es letztlich Sache des Volkes, dies gemeinsam zu diskutieren und zu entscheiden: Man könnte diese Fragen in Bürgergremien erörtern lassen, die dann Vorschläge für den Gesetzgeber erarbeiten.

Diese Fülle an Vorschlägen sollte uns ein ganzes Stück auf dem Weg weiterbringen, unsere Volkswirtschaften und Gesellschaften limitaristisch zu gestalten. Aber offenkundig ist sehr viel mehr nötig, um einige der drängendsten Probleme der Welt zu lösen. Fragt man beispielsweise Fachleute, was gegen den Klimawandel oder die Biodiversitätskrise zu tun ist, werden sie viele Maßnahmen nennen, die hier nicht erörtert wurden. Das Gleiche lässt sich von der Wohnungskrise, der Krise mentaler Gesundheit oder der fortwährenden Tragödie sagen, dass Milliarden Menschen weltweit in Armut leben. Die oben angeführten Maßnahmen werden nicht all unsere Probleme auf wundersame Weise lösen. Aber sie werden helfen.

Letztlich ist die wichtigste Veränderung, dass wir die Mantras »Gier ist gut« und »Der Himmel ist die Grenze« aufgeben. Denn sie richten so viel Schaden an. Dass wir sie mittlerweile glauben und danach handeln, ist beschämend und, wie wir gesehen haben, destruktiv.

Manche Leser mögen sich fragen, was sie als Nächstes tun sollen. In vielen Dutzenden Vorträgen, die ich zum Limitarismus gehalten habe, gab es häufig im Publikum eine Person, die sich verzweifelt fragte, wie wir all diese drängenden Veränderungen schaffen sollen.

Der Gedanke, wie viele Probleme bewältigt werden müssen, kann tatsächlich erdrückend sein. Aber es gibt auch gute Nachrichten. Die Menschen, die von einem neuen limitaristischen Wirtschaftssystem profitieren werden, sind weitaus mehr, als diejenigen, die durch diesen Wechsel verlieren. Wenn wir das erst einmal erkennen und uns für die Veränderung des Status quo engagieren, brauchen wir nur noch die Arbeit aufzuteilen – und plötzlich wird das, was in der Gesamtheit überwältigend wirkt, besser handhabbar. Jeder von uns kann sich einen Punkt aussuchen, der ihn am meisten interessiert, und sich ihm widmen. Wir alle haben unterschiedliche Fähigkeiten, Interessen und soziale Netzwerke, und jeder kann auf unterschiedliche Weise dazu beitragen, die Gesellschaft menschlicher zu machen. Und während wir auf diese bessere Welt hinarbeiten, werden wir feststellen, wie viel Energie und Freude kollektives Handeln freisetzt und wie viele dauerhafte Freundschaften daraus hervorgehen.

Das Handeln der 99 Prozent birgt ein riesiges ungenutztes Potenzial. Die Verheißung auf eine bessere Zukunft ist auf unserer Seite.

Danksagung

Lange waren Buchhandlungen für mich das, was Süßwarengeschäfte für Kleinkinder sind. Ich liebe die enorme Fülle all dieser Geschichten, Argumente und Wissensnischen. Ich liebe es, mir all die unterschiedlichen Cover anzusehen, und bewundere die Kreativität ihrer Designer. Ich unterhalte mich gern mit den Buchhändlern, wenn ich eine Empfehlung brauche. Dieses Gefühl hat sich nie geändert: Noch immer stöbere ich gern in Buchhandlungen und inhaliere die von Worten und Sätzen erfüllte Luft. Aber nachdem ich nun selbst einige Bücher geschrieben habe, denke ich beim Anblick der Regale zunehmend an die enormen Anstrengungen, die in die Entstehung all dieser Bücher gesteckt wurden. An die Anflüge von Verzweiflung und an die schlaflosen Nächte ihrer Autoren! Und auch wenn auf dem Buchrücken meist nur der Name einer Person steht, sind alle Bücher doch das Ergebnis der Arbeit vieler. Das gilt auch für dieses Buch: Viele haben dazu beigetragen, es zu ermöglichen, und ihnen möchte ich abschließend danken.

Etwa Anfang 2012 begann ich, meine Forschung zur politischen Philosophie der Vermögenskonzentration und der Idee des Limitarismus zu entwickeln. Ich danke den Universitäten und Fachverbänden, denen ich meine ersten Forschungsergebnisse vorstellen durfte, besonders als Hauptreferentin bei der Tagung der Society for Applied Philosophy in Oxford im Juli 2022 sowie bei der NOMOS-Tagung zum Reichtum in Washington im August 2014. Ausgesprochen interessante Diskussionen hatte ich mit den Teilnehmern der Gespräche, die das McCoy Familiy Center for Ethics in Society im Februar 2014 an der Stanford University organisierte, und im März 2014 beim Victoria-Kolloquium über politische Theorie, Gesellschafts- und Rechtstheorie an der University of Victoria. Ich danke Debra Satz und Colin Macleod für die Einladungen, die großartigen Gespräche und für ihre Ermutigung, tiefer zu graben. Es folgten zahlreiche (persönlich oder online geführte) Gespräche, und ich danke all meinen hiesigen und internationalen Kollegen für ihr Interesse am Limitarismus und für die Gelegenheiten, die sie mir boten, Argumente und Ideen auszuprobieren. Mein besonderer Dank gilt Kalle Grill und Jan-Willem van der Rijt vom Fachbereich Philosophie der Universität Umeå, an der ich 2019 die Burman-Vorlesungen über den Limitarismus gehalten habe. Der Europäische Forschungsrat gewährte mir 2017 einen ERC Consolidator Grant (#726153), eine Förderung, die es mir ermöglichte, das Fair-Limits-Team zusammenzustellen, das analysieren sollte, ob wir eine Vermögensobergrenze brauchen und welche Zusammenhänge zwischen Reichtum und ökologischen Ressourcen bestehen. Ich danke den Teammitgliedern, die daran mitgewirkt haben, einen Rahmen zu schaffen, in dem ich viel lernen und zugleich diese Forschungsagenda verfolgen konnte: Fergus Green, Colin Hickey, Tim Meijers, Bart Mijland, Petra van der Kooij, Dick Timmers sowie einer größeren Kollegen- und Studentengruppe, die zu unseren Sitzungen kam und sich am Schreiben beteiligte. Allerdings gehen die in diesem Buch dargelegten Argumente weit über meine Forschungen vor und während des Fair-Limits-Projekts hinaus, und ich danke der FLAX Foundation, die mir 2021 den Emma Goldman Award verlieh und mich damit in meiner weiteren Arbeit an diesem Buch unterstützte.

Erste Ideen für ein Buch über den Limitarismus präsentierte ich im Juni 2018 beim Treffen des Economic Ethics Network, einer informellen Zusammenkunft von Vertretern der politischen Philosophie, die an Wirtschaftsfragen arbeiten und sich nunmehr seit zehn Jahren einmal im Jahr treffen. Nachdem George Monbiot im September 2019 in einem Kommentar für den *Guardian* den Limitarismus aus Gründen der Klimagerechtigkeit unterstützt hatte, setzte sich seine Lektorin bei Penguin, Chloe Currens, mit mir in Verbindung und fragte mich, ob ich Interesse hätte, ein Buch zu schreiben. Und so nahm der vage Plan konkrete Gestalt an. Da ich aber unerwartet die Interimsleitung meines Instituts übernehmen musste, blieb mir leider nichts anderes übrig, als die Arbeit an meinem Buch aufzuschieben, bis ich Zeit dafür hatte. Dennoch machte mir die Ermutigung von George Monbiot und Chloe Currens in diesem frühen Stadium klar, dass dieses Buch geschrieben werden musste, und für diesen entscheidenden Anstoß danke ich ihnen.

Mehrere Ideen, darunter Strategien, die Kluft zwischen der akademischen Welt und der breiten Öffentlichkeit zu überbrücken, testete ich in der Blog-Gruppe *Crooked Timber*. Dieser Blog, zu dem ich seit achtzehn Jahren Beiträge verfasse, war eine großartige Quelle von Debatten, und ich danke meinen Mitbloggern, die mitgewirkt haben, diesen völlig unabhängigen, von äußerer Einmischung und Einflüssen freien Raum zu schaffen. Mein Dank gilt auch den erstaunlich klugen, lebendigen (pseudonymen) Kommentatoren – Leute, ich weiß nicht, wer ihr seid, aber eure Bereitschaft, über die Jahre hinweg über den Limitarismus (und viele andere Themen) zu diskutieren, weiß ich sehr zu würdigen. Viel gelernt habe ich auch von Menschen, die Vorträge, Debatten und kürzlich eine interaktive Theatervorstellung zu diesem Thema besucht haben, sowie aus dem Austausch in den sozialen Medien und aus Diskussionen mit Journalisten und Podcastern, die mich in den vergangenen zehn Jahren interviewt haben. Viele von ihnen haben Fragen gestellt, die mich zum Nachdenken über weitere Aspekte dieses Themas gebracht haben, und damit haben sie unwissentlich zu diesem Buch beigetragen.

Im Mai 2022 wurde Kapitel 5 dieses Buches an der Leibniz-Universität in Hannover diskutiert; ich danke allen, die daran teilgenommen haben, für eine fruchtbare Diskussion, besonders Simon Caney, Lisa Herzog, Mathias Frisch und Andrew Crabtree. Im Juli 2022 wurde dasselbe Kapitel beim Montreal Political Theory Workshop diskutiert; dort gilt mein Dank besonders Alexandre Gajevic Sayegh, Colin Macleod, Pablo Gilabert, Daniel Weinstock und Sylvie Loriaux für ihre Kommentare. Im Dezember 2022 kamen einige Kollegen in Utrecht zusammen, um einen Entwurf dieses Buches zu erörtern. Das diente mir nicht nur als äußerst effektiver Ansporn (oder Druck?), fertig zu werden, sondern half mir auch, zu erkennen, welche Teile des Manuskripts am meisten einer Weiterentwicklung bedurften. Für diesen denkwürdigen Tag danke ich Yara Al Salman, Constanze Binder, Huub Brouwer, Rutger Claassen, Josette Daemen, Willem van der Deijl, Liesbeth Feikema, Dorothea Gädeke, Colin Hickey, Maurits de Jongh, Jos Philips, Hanno Sauer, Naomi van Steenbergen, Dick Timmer und meinem niederländischen Lektor Haye Koningsveld sowie besonders Naomi, Jos, Huub, Dick, Colin und Josette, die mir zudem schriftliche Kommentare schickten. Andere lasen das ganze Manuskript oder Teile davon in unterschiedlichen Stadien, besondere Erwähnung verdienen die äußerst hilfreichen Kommentare von Tania Burchardt, Chris Neuhäuser, John Quiggin und vor allem Tom Malleson.

Während der Arbeit an diesem Buch schickten mir viele aus meinem Freundes- und Kollegenkreis und sogar Fremde Links zu Forschungsergebnissen, interessanten Interviews, neuen Büchern zu diesem Thema und dem aktuellsten mit Reichtum verknüpften gesellschaftlichen Problem. Andere antworteten mir auf spezifische Fragen. Da ich den Überblick darüber nicht behalten habe, werde ich sicher einige Namen zu nennen vergessen, aber auch wenn diese Liste nicht vollständig ist, bedanke ich mich bei Joel Anderson, Christoph Baumgartner, Constanze Binder, Huub Brouwer, Annelien De Dijn, Peter Dietsch, Jonas Franzen, Dorothea Gädeke, Rebecca Gowland, Eelke Heemskerk, Colin Hickey, Annemarie Korte, Matthias Kramm, Chris Neuhäuser, Enrica Chiappero-Martinetti, Tim Meijers, Jennifer Olmsted, Sam Pizzigati, Roland Pierik und Dick Timmer.

Auch für die Gespräche über wirtschaftliche Ungleichheit und Vermögenskonzentration, die ich über viele Jahre hinweg mit Kollegen aus den Bereichen Soziologie, Politologie, Ökonomie, Geschichte und Philosophie geführt habe, schulde ich ihnen Dank. Die Zahl der Menschen, von denen ich viel gelernt habe, ist wesentlich länger, als ich hier auflisten kann, aber mein Dank gilt besonders Daniel Axelsen, Bas van Bavel, Tania Burchardt, Vincent Buskens, Rutger Claassen, Enrica Chiappero-Martinetti, Abigail Davis, Ian Gough, Tammy Harel Ben Sahar, Katharina Hecht, Lisa Herzog, Elena Icardi, Chris Neuhäuser, Lasse Nielsen, Amartya Sen, Rachel Sherman, Liam Shields, Zosia Stemplowska, Simon Toussaint, Tanja van der Lippe, Martin van Hees, Bruno Verbeek, Alex Volacu, Lea Ypi und den Mitgliedern des Fair-Limits-Teams.

Bei der Ausarbeitung meiner Ideen und beim »Testen« meiner Argumente hatte ich das Glück, mit Menschen sprechen und von ihnen lernen zu können, die der Welt der Superreichen wesentlich näherstehen als ich. Den meisten von ihnen war ich zuvor noch nie begegnet, und ich danke ihnen für ihr Vertrauen und die Offenheit, mit der sie ihre Ansichten und Erfahrungen mit mir teilten und mit der manche mir erlaubten, sie in diesem Buch zu zitieren: Abigail Disney, Rebecca Gowland, Morris Pearl, Judi Powell, Elisa Van Waeyenberge, Jake Hayman, Yahya Alazrak, Marlene Engelhorn und einige andere, die anonym bleiben möchten. Denjenigen, die eingewilligt haben, sich in diesem Buch namentlich zitieren zu lassen, danke ich ebenso wie Ina Conradi und Dirk und Claudia Haarmann, die meine Erinnerungen an unsere Begegnung in Otjivero noch einmal überprüft haben.

Ein ganz besonderer Dank gebührt den Menschen, die mich bei der Stange gehalten haben, wenn die Arbeit an diesem Buch erdrückend schien oder die Versuchung, es hinauszuschieben, allzu groß wurde, vor allem meinem Mann Roland und unseren Kindern sowie meiner Schwester Charlot, die mir ihr Haus zur Verfügung stellte, damit ich frei von Ablenkungen Korrekturen vornehmen konnte. Danke auch an Dominic Roser, der im Herbst 2022 anbot, sich mit mir zu einem Schreibteam zusammenzutun.

Abschließend danke ich den wunderbaren Teams bei Penguin und Astra House für ihre harte Arbeit an diesem Buch. Ausdrücklich sind hier zu nennen Chloe Currens, meine Lektorin bei Penguin, und Alessandra Bastagli bei Astra House, die alle Aspekte des Buches kommentierte – von der Struktur bis hin zur Auswahl der Beispiele – und die mir half, akademische Vorstellungen und Forschungsergebnisse für ein breites Publikum verständlich zu machen. Ich danke auch dem Team bei United Agents, vor allem meiner Agentin Sophie Scard, die mir half, mich durch die Verlagswelt zu navigieren.

Dieses Buch ist allen Aktivisten gewidmet, die gegen Ungerechtigkeit kämpfen. Diesen Begriff verwende ich hier in einem weiten Sinne nicht nur für Menschen, die auf die Barrikaden gehen, sondern auch für solche, die Zeitungsartikel schreiben, Organisationen gründen und auf andere Weise Menschen und Kraft für das Gute zu mobilisieren versuchen. Es gibt manche in der akademischen Welt, in der Politik und auch in der breiten Bevölkerung, die diese Arbeit von Aktivisten nicht zu schätzen wissen und sogar auf sie herabschauen. Auch wenn es in diesem Buch nicht um Aktivismus geht, hoffe ich, dass seine Argumente klar gemacht haben, wie falsch eine solche Haltung ist. Es gibt zwar manche Aktivisten, die irregeleitete Ziele verfolgen oder unangemessene Mittel einsetzen, aber viele, viele andere kämpfen gegen alle Wahrscheinlichkeit und häufig um einen hohen persönlichen Preis für eine bessere Welt. Sie spielen eine Schlüsselrolle dabei, unser aller Leben zum Besseren zu verändern. An all diese tapferen Leute: Dieses Buch ist für euch.

Anmerkungen

EINLEITUNG

1 Die Reichenliste der *Sunday Times* wird alljährlich Mitte Mai veröffentlicht. Die *Forbes*-Liste erscheint alljährlich etwa Anfang April und beruht auf Daten vom März des Jahres. Zur aktuellen Liste siehe https://www.forbes.com/billio naires (alle angeführten Weblinks wurden, soweit nicht anders angegeben, zuletzt im November 2023 abgerufen). Zusätzlich veröffentlicht *Forbes* täglich aktualisierte Daten zu den geschätzten Vermögenswerten der Milliardäre der Welt in der Liste »real- time billionaires«, siehe https://www.forbes.com/real-time-billionaires/. Alle in diesem Buch verwendeten Angaben und Daten zu Milliardären sind, soweit nicht anders angegeben, diesen Listen entnommen.

2 Siehe auch die einflussreiche Kolumne des Nobelpreisträgers und Wirtschaftswissenschaftlers Joseph Stiglitz, der betonte, wie wichtig es ist, sich auf die Superreichen zu konzentrieren, »Of the 1 %, by the 1 %, for the 1 %«, *Vanity Fair*, 31. März 2011, https://www.vanityfair.com/news/2011/05/top-one-percent-201105.

3 Zu einigen Schlüsselbeiträgen aus den Wirtschaftswissenschaften siehe Joseph Stiglitz, *The Price of Inequality: How Today's Divided Society Endangers Our Future*, New York 2012, dt.: *Der Preis der Ungleichheit. Wie die Spaltung der Gesellschaft unsere Zukunft bedroht*, München 2012; Thomas Piketty, *Le Capital au XXIe siècle*, Paris 2014; *dt. Das Kapital im 21. Jahrhundert*, München 2014; und Anthony B. Atkinson, *Inequality: What Can be Done?*, Cambridge, MA, 2015, dt.: *Ungleichheit. Was wir dagegen tun können*, Stuttgart 2016. Zu philosophischen Beiträgen siehe Elizabeth Anderson, »What is the Point of Equality?«, *Ethics* 109/2 (1999), S. 287–337; G. A. Cohen, *If You're an Egalitarian, How Come You're So Rich?*, Cambridge, MA, 2000, dt.: *Gleichheit ohne*

Gleichgültigkeit. Politische Philosophie und individuelles Verhalten, Hamburg 2001; Christian Neuhäuser, *Reichtum als moralisches Problem*, Berlin 2018; und T. M. Scanlon, *Why Does Inequality Matter?*, New York 2018. Ein einflussreicher Beitrag aus der Sozialepidemiologie ist Richard Wilkinson und Kate Pickett, *The Spirit Level: Why More Equal Societies Almost Always Do Better*, London 2009, dt.: *Gleichheit ist Glück. Warum gerechte Gesellschaften für alle besser sind*, Hamburg 2009. Zu einer soziologischen Studie auf der Basis von eingehenden Interviews mit sehr reichen Personen siehe Rachel Sherman, *Uneasy Street: The Anxieties of Affluence*, Princeton, NJ, 2017. Zu Beiträgen aus der politischen Ökonomie und zu politischen Analysen siehe Ha-Joon Chang, *23 Things They Don't Tell You About Capitalism*, London 2010, dt.: *23 Lügen, die sie uns über den Kapitalismus erzählen*, München 2010; und Robert Reich, *Saving Capitalism: For the Many, Not the Few*, New York 2015, dt.: *Rettet den Kapitalismus! Für alle, nicht für 1 %*, Frankfurt am Main 2016. Zu zwei wichtigen jüngeren Beiträgen siehe Mike Savage, *The Return of Inequality*, Cambridge, MA, 2021, dt.: *Die Rückkehr der Ungleichheit. Sozialer Wandel und die Lasten der Vergangenheit*, Hamburg 2023, hauptsächlich aus soziologischer und historischer Sicht geschrieben, sowie Tom Malleson, *Against Inequality: The Practical and Ethical Case of Abolishing the Superrich*, New York 2023, der eine Analyse und Kritik der Ungleichheit vorrangig aufgrund von Erkenntnissen aus der politischen Theorie und verwandter empirischer Disziplinen bietet.

4 Ingrid Robeyns, »Having Too Much«, in Jack Knight und Melissa Schwartzberg (Hg.), *Wealth: Yearbook of the American Society of Legal and Political Philosophy*, New York 2017), S. 1–44, und dies., »What, if Anything, is Wrong with Extreme Wealth?«, *Journal of Human Development and Capabilities* 20/3 (2019), S. 251–266. Zu zwei neueren Sammlungen akademischer Beiträge zum Limitarismus siehe Dick Timmer und Christian Neuhäuser (Hg.), »Limitarianism: Extreme Wealth as a Moral Problem«, Sonderausgabe von *Ethical Theory and Moral Practice* 25/5 (2022), und Ingrid Robeyns (Hg.), *Having Too Much: Philosophical Essays on Limitarianism*, Cambridge 2023.

5 Zur Bedeutung des Ethos in Fragen der Verteilungsgerechtigkeit siehe G. A. Cohen, »Where the Action is: On the Site of Distributive Justice«, *Philosophy & Public Affairs* 26/1 (1997), S. 3–30; und Jonathan Wolff, »Fairness, Respect, and the Egalitarian Ethos«, *Philosophy & Public Affairs* 27/2 (1998), S. 97–122. Das Argument, dass staatliche Regeln und Politik ein egalitäres Ethos erfordern, um eine gerechte Gesellschaft hervorzubringen, war eine zentrale These feministischer Philosophinnen in ihren Analysen wirtschaftlicher Genderungleichheiten. Siehe z. B. Susan Okin, *Justice, Gender, and the Family*, New York 1989.

6 Zum weit verbreiteten »Neid«-Vorwurf in amerikanischen Debatten zur Steuerpolitik siehe Joseph J. Thorndike, »Envy Doesn't Explain ›Soak the Rich‹ Taxation«, *taxnotes*, 9. August 2021, https://www.taxnotes.com/featured-analysis/envy-doesnt-explain-soak-rich-taxation/2021/08/06/76zp6. Zur Debatte in Deutschland 2019 siehe z. B. »CDU wirft SPD ›billige Neiddebatte‹ vor«, *Zeit Online*, 23. August 2019, https://www.zeit.de/wirtschaft/2019-08/vermoegenssteuer-spd-cdu-paul-ziemiak-finanzen, oder Marcel Fratzscher, »Bloß keine Neiddebatte!«, *Spiegel Online*, 26. August 2019, https://www.spiegel.de/wirtschaft/soziales/vermoegensteuer-wir-brauchen-keine-neiddebatte-a-1283634.html. Zur Kritik an Clegg siehe Nicholas Watt und Shiv Malik, »Nick Clegg Wealth Tax ›the Politics of Envy‹, Says Senior Tory«, *Guardian*, 29. August 2012, https://www.theguardian.com/politics/2012/aug/29/nick-clegg-wealth-tax-envy. Zur Verwendung des Begriffs »Neidsteuer« durch rechte Politiker in den Niederlanden siehe z. B. »Wiegel: vermogensbelasting is jaloeziebelasting«, *RTL Nieuws*, 13. September 2015, https://www.rtlnieuws.nl/geld-en-werk/artikel/324451/wiegel-vermogensbelasting-jaloeziebelasting.

7 Simon Johnson, »Obama Still Doesn't Get It«, *Common Dreams*, 10. Februar 2010, https://www.commondreams.org/views/2010/02/10/obama-still-doesnt-get-it, und Victoria McGrane, »Left Rips Obama Bonus Comments«, *Politico*, 2. Oktober 2010, https://www.politico.com/story/2010/02/left-rips-obama-bonus-comments-032795.

8 Zu dem offenen Brief an die Politiker, die 2023 am Weltwirtschaftsforum in Davos teilnahmen, siehe https://costofextremewealth.com. Zu Interviews mit Bill Gates siehe https://www.cnbc.com/2019/02/13/bill-gates-suggests-higher-taxes-on-those-with-great-wealth.html und https://www.forbes.com/sites/sergeiklebnikov/2020/01/03/bill-gates-urges-lawmakers-to-raise-taxes-on-americas-ultra-rich/?sh=4ce7b3d2 f3 f5. Zum offenen Brief an die US-Präsidentschaftskandidaten 2020 siehe https://medium.com/@letterforawealthtax/an-open-letter-to-the-2020-presidential-candidates-its-time-to-tax-us-more-6eb3a548b2fe.

9 Lasse Nielsen und David Axelsen, »Envy, Levelling-Down, and Harrison Bergeron: Defending Limitarianism from Three Common Objections«, *Ethical Theory and Moral Practice* 25 (2022), S. 737–753.

10 T. M. Scanlon, *Why Does Inequality Matter?*, S. 3–7.

11 Conor O'Clery, *The Billionaire Who Wasn't: How Chuck Feeney Secretly Made and Gave Away a Fortune*, New York 2013; und Steven Bertoni, »The Billionaire Who Wanted to Die Broke … Is Now Officially Broke«, *Forbes*, 15. September 2020, https://www.forbes.com/sites/stevenbertoni/2020/09/15/exclusive-the-billionaire-who-wanted-to-die-brokeis-now-officially-broke.

12 David Gelles, »Billionaire No More: Patagonia Founder Gives Away the Com-

pany«, *New York Times*, 15. September 2022, https://www.nytimes.com/2022/09/14/climate/patagonia-climate-philanthropy-chouinard.html. Siehe auch Yvon Chouinard, *Let My People Go Surfing: The Education of a Reluctant Businessman,* New York 2016; dt.: *Lass die Mitarbeiter surfen gehen! Die Erfolgsgeschichte eines eigenwilligen Unternehmers,* München 2010. Allerdings sollten wir uns von Patagonias Geschichte nicht mitreißen lassen, da wir nicht wissen, was unabhängige Untersuchungen zu den Arbeitsbedingungen und der Umweltbilanz des Unternehmens ergeben mögen. Laut den Berichten der niederländischen Investigativplattform *Follow the Money* werden beispielsweise einige der Produkte von Arbeitskräften in einer Fabrik in der Freihandelszone Katunayake in Sri Lanka hergestellt, die nicht nur Kleidung für Patagonia, sondern auch für fünfzehn andere internationale Marken produziert, unter anderem für H&M und Zara. Angeblich werden die Arbeitskräfte zu extrem langen Arbeitstagen gezwungen und liegen mit ihrem Lohn unter dem Existenzminimum. Siehe Yara van Heugten, »Duurzaam kledingmerk Patagonia produceert in dezelfde fabrieken als fast-fashion, textielmedewerkers uitgebuit«, 10. Juni 2023, https://www.ftm.nl/artikelen/patagonia-heeft-grote-moeite-met-deugen.

13 Meine sämtlichen Interviews sowie diverse Forschungen und Quellen bestätigen, dass die meisten sehr reichen Menschen nicht über Ungleichheit und Konzentration von Reichtum reden wollen. Siehe z. B. Sherman, *Uneasy Street*; Anand Giridharadas, *Winners Take All: The Elite Charade of Changing the World,* New York 2018; und Marlene Engelhorn, *Geld,* Wien 2022.

14 Anand Giridharadas, *The Persuaders: At the Front Lines of the Fight for Hearts, Minds, and Democracy,* New York 2022.

KAPITEL 1

1 Bereits vor Erscheinen von Pikettys Buch hatte es wissenschaftliche Analysen zu wachsender Ungleichheit gegeben, aber keine hatte eine vergleichbare Wirkung auf die öffentliche Debatte.

2 Oxfam Briefing Paper, *Survival of the Richest: How We Must Tax the Super-Rich Now to Fight Inequality* (2023), https://oxfamilibrary.openrepository.com/bitstream/handle/10546/621477/bp-survival-of-the-richest-160123-en.pdf.

3 Es gibt Ausnahmen wie z. B. Matthew Desmond, *Poverty, by America,* New York und London 2023, dt.: *Armut. Eine amerikanische Katastrophe,* Hamburg 2024, ein Buch, das die verbreitete Armut in den USA untersucht und argumentiert, dass wir den Blick auf die Bessergestellten richten müssen, die für eine Fiskalpolitik und andere politische Maßnahmen gesorgt haben, die ihnen mehr nützen als den Armen.

4 Siehe die Webseiten dieser Organisationen: https://patrioticmillionaires.org; https://patrioticmillionaires.uk; https://www.taxmenow.eu; und https://millionairesforhumanity.org.

5 Zu Berichten über Ben van Beurdens Gehalt 2018 siehe Paul le Clercq, »Shell-ceo krijgt twee keer zoveel salaris: 55000 Euro per dag«, rtlnieuws, 14. März 2019, oder https://www.reuters.com/article/shell-ceo-pay/shell-ceos-pay-more-than-doubles-to-22-8-million-in-2018-idINKCN1QV170/.

6 Lawrence Mishel und Julia Wolfe, »CEO Compensation Has Grown 940 % Since 1978«, Washington, DC: Economic Policy Institute, 2018, https://www.epi.org/publication/ceo-compensation-2018.

7 Laura Elston, »Prince William Inherits £23 Million-Per-Year-Income from Dutchy Estate«, *Bloomberg*, 14. September 2022, https://www.bloomberg.com/news/articles/2022-09-15/william-s-duchy-finance-team-meeting-after-inheriting-23m-per-year-income.

8 Willem H. Gates Sen. und Chuck Collins, *Wealth and Our Commonwealth: Why America Should Tax Accumulated Fortunes,* Boston 2002; Chuck Collins, *99 to 1: How Wealth Inequality is Wrecking the World and What We Can Do About It,* San Francisco 2012; ders., *Born on Third Base,* White River Junction, VT, 2016; und ders., *Is Inequality in America Irreversible?,* Cambridge 2018. Zur Schilderung von Collins' Kindheit und Jugend sowie zur Schätzung, wie viel seine Erbschaft 2016 wert gewesen wäre, siehe *Born on Third Base*, Kap. 1.

9 Emma Bubola, »She's Inheriting Millions: She Wants Her Wealth Taxed Away«, *New York Times*, 21. Oktober 2022, https://www.nytimes.com/2022/10/21/world/europe/marlene-engelhorn-wealth-tax.html. Siehe auch Engelhorn, *Geld.*

10 Siehe https://resourcegeneration.org. Die Schwesterorganisation im Vereinigten Königreich nennt sich Resource Justice; siehe https://resourcejustice.co.uk; in Kanada heißt sie Resource Movement; siehe https://www.resourcemovement.org.

11 Putin taucht nicht in der *Forbes*-Liste auf, da sie ausdrücklich weder Königsfamilien noch Staatsoberhäupter enthält. Siehe Rachel Makinson, »How Rich is Vladimir Putin?«, *CEO Today*, 9. März 2022, https://www.ceotodaymagazine.com/2022/03/how-rich-is-vladimir-putin; siehe auch Karen Dawisha, *Putin's Kleptocracy: Who Owns Russia?,* New York 2015.

12 Abigail Davis, Katharina Hecht, Tania Burchardt, Ian Gough, Donald Hirsch, Karen Rowlingson und Kate Summers, *Living on Different Incomes in London: Can Public Consensus Identify a »Riches Line«?,* London 2020. Die Einzelheiten im folgenden Abschnitt sind ebenfalls dieser Studie entnommen.

13 Ingrid Robeyns, Vincent Buskens, Arnout van de Rijt, Nina Vergeldt und Tanja van der Lippe, »How Rich is Too Rich? Measuring the Riches Line«, *Social Indicators Research* 154 (2021), S. 115–143.

14 Morris Pearl, Erica Payne und die Patriotic Millionaires, *Tax the Rich! How Lies, Loopholes, and Lobbyists make the Rich even Richer,* New York 2021, S. 1–11. Siehe auch https://patrioticmillionaires.org/our-values.

15 Der niederländische Unternehmer und Journalist Sander Schimmelpenninck schlug eine Grenze von 25 Millionen Euro vor, weil sie es reichen Leuten erlauben würde, noch Ziele anzustreben. Der niederländische Historiker und Journalist Sander Heijne schlug vor, sie am unteren Rand des Vermögens der oberen 0,1 Prozent der Bevölkerung anzusetzen, der 2021 bei 10 Millionen Euro lag.

16 Der kanadische Professor für politische Philosophie Joseph Heath argumentiert, dass wir Sozialversicherungssysteme und Einrichtungen des Wohlfahrtsstaates zwar häufig mit Gerechtigkeit, Solidarität und der Sorge rechtfertigen, dass alle Grundbedürfnisse befriedigt werden, dass man sie aber auch aufgrund ihrer Effizienz, also mit eigennützigen Gründen rechtfertigen kann. Joseph Heath, »The Benefits of Cooperation«, *Philosophy & Public Affairs* 34/4 (2006), S. 313–351.

17 Dick Timmer, »Thresholds in Distributive Justice«, *Utilitas* 33/4 (2021), S. 422–441, und Ingrid Robeyns, »Why Limitarianism?«, *Journal of Political Philosophy* 30/2 (2022), S. 249–270.

KAPITEL 2

1 Oxfam, *Survival of the Richest.* Zu den zitierten Statistiken siehe S. 15–16; siehe auch die Anmerkungen zur Methode S. 4–7. Alle Dokumente sind online verfügbar unter https://www.oxfam.org/en/research/survival-richest.

2 Zur wissenschaftlichen Literatur zur Konzeptionalisierung und Messung wirtschaftlicher Ungleichheit siehe z. B. Anthony B. Atkinson, »On the Measurement of Inequality«, *Journal of Economic Theory* 2 (1970), S. 244–263; Amartya Sen, *On Economic Inequality,* Oxford 1973, dt.: *Ökonomische Ungleichheit*, Frankfurt am Main 1975; ders., *Inequality Reexamined,* Oxford 1992; Thomas Piketty und Emmanuel Saez, »Income Inequality in the United States, 1913–1998«, *Quarterly Journal of Economics* 119/1 (2003), S. 1–41; Anthony B. Atkinson, Thomas Piketty und Emmanuel Saez, »Top Incomes in the Long Run of History«, *Journal of Economic Literature* 49/1 (2011), S. 3–71; Piketty, *Das Kapital im 21. Jahrhundert*; und Lucas Chancel, Thomas Piketty, Emmanuel Saez und Gabriel Zucman (Hg.), *World Inequality Report 2022*, Cambridge, MA, 2022.

3 Siehe https://ourworldindata.org/a-history-of-global-living-conditions-in-5-charts.

4 World Bank, *Poverty and Shared Prosperity 2022: Correcting Course*, Washington, DC, 2022.

5 Zu den Daten siehe https://ourworldindata.org/a-history-of-global-living-conditions-in-5-chartslinkId=62571595; zu Bill Gates‹ Tweet vom 19. Januar 2019 siehe https://twitter.com/BillGates.

6 Jason Hickel, »Bill Gates Says Poverty is Decreasing. He Couldn't be More Wrong«, *Guardian*, 29. Januar 2019, https://www.theguardian.com/commentisfree/2019/jan/29/bill-gates-davos-global-poverty-infographic-neoliberal; ders., »A Letter to Steven Pinker (and Bill Gates for that Matter) About Global Poverty«, 4. Februar 2019, https://www.jasonhickel.org/blog/2019/2/3/pinker-and-global-poverty; und ders., »Extreme Poverty isn't Natural, it's Created«, 28. März 2021, https://www.jasonhickel.org/blog/2021/3/28/extreme-poverty-isnt-natural-it-is-created.

7 Robert C. Allen, »Poverty and the Labor Market: Today and Yesterday«, *Annual Review of Economics* 12 (2020), S. 107–134.

8 Amartya Sen, *Commodities and Capabilities*, Oxford 1985; ders., *Development as Freedom*, New York 1999, dt.: *Ökonomie für den Menschen. Wege zu Gerechtigkeit und Solidarität in der Marktwirtschaft*, München und Wien 2000; ders. und Jean Drèze, *India: Development and Participation*, 2. Aufl., Oxford 2002, dt.: *Indien. Ein Land und seine Widersprüche*, München 2014; Chang, *23 Lügen, die sie uns über den Kapitalismus erzählen*; und Thomas Piketty, *Une brève histoire de l'égalité*, Paris 2021, dt.: *Eine kurze Geschichte der Gleichheit*, München 2022; S. 61–83, Zit. S. 61.

9 Christopher Lakner und Branko Milanovic, »Global Income Distribution: From the Fall of the Berlin Wall to the Great Recession«, *World Bank Economic Review* 30/2 (2016), S. 203–232. Zum »Elefantendiagramm« siehe Abb. 1(a), S. 216.

10 Jason Hickel, »How Bad is Global Inequality Really?«, 9. März 2019, https://www.jasonhickel.org/blog/2019/3/1/global-inequality-from-1980-to-2016.

11 Jason Hickel, Dylan Sullivan und Huzaifa Zoomkawala, »Plunder in the Post-Colonial Era: Quantifying Drain from the Global South Through Unequal Exchange, 1960–2018«, *New Political Economy* 26/6(2021), S. 1030–1047, Zit. S. 1031.

12 Noam Chomsky, *Profit Over People: Neoliberalism and the Global Order*, New York 1999, dt.: *Profit over People. Neoliberalismus und die globale Weltordnung*, Hamburg 2000. Ein Beispiel für solche Strategien ist die Ermordung von Patrice Lumumba, dem ersten demokratisch gewählten Premierminister des Kongo; sie wurde von Belgien und den USA geplant, da sie fürchteten, er würde geopolitische Beziehungen zur Sowjetunion aufnehmen. Ein weiteres

Beispiel ist die US-amerikanische Beteiligung am Putsch gegen den demokratisch gewählten sozialistischen Präsidenten von Chile Salvador Allende durch General Augusto Pinochet, der eine rechte Diktatur errichtete, die für die grausame Folterung und Ermordung linker Aktivisten und Politiker berüchtigt war.

13 Hickel, Sullivan und Zoomkawala, »Plunder in the Post-Colonial Era«.

14 Credit Suisse, *Global Wealth Report 2022*, Tabelle 1, S. 10.

15 Die genauen Zahlen sind: Kanada (5510), Indien (4980), Japan (4870), Frankreich (4640), Australien (4630), Vereinigtes Königreich (4180) und Italien (3930). Credit Suisse, *Global Wealth Report 2022*, S. 27f. Interessant ist, dass der *Global Wealth Report 2022* trotz allen Geredes in den Medien über russische Oligarchen sie nicht im Ranking der Länder mit einer beträchtlichen Anzahl von Millionären aufführt, allerdings erscheinen sie im Ranking der Personen mit einem Vermögen von über 50 Millionen Dollar. In Anbetracht der Tatsache, dass Russland in der weltweiten Rangliste der Vermögensungleichheit nach dem Gini-Koeffizienten an zweiter Stelle rangiert und an erster im weltweiten Ranking des Vermögensanteils in der Hand des obersten 1 Prozents (ganze 58,6 Prozent), zeichnet sich statistisch das Bild einer extrem ungleichen Vermögensverteilung ab mit einer gewissen Konzentration an der Spitze bei den Ultrareichen, aber einer geringeren Konzentration unterhalb dieser Ebene. Siehe *Global Wealth Report 2022*, Tabelle 5, S. 31.

16 Katharina Hecht und Kate Summers, »The Long and the Short of It: The Temporal Significance of Wealth and Income«, *Social Policy and Administration* 55 (2021), S. 732–746.

17 Board of Governors of the Federal Reserve System, »Economic Well-Being of U.S. Households«, 22. August 2022, https://www.federalreserve.gov/publications/2022-economic-well-being-of-us-households-in-2021-dealing-with-unexpected-expenses.htm; und John Creamer, Emily A. Shrider, Kalee Burns und Frances Chen, »Poverty in the United States: 2021«, 13. September 2022, https://www.census.gov/library/publications/2022/demo/p60-277.html. Zu Daten der USA Federal Reserve siehe https://www.federalreserve.gov/releases/z1/dataviz/dfa/distribute/chart/#quarter:131;series:Net%20worth;demographic:networth;population:1,3,5,7,9;units:shares;range:2007. 2,2022. 2.

18 Credit Suisse, *Global Wealth Report 2022*, Tabelle 5, S. 31.

19 Zu den Daten für Frankreich siehe Piketty, *Eine kurze Geschichte der Gleichheit*, S. 44.

20 Daten der US Federal Reserve (siehe Anm. 17) für das dritte Quartal 1990 und 2022; sowie Matt Bruenig, »Top 1% Up $21 Trillion. Bottom 50% Down $900 Billion«, 14. Juni 2019, https://www.peoplespolicyproject.org/2019/06/14/top-1-up-21-trillion-bottom-50-down-900-billion.

21 Siehe die Daten in der World Income Database, https://wid.world, oder Piketty, *Eine kurze Geschichte der Gleichheit*, Kapitel 2.

22 Die genauen Zahlen für die USA: 18,9 Prozent sind lateinamerikanischer oder hispanischer Herkunft und besitzen 2,7 Prozent aller Vermögen; 13,6 Prozent sind Schwarze oder Afroamerikaner und besitzen 4,5 Prozent aller Vermögen; Weiße stellen 59,3 Prozent der Bevölkerung und besitzen 83,2 Prozent aller Vermögen, siehe https://www.census.gov/quickfacts/fact/table/US/PST045221. Zu den rassistischen Effekten von Steuervergünstigungen siehe US Treasury, Office of Tax Analysis, »Tax Expenditures by Race and Hispanic Ethnicity«, Working Paper 122, Januar 2023.

23 Diese Armutsstatistiken beziehen sich auf eine Armutsrate von 6,85 Dollar pro Tag, siehe https://pip.worldbank.org/home.

24 Der Begriff »Gesellschaftsvertrag« ist eine Metapher für die Grundregeln und Erwartungen oder moralischen und politischen Prinzipien, die in einer Gesellschaft gelten – oder das, was manche als »was wir einander schulden« definieren würden. Manche Philosophen halten den Gesellschaftsvertrag für problematisch, weil er mit politischen (intellektuellen) Traditionen verknüpft ist, die für den Genozid an First Nations/indigenen Völkern sowie für weit verbreiteten Rassismus und Sexismus verantwortlich waren. Andere vermeiden den Begriff lieber, weil er auf eine Fokussierung auf Markttransaktionen oder Rechtsregeln hindeutet. Aber der Begriff wird auch weithin von Wissenschaftlern wie Noam Chomsky und Matthew Desmond verwendet, die die Grundregeln unserer Gesellschaften radikal verändern wollen. Ich benutze ihn hier als eigenständige Metapher, wie es Akademiker, Autoren und Aktivisten tun, die unsere Gesellschaften grundlegend verändern und inklusiver und egalitärer gestalten wollen, und somit abgerückt von jeglichen verletzenden Konnotationen, für die seine philosophischen Wurzeln kritisiert werden. Zu den Kritikern siehe Carole Pateman, *The Sexual Contract*, London 1988, und Charles W. Mills, *The Racial Contract*, Ithaca, NY, 1997, dt.: *Der Racial Contract*, Frankfurt am Main 2023.

25 Als ich dieses Buch schrieb, hatte Abigail Disney zeitweise in ihrem Twitter-Profil »Klassenverräterin« stehen; bei Resource Generation gab es ein Bild mit dem Wort »Klassenverräter« auf der LinkedIn-Seite; auf der Webseite ihrer britischen Schwesterorganisation Resource Justice steht es auf einem Plakat unter der Rubrik »What We do«, siehe https://resourcejustice.co.uk/what-we-do.

26 Reich, *Rettet den Kapitalismus!*, S. 21 f.

27 Die Daten sind entnommen aus Claus Schnabel, »Union Membership and Collective Bargaining: Trends and Determinants«, Working Paper, Tabelle 4, https://www.econstor.eu/bitstream/10419/222500/1/1724719793.pdf.

28 Zu den Steuersenkungen siehe David Mervin, »Reagan's Place in History«,

Journal of American Studies 23/2 (1989), S. 269–286, bes. S. 277. Zur Entlassung der Fluglotsen siehe Jon Schwarz, »The Murder of the U.S. Middle Class Began 40 Years Ago This Week«, *The Intercept*, 6. August 2021, https://theintercept.com/2021/08/06/middle-class-reagan-patco-strike; und Julia Simon und Kenny Malone, »Looking Back on When President Reagan Fired the Air Traffic Controllers«, *NPR Planet Money*, 5. August 2021, https://www.npr.org/2021/08/05/1025018833/looking-back-on-when-president-reagan-fired-air-traffic-controllers.

29 Die Fachleute haben unterschiedliche Auffassungen, wie sich der Neoliberalismus am besten beschreiben lässt. Manche konzentrieren sich stärker auf Kultur- und Beziehungsaspekte, andere auf Wirtschaft, soziale Einrichtungen und Politik. Hier beschränke ich mich auf eine extrem knappe Darstellung, die zwangsläufig etwas vereinfacht ist, aber in späteren Kapiteln werden mehrere politische Maßnahmen eingehender besprochen, die auf neoliberalem Denken basieren.

30 Zur Ideengeschichte des Neoliberalismus siehe Angus Burgin, *The Great Persuasion: Reinventing Free Markets Since the Depression*, Cambridge, MA, 2012, und Daniel Stedman Jones, *Masters of the Universe: Hayek, Friedman, and the Birth of Neoliberal Politics*, Princeton, NJ, 2012.

31 In seinem Buch *23 Lügen, die sie uns über den Kapitalismus erzählen* zeigt Ha-Joon Chang, dass viele der Grundaussagen des Neoliberalismus falsch oder irreführend sind. Naomi Oreskes und David Conway bieten eine faszinierende historische Rekonstruktion mit Schwerpunkt USA in ihrem Buch *The Big Myth: How American Business Taught Us to Loathe Government and Love the Free Market*, New York 2023. In den USA wird häufiger der Begriff »Marktfundamentalismus« (free-market fundamentalism) verwendet als »Neoliberalismus«, aber im Grunde geht es dabei um die gleichen Doktrinen. Zu einer Entwicklungsgeschichte des Neoliberalismus in den Niederlanden siehe Bram Mellink und Merijn Oudenampsen, *Neoliberalisme: Een Nederlandse Geschiedenis*, Amsterdam 2022.

32 Willem Buiter in seinem Beitrag zum »Economists Forum«, *Financial Times*, 14. Februar 2007, zit. in Robert Wade, »Why Has Income Inequality Remained on the Sidelines of Public Policy for So Long?«, *Challenge* 55/3 (2012), S. 21–50, Zit. S. 35.

33 Zur Fachliteratur über die verschiedenen Armutsbegriffe siehe Amartya Sen, »Poor, Relatively Speaking«, *Oxford Economic Papers* 35/2 (1983), S. 153–169; Anthony B. Atkinson, »On the Measurement of Poverty«, *Econometrica* 55/4 (1987), S. 749–764; Polly Vizard, *Poverty and Human Rights*, Oxford 2006; Jonathan Wolff und Avner De-Shalit, *Disadvantage*, Oxford 2007; und Savage, *Die Rückkehr der Ungleichheit*, S. 47—57.

34 In der gegenwärtigen politischen Philosophie gibt es eine umfangreiche Literatur, die Argumente anführt, warum Ungleichheit moralisch und politisch ungemein wichtig ist. Siehe z. B. John Rawls, *A Theory of Justice,* Cambridge, MA, 1971, dt.: *Eine Theorie der Gerechtigkeit,* Frankfurt am Main 1991; Amartya Sen, *Inequality Reexamined,* Cambridge, MA, 1992; Elizabeth Anderson, »What is the Point of Equality?«, *Ethics* 109/2 (1999), S. 287–337; Anne Phillips, *Which Inequalities Matter?,* Cambridge 1999; G. A. Cohen, *Gleichheit ohne Gleichgültigkeit*; Brian Barry, *Why Social Justice Matters,* Oxford 2005; Stuart White, *Equality,* Cambridge 2007; Martin O'Neill, »What Should Egalitarians Believe?«, *Philosophy & Public Affairs* 36 (2008), S. 119–156; und T. M. Scanlon, *Why Does Inequality Matter?.*

35 Desmond, *Poverty, by America,* Zit. S. 101.

36 *Newsnight*, BBC One, 5. Juni 2011, zit. in Stewart Lansley, *The Richer, The Poorer: How Britain Enriched the Few and Failed the Poor,* Bristol 2022, S. 2.

37 Elizabeth Warren in einer Diskussion mit Thomas Piketty, organisiert von der *Huffington Post,* Boston, Juni 2014, online verfügbar unter https://www.youtube.com/watch?v=uEYAS5U5Wuk (das Zitat ist bei Minute 1:58). Zu einer prägnanten Widerlegung der Trickle-down-Ökonomie siehe Chang, *23 Lügen, die sie uns über den Kapitalismus erzählen,* Kap. 13, S. 145–198.

38 John Quiggin, *Zombie Economics: How Dead Ideas Still Walk Among Us,* Princeton, NJ, 2010; Era Dabla-Norris, Kalpana Kochhar, Nujin Suphaphiphat, Franto Ricka und Evridiki Tsounta, »Causes and Consequences of Income Inequality: A Global Perspective«, *IMF Staff Discussion Notes* 013 (15. Juni 2015), https://www.imf.org/en/Publications/Staff-Discussion-Notes/Issues/2016/12/31/Causes-and-Consequences-of-Income-Inequality-A-Global-Perspective-42986; sowie David Hope und Julian Limberg, »The Economic Consequences of Major Tax Cuts for the Rich«, *Socio-Economic Review* 20/2 (2022), S. 539–559.

39 Heather Boushey, *Unbound: How Inequality Constricts our Economy and What We Can Do About It,* Cambridge, MA 2019.

40 Phillip Inman und Richard Partington, »IMF Urges UK Government to Reconsider Tax-Cutting Plans«, *Guardian,* 28. September 2022, https://www.theguardian.com/politics/2022/sep/27/kwasi-kwartengs-tax-cuts-likely-to-increase-inequality-imf-says; Fergus Finlay, »Trussonomics' Failings Could Signal the End of Trickle-Down Economics«, *Irish Examiner,* 8. Oktober 2022, https://www.irishexaminer.com/opinion/columnists/arid-40985438.html; und Richard Partington, »The Mini-Budget that Broke Britain – and Liz Truss«, *Guardian,* 20. Oktober 2022, https://www.theguardian.com/business/2022/oct/20/the-mini-budget-that-broke-britain-and-liz-truss.

41 Adam Bychawski, »Will Think Tanks be Kicked Out of Downing Street After

the Truss Disaster?«, *Open Democracy*, 27. Oktober 2022, https://www.opendemocracy.net/en/think-tanks-institute-economic-affairs-liz-truss-economy-crash/; und Quiggin, *Zombie Economics*, S. 149 f.

KAPITEL 3

1 Davis, Hecht, Burchardt, Gough, Hirsch, Rowlingson und Summers, *Living on Different Incomes in London*, bes. S. 33 f.

2 Selbstverständlich gibt es immer Ausnahmen. Ein Beispiel in der politischen Philosophie ist Leif Wenar, *Blood Oil: Tyrants, Violence, and the Rules that Run the World,* New York 2015; dazu später mehr.

3 Giridharadas, *Winners Take All*; und Peter S. Goodman, *Davos Man: How the Billionaires Devoured the World,* New York 2022, dt.: *Die Männer von Davos. Wie eine kleine Gruppe Milliardäre die Welt beherrscht*, München 2022.

4 Siehe https://www.auschwitz.org/en/history/auschwitz-iii/ig-farben.

5 Andreas Wirsching, »Nazi Legacies? New Research on the Question of Continuities«, *German Yearbook of Contemporary History* 5 (2021), S. 215–231, Zit. auf S. 216; sowie David de Jong, *Nazi Billionaires: The Dark History of Germany's Wealthiest Dynasties,* Boston, MA, 2022), dt.: *Braunes Erbe. Die dunkle Geschichte der reichsten deutschen Unternehmerdynastien*, Köln 2022.

6 Siehe https://www.bloomberg.com/news/articles/2021-03-18/pay-check-podcast-episode-2-how-much-did-slavery-in-u-s-cost-black-wealth. Daten zur Bevölkerungszusammensetzung in den USA sind entnommen von der Webseite https://www.census.gov/quickfacts/fact/table/US/RHI625221. Zu einem knappen historischen Überblick über den Vorschlag »40 acres and a mule« (16 Hektar und ein Maultier), wonach jeder freigelassene Sklave ein Stück Land erhalten sollte und alle Schwarzen ein geschütztes Gebiet ohne weiße Bewohner bekommen sollten, siehe Henry Louis Gates Jr, »The Truth Behind ›40 Acres and a Mule‹«, (o.D.), https://www.pbs.org/wnet/african-americans-many-rivers-to-cross/history/the-truth-behind-40-acres-and-a-mule.

7 Siehe https://www.gla.ac.uk/news/archiveofnews/2018/september/headline_607154_en.html.

8 Zu Oteles Argumenten siehe Olivette Otele, »The Logic of Slavery Reparations«, *Guardian*, 31. März 2023, https://www.theguardian.com/news/ng-interactive/2023/mar/31/more-than-money-the-logic-of-slavery-reparations. Zu Haiti und Frankreich siehe Piketty, *Eine kurze Geschichte der Gleichheit*, S. 82—89.

9 Zur Wiedergutmachung der Familie Trevelyan siehe Laura Trevelyan, »My Family Owned 1,000 Slaves and Profited from the Trade: This is How I am Trying to Make Amends«, *Guardian*, 24. März 2023, https://www.theguardian.

com/commentisfree/2023/mar/25/slaves-trade-amends-grenada-laura-trevelyan, sowie Joshua Nevett, »Laura Trevelyan: My Slavery Link to MP Shows Reality of Reparations«, *BBC News*, 2. April 2023, https://www.bbc.com/news/uk-politics-65125332.

10 J. C. Sharman, *The Despot's Guide to Wealth Management: On the International Campaign Against Grand Corruption*, Ithaca, NY, 2017; Patrick Jackson, »Teodoro Nguema Obiang Mangue and His Love of Bugattis and Michael Jackson«, *BBC News*, 28. Juli 2021, https://www.bbc.com/news/world-africa-58001750; »Equatorial Guinea Vice President Threatens to Expel French Ambassador«, *Africanews*, 10. Juni 2022, https://www.africanews.com/2022/06/10/equatorial-guinea-vice-president-threatens-to-expel-french-ambassador-over-corruption-case; und Cecilia Macaulay, »Equatorial Guinea's Obiang: World's Longest-Serving President Eyes Re-election«, *BBC News*, 20. November 2022, https://www.bbc.com/news/world-africa-63674539.

11 Wenar, *Blood Oil*.

12 Tom Burgis, *Kleptopia: How Dirty Money is Conquering the World*, London 2020 dt.: *Kleptopia. Wie Geheimdienste, Banken und Konzerne mit schmutzigem Geld die Welt erobern*, Frankfurt am Main 2021.

13 Sharman, *The Despot's Guide to Wealth Management*, S. 26.

14 Anna Politkowskaja, *Russisches Tagebuch*, Köln 2007; Karen Dawisha, *Putin's Kleptocracy: Who Owns Russia?*, New York 2014; Miriam Lanskoy und Dylan Myles-Primakoff, »Power and Plunder in Putin's Russia«, *Journal of Democracy* 29/1 (2018), S. 67–85; und Bastian Obermayer und Frederik Obermaier, *Panama Papers. Die Geschichte einer weltweiten Enthüllung*, Köln 2016, bes. Kap. 11.

15 Zum russischen Einfluss in Italien siehe »The Corruption of Italian Democracy: Russian Influence Over Italy's League«, *GAB: The Global Anticorruption Blog*, 8. April 2022, https://globalanticorruptionblog.com/2022/04/08/russian-influence-over-italys-league/#more-20054. Zu dem Verdacht, dass der Kreml die niederländische Partei Forum voor Democratie finanziert, siehe »Russische connecties rond Baudet: geen geheim meer, toch een zorg«, *NOS Nieuws*, 24. Februar 2022, https://nos.nl/artikel/2465140-russische-connecties-rond-baudet-geen-geheim-meer-toch-een-zorg. Zu den legalen Möglichkeiten, große Geldsummen völlig anonym zu verschieben, siehe auch Obermayer und Obermaier, *The Panama Papers*.

16 Brian Solomon, »The Rise and Fall of Silvio Berlusconi's Fortune«, *Forbes*, 10. November 2011, https://www.forbes.com/sites/briansolomon/2011/11/10/the-rise-and-fall-of-silvio-berlusconis-fortune/?sh=172165452906.

17 Barry Meier, »In Guilty Plea, OxyContin Maker to Pay $600 Million«, *New York Times*, 10. Mai 2007, https://www.nytimes.com/2007/05/10/business/worldbusiness/10iht-10oxy.5653543.html.

18 Alex Morrell, »The OxyContin Clan: The $14 Billion Newcomer to Forbes 2015 List of richest U.S. Families«, *Forbes*, 1. Juli 2015, https://www.forbes.com/sites/alexmorrell/2015/07/01/the-oxycontin-clan-the-14-billion-newcomer-to-forbes-2015-list-of-richest-u-s-families/?sh=7ba5e2f875e0.

19 »Profile: Sackler Family«, *Forbes*, 16. Dezember 2020, https://www.forbes.com/profile/sackler/?sh=405aaa825d63; und Jan Hoffman, »Sackler and Purdue Pharma Reach New Deal with States over Opioids«, *New York Times*, 3. März 2022, https://www.nytimes.com/2022/03/03/health/sacklers-purdue-oxycontin-settlement.html.

20 In den USA lagen die Gesamtkosten dieses Bailout in einer Größenordnung von schätzungsweise 500 Milliarden US-Dollar; siehe Tom Harbert, »Here's How Much the 2008 Bailouts Really Cost«, 21. Februar 2019, https://mitsloan.mit.edu/ideas-made-to-matter/heres-how-much-2008-bailouts-really-cost. Zu einer verständlichen Erklärung der Ursachen für die Finanzkrise 2008 siehe den Dokumentarfilm von Charles Ferguson *Inside Job* von 2010. Zu einer ethischen Erörterung siehe Loren E. Lomasky, »Liberty after Lehman Brothers«, *Social Philosophy & Policy* 28/1 (2011), S. 135–165; Rutger Claassen, »Financial Crisis and the Ethics of Moral Hazard«, *Social Theory and Practice* 41/3 (2015), S. 527–551; und Lisa Herzog (Hg.), *Just Financial Markets? Finance in a Just Society*, Oxford 2017.

21 Edward Broughton, »The Bhopal Disaster and its Aftermath: A Review«, *Environmental Health* 4/6 (2005), S 1–6, Daten auf S. 3.

22 Sanjoy Hazarika, »Bhopal Payments by Union Carbide Set at $470 Million«, *New York Times*, 15. Februar 1989, https://www.nytimes.com/1989/02/15/business/bhopal-payments-by-union-carbide-set-at-470-million.html.

23 Hier die vollständige Liste: Benetton (Italien), Bonmarché (UK), Cato Fashions (USA), The Children's Place (USA), El Corte Inglés (Spanien), Joe Fresh (Loblaw, Kanada), Kik (Deutschland), Mango (Spanien), Matalan (UK), Primark (UK/Irland) und Texman (Dänemark).

24 Zum Hilfsfond siehe https://cleanclothes.org/news/2015/04/17/ccc-believes-benettons-1-1-million-usd-contribution-insufficient. Zur Textilindustrie zehn Jahre nach dem Rana-Plaza-Einsturz siehe Olivia Rockeman, »A Decade After the Rana Plaza Collapse, Garment Workers Are Still Exploited«, *Bloomberg*, 19. April 2023, https://www.bloomberg.com/news/articles/2023-04-19/rana-plaza-collapse-a-decade-on-garment-workers-still-exploited.

25 Zu Amazon, das 2019 zur größten Aktiengesellschaft wurde, siehe James Dean, »Amazon Takes Title of World's Biggest Company for First Time«, *The Times*, 8. Januar 2019, https://www.thetimes.co.uk/article/amazon-takes-title-of-world-s-biggest-company-for-first-time-6k3dhlwz3. In den folgenden Jahren verlor Amazon diese Stellung wieder, gehört aber weiterhin zu den größ-

ten Aktienunternehmen der Welt. Zu einem Bericht über die Entlassung eines halben Dutzends leitender Angestellter, nachdem Beschäftigte des Amazon-Lagers auf Staten Island abgestimmt hatten, die erste Gewerkschaftsgruppe bei Amazon in den USA zu gründen, siehe Karen Weise und Noam Scheiber, »Amazon Abruptly Fires Senior Managers Tied to Unionized Warehouse«, https://www.nytimes.com/2022/05/06/technology/amazon-fires-managers-union-staten-island.html. Alle Unternehmen unterliegen dem Arbeitsrecht des jeweiligen Landes, und in manchen Ländern, wie auch den EU-Staaten, besteht ein Grundrecht auf gewerkschaftliche Organisation. Doch das gewährleistet immer noch keine faire Behandlung. Ende Dezember 2022 traten in Deutschland Beschäftigte in sechs Amazon-Lagern in den Streik, um ihrer wiederholten Forderung nach den gleichen Arbeitsbedingungen Nachdruck zu verleihen, wie sie andere Beschäftigte nach dem branchenweiten Tarifvertrag genießen – etwas, das die Gewerkschaft bereits seit zehn Jahren forderte.

26 James Bloodworth, *Hired: Six Months Undercover in Low-Wage Britain*, London 2018; siehe auch Jodi Kantor, Karen Weise und Grace Ashford, »Inside Amazon's Worst Human Resources Problem«, *New York Times*, 24. Oktober 2021, https://www.nytimes.com/2021/10/24/technology/amazon-employee-leave-errors.html. Ein ähnliches Bild unangenehmer und zermürbender Arbeit zeichnete ein Undercover-Reporter für ein niederländisches Versandlager, in dem allerdings etwas weniger strenge Kontrollen herrschten; siehe Jeroen van Bergeijk, »Vijf weken undercover in het distributiecentrum van Bol.com«, *De Volkskrant*, 29. Dezember 2018, https://www.volkskrant.nl/nieuws-achtergrond/vijf-weken-undercover-in-het-distributiecentrum-van-bol-com~b18a9510.

27 Heather Stewart, »›I Just Want to Live‹: How UK Amazon Workers Came to Brink of Strike«, *Guardian*, 11. Oktober 2022, https://www.theguardian.com/technology/2022/oct/11/i-just-want-to-live-how-uk-amazon-workers-came-to-brink-of-strike. Zum Menschenrecht auf gewerkschaftliche Organisation siehe https://www.ilo.org/global/standards/subjects-covered-by-international-labour-standards/freedom-of-association. Zur ersten Gewerkschaftsgruppe bei Amazon in den USA siehe Michael Sainato, »Amazon Workers in New York Make History by Voting to Form Union«, *Guardian*, 1. April 2022, https://www.theguardian.com/technology/2022/apr/01/amazon-union-groups-see-hope-workers-vote-alabama-new-york.

28 Zum Interview mit Bezos nach seiner Rückkehr aus dem All siehe https://youtu.be/NvvVm375daA. Zu Berichten über europäische Umsätze und Gewinne siehe Rupert Neate, »Amazon had Sales Income of €44bn in Europe in 2020 but Paid No Corporation Tax«, *Guardian*, 4. Mai 2021, https://www.the-

guardian.com/technology/2021/may/04/amazon-sales-income-europe-corporation-tax-luxembourg.

29 Siehe https://www.irs.gov/newsroom/the-tax-gap.

30 Der IRS berichtet auf seiner Webseite: »Auf der Basis der Projektionen für 2017–2019 beträgt die projektierte geschätzte durchschnittliche Brutto-Steuerlücke 540 Milliarden US-Dollar pro Jahr. Die damit einhergehende projektierte freiwillige Konformitätsrate liegt bei 85,1 Prozent. Die Projektion für zwangsweise eingetriebene und anderweitig verspätete Zahlungen beträgt 70 Milliarden US-Dollar, was eine projektierte Netto-Steuerlücke von 470 Milliarden US-Dollar ergibt«, https://www.irs.gov/newsroom/the-tax-gap. Zur Kinderzahl in den USA siehe https://www.childstats.gov/americaschildren/tables/pop1.asp (Daten für 2023). Bei einem Zinssatz von 4 Prozent hätte ein Kind an dem Tag, an dem es achtzehn Jahre alt wird, 162 848 US-Dollar auf dem Konto.

31 Gabriel Zucman, *La richesse cachée des nations*, Paris 2013; dt.: *Steueroasen. Wo der Wohlstand der Nationen versteckt wird*, Berlin 2014.

32 Daten von Annette Alstadsæter, Niels Johannesen und Gabriel Zucman, »Tax Evasion and Inequality«, *American Economic Review* 109/6 (2019), S. 2073–2103. Siehe auch dies., »Who Owns the Wealth in Tax Havens? Macro Evidence and Implications for Global Inequality«, *Journal of Public Economics* 163 (2018), S. 89–100, sowie Zucman, *Steueroasen.*

33 Die Hauptinformationsquelle zu den Panama Papers ist ICIJ, »Giant Leak of Offshore Financial Records Exposes Global Array of Crime and Corruption«, 3. April 2016, https://www.icij.org/investigations/panama-papers/20160403-panama-papers-global-overview.

34 Tom Malleson, *Against Inequality*, S. 27 ff.

35 Zu Berichten über Sozialbetrug siehe Tobias Steinmaurer, »Anzeigen wegen Sozialbetrugs 2022 stark zurückgegangen«, *Der Standard*, 20. März 2022, https://www.derstandard.at/story/2000144671199/anzeigen-im-sozialbetrug-2022-stark-zurueckgegangen; zu Steuerbetrug siehe Christian Domke Seidel, »Steuerlücke: Österreich wird um 15 Milliarden betrogen«, *Arbeit & Wirtschaft*, 8. Oktober 2022, https://www.arbeit-wirtschaft.at/steuerluecke-oesterreich-wird-um-15-milliarden-betrogen.

36 Zur Gewinnverlagerung siehe Peter Dietsch, *Catching Capital: The Ethics of Tax Competition*, New York 2015, und Emmanuel Saez und Gabriel Zucman, *The Triumph of Injustice: How the Rich Dodge Taxes and How to Make Them Pay*, New York 2019; dt.: *Der Triumph der Ungerechtigkeit. Steuern und Ungleichheit im 21. Jahrhundert*, Berlin 2020.

37 Saez und Zucman, *Der Triumph der Ungerechtigkeit*, S. 108 f und 111.

38 Zur Wealth-Defense-Industrie siehe Jeffrey Winters, *Oligarchy*, New York

2011; Brooke Harrington, *Capital Without Borders: Wealth Managers and the One Percent*, Cambridge, MA, 2016; Jeffrey Winters, »Wealth Defense and the Complicity of Liberal Democracy«, in Jack Knight und Melissa Schwartzberg (Hg.), *Wealth*, Yearbook of the American Society of Legal and Political Philosophy, New York 2017, S. 158–225; und Chuck Collins, *The Wealth Hoarders: How Billionaires Pay Millionaires to Hide Trillions*, Cambridge 2021.

39 Chuck Collins, »The Wealth-Defense Industry«, *Nation*, 9. Oktober 2018, https://www.thenation.com/article/archive/the-wealth-defense-industry.

40 Payne, Pearl u. a., *Tax the Rich!*; Saez und Zucman, *Der Triumph der Ungerechtigkeit*, S. 37 ff.

41 Payne, Pearl u. a., *Tax the Rich!*, S. 55 f.

KAPITEL 4

1 Allgemeine Erklärung der Menschenrechte, online verfügbar unter https://www.un.org/depts/german/menschenrechte/aemr.pdf.

2 Zu den USA als Oligarchie siehe Jeffrey A. Winters und Benjamin I. Page, »Oligarchy in the United States?«, *Perspectives on Politics* 7/4 (2009), S. 731–751. Zu Ungarn unter Viktor Orbán siehe András L. Pap, *Democratic Decline in Hungary. Law and Society in an Illiberal Democracy*, Abingdon 2018, und Zsuzsanna Szelényi, »How Viktor Orbán Built His Illiberal State«, *New Republic*, 5. April 2022, https://newrepublic.com/article/165953/viktor-orban-built-illiberal-state.

3 Siehe z. B. Steven Levitsky und Daniel Ziblatt, *How Democracies Die*, London 2018, dt.: *Wie Demokratien sterben. Und was wir dagegen tun können*, München 2018; und Yascha Mounk, *The People vs. Democracy: Why Our Freedom is in Danger and How to Save It*, Cambridge, MA, 2018, dt.: *Der Zerfall der Demokratie. Wie der Populismus den Rechtsstaat bedroht*, München 2018. Zu Analysen und Kritik indigener Wissenschaftler siehe z. B. Leanne Betasamosake Simpson, *Dancing on Our Turtle's Back*, Winnipeg 2011, und Glen Coulthard, *Red Skin, White Masks: Rejecting the Colonial Politics of Recognition*, Minneapolis 2014, dt.: *Rote Haut, weiße Masken. Gegen die koloniale Politik der Anerkennung*, Münster 2020.

4 Alternativen zur Wahl sind die Losentscheidung und Bürgerversammlungen. Eine Debatte über solche Vorschläge ist zwar wichtig und muss geführt werden, aber in diesem Kapitel konzentriere ich mich auf die Erosion der gegenwärtig bestehenden demokratischen Systeme. Zu Argumenten für Losentscheidungen und Bürgerversammlungen siehe David Van Reybrouck, *Against Elections*, London 2016, dt.: *Gegen Wahlen. Warum Abstimmen nicht demokra-*

tisch ist, Göttingen 2016; und John Gastil und Erik Olin Wright (Hg.), *Legislature by Lot*, London und New York 2018.

5 Charles Beitz, *Political Equality: An Essay in Democratic Theory*, Princeton, NJ, 1989; Harry Brighouse, »Egalitarianism and Equal Availability of Political Influence«, *Journal of Political Philosophy* 4/2 (1996), S. 118–141; und Jack Knight und James Johnson, »What Sort of Political Equality Does Deliberative Democracy Require?«, in James Bohman und William Rehg (Hg.), *Deliberative Democracy: Essays on Reason and Politics*, Cambridge, MA, 1997, S. 279–319.

6 Timothy Snyder, *On Tyranny: Twenty Lessons from the Twentieth Century*, New York 2017, dt.: *Über Tyrannei. Zwanzig Lektionen für den Widerstand*, München 2012.

7 Mark O'Connell, »Why Silicon Valley Billionaires are Prepping for the Apocalypse in New Zealand«, *Guardian*, 15. Februar 2018, https://www.theguardian.com/news/2018/feb/15/why-silicon-valley-billionaires-are-prepping-for-the-apocalypse-in-new-zealand.

8 Dies beschreibt die Lage Anfang 2023, allerdings werden diese Regeln derzeit in mehreren Ländern überprüft, eben weil die Praxis der goldenen Visa und goldenen Pässe so umstritten ist; siehe https://visaguide.world/golden-visa; sowie https://www.goldenvisas.com.

9 Andrew Rettman, »Russian Elite Flocks to Buy Maltese Passports«, *euobserver*, 11. Januar 2018, https://euobserver.com/rule-of-law/140512, und Geraldine Scott, »£2 Million ›Golden Visa‹ Review is Long Overdue, Ministers Told«, *The Times*, 7. November 2022, https://www.thetimes.co.uk/article/2-million-golden-visa-review-is-long-overdue-ministers-told-32xclcvq2.

10 Rettman, »Russian Elite Flocks to Buy Maltese Passports«. Zur Empfehlung der Europäischen Kommission siehe https://home-affairs.ec.europa.eu/recommendation-limit-access-individuals-connected-russian-belarusian-government-citizenship_en, und https://ec.europa.eu/commission/presscorner/detail/en/IP_22_1731.

11 Judith Sunderland, »Endless Tragedies in the Mediterranean Sea«, *Human Rights Watch*, 13. September 2022, https://www.hrw.org/news/2022/09/13/endless-tragedies-mediterranean-sea. Zu Maltas Vernachlässigung seiner Pflicht, Menschen aus Seenot zu retten, siehe https://ecre.org/14680-2. Zur Lage in London siehe Mark Townsend, »Shared Rooms, Rancid Food, No Clothes: New Report Lays Bare Shocking Conditions of Those Seeking Refuge in UK«, *Observer*, 22. April 2023, https://www.theguardian.com/uk-news/2023/apr/22/shared-rooms-rancid-food-no-clothes-new-report-lays-bare-shocking-conditions-of-those-seeking-refuge-in-uk. Zur US-Politik siehe Ari Sawyer, »Biden ›Asylum Ban‹ Rule Would Send Thousands in Danger«, *Human*

Rights Watch, 28. Februar 2023, https://www.hrw.org/news/2023/02/28/biden-asylum-ban-rule-would-send-thousands-danger.

12 Thomas Christiano, »Money in Politics«, in David Estlund (Hg.), *The Oxford Handbook of Political Philosophy*, Oxford 2021, S. 241–258; siehe auch ders., »The Uneasy Relationship between Democracy and Capital«, *Social Philosophy & Policy* 27/1 (2010), S. 195–217.

13 Andrew Prokop, »Donald Trump Made One Shockingly Insightful Comment During the First GP Debate«, *VOX*, 6. August 2015, https://www.vox.com/2015/8/6/9114565/donald-trump-debate-money.

14 Tom-Jan Meeus, »Eén man als fondsenwerver, adviseur, donateur, lobbyist: is dit integer, CDA?«, *NRC Handelsblad*, 26. Juni 2021, https://www.nrc.nl/nieuws/2021/06/26/een-man-als-fondsenwerver-adviseur-donateur-lobbyist-is-dit-integer-cda-a4048866. Zu den Regierungsberichten zum niederländischen Steuersystem siehe https://www.tweedekamer.nl/kamerstukken/brieven_regering/detail?id=2020Z08891&did=2020D19038.

15 Christiano, »Money in Politics«, S. 250.

16 Martin Gilens und Benjamin Page, »Testing Theories of American Politics: Elites, Interest Groups, and Average Citizens«, *Perspectives on Politics* 12/3 (2014), S. 564–581; Wouter Schakel, »Unequal Policy Responsiveness in the Netherlands«, *Socio-Economic Review* 19/1 (2021), S. 37–57; und Ruben B. Mathisen, »Affluence and Influence in a Social Democracy«, *American Political Science Review* 117/2 (2023), S. 751–758.

17 Siehe https://ec.europa.eu/transparencyregister/public/homePage.do?redir=false&locale=de#de.

18 »Rupert Murdoch«, *Britannica Online*, https://www.britannica.com/biography/Rupert-Murdoch; Toby Helm und James Robinson, »Phone Hacking: Rupert Murdoch ›Urged Gordon Brown‹ to Halt Labour Attacks«, *Guardian*, 9. April 2011, https://www.theguardian.com/uk/2011/apr/09/phone-hacking-rupert-murdoch-gordon-brown; und Jim Waterson, »*News of the World*: 10 Years Since Phone-Hacking Scandal Brought Down Tabloid«, *Guardian*, 10. Juli 2021, https://www.theguardian.com/media/2021/jul/10/news-of-the-world-10-years-since-phone-hacking-scandal-brought-down-tabloid. Zum Kommentar von Henry Porter vom *Observer* siehe Henry Porter, »Murdoch's Hunger for Power is a Looming Threat to Democracy«, *Guardian*, 28. Februar 2010, https://www.theguardian.com/commentisfree/2010/feb/28/henry-porter-news-international-murdoch. Siehe auch Peter Hägel, *Billionaires in World Politics*, Oxford 2020, S. 170–184.

19 Michael Heseltine, »Even the Murdoch Press is Now Waking Up to the Truth: Brexit was an Act of Self-Harm«, *Guardian*, 10. Juni 2022, https://www.theguardian.com/commentisfree/2022/jun/10/rupert-murdoch-press-brexit-eu.

20 Zum ständigen Schauen von Fox News als Grund für die rassistische Erschießung eines Jugendlichen siehe das Video des Interviews: https://edition.cnn.com/videos/us/2023/04/20/klint-ludwig-ralph-yarl-andrew-lester-kansas-city-shooting-cnntm-vpx.cnn. Zu Barack Obamas Äußerung über Murdochs Geschäftsmodell siehe Elias Visontay, »Rupert Murdoch Has Fuelled Polarisation of Society, Barack Obama Says«, *Guardian*, 28. März 2023, https://www.theguardian.com/us-news/2023/mar/29/rupert-murdoch-has-fuelled-polarisation-of-society-barack-obama-says.

21 Zu einem Überblick über sämtliche Vergehen von Fox und anderen Unternehmen Murdochs siehe Manuela López Restrepo, »Rupert Murdoch is Under Scrutiny for His Media Empire. It's Far from the First Time«, *NPR*, 28. Februar 2023, https://www.npr.org/2023/02/28/1160137620/rupert-murdoch-fox-news-dominion-lawsuit-defamation-jan6-riot-trump-election. Zu Fox' tiefgreifendem Einfluss auf das Weiße Haus unter Trump siehe Jane Mayer, »Trump TV«, *New Yorker*, 11. März 2019, https://www.newyorker.com/magazine/2019/03/11/the-making-of-the-fox-news-white-house. Zur Einigung mit Dominion siehe Dominic Folkenflik und Mary Yang, »Fox News Settles Blockbuster Defamation Lawsuit with Dominion Voting Systems«, *NPR*, 18. April 2023, https://www.npr.org/2023/04/18/1170339114/fox-news-settles-blockbuster-defamation-lawsuit-with-dominion-voting-systems, und zum Kommentar von Susan B. Glasser siehe dies., Jane Mayer und Evan Osnos: https://www.newyorker.com/podcast/political-scene/with-the-fox-dominion-settlement-were-still-at-the-mercy-of-a-billionaire-dynasty.

22 Umberto Eco, »Ur-Fascism«, *New York Review of Books*, 22. Juni 1995, https://www.nybooks.com/articles/1995/06/22/ur-fascism. Siehe auch Jason Stanley, *How Propaganda Works*, Princeton, NJ, 2016.

23 Jane Mayer, »Covert Operations: The Billionaire Brothers who are Waging a War Against Obama«, *New Yorker*, 30. August 2010; Theda Skocpol und Alexander Hertel-Fernandez, »The Koch Network and Republican Party Extremism«, *Perspectives on Politics* 14/3 (2016), S. 681–699; sowie Hägel, *Billionaires in World Politics*, S. 155–170.

24 Dazu, wie die Republikaner demokratische Grundprinzipien mit Füßen treten, siehe Zack Beauchamp, »The Republican Revolt Against Democracy, Explained in 13 Charts«, *VOX*, 1. März 2021, https://www.vox.com/policy-and-politics/22274429/republicans-anti-democracy-13-charts. Zur Frage, warum die Republikaner ihre Haltung zu Waffen nicht ändern, siehe Carl Hulse, »Why Republicans Won't Budge on Guns«, *New York Times*, 26. Mai 2022, https://www.nytimes.com/2022/05/26/us/republicans-gun-control.html. Zu den Opfern von Waffengewalt in den USA siehe Kiara Alfonseca, »More than 13,900 People Killed in Gun Violence So Far in 2023«, *ABC News*, 3. August

2023, https://abcnews.go.com/US/116-people-died-gun-violence-day-us-year/story?id=97382759.

25 Giridharadas, *Winners Take All*, und Goodman, *Die Männer von Davos.*

26 Ebd.

27 Leslie Sklair, *The Transnational Capitalist Class*, Oxford 2000; William K. Carroll, *The Making of the Transnationalist Capitalist Class*, London 2010; und Peter Phillips, *Giants: The Global Power Elite*, New York 2018.

28 Das zentrale Ziel Vermögender, ihr Kapital zu mehren, wird in verschiedenen Quellen offenkundig, unter anderem in soziologischen Studien und Berichten von Menschen, die ein Teil dieser Welt sind oder darin aufgewachsen sind. Siehe auch folgende autobiographische Schilderungen: Collins, *The Wealth Hoarders*, S. 1–15; Abigail Disney, »I was Taught from a Young Age to Protect My Dynastic Wealth«, *Atlantic*, 17. Juni 2021, https://www.theatlantic.com/ideas/archive/2021/06/abigail-disney-rich-protect-dynastic-wealth-propublica-tax/619212; und Engelhorn, *Geld.*

29 Dean J. Machin, »Political Inequality and the ›Super-Rich‹: Their Money or (Some of) Their Political Rights«, *Res Publica* 19 (2013), S. 121–39.

KAPITEL 5

1 Zu den Gewinnangaben siehe Hanna Ziady, »Big Oil Faces Scrutiny After Huge Jump in Profits«, *CNN Business*, 8. Februar 2023, https://edition.cnn.com/2023/02/08/energy/big-oil-profits/index.html. Zu Präsident Bidens Äußerung siehe https://www.whitehouse.gov/briefing-room/speeches-remarks/2022/10/31/remarks-by-president-biden-on-recent-reports-of-major-oil-companies-making-record-setting-profits. Zu der Berechnung von Greenpeace siehe https://twitter.com/GreenpeaceUK/, Post vom 8. Februar 2022. Zu weiteren einschlägigen Berichten siehe auch Sam Meredith, »Big Oil Poised to Smash Annual Profit Records–Sparking Outcry From Campaigners and Activists«, *CNBC Energy*, 27. Januar 2023, https://www.cnbc.com/2023/01/27/big-oil-earnings-preview-energy-giants-to-smash-annual-profit-records.html.

2 Veränderungen im globalen Durchschnittsniveau der Treibhausgasemissionen veröffentlicht die World Meterological Organization in ihrem *Greenhouse Gas Bulletin.* Siehe https://public.wmo.int/en/greenhouse-gas-bulletin.

3 Eine Studie von 2022, die zuvor veröffentlicht wurde, zeigte, dass die großen auf fossilen Brennstoffen basierenden Energiekonzerne lediglich einen winzigen Bruchteil ihrer langfristigen Investitionen (12 Prozent ihrer sogenannten Kapitalaufwendungen) für kohlenstoffarme Aktivitäten ausgaben. Ironischerweise enthalten die meisten ihrer Kommunikationsmaterialien mindestens eine grüne Behauptung, und sie geben 750 Millionen Dollar im Jahr für klima-

bezogene Mitteilungen aus. Siehe »Big Oil's Real Agenda on Climate Change 2022«, *Influencemap*, September 2022, https://influencemap.org/report/Big-Oil-s-Agenda-on-Climate-Change-2022–19585. Zu Mark van Baals Äußerung zum Mangel an adäquatem Klimaengagement der Ölindustrie siehe Andrew Ross Sorkin u. a., »Following Setbacks, Climate Activists Rethink Their Approach«, *New York Times*, 30. Mai 2023, https://www.nytimes.com/2023/05/30/business/dealbook/climate-shareholder-activists-oil.html.

4 George Monbiot, »For the Sake of Life on Earth, We Must Put a Limit on Wealth«, *Guardian*, 19. September 2019, https://www.theguardian.com/commentisfree/2019/sep/19/life-earth-wealth-megarich-spending-power-environmental-damage; und Thomas Piketty, »Redistributing Wealth to Save the Planet«, *Le Monde*, 8. November 2022, https://www.lemonde.fr/blog/piketty/2022/11/08/redistributing-wealth-to-save-the-planet.

5 Diese Treibhausgase haben unterschiedliche chemische Eigenschaften. So hält sich Methan wesentlich kürzer in der Atmosphäre als Kohlendioxid, das dort über hundert Jahre bleiben kann. Aber Methan hat ein wesentlich höheres Treibhauspotenzial und ist daher für den Zeitraum, den es in der Atmosphäre bleibt, schädlicher. Für die meisten Erörterungen in diesem Buch spielen diese Unterschiede keine sonderliche Rolle, daher verwende ich »Kohlenstoff« gelegentlich als Oberbegriff für alle Treibhausgase. Der Weltklimarat und andere Klimaforscher sprechen von »Kohlendioxidäquivalent«, wenn sie ein Maß brauchen, um die Auswirkungen der verschiedenen Treibhausgase zu erörtern. Zu einem aktuellen Überblick über den Klimawandel und der Diskussion über mögliche Lösungen siehe, Greta Thunberg (Hg.), *The Climate Book*, London 2022, dt.: *Das Klimabuch*, Frankfurt am Main 2022.

6 Neela Banerjee, Lisa Song und David Hasemyer, »Exxon's Own Research Confirmed Fossil Fuel's Role in Global Warming Decades Ago«, *Inside Climate News*, 16. September 2015, https://insideclimatenews.org/news/16092015/exxons-own-research-confirmed-fossil-fuels-role-in-global-warming, und G. Supran, S. Rahmstorf und N. Orekes, »Assessing ExxonMobil's Global Warming Projections«, *Science* 379 (2023), Artikel Nr. eabk0063.

7 Piers Forster, Debbie Rosen, Robin Lamboll und Joeri Rogelj, »What the Tiny Remaining 1.5C Carbon Budget Means for Climate Policy«, *Carbon Brief*, 11. November 2022, https://www.carbonbrief.org/guest-post-what-the-tiny-remaining-1–5c-carbon-budget-means-for-climate-policy.

8 Den detailliertesten Überblick über alle Auswirkungen bieten die Sachstandsberichte des Weltklimarats, z. B. IPCC, *Global Warming of 1.5 °C*, Cambridge 2018, https://www.ipcc.ch/sr15, zu einer dt. Zusammenfassung der Hauptpunkte siehe »Sonderbericht über 1,5° C globale Erwärmung«. Siehe auch IPCC, *Climate Change 2022: Mitigation of Climate Change. Contribution of*

Working Group III to the Sixth Assessment Report of the Intergovernmental Panel on Climate Change, Cambridge 2022, dt. Zusammenfassung siehe »Arbeitsgruppe III: Minderung des Klimawandels«, https://de-ipcc.de/270.php#SR1,5-Übersetzungen. Alle vom IPCC veröffentlichten Berichte sind online verfügbar unter https://www.ipcc.ch/reports, dt. Zusammenfassungen unter https://de-ipcc.de/270.php#SR1,5-Übersetzungen. Zu leicht verständlichen Einführungen in die Klima- und Biodiversitätskrise siehe Mike Berners-Lee, *There is No Planet B: A Handbook for the Make or Break Years,* Cambridge 2019, dt.: *Es gibt keinen Planet B. Das Handbuch für die großen Herausforderungen unserer Zeit,* Zürich 2019; sowie David Wallace-Wells, *The Uninhabitable Earth. Life After Warming,* New York 2020, dt.: *Die unbewohnbare Erde. Leben nach der Erderwärmung,* München 2019. Siehe auch den Film *A Life on Our Planet (dt.: Mein Leben auf unserem Planeten),* in dem David Attenborough schildert, wie er im Laufe seines Lebens die Verschlechterung der Gesundheit unserer Erde miterlebt hat. Zur Wasserknappheit in Südafrika siehe »Likelihood of Cape Town Water Crisis Tripled by Climate Change«, *World Weather Attribution,* 13. Juli 2018, https://www.worldweatherattribution.org/the-role-of-climate-change-in-the-2015–2017-drought-in-the-western-cape-of-south-africa.

9 »Heavy Rainfall Which Led to Severe Flooding in Western Europe Made More Likely by Climate Change«, *World Weather Attribution,* 23. August 2021, https://www.worldweatherattribution.org/heavy-rainfall-which-led-to-severe-flooding-in-western-europe-made-more-likely-by-climate-change.

10 Zu den erheblichen Zahlen der durch Waldbrände getöteten Tiere siehe Walfrido Moraes Tomas u. a., »Distance Sampling Surveys Reveal 17 million Vertebrates Directly Killed by 2020's Wildfires in the Pantanal, Brazil«, *Nature Scientific Reports* 11 (2021), Artikel Nr. 23547. Zu den Pazifikinseln, die durch den Klimawandel unbewohnbar werden, siehe Curt Storlazzi u. a., »Most Atolls Will be Uninhabitable by the Mid-21st Century Because of Sea-Level Rise Exacerbating Wave-Driven Flooding«, *Science Advances* 4/4 (2018), Artikel Nr. eaap9741.

11 Lucas Chancel, »Global Carbon Inequality over 1990–2019«, *Nature Sustainability* 5 (2022), S. 931–938; Daten, aufgerundet, siehe S. 932.

12 Ebd., S. 931 f.

13 Ebd.

14 Zu einem Beispiel für eine Organisation, die qualitativ hochwertige Kohlenstoffausgleichszertifikate verkauft, siehe https://www.atmosfair.de/de/kompensieren/flug. Für Ökonomen und andere geht es bei dieser Debatte um die »sozialen Kohlenstoffkosten«. Zu der Frage, wie sich dieser Begriff nutzen lässt, um über Klimapflichten des Einzelnen nachzudenken, siehe Colin

Hickey, »The Social Cost of Carbon, Abatement Costs, and Individual Climate Duties«, *Ethics, Policy & Environment* (2022), https://doi.org/10.1080/21550085.2022.2133939.

15 Siehe https://vu.nl/nl/nieuws/2021/rechtenstudenten-tonen-misleidende-reclame-shell-aan.

16 Ingrid Robeyns, »For a EU-Wide Tax on Air Travel to Fight Climate Change«, in Twelve Stars Initiative, Bertelsmann Stiftung (Hg.), *Twelve Stars: Philosophers Chart a Course for Europe*, Gütersloh 2019), S. 109–116, dt.: »Für eine EU-weite Steuer auf den Flugverkehr«, in *Twelve Stars. Philosophen schlagen einen Kurs für Europa vor*, Gütersloh 2019, S. 117—126.

17 »Private Jets: Can the Superrich Supercharge Zero-Emissions Aviation?«, *Transport & Environment*, 27. Mai 2021, https://www.transportenvironment.org/discover/private-jets-can-the-super-rich-supercharge-zero-emission-aviation; und Jasper Faber und Sander Raphaël, »CO_2 Emissions from Private Flights to the World Economic Forum«, *CE Delft*, Februar 2023, https://cedelft.eu/publications/co2-emissions-from-private-flights-to-the-world-economic-forum.

18 Die Philosophin Catriona McKinnon argumentiert, dass diejenigen, die hinter der Klimawandelleugnung stehen, und diejenigen, die nichts gegen den Klimawandel unternehmen, vor den internationalen Strafgerichtshof gebracht werden sollten. Siehe ihre Argumentation in »Climate Crimes Must be Brought to Justice«, *UNESCO Courier*, Juli–September 2019, S. 10 ff, https://www.un-ilibrary.org/content/journals/22202293/2019/3/2/read.

19 Wenn die angeblichen Imperative aktionärsgetriebener Unternehmen den erforderlichen Veränderungen im Weg stehen, sollten wir vielleicht darüber nachdenken, die fossile Brennstoffindustrie zu verstaatlichen. Zu einer Analyse dieses Szenarios siehe Fergus Green und Ingrid Robeyns, »On the Merits and Limits of Nationalising the Fossil Fuel Industry«, *Royal Institute of Philosophy Supplement* 91 (2022), S. 53–80. Zu weiteren Argumenten für eine Verstaatlichung der fossilen Brennstoffindustrie siehe Kate Aronoff, »The Death of the Fossil Fuel Industry Could Be Disastrous for Workers. Now's the Time to Nationalise It«, *Novara Media*, 8. Dezember 2020, https://novaramedia.com/2020/12/08; Johanna Bozuwa und Olúfémi O. Táíwò, »It's Time to Nationalize Shell. Private Oil Companies Are No Longer Fit for Purpose«, *Guardian*, 7. Juni 2021, https://www.theguardian.com/commentisfree/2021/jun/07/its-time-to-nationalize-shell-private-oil-companies-are-no-longer-fit-for-purpose; und Robert Pollin, »Nationalize the U.S. Fossil Fuel Industry to Save the Planet«, *The American Prospect*, 8. April 2022, https://prospect.org/environment/nationalize-us-fossil-fuel-industry-to-save-the-planet.

20 Naomi Oreskes und Erik Conway, *Merchants of Doubt: How a Handful of*

Scientists Obscured the Truth on Issues from Tobacco Smoke to Global Warming, New York 2010, dt.: *Die Machiavellis der Wissenschaft. Das Netzwerk des Leugnens,* Weinheim 2014. Zur Studie von 2014 siehe Robert J. Brulle, »Institutionalizing Delay: Founding Funding and the Creation of U.S. Climate Change Counter-Movement Organizations«, *Climatic Change* 122 (2014), S. 681–694.

21 Da das Kohlenstoffbudget durch eine Reihe von Faktoren bestimmt wird, ist seine genaue Größe umstritten. Allerdings hat diese Debatte kaum Auswirkungen auf die Schlussfolgerung, dass uns nur noch sehr wenig Zeit bleibt und es von entscheidender Bedeutung ist, die Emissionen sehr schnell radikal zu reduzieren. Das Kohlenstoffbudget umfasst zudem andere Treibhausgase wie Methan nicht, für die in erster Linie die Bioindustrie verantwortlich ist. Zum Kohlenstoffbudget siehe Forster u. a., »What the Tiny Remaining 1.5C Carbon Budget Means for Climate Policy«.

22 Zu Privatfeuerwehren für Superreiche siehe Ethan Varian, »While California Fires Rage, the Rich Hire Private Firefighters«, *New York Times,* 26. Oktober 2019, https://www.nytimes.com/2019/10/26/style/private-firefighters-california.html, und Alexandra Ulmer, »Insight: Private Firefighers Fuel Tensions While Saving California Vineyards and Mansions«, *Reuters,* 14. Mai 2021, https://www.reuters.com/world/us/private-firefighters-fuel-tensions-whle-saving-california-vineyards-mansions-2021-05-14. Zum Bunkerkauf von Milliardären siehe Douglas Rushkoff, »The Super-Rich ›Preppers‹ Planning to Save Themselves from the Apocalypse«, *Observer,* 4. September 2022, https://www.theguardian.com/news/2022/sep/04/super-rich-prepper-bunkers-apocalypse-survival-richest-rushkoff, und ders., *Survival of the Richest: Escape Fantasies of the Tech Billionaires,* New York 2022.

23 Meine Vorstellungen zu diesen Fragen haben stark von den Erkenntnissen der politischen Theorie und politischen Philosophie profitiert, deren Vertreter sich auf die mit dem Klimawandel verknüpften moralischen Fragen spezialisiert haben. Zu einigen Hinweisen auf diese »Klimaethik«-Literatur siehe z. B. Steve Vanderheiden, *Atmospheric Justice: A Political Theory of Climate Change,* New York 2008; Simon Caney, »Climate Change and the Duties of the Advantaged«, *Critical Review of International Social and Political Philosophy* 13/1 (2010), S. 203–228; Stephen Gardiner, *A Perfect Moral Storm: The Ethical Tragedy of Climate Change,* Oxford 2011; Elizabeth Cripps, *Climate Change and the Moral Agent: Individual Duties in an Interdependent World,* Oxford 2013; Henry Shue, *Climate Justice: Vulnerability and Protection,* Oxford 2014; Simon Caney, »Two Kinds of Climate Justice: Avoiding Harm and Sharing Burdens«, *Journal of Political Philosophy* 22/2 (2014), S. 125–149; Clare Heyward und Dominic Roser (Hg.), *Climate Justice in a Non-Ideal World,* Oxford 2016; Dominic Roser und Christian Seidel, *Ethik des Klimawandels. Eine Einfüh-*

rung, Darmstadt 2014; und Simon Caney, »Climate Justice«, *Stanford Encyclopedia of Philosophy Archive* (Winter 2021), https://plato.stanford.edu/archives/win2021/entries/justice-climate. Vertreter der ökologischen Ökonomie stellen ebenfalls Verteilungsfragen in den Mittelpunkt und entwickeln Szenarien, was zu tun ist. Siehe u. a. Tim Jackson, *Prosperity Without Growth: Economics for a Finite Planet*, 2. Aufl., London 2016, dt.: *Wohlstand ohne Wachstum – das Update. Grundlagen für eine zukunftsfähige Wirtschaft*, München 2017; Kate Raworth, *Doughnut Economics*, London 2017, dt.: *Die Donut-Ökonomie. Endlich ein Wirtschaftsmodell, das den Planeten nicht zerstört*, München 2018; und Ian Gough, *Heat, Greed and Human Need*, Cheltenham 2017.

24 Lucas Chancel und Thomas Piketty, »Carbon and Inequality: From Kyoto to Paris«, WID (World Inequality Database), Working Paper 2015/7 (November 2015), S. 28; und Lucas Chancel, Philipp Bothe und Tancrède Voituriez, *Climate Inequality Report 2023*, Paris 2023, S. 19. Zu Atmosfairs persönlichem Kohlenstoffbudget siehe https://www.atmosfair.de/gruenreisen/persoenliches_klimabudget.

25 Elke Stahfest, Lex Bouwman, Detlef P. van Vuren, Michel G. J. den Elzen, Bas Eickhout und Pavel Kabat, »Climate Benefits of Changing Diet«, *Climate Change* 95 (2009), S. 83–102; Peter Scarborough, Paul N. Appleby, Anja Mizdrak, Adam D. M. Briggs, Ruth C. Travis, Kathryn E. Bradbury und Timothy J. Key, »Dietary Greenhouse Gas Emissions of Meat-Eaters, Fish-Eaters, Vegetarians and Vegans in the UK«, *Climate Change* 125 (2014), S. 179–192; und George Monbiot, *Regenesis: Feeding the World Without Devouring the Planet*, London 2022, dt.: *Neuland. Wie wir die Welt ernähren können, ohne den Planeten zu zerstören*, München 2022.

26 Ingrid Robeyns, »Freedom and Responsibility – Sustainable Prosperity Through a Capabilities Lens«, *CUSP Essay Series on the Morality of Sustainable Prosperity*, 4 (2017), S. 1–17, https://cusp.ac.uk/themes/m/m1–4.

27 Emrys Westacott, *The Wisdom of Frugality*, Princeton, NJ, 2016.

28 Keith Hyams, »A Just Response to Climate Change: Personal Carbon Allowances and the Normal-Functioning Approach«, *Journal of Social Philosophy* 40/2 (2009), S. 237–256.

29 Martin L. Weitzman, »Is the Price System or Rationing More Effective in Getting a Commodity to Those Who Need it Most?«, *Bell Journal of Economics* 8 (1977), S. 517–524.

30 Bill Gates, *How to Avoid Climate Disaster*, London 2022, dt.: *Wie wir die Klimakatastrophe verhindern. Welche Lösungen es gibt und welche Fortschritte nötig sind*, München 2022; und Mark Jacobson, *No Miracles Needed: How Today's Technology Can Save our Climate and Clean Our Air*, Cambridge 2023. Siehe auch Damian Carrington, »›No Miracles Needed‹: Prof Mark Jacobson

on How Wind, Sun and Water can Power the World«, *Guardian*, 23. Januar 2023, https://www.theguardian.com/environment/2023/jan/23/no-miracles-needed-prof-mark-jacobson-on-how-wind-sun-and-water-can-power-the-world. Zu einer Studie mit konkreten Szenarien, wie die USA Netto-Null-Emissionen erreichen könnte, siehe Eric Larson u.a., *Net-Zero America: Potential Pathways, Infrastructure, and Impacts*, Abschlussbericht, Princeton, NJ, 2021, https://netzeroamerica.princeton.edu/the-report. Als eines der Risiken führt der Bericht das Kapital an, das vorab aufgebracht werden müsste: mindestens 2,5 Billionen US-Dollar.

31 Project Drawdown hat eine umfangreiche Liste von Strategien zusammengestellt, um dem Klimawandel aufzuhalten und möglichst sogar umzukehren. Siehe https://drawdown.org/solutions.

32 Andreas Malm, *How to Blow Up a Pipeline*, London 2021, dt.: *Wie man eine Pipeline in die Luft jagt. Kämpfen lernen in einer Welt in Flammen*, Berlin 2020. Zu Argumenten, dass wir zumindest eine Partei wählen sollten, die einen tragfähigen Plan hat, etwas gegen den Klimawandel, den Verlust der Artenvielfalt und Umweltprobleme zu unternehmen, siehe Aaron Maltais, »Radically Non-Ideal Climate Politics and the Obligation to At Least Vote Green«, *Environmental Values* 22/5 (2013), S. 589–608.

KAPITEL 6

1 Thomas Hobbes, *Leviathan*, [1651], Cambridge 1996; dt.: *Leviathan*, Hamburg 1996, S. 105.

2 Eindeutig hat das nicht immer so funktioniert. Viele Menschen wurden vom Gesellschaftsvertrag ausgeschlossen, haben unter der Unterdrückung von Siedlern oder Kolonialherren gelitten oder wurden selbst in angeblich demokratischen Gesellschaften als Bürger zweiter Klasse behandelt. All diese unterdrückten oder marginalisierten Gruppen könnten zu Recht argumentieren, dass der gegenwärtige Gesellschaftsvertrag nicht ihr eigener ist, und einen Vertrag mit faireren Bedingungen verlangen, nach dem ein demokratischer Staat sein Versprechen tatsächlich einhält. In gewissem Sinne entspricht das der Überzeugung von John Rawls, dem einflussreichsten amerikanischen Vertreter der politischen Philosophie im 20. Jahrhundert. Er argumentierte, wir sollten hinter einem »Schleier der Unwissenheit« über die Gesellschaftsregeln entscheiden, ohne zu wissen, wer wir sein werden. Diese Denkweise würde uns idealerweise veranlassen, Regeln aufzustellen, die gerecht und unparteiisch sind. Nach Rawls' Ansicht würden sich Bürger für Gerechtigkeitsprinzipien entscheiden, die den angemessenen Wert unserer politischen Freiheiten schützen, allen gleiche Chancen bieten und gewährleisten würden, dass sozio-

ökonomische Institutionen so gestaltet wären, dass Ungleichheiten lediglich zugelassen würden, wenn sie den Ärmsten dienten. Einige Vertreter der politischen Philosophie argumentierten, dass Gerechtigkeit im Sinne von Rawls Limitarismus mit sich bringen würde. Würden wir hypothetische Entscheidungen über die Regeln und Normen der Welt treffen, in der wir leben werden, und Fairness und Unparteilichkeit an die erste Stelle setzen, dann würde es uns veranlassen, die Festlegung von Grenzen zu befürworten, wie viel wir anhäufen dürfen. Siehe John Rawls, *Eine Theorie der Gerechtigkeit,* und ders., *Justice as Fairness: A Restatement*, Cambridge, MA, 2001, dt. *Gerechtigkeit als Fairneß. Ein Neuentwurf*, Frankfurt am Main 2007. Zu der Behauptung, Rawls'scher liberaler Egalitarismus würde uns veranlassen, den Limitarismus zu unterstützen, siehe Christian Neuhäuser, »The Self-Respect Argument for Limitarianism«, in Ingrid Robeyns (Hg.), *Having Too Much,* S. 271–296, und Lisa Herzog, »Liberal Egalitarianism Beyond Methodological Atomism«, in Ingrid Robeyns (Hg.), *Pluralizing Political Philosophy,* Oxford 2024.

3 Liam Murphy und Thomas Nagel, *The Myth of Ownership: Taxes and Justice*, New York 2022. Zu anderen philosophischen Werken, die der Behauptung widersprechen, wir hätten ein moralisches Recht auf alles, was wir am Markt erwirtschaften können, siehe John Christman, *The Myth of Property,* New York 1994, und Serena Olsaretti, *Liberty, Desert, and the Market: A Philosophical Study,* Cambridge 2004.

4 Facundo Alvaredo, Bertrand Garbinti und Thomas Piketty, »On the Share of Inheritance in Aggregate Wealth: Europe and the USA, 1900–2010«, *Economica* 84 (2017), S. 239–260.

5 Siehe https://www.cerulli.com/reports/us-high-net-worth-and-ultra-high-net-worth-markets-2021.

6 D. W. Haslett, »Is Inheritance Justified?«, *Philosophy and Public Affairs* 15/2 (1986), S. 122–155; David G. Duff, »Taxing Inherited Wealth: A Philosophical Argument«, *Canadian Journal of Law and Jurisprudence* 6/1 (1993), S. 3–62; Daniel Halliday, *The Inheritance of Wealth. Justice, Equality, and the Right to Bequeath,* Oxford 2018; Jørgen Pedersen, »Just Inheritance Taxation«, *Philosophy Compass* 13 (2018), Artikel Nr. e12491; und Stefan Gosepath, »What, if Anything, is Wrong with Bequest? A Preliminary Sketch«, in Hans-Christoph Schmidt am Busch, Daniel Halliday und Thomas Gutmann (Hg.), *Inheritance and the Right to Bequeath,* London 2023, S. 15–35.

7 D. W. Haslett, »Inheritance«, in H. Lafollette (Hg.), *International Encyclopedia of Ethics,* Wiley Online Library, 2013, https://doi.org/10.1002/9781444367072.wbiee004.

8 Sem de Maagt und Ingrid Robeyns, »Inheritance and Inheritance Tax: An Ethical Analysis«, *Ethical Annotation #3* Utrecht 2017, https://www.uu.nl/sites/

default/files/Ethical-Annotation-3-Inheritance-and-inheritance-tax.pdf, und Jens Beckert, »Why is the Estate Tax so Controversial?«, *Sociology* 45 (2008), S. 521–528.

9 Andrew Carnegie, »The Advantages of Poverty«, *Nineteenth Century* 29/169 (1891), S. 367–385, Zit. S. 371.

10 Philippe Van Parijs, »Nothing Wrong with Unearned Wealth?«, in Guido Erreygers und Toon Vandevelde (Hg.), *Is Inheritance Legitimate?*, Berlin 1997, S. 202–209.

11 In der Fachliteratur gibt es diverse Vorschläge, Erbschaften abzuschaffen oder die Erbschaftssteuer drastisch zu erhöhen. Siehe z. B. John Stuart Mill, *Principles of Political Economy*, Bd. III, Buch V, hg. von John M. Robson, [1848] Abingdon 1965, S. 799–912, dt.: *Gesammelte Werke, Bd., 7: Grundsätze der politischen Ökonomie*, Bd. 3, 5. Buch, Leipzig 1869, S. 104—308; Atkinson, *Ungleichheit*, S. 243–250; und Cornelius Cappelen und Jørgen Pedersen, »Just Wealth Transfer Taxation: Defending John Stuart Mill's Scheme«, *Politics, Philosophy & Economics* 17/3 (2018), S. 317–335.

12 Zur Lohndiskriminierung aufgrund des Aussehens siehe Daniel Hamermesh und Jeff Biddle, »Beauty and the Labor Market«, *American Economic Review* 84/5 (1994), S. 1174–1194.

13 Jos Bivens und Jori Kandra, *CEO Pay Has Skyrocketed 1,460 % Since 1978*, Washington, DC, 2022, https://www.epi.org/publication/ceo-pay-in-2021. Siehe auch Josh Bivens und Lawrence Mishel, »The Pay of Corporate Executives and Financial Professionals as Evidence of Rents in Top 1 Percent Incomes«, *Journal of Economic Perspectives* 27/3 (2013), S. 57–77.

14 Zu Mbappés Gehalt 2023 siehe Antonio Losada, »PSG Players, Kylian Mbappé Earn the Highest Ligue 1 Salaries«, *PSG Post*, 30. März 2023, https://psgpost.com/posts/psg-players-kylian-mbappe-earn-the-highest-ligue-1-salaries-01gwp5ss6hke. Zu Ronaldos Gehalt 2023 siehe Joshua Thomas, »Cristiano Ronaldo Salary in Saudi Arabia: How Much CR7 is Paid by Al Nasr Contract, Earnings and Net Worth«, *Sporting News*, 3. September 2023, https://www.sportingnews.com/us/soccer/news/cristiano-ronaldo-salary-saudi-arabia-contract-net-worth/acb5hkogkqdl1yxwfmhrupfx. Zu Einkünften in der Unterhaltungsbranche siehe Lisette Voytko, »The Highest-Paid Entertainers 2022«, *Forbes*, 9. Februar 2022, https://www.forbes.com/sites/lisettevoytko/2022/02/09/the-highest-paid-entertainers-2022.

15 Morris Pearl, »Foreword«, in Collins, *Born on Third Base*, S. IX. Zu einem Überblick über verschiedene Möglichkeiten, Lohnungleichheit zu betrachten, die alle zu dem Schluss kommen, dass CEOs zu viel Gehalt bekommen, siehe Jeffrey Moriarty, »Do CEOs Get Paid Too Much?«, *Business Ethics Quarterly* 15/2 (2005), S. 257–281.

16 Datenquellen für die USA: https://www.bls.gov/oes/current/oes399011.htm; für das Vereinigte Königreich: https://nationalcareers.service.gov.uk/job-profiles/nursery-worker; und für die Niederlande: https://www.nationaleberoepengids.nl/salaris/pedagogisch-medewerker-kinderopvang.

17 Carola Hoyos und Michael Steen, »Departing Shell Chief Calls for Pay Shake-up«, *Financial Times*, 9. Juni 2009, S. 15.

18 Robert H. Frank und Philip J. Cook, *The Winner-Takes-All Society: Why the Few at the Top Get So Much More Than the Rest of Us*, New York 1995; und Robert H. Frank, *Success and Luck: Good Fortune and the Myth of Meritocracy*, Princeton, NJ, 2016, dt.: *Ohne Glück kein Erfolg. Der Zufall und der Mythos der Leistungsgesellschaft*, München 2018.

19 Zur enormen Bedeutung der ersten tausend Tage im Leben eines Menschen siehe z. B. James J. Heckman, »The Economics of Inequality: The Value of Early Childhood Education«, *American Educator* (Spring 2011), S. 31–47, und Frances Campbell, Gabriella Contin, James J. Heckman, Seong Hyeok Moon, Rodrigo Pinto, Elizabeth Pungello und Yi Pan, »Early Childhood Investments Substantially Boost Adult Health«, *Science* 343 (28. März 2014), S. 1478–1485.

20 Rawls, *Eine Theorie der Gerechtigkeit*, S. 125.

21 Huub Brouwer und Willem van der Deijl, »More Onerous Work Deserves Higher Pay«, in Anders Örtenblad (Hg.), *Debating Equal Pay*, Cham 2021, S. 55–69.

22 Daniel Hausman, »When Jack and Jill Make a Deal«, *Social Philosophy and Policy* 9/1 (1992), S. 95–113, und Rutger Claassen, »Externalities as a Basis for Regulation: A Philosophical View«, *Journal of Institutional Economics* 12/3 (2016), S. 541–563.

23 Jason Hickel, Dylan Sullivan und Huzaifa Zoomkawala, »Plunder«, und https://www.business-humanrights.org/de .

24 MacKenzie Scott, »116 Organizations Driving Change«, *Medium*, 28. Juli 2020, https://mackenzie-scott.medium.com/116-organizations-driving-change-67354c6d733d.

25 Mariana Mazzucato, *The Entrepreneural State*, London 2013, dt.: *Das Kapital des Staates. Eine andere Geschichte von Innovation und Wachstum*, Frankfurt am Main 2023, und dies., *The Value of Everything: Making and Taking in the Global Economy*, London 2018, dt.: *Wie kommt der Wert in die Welt. Von Schöpfern und Abschöpfern*, Frankfurt am Main 2019.

26 Zu Polio siehe die Informationen auf der Webseite der Weltgesundheitsorganisation https://www.who.int/news-room/spotlight/history-of-vaccination/history-of-polio-vaccination.

27 Herbert A. Simon, »UBI and the Flat Tax«, *Boston Review*, 17. Juli 2000, https://www.bostonreview.net/forum_response/herbert-simon-ubi-and-flat-tax.

28 Zum Vereinigten Königreich siehe Andrew Eyles, Lee Elliot Major und Stephen Machin, *Social Mobility: Past, Present and Future,* London 2022. Zu den USA siehe Raj Chetty, David Grusky, Maximilian Hell, Nathaniel Hendren, Robert Manduca und Jimmy Narang, »The Fading American Dream: Trends in Absolute Income Mobility Since 1940«, *Science* 356 (28. April 2017), S. 398–406. Siehe auch Jens Beckert, »Durable Wealth: Institutions, Mechanisms, and Practices of Wealth Perpetuation‹, *Annual Review of Sociology* 48 (2022), S. 233–255.

29 Michiel van der Geest, »Als je met 10–0 achterstand begint is hogerop komen geen klim op een ladder. Het is een tunnel waarin je moet blijven kruipen«, *De Volkskrant*, 25. Juni 2021, https://www.volkskrant.nl/columns-opinie/als-je-met-10-0-achterstand-begint-is-hogerop-komen-geen-klim-op-een-ladder-het-is-een-tunnel-waarin-je-moet-blijven-kruipen~b41eb81b, und Tim 'S Jongers, *Beledigende Broccoli,* Amsterdam 2022.

KAPITEL 7

1 Zum Vereinigten Königreich siehe George Dibb, Carsten Jung, Henry Parkes und Shreya Nanda, *Prosperity and Justice after the Pandemic,* London 2021, und Jasper Jolly, »Number of Billionaires in UK Reaches New Record During COVID Crisis«, *Guardian*, 21. Mai 2021, https://www.theguardian.com/business/2021/may/21/number-of-billionaires-in-uk-reached-new-record-during-covid-pandemic. Zu den USA siehe Giacomo Tognini, »Meet the 44 Newcomers Joining the *Forbes* 400 List of America's Richest People«, *Forbes,* 5. Oktober 2021, https://www.forbes.com/sites/giacomotognini/2021/10/05/meet-the-44-newcomers-joining-the-forbes-400-list-of-americas-richest-people. Siehe auch den Oxfam-Bericht von 2023 *Survival of the Richest.*

2 »Bidder Pays $28 m for Space Trip with Amazon's Bezos«, *BBC News,* 12. Juni 2021, https://www.bbc.com/news/world-us-canada-57457378.

3 Die Schätzung basiert darauf, dass man für 4500 US-Dollar ein Leben retten kann; siehe https://www.givewell.org/cost-to-save-a-life.

4 Claudia Haarmann und Dirk Haarmann, »From Survival to Decent Employment: Basic Income Security in Namibia«, *Basic Income Studies* 2/1 (2007), Artikel Nr. 11.

5 Basic Income Grant Coalition, *Making the Difference! The BIG in Namibia. Basic Income Grant Pilot Project Assessment Report*, April 2009.

6 Francesca Bastagli, Jessica Hagen-Zanker, Luke Harman, Valentina Barca, Georgina Sturge, Tanja Schmidt und Luca Pellerano, *Cash Transfers: What Does the Evidence Say?,* London 2016, und Johannes Haushofer und Jeremy Shapiro, »The Short-Term Impact of Unconditional Cash Transfers to the

Poor: Experimental Evidence from Kenya«, *Quarterly Journal of Economics* 131/4 (2016), S. 1973–2042.

7 Siehe https://www.jeffsachs.org/recorded-lectures/5jf86pp5lxch35e6z3nct6xnmb8zy5.

8 Die Daten zum durchschnittlichen Anteil von Armut und finanzieller Unsicherheit entstammen dem OECD-Bericht *How's Live? Measuring Wellbeing*, Paris 2020, S. 16. Zur OECD-Statistik zur relativen Armut siehe https://data.oecd.org/inequality/poverty-rate.htm. Die hier angegebenen Daten beziehen sich auf das Jahr 2021. Nach einer anderen Schätzung zur Armutsrate leben im Vereinigten Königreich 20 Prozent der Bevölkerung in Armut, siehe Joseph Rowntree Foundation, *Poverty in the UK*, York 2023, https://www.jrf.org.uk/report/uk-poverty-2023.

9 Zu Mahlzeiten in öffentlichen Schulen in New York siehe https://www.schools.nyc.gov/school-life/food/menus.

10 Siehe https://americandreamdoc.com. Zu einer Rezension des Films siehe Ingrid Robeyns, »Film Review: The American Dream and Other Fairy Tales«, *Crooked Timber*, 11. Januar 2023, https://crookedtimber.org/2023/01/11/film-review-the-american-dream-and-other-fairy-tales.

11 Cathy Free, »Farmer Dies; Town Learns He Secretly Paid Strangers Pharmacy Bills«, *Washington Post*, 19. Januar 2023, https://www.washingtonpost.com/lifestyle/2023/01/19/alabama-farmer-hody-childress-prescriptions, und Emily Schmall, »A Farmer Secretly Paid for His Neighbors' Prescriptions for Years«, *New York Times*, 25. Januar 2023, https://www.nytimes.com/2023/01/25/us/alabama-pharmacy-donor.html. Zu Daten über die Zahl der Amerikaner, die erklären, dass sie Schwierigkeiten haben, verschreibungspflichtige Medikamente zu bezahlen, siehe https://www.kff.org/health-costs/press-release/poll-nearly-1-in-4-americans-taking-prescription-drugs-say-its-difficult-to-afford-medicines-including-larger-shares-with-low-incomes. Zu den Gewinnspannen siehe https://www.ncbi.nlm.nih.gov/pmc/articles/PMC7054843.

12 Zur staatlichen Versorgung im Gegensatz zur Privatisierung siehe Chiara Cordelli, *The Privatized State*, Princeton, NJ, 2020.

13 Mazzucato, *Das Kapital des Staates*, und dies., *Mission Economy: A Moonshot Guide to Changing Capitalism*, London 2021, dt.: *Mission. Auf dem Weg zu einer neuen Wirtschaft*, Frankfurt am Main 2021.

14 Siehe die Zusammenfassung dieser Argumentation in Paul Krugman, »The Economics of Soaking the Rich«, *New York Times*, 5. Januar 2019, https://www.nytimes.com/2019/01/05/opinion/alexandria-ocasio-cortez-tax-policy-dance.html#:~:text=What%20this%20implies%20for%20economic,to%20buy%20whatever%20they%20want. Laut einer Studie von Thomas Piketty, Emmanuel Saez und Stefanie Stantcheva liegt der optimale Spitzensteuersatz für CEOs,

deren Gehalt nicht ihre Leistung widerspiegelt, bei schätzungsweise 83 Prozent; siehe Piketty, Saez und Stantcheva, »Optimal Taxation of Top Labor Incomes: A Tale of Three Elasticities«, *American Economic Journal*, 6/1 (2014), S. 230–271.

15 G. A. Cohen, »Incentives, Inequality, and Community«, *The Tanner Lectures on Human Values*, Stanford University, 21. und 23. Mai 1991.

16 Tom Malleson, *Against Inequality*, New York 2023, S. 96 ff.

17 Allerdings sollten wir vor einem Missbrauch dieses Arguments auf der Hut sein. Die Tatsache, dass Lehrkräfte, Krankenpflegekräfte, Wissenschaftler und andere stark davon motiviert sind, dem öffentlichen Wohl zu dienen, statt ihren individuellen Vorteil zu maximieren, wird zuweilen als Argument missbraucht, um ihnen nicht mehr zu bezahlen oder ihre strukturell unbezahlte Mehrarbeit für selbstverständlich zu nehmen. Der Einsatz von Lehrkräften und anderen Beschäftigten im öffentlichen Dienst für das Gemeinwohl sollte nie als Argument genutzt werden, sie auszubeuten oder ihr berufliches Engagement als Freifahrschein zu nutzen.

KAPITEL 8

1 Conor O'Clery, *The Billionaire Who Wasn't: How Chuck Feeney Secretly Made and Gave Away a Fortune*, New York 2013.

2 Jim Dwyer, »Out of Sight, Till Now, and Giving Away Billions«, *New York Times*, 26. September 2007, https://www.nytimes.com/2007/09/26/nyregion/26about.html; ders., »›James Bond of Philanthropy‹ Gives Away the Last of His Fortune«, *New York Times*, 5. Januar 2017, https://www.nytimes.com/2017/01/05/nyregion/james-bond-of-philanthropy-gives-away-the-last-of-his-fortune.html; und Steven Bertoni, »The Billionaire Who Wanted to Die Broke … Is Now Officially Broke«.

3 Die Daten sind entnommen aus https://data.oecd.org/inequality/poverty-rate.htm und https://data.oecd.org/inequality/income-inequality.htm#indicator-chart. Die Armutsraten hängen stark von der jeweiligen Armutsdefinition ab. Die OECD verwendet als Armutsgrenze, »mit weniger als der Hälfte des mittleren Haushaltseinkommens einer Bevölkerung zu leben«. Würde man nationale Armutsgrenzen zugrunde legen, wären die Armutsraten möglicherweise höher oder niedriger. Aber durchweg ergibt ein Vergleich, dass die Armut in den USA höher ist als im Vereinigten Königreich, wo sie wiederum höher ist als in anderen westeuropäischen Ländern.

4 Siehe https://www.arcolab.org/en/worlds-100-largest-philanthropic-foundations-list.

5 Ob Philanthropie eine größere gesellschaftliche Rolle spielen sollte, war bei-

spielsweise ein zentrales Thema eines Berichts eines wissenschaftlichen Beratergremiums in den Niederlanden. Dazu trug ich gemeinsam mit dem Philosophen Tim Meijers ein Kapitel mit einer ethischen Analyse der Philanthropie bei. Siehe Wetenschappelijke Raad voor het Regeringsbeleid, *Filantropie op de Grens van Overheid en Markt,* Den Haag 2018. Zur aktuellsten Schätzung der gesamten Steuernachlässe für fossile Brennstoffunternehmen siehe Alman Metten, »Belastingvoordelen voor fossiele brandstoffen nóg veel groter«, *Me Judice*, 23. March 2023, https://www.mejudice.nl/artikelen/detail/belasting voordelen-voor-fossiele-brandstoffen-nog-veel-groter.

6 Vorwort von Morris Pearl zu Collins, *Born on Third Base.*

7 Robert E. Goodin, *Reasons for Welfare: The Political Theory of the Welfare State,* Princeton, NJ, 1988, und Joseph Heath, »The Benefits of Cooperation«, *Philosophy and Public Affairs* 34:4 (2006), S. 313–351.

8 Chomsky, *Profit Over People.*

9 Disney, »I was Taught from a Young Age to Protect my Dynastic Wealth«.

10 Oreskes und Conway, *The Big Myth.* Zu den ersten neoliberalen Denkern und ihren Netzwerken, die ab den 1930er Jahren aktiv waren, siehe Philip Mirowski und Dieter Plehwe (Hg.), *The Road from Mont Pèlerin: The Making of the Neoliberal Thought Collective*, 2. Aufl. mit neuem Vorwort, Cambridge, MA, 2015.

11 Zur Wohlstandstheologie siehe https://www.britannica.com/topic/prosperity-gospel; und Tara Isabella Burton, »The Prosperity Gospel, Explained: Why Joel Osteen Believes that Prayer Can Make You Rich«, *VOX*, 1. September 2017, https://www.vox.com/identities/2017/9/1/15951874/prosperity-gospel-explained-why-joel-osteen-believes-prayer-can-make-you-rich-trump.

12 Jens Beckert, »Durable Wealth: Institutions, Mechanism, and Practices of Wealth Perpetuation«, *Annual Review of Sociology* 48 (2022), S. 233–255. Zu einem Überblick, wie verbreitet diese Praxis in den Niederlanden ist, siehe »Vermogenden gebruiken eigen goede doelen als belastingconstructie«, *NOS*, 15. August 2022, https://nos.nl/artikel/2440715-vermogenden-gebruiken-eigen-goede-doelen-als-belastingconstructie.

13 Zu einigen aufschlussreichen Arbeiten zur Ethik und politischen Analyse der Philanthropie siehe Rob Reich, Chiara Cordelli und Lucy Bernholz (Hg.), *Philanthropy in Democratic Societies,* Chicago 2016, und Rob Reich, *Just Giving: Why Philanthropy is Failing Democracy and How It Can Do Better,* Princeton, NJ, 2019. Zudem ist anzumerken, dass bei allen philanthropischen Finanzmitteln als Erstes zu fragen ist, ob das Geld in irgendeiner Weise schmutzig, also durch moralisch illegitime Mittel, erworben wurde. Sollte die Antwort ja lauten, wäre es für jeden angehenden Philanthropen der richtige Weg, das Geld nicht zu spenden, sondern zu versuchen, vergangenes Unrecht wiedergutzu-

machen und Entschädigungen anzubieten. Moralisch gesehen, ist es nicht an der gegenwärtig reichen Person, zu entscheiden, wie dieses Geld verwendet wird; zumindest sollte sie die Meinung oder den Rat von Menschen einholen, die von ihrem Unrecht (oder dem ihrer Vorfahren) betroffen sind. Siehe die Analyse von Chiara Cordelli, »Reparative Justice and the Moral Limits of Discretionary Philanthropy«, in Reich u. a. (Hg.), *Philanthropy in Democratic Societies*, S. 244–265.

14 Ich denke, es gibt keine generelle Regel, wie ein »riesiger Betrag, der mit Macht einhergeht«, zu definieren ist. Wenn ein Philanthrop einer sehr kleinen Organisation 100 000 Dollar spendet, kann er Macht über sie ausüben. Aber dieser Betrag hätte kaum ausgereicht, Bill Gates die Macht zu sichern, die er mittlerweile in globalen Gesundheitsorganisationen besitzt. Zur wichtigen Unterscheidung zwischen »kopflastiger Philanthropie« und kleineren Spenden für die Bewertung der gesellschaftlichen Folgen siehe Chuck Collins, Josh Hoxie und Helen Flannery, *Gilded Giving 2018: Top-Heavy Philanthropy and Its Perils to the Independent Sector and Democracy*, Washington, DC, 2018.

15 Reich, *Just Giving*, Kapitel 2.

16 Ebd., Kapitel 4.

17 Ingrid Robeyns, Rezension zu *Just Giving* von Rob Reich, *Perspectives on Politics* 17/4 (2019), S. 1175 f.

18 Chouinard, *Lass die Mitarbeiter surfen gehen!*, S. 209—213.

19 Siehe https://www.goodancestormovement.com.

20 Peter Singer, »Famine, Affluence, and Morality«, *Philosophy & Public Affairs* 1/3 (1972), S. 229–243, und ders., *The Life You Can Save: How to Do Your Part to End World Poverty*, New York 2009, dt.: *Leben retten. Wie sich Armut abschaffen lässt – und warum wir es nicht tun*, Zürich, Hamburg 2010.

21 Zur Bedeutung des eigenen Projekts einer Person siehe Bernard Williams, »A Critique of Utilitarianism«, in ders. und J. J. C. Smart, *Utilitarianism: For and Against*, Cambridge 1973. Zur Behauptung, dass Utilitarismus zu anspruchsvoll ist, siehe Garrett Cullity, *The Moral Demands of Affluence*, Oxford 2004, und Jørn Sønderholm, »World Poverty, Positive Duties, and the Overdemandingness Objection«, *Philosophy, Politics and Economics* 12/3 (2013), S. 308–327.

22 Siehe https://www.givingwhatwecan.org/blog/how-much-money-should-we-donate-to-charity.

23 Siehe https://www.givingwhatwecan.org/pledge; und William MacAskill, Andreas Mogensen und Toby Ord, »Giving isn't Demanding«, in: Paul Woodruff (Hg.), *The Ethics of Giving: Philosophers‹ Perspectives on Philanthropy*, Oxford 2018, S. 178–203.

KAPITEL 9

1 Siehe https://www.cnbc.com/2020/01/22/davos-2020-patriotic-millionaires-letter-calls-for-higher-taxes-on-global-elite.html.

2 Siehe https://costofextremewealth.com.

3 Nick Hanauer, »The Pitchforks are Coming … for Us Plutocrats«, *Politico*, Juli/August 2014, https://www.politico.com/magazine/story/2014/06/the-pitchforks-are-coming-for-us-plutocrats-108014.

4 Platon, *Nomoi/Gesetze*, 5. Buch, 744 ST2 A, siehe http://www.opera-platonis.de/Nomoi.pdf.

5 Zu den Ansichten von Sander Schimmelpenninck siehe seine Schrift *Sander en de Brug*, Amsterdam 2023.

6 Collins, *Born on Third Base*, S. 13.

7 Die von Abigail Disney beschriebenen psychischen Tendenzen stehen in Einklang mit den recht begrenzten Forschungen zu diesen Fragen. Siehe Jessie H. O'Neill, *The Golden Ghetto: The Psychology of Affluence*, Center City, MN, 1997.

8 Ebd. O'Neill definiert eine Person als wohlhabend, wenn sie nicht arbeiten muss, um den Lebensstil der Oberschicht zu pflegen. Dazu gehören sicher alle, die oberhalb der politischen limitaristischen Obergrenze von 10 Millionen Pfund, Dollar oder Euro leben.

9 Lauren Greenfield, *Generation Wealth*, New York 2017. Zum Interview mit Wendy siehe S. 33.

10 Mihály Csíkszentmihályi, »If We Are So Rich, Why Aren't We Happy?«, *American Psychologist* 10 (1999), S. 821–827.

11 Morgan Housel, *The Psychology of Money: Timeless Lessons on Wealth, Greed, and Happiness*, Petersfield 2020, dt.: *Über die Psychologie des Geldes. Zeitlose Lektionen über Reichtum, Gier und Glück*, München 2021, S. 46.

12 Danielle Zwarthoed, »Autonomy-Based Reasons for Limitarianism«, *Ethical Theory and Moral Practice* 21 (2018), S. 1181–1204.

13 Housel, *Über die Psychologie des Geldes*, S. 46.

14 Sam Polk, »For the Love of Money«, *New York Times*, 18. Januar 2014, https://www.nytimes.com/2014/01/19/opinion/sunday/for-the-love-of-money.html.

15 Michael W. Kraus, Paul K. Piff, Rodolfo Mendoza-Denton, Michelle L. Rheinschmidt und Dacher Keltner, »Social Class, Solipsism, and Contextualism: How the Rich are Different from the Poor«, *Psychological Review* 119 (2012), S. 546–572, und Paul K. Piff, Daniel M. Stancato, Stéphane Côté, Rodolfo Mendoza-Denton und Dacher Keltner, »Higher Social Class Predicts Increased Unethical Behavior«, *Proceedings of the National Academy of Sciences of the United States of America* 109 (2013), S. 4086–4091.

16 Richard Rodems und Fabian T. Pfeffer, »Avoiding Material Hardship: The Buffer Function of Wealth«, *Journal of European Social Policy* 31/5 (2021), S. 517–532.

17 Die Ergebnisse aus den Londoner Fokusgruppen werden analysiert in Katharina Hecht, Tania Burchardt und Abigail Davis, »Richness, Insecurity and the Welfare State«, *Journal of Social Policy* (2022), S. 1–22. Zum Paradoxon der Ungleichheit siehe J. J. B. Mijs, »The Paradox of Inequality: Income Inequality and Belief in Meritocracy Go Hand in Hand«, *Socio-Economic Review* 19/1 (2021), S. 7–35.

18 Heath, »The Benefits of Cooperation«; Rodems und Pfeffer, »Avoiding Material Hardship«; und Collins, *Born on Third Base*, S. XV–XVI.

19 Robert Skidelsky und Edward Skidelsky, *How Much is Enough? The Love of Money, and the Case for the Good Life*, London 2012, dt.: *Wie viel ist genug? Vom Wachstumswahn zu einer Ökonomie des guten Lebens*, München 2013. Zu einem knappen Überblick über proto-limitaristische Denker in der Geschichte des ökonomischen und politischen Denkens im Westen siehe Matthias Kramm und Ingrid Robeyns, »Limits to Wealth in the History of Western Philosophy«, *European Journal of Philosophy* 28 (2020), S. 954–969.

KAPITEL 10

1 Carina Engelhardt und Andreas Wagner, »What Do Germans Know About Income Inequality? A Survey Experiment«, *Socio-Economic Review* 16/4 (2018), S. 743–767.

2 Michael I. Norton und Dan Ariely, »Building a Better America – One Wealth Quintile at a Time«, *Perspectives on Psychological Science* 6/1 (2011), S. 9–12. Die genauen Zahlen zur Wahrnehmung der Ungleichheit stellte mir Michael Norton per E-Mail zur Verfügung.

3 Sorapop Kiatpongsan und Michael Norton, »How Much (More) Should CEOs Make? A Universal Desire for More Equal Pay«, *Perspectives on Psychological Science* 9/6 (2014), S. 587–593.

4 Cordelli, *The Privatized State*.

5 Robert E. Goodin, *Protecting the Vulnerable: A Reanalysis of Our Social Responsibilities*, Chicago 1985; Eva Kittay, *Love's Labor*, New York 1999; Daniel Engster, *The Heart of Justice: Care Ethics and Political Theory*, Oxford 2007; und Tom Malleson, »Interdependency: The Fourth Existential Insult to Humanity«, *Contemporary Political Theory* 17/2 (2017), S. 160–186.

6 Zum vorgeschlagenen Grundeinkommen siehe Philippe Van Parijs und Yannick Vanderborght, *Basic Income: A Radical Proposal for a Free Society and a Sane Economy*, Cambridge, MA, 2017, siehe auch dt.: *Ein Grundeinkommen für*

alle? Geschichte und Zukunft eines radikalen Vorschlags, Frankfurt am Main 2005; und Ingrid Robeyns, »Unconditional Basic Income: Why Would We (Not) Want to Have It?«, *Ethical Annotation 6* (Utrecht 2018), https://www.uu.nl/sites/default/files/Ethical-Annotation-6-Unconditional-basic-income.pdf. Zur Eigentumsdemokratie siehe Martin O'Neill und Thad Williamson (Hg.), *Property-Owning Democracy: Rawls and Beyond*, London 2012, sowie Alan Thomas, *Republic of Equals: Predistribution and Property-Owning Democracy*, New York 2017. Zu einer Verteidigung des Wohlfahrtsstaates gegenüber der Eigentumsdemokratie siehe Christian Schemmel, »Distributive and Relational Equality«, *Politics, Philosophy and Economics* 11/2 (2011), S. 123–148. Zu den Ideen von Christian Felber siehe sein Buch *Die Gemeinwohl-Ökonomie*, aktualisierte und erweiterte Ausgabe, München 2018.

7 Zu Schlüsselwerken über Postwachstum/Degrowth und alternative Wirtschaftssysteme siehe Tim Jackson, *Prosperity Without Growth: Economics for a Finite Planet*, 2. Aufl., London 2016, dt.: *Wohlstand ohne Wachstum – das Update. Grundlagen für eine zukunftsfähige Wirtschaft*, München 2017; und Jason Hickel, *Less is More: How Degrowth Will Save the World*, London 2020, dt.: *Weniger ist mehr. Warum der Kapitalismus den Planeten zerstört und wir ohne Wachstum glücklicher sind*, München 2022. Zur Donut-Ökonomie siehe Kate Raworth, *Doughnut Economics*, London 2017, dt.: *Die Donut-Ökonomie. Endlich ein Wirtschaftsmodell, das den Planeten nicht zerstört*, München 2018. Zur Wellbeing-Ökonomie siehe K. Trebeck, »Building a Wellbeing Economy«, in L. Macfarlane (Hg.), *New Thinking for the British Economy*, London 2018, S. 47–61, sowie die Webseite der Wellbeing Economy Alliance: https://weall.org.

8 Zu der Ansicht, dass es zu den wichtigen Aufgaben der politischen Philosophie gehört, zur öffentlichen Debatte gut durchdachte Ideen und Analysen beizutragen, die Bürger ermächtigen und die Demokratie stärken, siehe Avner De-Shalit, »Political Philosophy and Empowering Citizens«, *Political Studies* 52 (2004), S. 802–818. Siehe auch Michael Walzer, »Philosophy and Democracy«, *Political Theory* 9/3 (1981), S. 379–399, und Rutger Claassen, »Making Capability Lists: Philosophy versus Democracy«, *Political Studies* 59 (2011), S. 491–508.

9 Zum Neoliberalismus gibt es selbstverständlich noch viel mehr zu sagen; dazu gibt es eine Fülle wissenschaftlicher Schriften. Siehe Damien Cahill, Melinda Cooper, Martijn Konings und David Primrose, *The SAGE Handbook of Neoliberalism*, London 2018.

10 Das folgt meiner Ansicht nach aus empirischen Forschungen von Soziologinnen wie Rachel Sherman, auch wenn sie selbst diese Schlussfolgerung in ihrem Buch *Uneasy Street* nicht zieht.

11 Debra Satz, »In Defense of a Mandatory Public Service Requirement«, *Royal Institute of Philosophy Supplement* 91 (2022), S. 259–269.

12 Adam Smith, *The Wealth of Nations*, Book I, London 1999, S. 167–171, dt.: *Untersuchung über die Natur und die Ursachen des Nationalreichthums*, Frankfurt, Leipzig 1796, 1. Buch, Kap. 8, S. 109–113.

13 Serena Olsaretti, »Freedom, Force and Choice: Against the Rights-Based Definition of Voluntariness«, *Journal of Political Philosophy* 6/1 (1998), S. 53–78, und Matt Zwolinski, Benjamin Ferguson und Alan Wertheimer, »Exploitation«, in Edward N. Zalta und Uri Nodelman (Hg.), *Stanford Encyclopedia of Philosophy Archive,* (Winter 2022), https://plato.stanford.edu/archives/win2022/entries/exploitation; Christopher McCammon, »Domination«, in Edward N. Zalta (Hg.), *Stanford Encyclopedia of Philosophy Archive* (Winter 2018), https://plato.stanford.edu/archives/win2018/entries/domination; sowie Dorothea Gädeke, »Who Should Fight Domination? Individual Responsibility and Structural Injustice«, *Politics, Philosophy & Economics* 20/2 (2021), S. 180–201.

14 Atkinson, *Ungleichheit*, S. 160–173. Siehe auch Elizabeth Anderson, *Private Government: How Employers Rule Our Lives (and Why We Don't Talk About It),* Princeton, NJ, 2017, dt.: *Private Regierung. Wie Arbeitgeber über unser Leben herrschen (und warum wir nicht darüber reden),* Berlin 2019; sowie Roberto Frega, Lisa Herzog und Christian Neuhäuser, »Workplace Democracy – The Recent Debate«, *Philosophy Compass* 14/4 (2019), Artikel Nr. e12574, S. 1–11.

15 Peter Dietsch, *Catching Capital: The Ethics of Tax Competition,* New York 2015, und ders. und Thomas Rixen (Hg.), *Global Tax Governance: What is Wrong with It and How to Fix It,* Colchester 2016.

16 Zu der Kampagne »Good Clothes, Fair Pay« siehe https://www.fairtrade-deutschland.de/aktiv-werden/aktuelle-aktionen/fair-pay.

17 Fergus Green, »Anti-Fossil Fuel Norms«, *Climate Change* 150 (2018), S. 103–116.

18 Sam Pizzigati, *The Case for a Maximum Wage,* London 2018, S. 115 ff.

19 Siehe https://www.oecd.org/tax/international-community-strikes-a-ground-breaking-tax-deal-for-the-digital-age.htm. Zur weiteren Erörterung siehe Tove Maria Ryding und Alex Voorhoeve, »Is the Organisation for Economic Co-operation and Development's 2021 Tax Deal Fair?«, *LSE Public Policy Review* 2/4 (2022), S. 1–11, https://ppr.lse.ac.uk/articles/10.31389/lseppr.72.

20 Siehe https://www.rijksoverheid.nl/documenten/rapporten/2022/07/08/ibo-vermogensverdeling-5-juli-2022.

21 Facundo Alvaredo, Lucas Chancel, Thomas Piketty, Emmanuel Saez und Gabriel Zucman, *World Inequality Report 2018,* Paris 2018, S. 257–260, dt.: *Die weltweite Ungleichheit. Der World Inequality Report 2018*, München 2018,

S. 390—395, https://wir2018.wid.world/files/download/wir2018-full-report-deutsch.pdf.

22 Siehe die Vorschläge in: Bruce Ackerman und Anne Alstott, *The Stakeholder Society*, New Haven, CT, 1999, dt.: *Die Stakeholder-Gesellschaft. Ein Modell für mehr Chancengleichheit*, Frankfurt am Main 2001; Stuart White, *The Civic Minimum: On the Rights and Obligations of Economic Citizenship*, Oxford 2003; Miranda Perry Fleischer, »Divide and Conquer: Using an Accessions Tax to Combat Dynastic Wealth Transfers«, *Boston College Law Review* 57/3 (2016), S. 913–946; Atkinson, *Ungleichheit*, S. 245—250, und Piketty, *Eine kurze Geschichte der Gleichheit*, S. 152 ff, 171—180.

23 Mill, *Grundsätze der politischen Ökonomie*. Seine Vorschläge zur Vererbung werden allerdings unterschiedlich interpretiert; siehe Cornelius Cappelen und Jørgen Pedersen, »Just Wealth Transfer Taxation: Defending John Stuart Mill's Scheme«, *Politics, Philosophy & Economics* 17/3 (2018), S. 317–335.

24 Ackerman und Alstott, *Die Stakeholder-Gesellschaft*, und White, *The Civic Minimum*.

25 Juliana Bidadanure, *Justice Across Ages: Treating Young and Old as Equals*, Oxford 2021.

26 Zum Widerstand gegen die Erbschaftssteuer (ohne Zweckbindung der Steuereinnahmen), siehe Jens Beckert, »Why is the Estate Tax so Controversial?«, *Society* 45 (2008), S. 521–528, und Rajiv Prabhakar, »Why Do the Public Oppose Inheritance Taxes?«, in H. P. Gaisbauer, G. Schweiger und C. Sedmak (Hg.), *Philosophical Explorations of Justice and Taxation*, Cham 2015, S. 151–166. Zu einer gründlichen philosophischen Analyse der Erbschafts- und Nachlasssteuer siehe Daniel Halliday, *The Inheritance of Wealth: Justice, Equality, and the Right to Bequeath*, Oxford 2018.

Register

Eva von Redecker
Bleibefreiheit

Selten wurde Freiheit so intensiv diskutiert wie in der Pandemie: die Freiheit zu reisen, sich uneingeschränkt zu bewegen, Menschen dort zu treffen, wo man möchte. Doch wie zukunftsfähig ist ein derart räumlich abgesteckter Freiheitsbegriff, da wir Zeiten entgegensehen, in denen die Orte schwinden, an denen es sich leben lässt und Klimakrise oder Kriege ganze Landstriche unbewohnbar machen? Die Philosophin Eva von Redecker denkt Freiheit darum ganz neu: als die Freiheit, an einem Ort zu leben, an dem wir bleiben könnten.
Bleibefreiheit lässt sich nur gemeinsam herstellen. Und sie wächst, wenn wir sie teilen.

128 Seiten, gebunden

Weitere Informationen finden Sie auf
www.fischerverlage.de

Simon Sahner / Daniel Stähr
Die Sprache des Kapitalismus

Preise steigen nicht. Sie werden erhöht. Sprache schafft Realitäten und festigt Machtstrukturen. Das gilt auch für den Kapitalismus. Der Literaturwissenschaftler Simon Sahner und der Ökonom Daniel Stähr gehen der Sprache des Kapitalismus und seinen (Selbst-)Erzählungen auf den Grund. Was steckt hinter Begriffen wie »Rettungsschirm«, »Gratismentalität« und »Technologieoffenheit«? Was bedeutet es, wenn wir davon sprechen, Geld zu »verdienen« oder es anderen zu »schulden«? Eine stichhaltige Analyse, die zeigt: Wir müssen anders über Geld, Wirtschaft und Arbeit sprechen, wenn wir uns aus der scheinbaren kapitalistischen Alternativlosigkeit befreien wollen.

272 Seiten, gebunden
978-3-10-397593-2

Weitere Informationen finden Sie auf
www.fischerverlage.de